往訓萬民

中國近代羅馬公教
明信片研究

姚鵬　陶建平

Une étude des
cartes postales catholiques romaines
dans la Chine moderne

目錄

CONTENTS

緒論

　　什麼是歷史？歷史就是遺忘。倘若人類五六千年的生存活動都歷歷在目，那就是現實，不是歷史。禮崩樂壞，朝代更迭，鋪展開歷史畫卷。遺忘是否定，沒有否定再否定就沒有社會進步。古人之生活器具、祭禮雜皿、詩情畫意、文字著述，若不經後人摧枯拉朽般無情毀壞，只留"斑斑點點，幾行陳跡"，現代人也不必在滿目瘡痍的故物堆裏尋寶了。遺忘是正常的和理性的，無論作為社會群體還是個體，遺忘是自身成長的歷史，歷史僅僅是碎片化的記憶。歷史是弔詭的。大浪淘沙，淘淨的未必是真金，歲月洗禮，沉澱的或非是精華。"朝真暮偽何人辨，古往今來底事無"，歷史的渾濁讓人迷茫。

　　基督教傳入中國將近一千四百年了。唐貞觀九年（635）東正教聶斯脫利[1]派傳教士到達"九天閶闔開宮殿，萬國衣冠拜冕旒"的盛世長安，稱為"景教"。明萬曆十年（1582）利瑪竇（Matteo Ricci, 1552—1610）率天主教耶穌會傳教士叩開中華帝國大門，得到朱明王朝特許開壇佈道，納匝肋、多明我、方濟各諸會追步其後，廣散中國。明季傳教士深刻地影響中國人的思想觀念、社會風尚和文化藝術，歷經滿清順治、康熙、雍正、乾隆四朝，為中國帶來前所未聞的世界大觀和科學技術，在天文、曆法、水利、軍事、繪畫、音樂多領域令人耳目一新。"三學相傳有四科，曆家今號小羲和。音聲萬變都成字，試作耶穌十字歌。天主堂開天籟齊，鐘鳴琴響自高低。阜成門外玫瑰發，杯酒還澆利泰西。"[2]

1　聶斯脱利（Νεστόριος, 386－451），古敘利亞人，428 年至 431 年擔任君士坦丁堡主教；開創聶斯脱利派，主張耶穌的神性與人性分開，當年被視為異端。

2　尤侗：《外國竹枝詞》，清乾隆年吳省蘭聽彝堂纂"藝海珠塵"第七冊，第 15 頁。

　　鴉片戰爭後，滿清政府根據與西方列強簽署的條約，不得已再次敞開基督教在華傳教的大門，嘉慶、道光年間已被驅逐的羅馬公教修會寒灰更燃，蹈襲覆轍。"聞道長安似弈棋，百年世事不勝悲"，二十世紀五十年代初期萬象更新，在中華大地砥礪奮鬥百餘年的基督教傳教士撤離大陸，彷彿"茫茫天國知何處，人世倉皇一夢如"。無數個沒想到間，來不及向教友抒發燕市悲歌之惜別，更沒有收拾他們一再看重的"細軟"，文檔沒有"存盤"，倉皇辭廟，留下一地雞毛。

　　傳教士走後，北堂藏書樓併入北京圖書館，徐家匯藏書樓歸為上海圖書館，多數教會大學在院系調整時併入其他院校，只有少許文獻得以善待保存。留在各地教堂、會院、學校、醫院、出版社、雜誌社裏的聖經、宣道書籍、教務檔案等遺編斷簡，被毀幾盡。上海二十世紀五十年代整肅教會時期，有關部門從教會機構查沒的圖書資料都被封存在徐匯中學院內倉庫裏，有書籍、期刊、手稿、照片、地圖、佈告、碑拓、畫片、郵品、藝術品等。2010 年至 2012 年左右，上海徐家匯幾家原教會機構的舊建築清理"臨時存放"半個世紀的十萬百萬冊中西文獻，運到金山、嘉興等地造紙廠銷毀，中途少許流落民間，出現在古籍流通市場和拍賣會上。

　　吾儕適逢其會有幸收集整理這些"失而復得"的史料，深感仔肩之重。筆者曾撰寫過《百年流澤——從土山灣到諸巷會》、《梵語唐言——從土山灣畫館到輔仁畫派的藝術實踐》、《漢學家與儒蓮獎》。《百年流澤》概述了自 1842 年至 1942 年天主教在華歷史，重點記述了耶穌會、遣使會、多明我會、方濟各會、巴黎外方傳教會、聖母聖心會、聖言會等天主教傳教組織在中國出版的書籍，藉此勾勒了百年間天主教在華的傳播和發展。《梵語唐言》以土山灣畫館和輔仁畫派為案例重點介紹了隨著天主教而來的西洋繪畫藝術在中國的傳播，以及聖像藝術在中國本土化的過程。《漢學家與儒蓮獎》側重敘述以傳教士為主綫的漢學研究之歷史脈絡、學術碩果以及後世遺風。

　　本作換一個角度展示基督教在華活動歷史。明信片這個誕生於十九世紀後半葉用以鴻雁傳書的郵品，向來被認為難登大雅之堂，在中國從來未入正規收藏機構的法眼。然而明信片作為飽含親情和信息的載體，為民間收藏之重物。

　　明信片是人們交換信息的一種郵品，源於信函，簡於信函。通信者把要表達的信息寫在或繪在厚紙卡上，信息公開，中文形象地稱為"明信片"。明信片不僅是過去人們通信的實用載體，也是收藏界熱情關注的小品。巴掌大的明信片在收藏者眼裏可以分辨出種種不同，如郵政機構印製帶有郵資圖案的稱為"郵資明信片"，非郵政部門印製的稱為"普通明信片"。明信片貼有郵資，與信函一樣，交付郵政後會"銷票"，郵路會有多次戳記，記載轉運的時間和地點信息。這些信息為研究郵政的發展歷史和脈絡提供了豐富的資料，也成為收藏者評價明信片價值的基本標準。

　　大多數明信片的正面有圖案，正反兩面會有對圖案的文字說明，或是記述圖案的基本信息，如所載故事發生的時間、地點等；或是說明圖案的相關專題，如紀念、賀頌、風景、風俗、募捐等；或是解釋編印者藉助圖案表達的思想和觀念。這類宣傳用途明信片的主題其實非常豐富，在國外常見的有反對納粹、維護女權、保護環境、愛護動物等。明信片通過郵寄方式傳遞，比海報和政治漫畫有更多受眾，更易為人們了解，其圖案的視覺衝擊更利於感染民眾、熏陶成性。

過往明信片收藏界和研究者過度囿於明信片的"技術指標"，講究"郵資片"、"極限片"、"首日片"、"欠資片"、"免資片"、"軍郵片"、"多次片"、"回音片"以及附加在明信片上的其他郵資信息，如"蟠龍票"等，有的甚至偏執地追求"錯體片"、"變體片"等，這個小眾圈子對明信片之思想內容興趣寡然。明信片的圖案及其釋文，往往表達了製作和發行時期的思想文化主題，記錄時代事件，描述時事風俗，甚至實踐價值取向。明信片傳播軌跡承載了一部活的歷史，明信片圖案勾勒出的視覺印象有利於人們對歷史本身的解讀，讀懂明信片比營營於明信片的技術指標更有意義。基於這些考量，筆者試圖通過對明信片收藏的研究重新立規立則，期待改變這個領域膚末支離、短見薄識的狀況，提升學術水平，以脫離將其視為雕蟲小技的世俗印象。

古今中外，宗教體裁是明信片最大主題之一。十九世紀末葉明信片在中國成為通信工具後，也得到正在中國大力拓土開疆的基督教修會宗會的重視，宗教團體無不充分利用這個新生事物宣傳自己的主張，動員自己的力量，組織自己的行動，籌募自己的資源。人們從沉澱下來的歷史資料裏可以發現清末至民國傳教會為他們在中國的傳教事業印製和發行的大量明信片，編排起來就是一部中國基督教的視覺歷史。

導語

　　廣義基督教承繼猶太教的"一神信仰"，歷史上形成的天主教、東正教、新教三大主流教派都曾在古代中國傳播一時。西安碑林收藏了一件國寶級文物"大秦景教流行中國碑"。希臘正教（東正教）的分支聶斯脱利派於唐代傳入中國，稱為景教，唐德宗建中二年（781）在長安義寧坊大秦寺立"大秦景教流行中國碑"，會昌五年（845）埋入地下。明天啟三年（1623），"關中官命啟土，於敗牆基下獲之。奇文古篆，度越近代。置郭外金城寺中。"[1] 通碑高二百七十九厘米，寬九十九厘米，碑頭上有飛雲和蓮台烘托著一個十字架，包圍著十字架的是一種無角之龍螭，左右配上百合花，碑陽刻一千七百八十個漢字和數十個敘利亞文字，碑陰無字，下面和左右兩側刻有七十位景教僧人的名字和職稱，敘利亞文和漢文相對照，碑文撰者"大秦寺僧"景淨[2]。

　　"大秦景教流行中國碑"出土後一直為世所矚目，也許是因為傳教士在漢學研究裏作用斐然、舉足輕重，這個課題三百年來沒有淡出人們的視綫。早在天啟五年（1625）葡萄牙傳教士曾德昭[3] 率先趕到西安，對景教碑進行了仔細的研究和考證，他在 1641 年馬德里出版的 *Imperio de la China y Cultura Evangelica en el, por los Religiosos de la Compañia de Jesus*（《中華大帝國志》）裏把

1　〔葡萄牙〕陽瑪諾：《唐景教碑頌正詮》，武林天主堂，1644 年，第 2 頁。

2　景淨，基督教聶斯脱利派來中國的傳教士，貞觀九年（635）隨著阿羅本率領的聶斯脱利派傳教團從波斯抵達唐朝首都長安；曾將《敬禮常明皇樂經》、《宣元至本經》等三十部梵文貝葉經書翻譯成了漢文。

3　曾德昭（Álvaro de Semedo, 1585—1658），字繼元，又記謝務祿，葡萄牙人；1602 年入耶穌會，1613 年來華，在南京等地傳教，1649 年主持廣州教務；逝於廣州。

碑文譯成葡萄牙文並做了力所能及的介紹[1]。同年李之藻[2]撰《讀景教碑書後》，考據景教即 "利氏西泰[3]所傳聖教"。崇禎五年（1632）徐光啟作過〈景教堂碑記〉和〈鐵十字箸〉兩文。葡萄牙傳教士陽瑪諾[4]崇禎十四年（1641）用中文撰寫的《唐景教碑頌正詮》，逐字逐句詮釋碑文：

> 【景教】性家曰，物名指解物性，名義既明，物性曠然。因性家欲明解某物之意，立符物意之名首務也。景淨士將述聖教，首立可名曰聖教，景教也。識景之義，聖教之妙明矣。景者，光明廣大之義。

> 【流行中國】據碑考年，當時聖教在唐，約二百載，累朝欽崇，聖堂星佈，縣宰官泊都泉州，掘土得石，上勒十字聖架之形，又於近地得石亦然。今並豎溫陵堂內。自唐距明，既閱今古，縣閩去陜，又極西東，乃碑刻多證。流行惟舊，於茲益信。

> 【碑頌】碑文體具二端，先序後頌。序者，序聖教之宗。自初入華邦，以迄周彌

方域。修士冊名，列宗顯號，都邑著方。頌者，頌聖教之奧紀。累朝弘獎，用茲傳徽不朽。太平有本，協和有原，盛美有自。[5]

清中晚期，有一個來自英國的傳教家族——慕氏家族活躍在中國土地上，父親慕雅德[6]乃英國聖公會傳教士，咸豐十一年（1861）來華在浙江一代傳教，曾經用寧波方言和杭州方言翻譯過新約。其么子慕阿德（Arthur Christopher Moule, 1873—1957）繼承父輩在華的傳教事業，慕阿德出生於杭州，1895 年畢業於英國劍橋大學三一學院，光緒二十四年（1898）回到杭州父母身邊，光緒三十年（1904）赴華北地區傳教，1909 年離開中國，在英國作牧師。1918 年慕阿德在《皇家亞洲文會北中國支會會刊》發表 "The Christian Monument at Si An Fu"（〈大秦景教流行中國碑考證〉），1930 年以此文為基礎採納新的史料，詳細敘述了景教碑矗立前後中國發生的基督教事蹟，出版了 *Christians in China before the Year 1550*（《1550 年前的中國基督教史》，London: Society for Promoting Christian

1　參見〔法國〕費賴之：《在華耶穌會士列傳及書目》，北京中華書局，1995 年，第 149 頁。

2　李之藻（1565—1630），字我存，浙江仁和人，萬曆二十二年舉人，萬曆二十六年進士；曾任工部水司郎中、南京太僕寺少卿、河道工部郎中、廣東布政使、光祿寺少卿等職；1611 年受洗，教名良（Leo）。李之藻很早就從利瑪竇學習天文、地理和數學等自然科學，還與利瑪竇先後合譯並出版了《渾蓋通憲圖說》、《同文算指》、《圜容較義》等著作；晚年編輯刻印了中國天主教最早的一部叢書《天學初函》〔崇禎元年（1628）〕。

3　利氏西泰指利瑪竇。

4　陽瑪諾（Emmanuel Diaz, 1574—1659），字演西，葡萄牙人，1592 年入耶穌會；1601 年在果阿完成學業後到澳門傳授神學六年；1611 年到廣東韶州傳教，為當地人所逐；1621 年後被派往北京、南京、松江等地；葬於大方井。

5　〔西班牙〕陽瑪諾：《唐景教碑頌正詮》，上海慈母堂，1878 年，第 7-8 頁。

6　慕雅德（Arthur Evans Moule, 1836—1918），英國人，聖公會傳教士，1861 年攜妻子來寧波傳教，1881 年任英國聖公會華中區的會吏長；翻譯最早杭州方言《新約全書》，著有《聖公會大綱》、《奉士大夫書》、《英國輿志》等。

Knowledge)。慕阿德介述了伯希和[1]帶回法國的敦煌寫本《景教三威蒙度讚》、《宣元至本經》、《志玄安樂經》、《一神論》以及日本梵文教授高楠順次郎[2]收藏的敦煌寫本《序聽迷詩所經》,他還整理了中國文獻《唐會要》、《全唐文》、《舊唐書》、《長安志》、《成都記》裏有關基督教通過其他路徑來華的零散史料,還考證和補充了與景教相關的其他文獻,比如 1888 年發現的敘利亞文《大總管雅羅巴呵和拉班·掃馬傳》。拉班·掃馬(Rabban Bar Sauma, 1220—1294),掃馬是他的本名,拉班在敘利亞語裏是"教師"之意,聶斯脱利派教士的尊號。掃馬出生於元大都一個信奉基督教聶斯脱利派的突厥富家,早年在北京房山修行,元至元二十四年(1287)啟程去耶路撒冷朝聖,訪問過法蘭西、英格蘭、波斯、伊拉克、敘利亞等。雅羅巴呵(Mar Jabalaha, 1245—1317),山西東勝人,元朝基督教聶斯脱利派教士,追隨掃馬在元大都房山苦修,後與掃馬遊歷西亞和歐洲,1281 年任契丹

諸城以及汪古部人的大主教,1317 年逝於希臘。慕阿德摘取了《馬可波羅遊記》提到的元上都、沙州、甘州、肅州、西寧、汗八里(大都)、河間、揚州、鎮江、雲南、福州等地景教的一些活動情況。1931 年慕阿德的《1550 年前的中國基督教史》一書獲國際漢學最高獎"儒蓮獎"。

與西安的"大秦景教流行中國碑"相似的另一個倍受史學家關注的課題是"開封猶太人碑"。猶太教大約於北宋來華,為猶太教—基督教信仰傳入中國之肇始,不過明代之前在華歷史缺乏實證。利瑪竇於萬曆三十三年(1605)在北京曾見過一位赴京參加科舉的開封猶太人舉子艾田。此事引起在華耶穌會士和歐洲宗教界、學術界的重視,有關在中國猶太人的史料逐漸受人關注。在華耶穌會士們累年不斷地搜集資料和實地調查,把調查結果寄往歐洲。艾儒略[3]奉羅馬教廷之命於萬曆四十一年(1613)親蒞開封府,拜見開封猶太人的"禮拜寺",但其查看碑銘的請求卻被婉拒。九十年後,

1 伯希和(Paul Pelliot, 1878—1945),生於巴黎,就讀於巴黎斯坦尼斯學院和法國國立現代東方語言學校,1899 年在法屬印度支那當局在西貢設立的"遠東法蘭西學院"(École Française d'Extrême-Orient)任教授;1908 年到敦煌,搞到莫高窟晉唐寫卷六千餘種文書,唐代繪畫二百多幅以及幡幢、織物、木製品、木製活字印刷字模和其他法器等珍貴文獻,悉數運回西貢,整理後存至巴黎法國國立圖書館和吉美博物館;1911 年擔任法蘭西公學院中亞語言歷史考古學教授;1921 年當選法蘭西學院銘文與美文學院院士,1918 年擔任《通報》主編,1939 年被聘為中國中央研究院歷史語言研究所研究員。

2 高楠順次郎(Takakusu Junjirō, 1866—1945),原名澤井梅太郎,生於廣島縣御調郡八幡村;1885 年任職京都龍谷大學,1889 年入贅高楠家為婿,易名高楠順次郎,得到岳父高楠孫三郎資助留學英國牛津大學,師從繆勒學習印度佛學,1894 年獲牛津大學博士學位後走遍歐洲諸國遊學,在柏林大學跟胡特學習藏文、蒙古文和烏拉爾阿爾泰語,在基爾大學跟德森研究印度吠陀哲學,在巴黎法蘭西學院拜師列維等人,1897 年回國,任東京帝國大學教授,開設梵文講座;1924 年創建佛教女子大學——武藏野女子學院,1929 年因編輯《大正新修大藏經》獲儒蓮獎;1930 年擔任東京帝國大學校長;逝於富士山麓的樂山莊。

3 艾儒略(Jules Aleni, 1582—1649),字思及,意大利人,1600 年入耶穌會,1610 年抵華,初在澳門神學院講授數學;1613 年到福建;1610 年後在北京、上海、揚州、開封、杭州等地傳教,1624 年受葉向高之邀去福建,在閩期間到過福州、興化、泉州、建州、福寧、延平、邵武、汀州、漳州等地;1649 年清兵入閩後避難延平,病逝,葬福州北門十字山。

另一位意大利人駱保祿[1]於康熙四十三年（1704）訪問開封，受到趙、金、石、高、張、李、艾七姓猶太人的歡迎，特允其進入"至聖所"見到書於羊皮上的十三部經卷，獲得三通猶太碑刻拓本。駱保祿為此留下的七封相關書簡是研究在中國猶太人生活的珍貴史料。

西班牙傳教士管宜穆[2]宣統二年（1910）撰寫了 *Inscriptions Juives de K'ai-fong-fou*（《開封府猶太人碑銘》，Chang-hai: L'Orphelinat de T'ou-Sè-Wè），全書譯注了駱保祿獲得的開封府猶太人的三通漢字碑銘：明弘治二年（1489）《重建清真寺記》、明正德七年（1512）《尊崇道經寺記》和清康熙二年（1663）《重建清真寺記》。作者還譯注了當時在開封猶太教會堂內尚殘存的匾額與楹聯。管宜穆對碑文的注釋最詳細，對於匾額和楹聯的錄文最完整，錯誤也相對較少。這些匾額和楹聯早已毀壞或佚散，開封猶太教會堂也毀於咸豐四年大洪災，故管宜穆保存的史料彌足珍貴。

歷史學家陳垣[3]受好友英斂之[4]和馬相伯[5]影響曾十分接近天主教，允諾二人撰寫一部中國基督教史。1917年他的史學成名作《元也里可溫考》完成，"也里可溫"即"以色列"。據陳援庵先生考證，鎮江元代《大興國寺記碑》記載了基督教的活動。大興國寺建於元至元十八年（1281），為也里可溫教教場。鎮江周圍還有多處也里可溫教的寺院，有丹徒的龍遊寺、福田山的大法興寺、金山的雲山寺等。《至順鎮江志》記載，鎮江一些蒙古族官員是為也里可溫教徒。陳援庵先生認為，中國基督教初為唐代的景教，之後依次為元代的也里可溫教、明代的天主教、清以後的耶穌教。所謂"也里可溫教"是元代基督教的總稱。元亡，也里可溫就絕跡於中國。

天主教來華傳教史主要經歷三個歷史時期：

第一個時期是元代方濟各會來華。樊國梁的《燕京開教略》記述，南宋末年教宗依諾增爵四世派遣方濟各會修士柏朗嘉賓[6]來華，在上都覲見蒙古總皇帝，交涉蒙古鐵騎殺戮屠城事件。教宗信曰："今聞蒙古君民率百萬之眾，侵伐奉教外教諸

1　駱保祿（Giampaolo Gozani, 1659—1732），意大利人，1674年入耶穌會，1694年來華，傳教於福州、河南等地；逝於澳門。

2　管宜穆（Hieronymus Tobar, 1855—1916），字遜淵，1878年入耶穌會，1880年來華，1897年晉鐸；曾任職耶穌會江南教區，著有《聖教要理問答注解》和《聖母玫瑰經十五端》等。

3　陳垣（1880—1971），字援庵，廣東江門新會人，歷史學家；曾任國立北京大學、北平師範大學、輔仁大學教授，1926年至1952年任輔仁大學校長。1952年至1971年任北京師範大學校長。

4　英華（1867—1926），字斂之，號安蹇齋主，滿族正紅旗；1888年皈依天主教，1898年前後受康有為、梁啟超變法思想影響，撰寫文章〈論興利必先除弊〉，1902年在天津創辦《大公報》，提倡變法維新，不避權貴，抨擊時弊；辛亥革命後退居北京香山靜宜園，自號"萬松野人"，創辦輔仁社等慈善教育事業；1922年英斂之邀馬相伯先生聯合向羅馬教廷提出在北京建立輔仁大學，英斂之任首任校長；1926年逝世，葬西郊八里莊慈壽寺塔英氏家族墓地。

5　馬良（1840—1939），原名建常，字相伯，洗名聖若瑟；1851年入徐家匯聖依納爵公學，1862年入耶穌會初學院，1864年入耶穌會大修院修中國文學和拉丁文；1870年晉鐸；1903年創辦震旦大學；1905年創辦復旦大學，1922年發起創辦輔仁大學；1939年逝於越南涼山。

6　柏朗嘉賓（John de Plano Carpini, 1182—1252），意大利人，方濟各會士，南宋淳祐五年（1245）出使蒙古，著有《蒙古行紀》。

邦，屠戮生靈殆盡。各國之民，顛沛流離，哭聲震天地，慘不忍聞。朕甚怪焉。近來蒙古君民不惟不能改過自新，且益肆其暴虐，仍速遠伐遠有，不顧上主命人本性相安之大誡。不論男婦老幼，恣意殺戮，其義何居？"[1] 1289 年意大利人孟高維諾（Giovanni da Montecorvino, 1247—1328）奉教皇之命啟程來華，路經東歐、西亞、波斯等地到達印度，乘船前往中國，元至元三十年（1293）在泉州登岸，次年抵元大都，覲見忽必烈和鐵木爾，得到在中國傳教許可。元大德十一年（1307）設立汗八里總主教區，孟高維諾任總主教，兼管遠東教務，元天曆元年（1328）逝於泉州。孟高維諾與教宗往來信件是那個時期基督教在華活動的信證。明末天主教傳教士發掘出《泉郡南邑西山古石聖架碑式》，乃十三世紀方濟各會傳教士從海上來華傳教留下的證物。和德里[2]的《東遊錄》、孟高維諾的《大汗國記》、馬黎諾里[3]的《奉使東方錄》、歐陽玄[4]的

《圭齋文集》之〈天馬頌〉都記載了馬黎諾里在元大都的情景。

第二個時期，明末利瑪竇奉葡萄牙國王派遣來華，繼承方濟各·沙勿略（Francois Xavier, 1506—1552）未竟事業，獲萬曆皇帝恩准，成功地進入宮廷服務，在中原大地普遍開教。利瑪竇繪製輿圖，湯若望欽天監修曆，徐日升教授西樂，郎世寧妙手丹青，延宕百年福音盛世，直至清中期。其間在華傳教修會主要有耶穌會、多明我會、方濟各會和遣使會。

第三個時期，自道光二十二年（1842）起，天主教各修會依據鴉片戰爭後清廷與西方列強達成的馳教條款紛沓而來。在中國，他們只有想去還是不想去的地方、有能力去還是沒有能力去的地方，已經不存在可以還是不可以去的地方。他們邁著大步朝前走，走到的地方遍佈改變天際綫的巍峨教堂。

1　〔法國〕樊國梁：《燕京開教略》，北京救世堂印書館，1905 年，上篇，第 25-26 頁。

2　和德里（Friar Odoric, 1286—1331），又記鄂多立克，意大利人，方濟各會修士，繼馬可波羅之後來到中國的旅行家，1322 年在廣州登岸，到過泉州、福州、杭州、金陵、揚州，沿著大運河北上抵達元大都；1328 年離開大都啟程回國，經陝西、甘肅、西藏，於 1330 年回到意大利帕多瓦；回國後口述了旅行的所見所聞及傳教經歷，由他人記錄成書《東遊錄》。

3　馬黎諾里（Giovanni dei Marignolli, 1290—1360），意大利人，生於佛羅倫薩，方濟各會士；教皇本篤十二世應元順帝之邀請派遣馬黎諾里等率領數十人的龐大使團出使元朝和蒙古諸王國，元至正二年（1342）抵達元上都，覲見元順帝，進呈教皇信件並獻駿馬一匹；使團留居大都約三年，後堅請歸國，獲准乘驛至泉州，由海道西還，1353 年返抵阿維尼翁，進呈元順帝致教皇克萊孟六世的國書；卒年不詳。

4　歐陽玄（1274—1358），字元功，號圭齋，瀏陽人，元代史學家、文學家；延祐年間任蕪湖縣尹三年；著有《太平經國》、《至正條格》、《經考大典》、《纂修通議》、《康書纂要》、《元律》、《至正河防記》、《圭齋文集》、《元詩選》、《全金元詞》、《漁家傲南詞》等。

釋例

　　一、天主教會在華發行的明信片許多出版項署 procure（法文）、prokuratur（德文）、procuratore（意大利文），這個詞來自拉丁文的 prōcūrō，通常在西文宗教文獻意思為賬務管家，稱為"司庫"，指機構或者機構的負責人，在教會管理體系裏這是一個權力很大的職務，不僅負責教區或修會的籌集和分配資金、管理財務，還有監察和審計職責。"司庫"在中國內地有許多稱呼，"理家"、"當家"、"會計"、"辦事處"、"財務處"等，港澳地區偶用"司庫"、"公廨"。早在明末利瑪竇來華時期，那一班傳教士在北京設立過稱為"錢莊"的機構。清中期傳教士重返中國，為妥善管理財務，各修會各教區一般都設立稱為"賬房"的機構。"賬房"亦有其商號，上海耶穌會稱"洋涇浜堂"，遣使會稱"首善堂"，巴黎外方傳教會稱"三德堂"，聖母聖心會稱"普愛堂"，聖言會稱"善道堂"、"仁德堂"，方濟各會稱"方濟堂"，奧古斯丁會稱"望德堂"，高隆龐會稱"崇真堂"，米蘭外方傳教會稱"宗立堂"，奧地利耶穌會稱"尚德堂"等。同治八年（1869）耶穌會管理的獻縣教區在天津設立辦事處稱聖沙勿略院，同治九年毀於天津教案，次年用清政府賠款在營口道重建賬房，改稱"崇德堂"。

　　中國天主教修會和教區的"賬房"基本功能是調撥海外輸入資金、梳理本機構賬目、籌措各地教友捐款，修會和教區對"賬房"依賴性很大。有幾家"賬房"的投資理財業務做得有聲有色。聖母聖心會常年在塞北傳教，海外資金不足以彌補經費，便在上海等沿海城市設立稱為"普愛堂"的賬房，經營房地產業，盈利豐厚，反哺教務。舊時上海法租界的霞飛坊和金亞爾培公寓都是普愛堂開發的房地產項目，普愛堂擁有上海法租界高檔住宅的半壁江山。這些商號是"賬房"本地化的稱呼，不能理解為僅僅用來從事房地產等理財的機構。[1]

中國天主教的"賬房"職責不僅如此，史料裏常常看到新近來華的傳教士往往先到"賬房"報到，被安排到"賬房"主辦的語言學校學習中文、當地風俗和傳教規則等，比如獻縣教區賬房設立的北京德勝院。"賬房"也是重要的出版機構，民國中期以後由於戰爭紛擾，獻縣教區的河間勝世堂印書房無法正常運營，出版業務移交給天津崇德堂。民國後期對中國近代新文學運動頗有研究的聖母聖心會傳教士善秉仁，其主編的幾部重要著作均由普愛堂出版。在後兩種情況，這些賬房實際上起著"會院"的職能。

二、本作所涉修會排列順序之處，原則上以其來華時間前後為準，個別修會歷史上來華久遠，然未產生太大影響，則以近代來華時間計算，比如嘉布遣會康熙四十三年到西藏的活動非常短暫，故以民國初期進入甘肅傳教算起。

三、明信片的質地通常有兩種：印製款和照片款。印製款明信片包括石印、鉛印、影印、膠印等；照片款明信片即批量洗印的照片，尺寸與一般明信片相似，背面有郵品的基本信息和格式，如寄件人和收件人地址，郵資粘貼處等。照片款明信片製作簡單，比較隨意，內容信息不完整。本作以介紹印製款明信片為主，為了敘事完整和連貫，偶爾採用少量來龍去脈較為清楚的照片款明信片，比如比德郎耶穌聖心司鐸會的《大理天主堂》等。

四、不論羅馬公教還是基督新教發行的明信片系列，其內容往往是圍繞某個國度、某個地區編輯發行的；也有一些內容是跨國度、跨地區的，本作通常只擇選與中國有關的明信片。

五、同一修會的同一主題明信片往往發行過多次，凡原編者標明系列次序的一概用原次序，如第一二三系列，或第 ABC 系列。凡原編者未標明系列次序且內容和發行時間明顯不同者，本書作者以不同形式標注區隔。凡原編者未標明系列次序，主題相近但明顯為不同系列者，如分別有獨立序號，本書標注為某系列某套。只是語言不同者，本書注明某語言系列以作區隔。凡同一系列明信片用不同語言發行的，本書一般混排，並附說明，如"聖母聖心會中國系列"、"聖母聖心會蒙古系列"等，出版者分別用荷蘭文和法文發行內容完全相同的兩套，本書視為一個系列。

六、特卡通常是指為特定事項發行的明信片，如募捐類、酬謝類、紀念類、節賀類明信片，大多不成系列，本書選編了少量比較有代表性的特卡。

七、傳教會發行的明信片多數對圖片加注了說明，使讀者比較清楚地了解圖片的背景和編者的意圖。本書凡標"原注"為原編者的注釋，未標注的為本書作者的釋文。一些明信片的編者為自己的

---

1 參見金國平：〈耶穌會會憲定義的"procurator"及教內與中國官方譯名〉，載葉農等編：《人過留痕——法國耶穌會檔案館藏上海耶穌會修士墓墓碑拓片》，暨南大學澳門研究所，2020 年，第 7 頁。

作品撰寫了宣傳口號，通常與該宗會的宗旨有關，或者闡明發行該明信片的目的，本書標為"主題詞"。少量明信片印有摘自《聖經》的語錄，為便於讀者理解圖片意思，作者根據"和合本"移譯中文，並標誌"典出"。

八、有一些明信片發行者為了便於回件郵遞，往往會印注"郵路"（via），比如汕頭教區的郵路是經香港至汕頭，東興教區的郵路是經東京（河內）至東興等。"郵路"（via）也常見於明信片的寄出，是寄件人國際郵件選擇"海路"或"陸路"。西伯利亞大鐵路通車後，往來中國與歐洲之間的郵件才有"陸路"選擇，一般是手寫或蓋印 via Siberia。

九、本書所涉明信片的發行時間一般標注為首次發行，有些只是根據"實寄片"使用比較多的年代推斷，或有誤差，有待完善。

十、本書所涉西方傳教士的名字原則上採用其中國姓氏名號，極少數傳教士由於所在傳教會中文資料匱乏無法查到中文姓名，概採用標準通用譯名。

十一、本書所涉外國地名一律採用新華社編纂的標準通用譯名。所涉中國地名依據名從時代原則，採用事件發生時期的名稱。傳教會發行的明信片使用拉丁字母拼寫的地名往往與現在的拼寫出入很大，尤其本書作者不擅閩南話和客家話，故而可能會出現誤識，請讀者自辨。

十二、實寄明信片都有寄件人撰寫的私人信息，由於手寫文字潦草，無法一一辨讀。出於尊重隱私權利，本書除了個別確有必要之外，對部分明信片做了技術處理。

十三、本書所引用的明信片是作者本人多年之收藏，擁有所有權。任何個人或機構以出版、複製、播放、表演、展覽、攝製片、翻譯或改編等形式使用這些作品時請通過合法途徑，尊重所有者權利。

01

耶穌會

　　上下五千年，無論帝王將相還是才子佳人，留給後人的無非是書籍和墓冢，但凡缺少這兩樣東西，在歷史學家眼裏便不過是傳說而已。天主教在中國三百年餘，出版過宣教書籍八千餘種，歷經社會動蕩大多難得一見，筆者在《百年流澤——從土山灣到諸巷會》[1] 已有系統討論，略下不述。絕大部分來華傳教士把中國當作自己侍奉上帝的終生之地，"不期去路成歸路，卻認他鄉作故鄉。"他們靈魂歸主後，俗身相守在信眾身邊，一千二百萬平方公里中華帝國土地上，曾處處可遇聖家陵園，杭州的"大方井"、福州的"十字山"、上海的"聖墓堂"、獻縣的"雲台山"、西灣子的"聖地梁"、太原的"西澗河"、濟寧的"戴莊薑園"、瓊州的"城外墓"、無錫的"惠山"、武昌的"洪山"、貴陽的"景家沖"和"黔靈山"、香港的"跑馬場"等，這些塋冢是客歿他鄉的傳教士們歸主之厝，如今已經成為中國境內歷史和文化的珍貴遺跡。

編者　Procuradoria das Missões
　　　　耶穌會賑房
語言　葡萄牙文
印製　1930s., Braga（葡萄牙布拉加）
尺寸　140mm×90mm

◉《聖方濟各·沙勿略歸主之地》

Lugar da Morte de S. Francisco Xavier

1　姚鵬：《百年流澤：從土山灣到諸巷會》，中西書局，2020 年。

"南海碧波出芙蓉"的上川島屹立於廣東台山西南的外海之中，湛藍如洗的海岸金沙灘和紅樹林圍托的象山西麓，兀然凸起一座西班牙風格的墓堂，乳白色建築掩映於蔥鬱的密林中。於墓堂後身沿著一條一百八十級石階登山小道攀上，可見聳立著滄桑斑駁的墓碑，鐫刻銘文："耶穌會士泰西聖人方濟各‧沙勿略爾於大明嘉靖三十一年壬子之冬升天 真跡 崇禎十二年已卯眾友立碑。"方濟各‧沙勿略，西班牙人，1540 年奉葡萄牙國王若奧三世派遣，以羅馬教宗保羅三世的使者名義航海東來，經印度果阿、新加坡、馬六甲等地，1549 年換乘中國商船至日本山口和豐後水道沿岸等地傳教。1551 年從日本搭乘葡萄牙商船"聖十字號"抵廣東台山外海的上川島，因海禁無法進入內地，欲與葡萄牙商人搭夥潛入大陸，商人爽約，沙勿略貧困交加，病歿孤島，"身雖死，而心仍未已"[1]。周圍眾人不懂天主教禮儀，一位黑白混種僕人將其屍骨下棺，撒下石灰數袋，"以此消血肉而留骨骸"，棺木落穴以土掩之。兩個月後沙勿略靈柩搭載路經的葡萄牙商船"聖克羅切號"運往滿刺加。[2] 崇禎十二年（1639）澳門的耶穌會神父登上川島憑弔沙勿略，在原穴為他建衣冠冢，另碑"東方宗徒耶穌

會士聖方濟各沙勿略曾葬此處。"同治八年（1869）由法國駐華公使出面集資修建墓殿和教堂。

耶穌會是天主教最大修會之一，雖然不是來華最早的修會，卻是第一個得到中國皇朝認可的修會，用現在的術語講是明朝第一個拿到在華傳教牌照的天主教組織。依納爵‧羅耀拉（Íñigo López de Loyola）1491 年生於西班牙巴斯克地區阿茲佩希亞（Azpeitia），洗名 San Ignacio de Loyola，在巴斯克語裏是小傢伙的意思；他的父母皆為西班牙貴族，他十七歲時投筆從戎，1521 年在西班牙與法國的帕維亞會戰中腿部受重傷，在醫院療傷期間閱讀了《耶穌傳》、《聖人言行》，頗有感觸，幡然醒悟，立誓獻身福音事業。1523 年他與錦衣玉食的貴族生活告別，來到巴塞羅那扮成苦行僧沿街乞討，為自己往日虛度時光贖罪，計募善款赴巴勒斯坦朝聖。耶路撒冷和伯利恆之旅使依納爵眼界大開，自愧文化素質太低無法領悟神之意旨。他夜宿貧民收容所，白天到亞加拉大學（Unversidad de Alcalá）學習文學、倫理學、物理和神學。他 1528 年到巴黎，在蒙太居學院（Collège de Montaigu）學習拉丁學和哲學。1534 年聖母升天瞻禮日，依納爵‧羅耀拉、方濟各‧沙勿略、伯多祿‧法伯爾[3]、迭

1　〔法國〕都率棱：《聖方濟各沙勿略傳》，蔣升譯，上海慈母堂，1896 年，第 137 頁。

2　參閱 J. De La Servière, *Histoire de la Mission du Kiang-Nan*, Imprimerie de L'Orphelinat de T'ou-sè-wè, Zi-ka-wei près Chang-hai, Chine,1914, pp.4-6.

3　伯多祿‧法伯爾（Pierre Favre, 1506—1546），生於神聖羅馬帝國薩瓦公國維拉雷（Villaret），1525 年就讀巴黎蒙太居學院（Collège de Montaigu）和聖巴貝學院（Collège Sainte-Barbe），1534 年 3 月 15 日參與創立耶穌會。

戈·萊內斯[1]、阿方索·沙墨隆[2]、尼各老·波巴迪拉[3]六位同志聚集在巴黎致命山聖但尼教堂（Chapelle Saint-Denis），發起成立"上帝之友"（Amis dans le Seigneur）修道眾會，突出強調誓守神貧、誓守貞潔、絕對服從三大原則。1540 年教宗保羅三世頒諭正式核准其憲章，名稱為"耶穌會"（Compagnie de Jésus），依納爵·羅耀拉為會長。耶穌會注重在社會主流階層發展信徒，尤其擅於遊說歐洲各國皇室得方便之門，開辦的學校、醫院在歐洲各地頗有名氣，擁有實力雄厚的工商企業，在科學研究上不惜投資，聲名遠揚。1556 年依納爵逝於羅馬。

耶穌會的成立身逢宗教改革運動風起雲湧之際，作為當時惟一有能力與改革派路德宗和加爾文宗抗衡的天主教勢力，為一日千里、所向披靡的新教運動挖掘壕溝、修築防綫，使梵蒂岡和西班牙、意大利傳統勢力保存一絲喘息機會。軍人出身的依納爵·羅耀拉按照軍隊體制管理耶穌會，要求會眾無條件服從自己、與異端戰鬥。在神學上他否定新教徒所讚許的奧古斯丁教義裏的成分，相信自由意志，反對預定說。他們傾注全力辦教育，贏得青年

人的擁護。耶穌會成立當年就派遣教士到葡萄牙、北非、東亞、南美傳教，其中派往東方的就是後來被稱為"東亞宗徒"的方濟各·沙勿略，卻"出師未捷身先死"。

彷彿靈魂轉世，沙勿略歸主次年利瑪竇出生，三十年後他率一班耶穌會士成功立足中國，了卻沙勿略的遺憾。利瑪竇，字西泰，1552 年生於意大利馬切拉塔（Macerata），在羅馬學習過法律、哲學、神學、數學和天文學，1571 年加入耶穌會，1578 年離開里斯本東行，抵印度果阿，1580 年晉鐸；萬曆十年（1582）到澳門，次年隨羅明堅神父經肇慶進入內地。利瑪竇廣交朋友的"工具"是西學。他把西方新穎的科學知識、奇妙的工藝械具帶到中國，使自認為天朝無所不有的人們放下傲慢的架子，視利瑪竇為可結交的博學之士；用自然科學知識來博取中國人的好感，帶著西學而來的利瑪竇吹動了明末以來士大夫學習洋學問的清新氣息，開風氣之先。利瑪竇在南京居住期間，結識了葉向高[4]、李贄[5]、徐光啟等人，或為他府老客，弄器談天，或結伴夫子廟，品茗論道。

1　迭戈·萊內斯（Diego Laynez, 1512—1565），生於西班牙卡斯蒂利亞的阿爾馬贊（Almazán），1528 年在埃納雷斯（Henares）的阿爾卡拉大學（Université de Alcalá）獲哲學學位，1533 年就讀巴黎大學，1534 年參與創立耶穌會，是耶穌會的神學家；1558 年出任耶穌會第二任會長。

2　阿方索·沙墨隆（Alfonso Salmeron, 1515—1585），生於西班牙托萊多（Tolède），早年在西班牙埃納雷斯的阿爾卡拉大學（Université de Alcalá de Henares）學習文學和哲學，後前往巴黎攻讀神學，結識依納爵·羅耀拉，1534 年參與創立耶穌會，1537 年晉鐸。

3　尼各老·波巴迪拉（Nicholas Bobadilla, 1511—1590），生於西班牙帕倫西亞（Palencia），就讀巴黎大學，1534 年參與創立耶穌會；後在德國傳教。

4　葉向高（1559—1627），字進卿，號台山，福州府福清人。明朝大臣、政治家，萬曆、天啟年間兩度出任內閣輔臣。萬曆十一年進士，授職庶吉士、翰林院編修，歷任南京國子司業、太子左中允、太子左庶子、南京禮部右侍郎，1607 年任禮部尚書、東閣大學士，主持閣務達七年之久；1614 年獲准回鄉。

5　李贄（1527—1602），號卓吾，別號溫陵居士，福建泉州人。明代官員、思想家、文學家，嘉靖三十一年舉人，歷共城教諭、國子監博士，萬曆年為姚安知府；後棄官寄寓黃安、湖北麻城芝佛院，晚年往來南北兩京等地，被誣下獄，自刎死於獄中。

　　萬曆二十九年（1601）年初，利瑪竇帶著準備好獻給皇帝的禮物，由龐迪我[1]神父陪伴，搭乘一位太監的船，沿大運河北上抵京。利瑪竇向萬曆皇帝獻上奧特柳斯[2]的 *Theatrum Orbis Terrae*（《世界大觀》），並"遣使會友加大撓[3]，前往澳門，購辦西洋珍貴玩好之物，將欲獻之廷闕。計購得座鐘若干架，佩錶若干對，大自鳴鐘一架，洋琴一張；尚有他種新奇之物若干箱禮物。"[4]"禮部對利瑪竇請求留居一事不敢專斷……等待好久，乃蒙皇帝傳旨慰問，允許所請各節，命神父們自覓房屋，所需朝廷供給，每隔四個月，頒發銀米，約合每月六金盾至八金盾，為神父們已足敷需要。神父們又屢次被召入宮，修理時鐘，得見皇帝的宗室，和他們談論教義。利瑪竇又特為皇帝繪製《坤輿萬國全圖》，記述各國風土。利屢與宮廷接近，聲譽日隆，傳說他曾親見皇帝。這種聲譽足以促進天主的事業。"[5]

　　萬曆三十八年（1610）五月十一日，利瑪竇在北京病逝。依照明朝定例，客死中國的西方傳教士必須移棺聖保祿神學院（Colégio de São Paulo）墓地。在他的傳教士同事的堅持和他的中國學生以及朝廷裏摯友的協調下，萬曆皇帝破天荒地恩准一位洋教士葬在北京，平則門外的二里溝"滕公柵欄"成為利瑪竇和他以後歸主同伴的長眠之地。此後與利瑪竇比塋的，明末有鄧玉函[6]、羅雅谷[7]等，清初有龍華民[8]、湯若望[9]、南懷仁[10]、郎世寧[11]等，至十九世紀末，長眠"滕公柵欄"的歐洲傳教士已逾百

1　龐迪我（Diego de Pantoja, 1571—1618），字順陽，西班牙人，耶穌會會士，生於塞維利亞，1589 年入耶穌會；1599 年抵澳門，受范禮安神父派遣前往南京，協助利瑪竇工作；1616 年發生南京教案，龐迪我等辯解無效，被遣逐回澳門，不久病歿。

2　亞伯拉罕・奧特柳斯（Abraham Ortelius, 1527—1598），被視為現代地圖創始者；生在安特衛普，1564 年出版了他的第一張世界地圖 *Typus Orbis Terrarum*；1574 年繪製的 *Theatrum Orbis Terrae*（《世界大觀》）為那個時代廣泛使用的地圖，北堂藏書樓藏有利瑪竇留下的這張地圖。

3　郭居靜（Lazzaro Cattaneo, 1560—1640），字仰鳳，又記加大撓，意大利人，1581 年入耶穌會，1588 年乘船東來，1589 年抵達果阿，傳教印度沿岸；1591 年來華，在南京、北京助利瑪竇管理教務，1596 年徐光啟回籍，邀其到上海開教；1611 年受李之藻之邀傳教浙江；著有《靈性旨主》、《悔罪要旨》、《音韻字典》；逝於杭州，葬大方井。

4　〔法國〕樊國梁：《燕京開教略》，北京救世堂印書館，1905 年，中篇，第 9 頁。

5　〔法國〕高龍鞶：《江南傳教史》，周士良譯，輔仁大學出版社，2009 年，第一冊，第 96 頁。

6　鄧玉函（Johann Schreck, 1576—1630），字涵璞，日耳曼人，1611 年入耶穌會；1619 年抵澳門，1621 年與湯若望、羅雅谷、傅泛際同行入內地，在杭州傳教，1623 年到北京，1629 年經徐光啟推薦在欽天監任職。他是伽利略的朋友，第一個把天文望遠鏡帶進中國；逝於北京，葬滕公柵欄。

7　羅雅谷（Giacomo Rho, 1593—1638），字味韶，意大利人，天文學家，1614 年入耶穌會，1624 年來華在山西傳教，1630 年到北京，與湯若望等人修訂曆法，參與《崇禎曆書》編纂；著譯還有《哀矜行詮》、《聖若瑟傳》、《聖母經解》、《楊淇園行跡》等；逝於北京，葬滕公柵欄。

8　龍華民（Nicolas Longobardi, 1559—1654），字精華，意大利人，1582 年加入耶穌會；1597 年來華，先到澳門，主持廣東地方的教務，1610 年前往北京擔任了耶穌會中國省會長；逝於北京，葬滕公柵欄。

9　湯若望（Johann Adam Schall von Bell, 1592—1666），字道未，德國人，1611 年加入耶穌會，1622 年來華，1628 年晉鐸，1630 年由徐光啟疏薦接替鄧玉函供職欽天監，順治帝之重臣，譯曆書，推步天文，製作儀器；1662 年因"曆案"下監，後平反，1666 年病逝於寓所；葬滕公柵欄。

10　南懷仁（Ferdinand Verbiest, 1623—1688），字敦伯，比利時人，1641 加入耶穌會，1659 年抵中國，同年晉鐸，在陝西傳教，1660 年奉詔入京，後經湯若望推薦進京協助修曆，康熙帝之重臣，參與中俄談判；曾任耶穌會中國省副會長；著《教要序論》、《善惡報略說》、《道學家傳》等；逝於北京，葬滕公柵欄。

11　郎世寧（Giuseppe Castiglione, 1688—1766），意大利人，1707 入耶穌會，1715 年來華，1721 年晉鐸，輔理修士；長期任職宮廷；逝於北京，葬滕公柵欄。

人。經年毀損，尤其經義和團運動的"洗禮"，如今墓碑尚存數十塊。處於顯耀位置的西邊三塊墓碑中間為利瑪竇，左右首分別為湯若望和南懷仁。

最初追隨利瑪竇來華的傳教士國籍複雜，西班牙人、葡萄牙人、意大利人、法蘭西人、比利時人、德意志人為了一個目標聚到一起，他們名義上是受葡萄牙國王派遣來華的，會籍隸屬耶穌會澳門省。1676 年南懷仁出任耶穌會中國省會長後，給耶穌會總部寫了一封公開信〈告全歐洲耶穌會士書〉，呼籲支持在中國的傳教事業，並派遣柏應理[1]赴歐洲遊說。柏應理通過幾位法國大臣疏通，勸說法王路易十四派遣法國傳教士去中國，排擠葡萄牙勢力，取得中國未來商業利益。野心勃勃的路易十四欣然接受大臣的建議，首批派遣法國耶穌會士白晉[2]、張誠[3]、李明[4]、劉應[5]、洪若翰[6]等人來華，行前給予他們"國王數學家"榮譽稱號和法國皇家科學院通訊院士頭銜。康熙二十七年（1688）白晉一行攜帶三十箱天文儀器抵達北京。法國耶穌會傳教士到華後組成法國傳教團，不僅對南懷仁幫助很大，也為耶穌會在華傳教打開華麗一章。1693 年，久患瘧疾的康熙服用了法國傳教士帶來的奎寧後被治癒，故賜法國傳教團一處宅院，還把北京城西郊佛教寺院正福寺恩賜給法國傳教團改建成其專屬的"正福寺墓地"（Cimetière de Tchengfousee），也稱"法國墓地"（Cimetière Français），法國傳教士則把"滕公柵欄"（Cimetière de Chala）稱為"葡國墓地"（Portugiesischer Friedhof）。法國傳教士歸主後，正福寺公墓是他們形骸的最後宿地。自此之後，不論耶穌會還是遣使會，來華傳教士以法國人為主體，在"滕公柵欄"與"正福寺"間形成歷史之隙。身後墳冢彷彿串起延綿歷史，百年回望愀然無處話淒涼。

1 柏應理（Philippe Couplet, 1623—1693），字信末，比利時人；1641 年入耶穌會，1659 年抵澳門，同年晉鐸，先後在江西、福建、湖廣、浙江、江南等省傳教，尤以在江南省時間最長，主持過松江、上海、嘉定、蘇州、鎮江、淮安、崇明等地教務；1682 年返歐述職，先後發表多種拉丁文著作，向歐洲介紹中國文化；1693 年離歐返華，在印度果阿近海遭遇風浪，重物擊頭身亡。

2 白晉（Joachim Bouvet, 1656—1730），字明遠，法國人，1678 年入耶穌會，1687 年來華，1694 年晉鐸，長期在宮廷任職；逝於北京，葬正福寺。

3 張誠（Jean-François Gerbillon, 1654—1707），字實齋，法國人，1670 年入耶穌會，1687 年來華，與白晉等被康熙帝留用宮中講授西學，編譯《幾何原理》、《哲學原理》等數學著作；1689 年奉康熙之命同徐日升一同參加清政府使團與帝俄進行《尼布楚條約》談判，擔任譯員；逝於北京，葬滕公柵欄，後遷正福寺。

4 李明（Louis le Comte, 1655—1728），字復初，法國人，1671 年入耶穌會，1687 年來華；1691 年回國，1696 年出版 *Nouveaux Memoires Sur L'etat Present de La Chine*（《中國近事報道》）。

5 劉應（Claude de Visdelou, 1656—1737），字聲聞，法國人，1673 年入耶穌會，1687 年來華；1737 年逝於印度；著有《韃靼史》、《中國歷史》、《中國哲學家的宗教史》、《中國人的禮儀與祭祀》、《易經概說》等；還有《禮記》、《書經》、《中庸》等拉丁文譯作。

6 洪若翰（Jean de Fontaney, 1643—1710），字時登，法國人，1658 年入耶穌會，天文學家，1687 年來華，在廣州、江蘇傳教；1710 年逝於法國。

CHINE

耶穌會中國系列

編者   Jésuites Missionnaires
　　　　耶穌會
語言   法文
印製   1920s., Imprimerie M. Lescuyer, Lyon（法國
　　　　里昂萊斯庫耶圖片社）
尺寸   140mm×90mm

◉ 遠江帆影

C'est sur le même fleuve, sur une jonque pareille qu'arrivèrent en Chine, il y a plus de trois siècles, les deux premiers Jésuites Missionnaires.

【原注】"三個世紀前最初的兩位耶穌會傳教士也是通過這條河抵達中國。"

編者的描述說明這張明信片的背景應該是珠江，萬曆十一年（1583）利瑪竇和羅明堅兩位神父由澳門經肇慶抵達廣州，開始"征服"中國的歷程。

❶ 青年焦慮

Devant les hautes faces de la Chine moderne, ces jeunes Chinois anxieux attendent… Qui leur apportera le grand "message"du Christ?

【原注】"在中國現代化浪潮面前，這些年輕的男男女女焦慮地等待……誰給他們帶來耶穌基督的偉大'聲音'呢？"

❷ 寺廟和尚

Un bonze dans la pagode de Sou Tchéou. Un jour ne viendre-t-il pas où ces prières et ces rites esront mieux dirigés?…

【原注】"他祈禱的好日子會來嗎？"

蘇州一所佛寺，夕陽下寺廟住持在大殿前點燃香爐，準備經課。

❸ 牙醫資格

Cette belle écharpe?… Devinez… Ce sont les molaires que ce dentiste à extraites. Cela vaut bien un brevet de Faculté.

【原注】"猜猜看，這是條圍巾嗎？是這位牙醫拔下的白齒，它們就是他行醫的最好資格證書。"

CHINE—
MISSON DES JÉSUITES

編者	Procure de Chine
	耶穌會中國賬房
語言	法文
印製	1930s., Paris（法國巴黎）
尺寸	140mm×90mm

耶穌會中國五彩系列

❶　❷

❶ 青陽露德聖母堂

L'Eglise de Tsiang Yang (N.D, de Lourdes)

江蘇江陰青陽露德聖母堂，始建於光緒二十八年（1902），1914年擴建。傳說1858年聖母顯身法國南部露德（Lourdes）小鎮，告訴當地一位貧窮女孩自己是耶穌的母親，並且使當地湧出可以治病的泉水。這個傳說被教會視為神蹟，得到梵蒂岡的認可，引來世界無數信徒頂禮膜拜，許多以聖母為主保的教堂被冠名"露德聖母教堂"。

❷ 中國孩子

Enfant Chinois

這幅照片表現的是穿著黃袍馬褂的富家少爺，冠以"中國孩子"之題，非典型性描述，易誤導異域人士對中國之印象，也不利於傳教會在西方的募捐活動。倘若照片上的人是溥儀，卻含另番意義。

DIFFONDETE L'IDEA MISSIONARIA— CURIOSITÀ CINESI

編者	*Le Missioni della Compagnia di Gesù* 《耶穌會》雜誌社
語言	意大利文
印製	1920s., 1940s., Venezia/Napoli（意大利威尼斯 / 那不勒斯）
尺寸	140mm×90mm
原注	《耶穌會》雜誌每周刊登兩次"理想遠播"專欄，載世界各地四十四個教區的報告；還有青年專欄，精彩紛呈，價廉物美。

"理想遠播系列"有三個子系列："奇異國度"、"修女奉獻"和"使徒之路"。"理想遠播系列"有兩個版本，第一次印於威尼斯，第二次印於那不勒斯，內容有差別，序號不連貫。

理想遠播 —— 奇異國度系列

Le Missioni della Compagnia di Gesù - *Curiosità Cinesi*

6. - *Un Notabile cinese*

● **中國紳士**

Un Notabile cinese

晚清中國紳士就是這個樣子，手握水煙袋，優雅地坐在一張瓷墩上，房間裝修偏於歐風，混搭蘭、竹、梅擺件，神清骨秀，矜持不苟。

Le Missioni della Compagnia di Gesù - *Curiosità Cinesi.*

7. - *Un pescatore*

Le Missioni della Compagnia di Gesù - *Curiosità Cinesi*

8. - *Anche i Cinesi amano gli uccelli*

❶ ❷

❶ 販貨漁夫

Un pescatore

教會明信片的編輯很注意反映中國社會生活的對比，與上流社會紳士的優渥生活形成巨大反差的下層百姓過著艱辛的日子。一位漁民打著油傘，拤著竹籃，衣衫襤褸，起早貪黑，獵魚販鬻，聊補家計。

❷ 提籠架鳥

Anche I Cinesi amano gli uccelli

提籠架鳥並不是滿清八旗紈綺子弟的專屬，遊手好閒浸潤中國社會生活方方面面。圖中兩位尚未到頤享天年年紀的青壯男子，玩物喪志，被西方傳教士視為神奇。"鬥雞走狗家世事，抱來皆佩黃金魚。卻笑儒生把書卷，學得顏回忍飢面。"

DIFFONDETE L'IDEA MISSIONARIA— LE SUORE NELLE NOSTRE MISSIONI

編者	*Le Missioni della Compagnia di Gesù*《耶穌會》雜誌社
語言	意大利文
印製	1920s., 1940s., Venezia/Napoli（意大利威尼斯／那不勒斯）
尺寸	140mm×90mm
原注	《耶穌會》雜誌每周刊登兩次"理想遠播"專欄，載世界各地四十四個教區的報告；還有青年專欄，精彩紛呈，價廉物美。

理想遠播 —— 修女奉獻系列

Serie II.ª - LE SUORE NELLE NOSTRE MISSIONI

N. 7. - ZI-KA-WEI (Cina) - Suore Ausiliatrici. Scuola di canto

Serie II.ª - LE SUORE NELLE NOSTRE MISSIONI

N. 5. - ZI-KA-WEI (Cina) - Le Suore Ausiliatrici del Purgatorio e un gruppo di piccoli orfanelli

❶
——
❷

❶ 徐家匯拯亡女修會的唱詩班

Zi-Ka-Wei (Cina)—Le Suore Ausiliatrici. Scuola di canto

唱詩班由教會信眾組成，為教會的義工團體，負責教會禮拜日的崇拜唱詩及帶領敬拜，是一種宗教儀式的組成部分。聖經舊約《歷代志》記載，唱詩班出現於大衛王時代。在以色列的十二支派中，上帝揀選利未人的家族為歌詠、讚美上帝的人。

❷ 徐家匯拯亡會的修女和孤兒

Zi-Ka-Wei (Cina)—Le Suore Ausiliatrici del Purgatorio e un gruppo di piccoli orfanelli

此圖表現一位中國嬤嬤照料十七個孤兒飯後玩耍。耶穌會在徐家匯開辦"聖嬰"事業有育嬰堂、孤兒院、聖母院，由拯亡會、聖衣會、仁愛會、獻堂會等女修會管理，吸納當地女信徒參與"恃主"工作。

Diffondete L'idea missionaria— Sulle orme degli Apostoli

編者　*Le Missioni della Compagnia di Gesù*《耶穌會》雜誌社

語言　意大利文

印製　1920s., 1940s., Venezia/Napoli（意大利威尼斯 / 那不勒斯）

尺寸　140mm×90mm

原注　"《耶穌會》雜誌每周刊登兩次"理想遠播"專欄，載世界各地四十四個教區的報告；還有青年專欄，精彩紛呈，價廉物美。

理想遠播 —— 使徒之路系列

Le Missioni della Compagnia di Gesù · *Sulle orme degli Apostoli*

Anche i fanciulli cinesi amano... cavalcare

Le Missioni della Compagnia di Gesù · *Sulle orme degli Apostoli*

Toeletta mattutina
di un fanciullo della Missione di Shienshien (Cina)

❶ ❷

❶ 中國孩子們也喜歡騎石馬

Anche i fanciulli cinesi amano... cavalcare

南京明孝陵下馬坊，"陵東西兩旁，立下馬坊，禁乘車馬行走，過必下。"下馬坊後兩側列石像群，精雕細琢，風格簡樸，形象逼真。兩個小孩子騎在石馬上，一臉稚氣。時代變遷，皇陵已失去往日的尊貴和威嚴。

❷ 獻縣的孩子早上倒馬桶

Toeletta mattutina di un fanciullo della missione di Shienshien (Cina)

MISSIONS DES PÈRES JÉSUITES, CHINE

編者	Procure des Missions des Pères Jésuites 耶穌司鐸會賬房
出版	Chine—Madagascar 《中國—馬達加斯加》雜誌社
語言	法文
印製	1930s., Hélio-Lorraine, Nancy（法國南錫赫利奧—洛林印製社）
尺寸	150mm × 105mm

耶穌司鐸會中國系列

"耶穌司鐸會中國系列"是一組反映二十世紀三十年代前期，中國社會經濟發展最好時期的人們生活場景的照片，1937年日本發動侵華戰爭後百業凋敝。照片中的人物無論老人、孩子還是男學女生，無論生活在上海還是南京，表現出的是幸福、富足、自信、快樂。當然"劇中人"不是普通平民百姓，他們讀書識字，在條件優渥的教會學校學習。

司鐸會也可譯為神父會。司鐸會不是獨立的修會，僅僅是修會內部組織團體。天主教神職人員分為神父、修士、輔理修士，神父代表耶穌基督行施各種神牧事務，在教會內部的職稱劃分上稱為司鐸，晉升神父、修士和輔理修士稱為晉鐸。嚴格意義上講，天主教各個修會就是司鐸會，只有神父、修士和輔理修士有資格加入。

❶｜❷　❶ 睿智老者　❷ 眉語目笑
　　　　　Un vieux Sage　Sourire futé

❶
❷
❸

❶ 大學體操課

Gymnastique à l'Université

❷ 學生們

Étudiants

❸ 這有多難啊！

Que c'est difficile !

PECHINO, PALAZZO DI ESTATE DELL'IMPERATORE

編者	Lega Missionaria studenti, L.M.S. Collegio Convitto Aricianum 意大利傳教學聯（阿里西亞努姆學院）
語言	意大利文
印製	1920s., Brescia（意大利布雷西亞）
尺寸	140mm×90mm
主題詞	"傳教士出售明信片的受益皆用於意大利傳教生學聯的傳播耶穌基督的宣教事業。"

意大利傳教學聯頤和園系列

"意大利傳教學聯頤和園系列"有兩個子系列，都是關於北京頤和園園林景觀。

意大利傳教學聯（La Lega Mssionaria Sudenti, LMS）是 1927 年羅馬馬西莫學院（Istituto Massimiliano Massimo）的耶穌會神父發起成立的非政府組織，作為意大利基督教青年運動的組成部分，致力於在意大利各地社區進行基督教志願服務。

❶
———
❷

PECHINO - Palazzo di estate dell'Imperatore - Ponte di marmo　　II - 4

PECHINO - Il palazzo d'estate dell'Imperatore - Visione di chioschi e di cupole　　II - 7

❶ 柳上飛橋

Palazzo di estate dell'Imperatore—Ponte di marmo

❷ 亭台穹崇

Visione di chioschi e di cupole

江 南 教 區

點閱天主教在江南的三百五十年史乘，透過斑駁陸離的故事讀到的不過是兩個關鍵詞：富庶和傳承。自古江南就是"魚米之鄉"、"繁榮富庶"的同義詞，時至近代，江南亦是中國現代工業的首發之地，擁抱著戛然止於二戰的"百年盛世"。這一百年是中國第一次對外開放、第一次推行現代化進程之時。天主教無疑是這兩個進程的第一個參與者、推動者、見證者，也是利益攸關者，更是最大的受惠者。皮厚之，毛旺焉。中國近代蓬勃興旺的工商業雲集於此，為江南教會帶來可靠而穩定的資金來源，其耶穌會的財務狀況一直比其他修會富足。天主教在江南收穫的還有宗教文化的傳承，以徐光啟、李之藻、楊廷筠[1]、孫元化[2]、吳漁山[3]為代表的江南士大夫皈依耶穌基督，在中國宗族文化傳統上撕裂開不大不小的口子，在古老的儒、釋、道意識形態的傳統之外增添了新的選項，這在其他地區難得一見。

上海塵囂鼎沸的徐家匯有一處僻靜的花園"光啟園"。花園中心圍繞一通墓碑立有石羊、石馬、華表、牌坊等物。光緒二十九年（1903）徐光啟受洗三百周年紀念日，耶穌會重修光啟墓園，在墓道中建有白色大理石十字架一座，現已損毀，十字架基座鐫刻有耶穌會題寫的一段拉丁文：

> 徐閣老保祿氏，公冥冥之靈，威望素著，仁厚睿智，化被萬方，攘袂引領後人，頂禮膜拜，奉全神明，迷途者知返。百年祭典，耶穌會重治墓園，慰藉天魂。

閣老徐光啟（1562—1633），上海縣徐家匯人，早年曾看到過《山海輿地全圖》，對利瑪竇十分仰慕。利瑪竇在南京傳教時，他的宅邸成為士大夫們趨之若鶩之處。他們討論的內容既有人性、道德等倫理問題，又有天文、曆算、地理等科學問題，士大夫們以與利瑪竇交友為莫大幸事。萬曆二十八年（1600）徐光啟到南京出差，"邂逅"利瑪竇神父，視其為"海內博物通達之君子"。萬曆三十一年徐光啟懷著對利瑪竇的情愫再次來到金陵，接待他的是羅如望[4]神父。據柏應理記述，羅如望神父引徐光啟瞻仰耶穌像，並望送給他《天主

---

1 楊廷筠（1562—1627），字仲堅，號淇園，教名彌格爾（Michael），浙江仁和人，萬曆二十年進士，仕至監察御史。早年研習王陽明心學，後來又"出儒入佛"，以居士自詡；在北京做官時與利瑪竇相識，辭官回杭州後與在江南的傳教士郭居靜、金尼閣和艾儒略等有深入往來。1611年辭休小妾，遵守教規，皈依基督；1616年在杭州購置房屋給郭居靜等外籍神父居住，1622年又把位於杭州老東岳附近大方井的祖塋辟為傳教士墓地；1627年在武林門外修建了浙江第一座天主教堂；有著作《代疑編》、《聖水紀言》。

2 孫元化（1581—1632），字初陽，號火東，川沙人，天啟年舉人，受徐光啟影響於1621年領洗，教名依納爵；從徐光啟學西洋火器法，任為兵部司務、兵部職方主事、職方郎中、右僉都御史、登萊巡撫等，後遭誣殺；著有《經武主編》等。

3 吳歷（1632—1718），字漁山，號桃溪居士，又號墨井道人，常熟人，明末清初畫家。十七世紀七十年代末皈依天主教，1688年晉鐸，在嘉定及江浙一帶傳教；葬南門外聖墓堂耶穌會修士墓地。

4 羅如望（Joannees de Rocha, 1566—1623），字懷中，葡萄牙人，1583年入耶穌會，1588年來華，1622年接替龍華民任耶穌會中國省會長，次年逝於杭州；著有《天主聖教啟蒙》、《天主聖像略說》。

實義》、《天主教要》等書。他回到客棧習讀，"達旦不寐，立志受教"，並連日去教堂觀察教禮，學習教義，聆聽羅如望講解摩西十誡之理[1]。回家後又捎來兩封信，信中表明他受到基督教教義的感染有多麼深。幾個月後，徐光啟忙裏偷閒在南京住了八天，潛心研究了利瑪竇的《天主實義》，遂起念皈依耶穌。羅如望神父為他施禮入教，取教名"保祿"。次年徐光啟參加會試，為萬曆甲辰科進士，隨後進翰林院為翰林庶吉士，官拜禮部尚書、文淵閣大學士。

徐光啟是明末皈依天主教的中國人裏官職最高者。這位文淵閣大學士不僅自己信奉天主、身體力行，還煞費苦心幫助天主教傳教士在中國立足。在他一再説服下，崇禎皇帝同意傳教士進入欽天監，用西方天文學方法幫助中國修曆。此後一百九十六年間，不論政治風雲如何變換，欽天監基本掌控在傳教士手裏，他們行走在宮闕之間而有幸得到生存之庇護。徐光啟真誠地向西方傳教士學習科學知識，是第一次西學東傳的帶頭人之一。他與傳教士和欽天監同事合作翻譯的大量西方科學著作，如《幾何原本》、《測量法義》、《測量異同》、《勾股義》、《簡平儀説》、《平渾圖説》、《日晷圖説》、《夜晷圖説》、《定法平方算數》、《泰西水法》等，以及

他主編的《崇禎曆書》等書，是清末之前中國人了解西方科學知識的惟一途徑，影響可見一斑。

徐光啟籌謀和推動了上海開教，由此聯動江蘇、浙江、福建等地教會組織的建立，在中國最富庶地區集聚起大批信眾。萬曆三十五年（1607）徐光啟回鄉奔喪途經南京時，邀請郭居靜神父前往上海傳教。翌年，郭居靜來到上海，在史稱"九間樓"的徐光啟宅第設壇宣講福音，這是上海天主教歷史的發端，"九間樓"被視為上海最早的天主教堂，也稱"第一天主堂"。意大利人潘國光[2]神父於明崇禎十年（1637）來華，在上海主持天主教教務，他與徐文定公一家人來往密切，徐光啟下葬時的墓志銘就是他用拉丁文撰寫的。潘國光先在"九間樓"西側的聖母堂佈道，漢語流利，嫻熟當地習俗，追隨者眾多，據説每年經手入會的有二三千人之數。禮拜者日增，聖母堂不敷應用，崇禎十三年（1640）潘國光籌劃另建新堂，得到徐光啟孫女許太夫人幫助，購城北安仁里潘氏舊宅世春堂，修葺易名"敬一堂"，俗稱"老天主堂"。1660 年羅馬教廷傳信部在中國推行宗座代牧制，從澳門教區分設南京宗座代牧區，意從葡萄牙手中變相收回牧權。康熙十五年（1676）教宗任命中國籍神父羅文藻擔任南京代牧區宗座代牧。

1　〔比利時〕柏應理：《一位中國奉教太太許母徐太夫人事略》，徐允希譯，上海土山灣印書館，1938 年，第 43 頁。
2　潘國光（Frarcuis Brancati, 1607—1671），字用觀，意大利人，1624 年入耶穌會，1637 年來華，主持上海教務；因"康熙教案"逝於廣州，葬上海聖墓堂墓地；著有《天神會課》、《天主十誡勸論聖蹟》、《聖教四規》、《天階》、《瞻禮口鐸》等。

　　道光二十二年（1842）耶穌會重返中國，南格祿[1]、艾方濟[2]、李秀芳[3]三位傳教士率先到達上海。1856 年教廷將南京教區改為江南代牧區，轄江蘇和安徽兩省傳教事務，主教座堂設駐上海，授權耶穌會管理。1921 年設立江蘇代牧區和安徽代牧區，主教座堂分別位於南京和蕪湖。1926 年傳信部從南京教區分立海門教區，1929 年從蕪湖教區分立蚌埠教區和安慶教區，後者由西班牙耶穌會管理，1931 年又從南京教區分立出徐州教區，同年進一步縮小南京教區管理範圍，只保留江蘇的長江以南、無錫以西的地區，上海、蘇州和蘇北潤揚地區成立上海教區。1946 年教廷宣佈在中國實行聖統制，取代江南教區設立南京總教區和蕪湖總教區。1949 年教廷決定成立海州監牧區和揚州監牧區，分別由法國耶穌會和美國耶穌會神父管理。江南教區是天主教在中國規模最大、財力最雄厚、歷史最悠久的教區。一百年間，耶穌會在上海徐家匯（Zi-Ka-Wei）建立起堪比梵蒂岡的東方聖教重鎮。

　　耶穌會只是江南教區的管理者，天主教其他修會都在這塊土地上開展活動。以上海為例，在教育事業上，鮑斯高會在楊樹浦辦有聖類斯工藝學校，聖母會辦有聖沙勿略法文學校；在醫療事業上，德國仁愛修士會（Fratres Misericordiae Mariae Auxiliatricis）辦有北橋普慈療養院，仁愛女修會管理著廣慈醫院，方濟各瑪利亞修女會管理著公濟醫院；在福利事業上，拯亡修女會管理著徐家匯聖母院，聖衣女修會管理著土山灣聖衣院，安老修女會管理著南市安老院，善牧女修會（Sœurs de Notre-Dame du Bon Pasteur d'Angers）管理著貝當路善牧會院，盧森堡方濟各第三規仁愛會（Congregatio Sororum Tertii Ordinis S. P. Francisci Luxembourg, OSF）管理著北橋普慈療養院。

　　江南教區外籍神職人員是法國耶穌會組織派遣的，法國神父居主導地位。但是有四個次級教區不在此例，安慶教區是由西班牙利昂（Leon）省的耶穌會管理，蕪湖教區由西班牙卡斯蒂利亞（Castille）省耶穌會管理，蚌埠教區由意大利都靈（Turin）省耶穌會管理，徐州教區由加拿大魁北克（Québec）省耶穌會管理。

1　南格祿（Claudius Gotteland, 1803—1856），字德朗，法國薩伏依人，1822 年加入法國耶穌會，1840 年晉鐸；1842 年來華，至 1848 年為江南耶穌會會長；逝於上海。

2　艾方濟（Eugène-Martin-Franïois Estève, 1807—1848），字健行，法國人，1833 年入耶穌會，1842 年來華，次年晉鐸；逝於上海。

3　李秀芳（Benjaminus Brueyre, 1810—1880），字雅明，法國人，1831 年入耶穌會，1842 年來華，在定海逗留三個月，當年 10 月抵滬，1847 年晉鐸；逝於獻縣。

CHINE—
MISSIONS DU KIANG NAN

江南教區 A 系列

編者 Procure Générale du Kiang Nan, Paris
江南教區總賬房（巴黎）

語言 法文

印製 1920s., Paris（巴黎）

尺寸 140mm×90mm

Chine — Mission des Jésuites
L'Eglise de ZIKAWEI

◉ 徐家匯聖依納爵大教堂

L'Eglise de Zi ka wei

耶穌會重返中國後管理中心初設在董家渡天主堂。當年上海西南流淌著三條小河：肇家浜、蒲匯塘、法華涇。三河匯流的地方名"法華匯"。法華匯邊上有個小村子，叫作"徐家庫"，就是"徐家村"的意思，徐光啟誕生在這裏。徐家子孫世居於此，繁衍生息，漸成村落，後人漸漸把"法華匯"改稱為"徐家匯"（Zi-Ka-Wei）。南格祿神父選中徐家匯這個有特殊意義的地方興建傳教大本營，得教友幫助，教會在光啟墓園附近購置了四百畝土地，後來又獲得諸巷會教友以及馬相伯捐贈的土地，形成徐家匯天主教中心的鼎盛時期的規模。

聖依納爵大教堂始建於咸豐元年（1851），范廷佐設計，尊耶穌會創始人聖依納爵為教堂主保。為容下更多信徒慕道，江南教區決定重建規模更加宏大、裝飾華麗的新教堂，光緒三十二年（1906）動工，宣統二年（1910）竣工，老堂移交徐匯公學。聖依納爵大教堂坐西朝東，為哥特式建築，平面呈十字型，外牆清水紅磚砌築，四周尖拱窗有彩繪玻璃鑲嵌其中，牆基用青石，教堂正門上方曾聳立著耶穌抱十字架的聖像。當年號稱遠東第一教堂。

❶ 乞丐和他的乾兒子

Mendiant et son peut-fils

"乞丐用固執的眼，凝視著你，看你
在吃任何食物，和你用指甲剔牙齒的
樣子……乞丐伸著永不縮回的手，
烏黑的手，要求施捨一個銅子。"
艾青的〈乞丐〉描述的不正是這個場
景嗎？

❷ 苗圃：徐家匯聖母院的育嬰堂

Seng Mou Yen de Zi Ka Wei-Pouponnière

咸豐五年（1855）法國神父薛孔昭[1]在青浦橫塘創辦育嬰堂，後遷入上海
郊區蔡家灣改為孤兒院；咸豐十年（1860）太平軍攻至上海郊區，幸存孤
兒避之董家渡。同治三年（1864）孤兒院遷入土山灣，為女童設立聖母院
(Jardin de la Sainte Mére)。聖母院管理者主要是拯亡女修會和獻堂女修會，
除了育嬰堂，陸續開辦了幼稚園、聾啞學堂、啟明女校以及女子修道院、
安老院；為女童未來生計，聖母院設立刺繡、裁縫、洗衣等工場。

1　薛孔昭（Aloysius Sica, 1814—1895），字類思，意大利那不勒斯人，1831 年入耶穌會，1849 年晉鐸，咸豐七年（1857）來華；逝於上海。

Chine — Mission des Jésuites
Famille Chrétienne: 7 enfants sur 10 vivants

Chine — Mission des Jésuites
Trois orphelines de la Sainte-Enfance

Chine — Mission des Jésuites
Bufflonne au pacage

❶ 信教家庭：十個孩子存活七個

Famille Chrétienne: 7 enfants sur 10 vivants

這張明信片是要向社會宣傳，皈依基督的中國家庭中孩子的成活率比較高。一方面信徒們確實可以更多地接受到教會提供的醫療服務，這經常是免費的；另一方面圖中孩子顯然是富裕家庭的子弟，成活率比較高本在情理之中。

❷ 孤兒院三個孩子

Trois orphelines de la Sainte-Enfance

圖為土山灣育嬰堂一角。教會收留的孤兒放在育嬰堂養育。教會為大部分孤兒找到收養人家，餘者長大後分別升班到孤兒院和孤女院。孤女院歸聖母院管理。

❸ 牧童與水牛

Bufflonne au pacage

"不言牧田遠，不道牧陂深。所念牛馴擾，不亂牧童心。"
（〔唐〕儲光羲〈牧童詞〉）

CHINE—
MISSIONS DU KIANG NAN

編者　Procure Générale du Kiang Nan, Paris
　　　江南教區總賬房（巴黎）

語言　法文

印製　1920s., Art Catholique Paris（巴黎天主教美
　　　術社）

尺寸　140mm×90mm

江南教區 B 系列

Hôpital Sainte-Marie -- Changhai (Vue d'ensemble)

◉ 遠眺上海聖瑪利亞醫院

Hôpital Sainte-Marie—Changhai (Vue d'ensemble)

聖瑪利亞醫院（Hôpital Sainte-Marie）是法國天主教士姚宗李[1]主教與上海法租界當局合作，於光緒三十年（1904）在上海金神父路（今瑞金二路）創辦的一所由天主教會管理的西醫院，1907 年落成，中文稱為"廣慈醫院"，是今日瑞金醫院的前身。

1　姚宗李（Próspero París, 1846—1931），生於法國南特，1866 年入耶穌會，1881 年晉鐸，光緒九年（1883）來華，
　　1893 年任上海耶穌會會長，1900 年任江南教區主教，後陸續出任江蘇代牧區和南京代牧區主教；逝於上海。

Au bord du Canal
(près Changhai)
On lave ensemble linge, riz, poulet, etc

Pêcheur d'anguilles (il en a pris quatre d'un coup !)
(Kiang-Sou)

Mendiant aveugle et son fils (Kiang-Sou)

Loterie d'enfants — Changhai
(Kiang-Sou)

❶ 上海附近的河邊人們洗衣洗米洗肉

Au bord du Canal (près Changhai) , On lave ensemble linge, riz, poulet, ect

肇嘉浜是上海城南一條河流，曾是法租界與上海縣的界河，每日許多華人過橋到法租界做工；因河水污染嚴重被稱為上海"龍鬚溝"。

❷ 一頓可以吃四條鰻魚的江蘇捕鰻人

Pêcheur d'anguilles (il en a pris quatre d'un coup!) (Kiang-Sou)

"青箬笠，綠蓑衣，斜風細雨不須歸。"在沿海地區捕鰻魚是非常辛苦的活兒，也蘊育著聰明才智。鰻魚一旦被捕捉，自知生的希望破滅了，過不了多久就死掉了。聰明的捕鰻人在船艙裏放進一些鮎魚，鰻魚和鮎魚生性好咬好鬥，為了對付鮎魚的攻擊，鰻魚也被迫竭力出擊，鰻魚生的本能被充分調動起來，可以活很久。人們從中悟出哲理，要勇於挑戰，只有在挑戰中生命才會充滿生機和希望。

❸ 江蘇盲乞丐和他的兒子

Mendiant aveugle et son fils (Kiang-Sou)

聞不到朱門發臭的酒肉，看不到路邊凍死的軀骨，人間的苦難怎一個公平得以論說？人性的善良怎一個慈悲可以安慰？

❹ 上海（江蘇）的孩子們小賭怡情

Loterie d'enfants—Changhai (Kiang-Sou)

MISSION DES JÉSUITES EN CHINE (SHANGHAÏ)

耶穌會上海系列

編者	Procure des Chine, Paris 耶穌會中國賬房（巴黎）
語言	法文
印製	1920s., Imprimeries Réunies de Nancy（法國南錫雷納斯印刷所）
尺寸	140mm×90mm

Mission des Jésuites à Shanghaï (Chine)

Une jeune mariée chrétienne
(avec ses deux nièces jumelles, demoiselles d'honneur)

Mission des Jésuites en Chine (Shanghaï)

Enfants de chœur, sortant de l'Église de Zi ka wei

❶ 信教的新娘

Un jeune mariée chrétienne

信教女孩選擇在教堂舉辦婚禮，這在民國算是時尚，也是普遍現象。在肅穆華麗的教堂穹頂下，相愛的情侶攜手站在耶穌像下，讓上帝見證他們的誓言，給新的結合披上神聖的光環。圖中這位新娘帶來"雙胞胎的姪女作伴娘"。

❷ 徐家匯教堂唱詩班的孩子們

Enfants de chœur, sortant de l'Église de Zi ka wei

唱詩班是基督教的儀式之一，聚眾合唱以讚美上帝。此傳統溯自猶太人。"吹號的，歌唱的都一齊發聲，聲合為一，讚美感謝耶和華。吹號，敲鈸，用各種樂器，揚聲讚美耶和華說，'耶和華本為善，他的慈愛永遠長存'。那時，耶和華的殿有雲充滿，甚至祭司不能站立供職，因為耶和華的榮光充滿了神的殿。"（《歷代志下》第 5 章第 13 節）

❶　❷

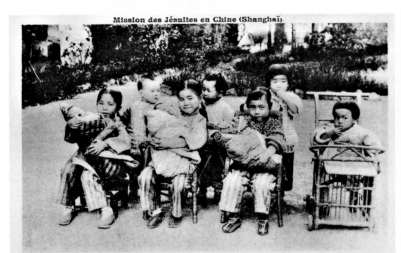

❶ | ❸
❷ |

❶ **拯亡會聖母院大孩子照料小孩子**

Au <Sen-Mou-Yeu>, chez les Auxiliatrices du Purgatoire (Les orphelines plus grandes servent de marraines aux plus petite)

照片記錄的是聖母院的"大姐姐"們看管照顧剛剛完成聖洗的三個小毛頭。

❷ **農村孩子玩戰車**

Petits paysans chinois jouant au char
舊時兒歌："拉洋車，好買賣，大爺拉著大奶奶。"

❸ **信教的富家子弟**

Enfants chrétiens d'une famille riche (shanghaï)
信教家庭的四個孩子在照相館的合影。不知四個可愛的孩子是誰，在這樣家庭養育的孩子大多學貫中西，恰是那個時代國家需要的人才。

JÉSUITES FRANCE EN CHINE (SHANGHAÏ)

編者	Procure de Chine, Paris 耶穌會中國賬房（巴黎）
語言	法文
印製	1920s., Imprimeries Réunies de Nancy（法國南錫雷納斯印刷所）
尺寸	140mm×90mm

法國耶穌會上海系列

Missionnaire en tournée dans le Nord, à âne
(avec le costume et le chapeau de paille du Pays)

A l'Orphelinat de Zi ka wei (le piquet d'honneur des petits marins)

❶ ❷

❶ 北方傳教士外出巡視

Missionnaire en tournée dans le Nord, à ane (avec le costume et le chapeau de paille du Pays)

傳教士騎著毛驢，身著當地農民衣服和帽子，外出巡視。文獻記載，外國傳教士在履行神職時身穿祭服，平常穿衣打扮都是本地化的。在清末，有的傳教士甚至把自己的髮型改成光亮的腦門加上一根金錢鼠尾辮子，自詡貼近教民。

❷ 徐家匯孤兒院小水兵儀仗隊

A l'Orphelinat de Zi ka wei (le piquet d'honneur des petits marins)

同治三年（1864）耶穌會將孤兒院遷入徐家匯土山灣，將孤兒分類，育嬰堂養育小毛頭，設立聖母院照料女孩，土山灣孤兒院收養六至十二歲男孩。孤兒院孩子年滿十二歲開始學藝，為此設立土山灣工藝工場，有鞋作、木工、五金、照相、印刷、繪畫、彩繪玻璃等車間，六年出徒後可留院工作或外出謀生。

MISSION DE LA C^{IE} DE JÉSUS AU KIANG-SOU, CHINE

江蘇教區系列

編者	Mission de la Cie de Jésus
	耶穌會
語言	法文
印製	1920s.
尺寸	140mm×90mm

❶
————
❷

Un commissionnaire apporte, dans deux paniers, de petits enfants nouveaux nés, sauvés de la mort par des chrétiennes, qui les envoient à l'Orphelinat du SEN-MOU-YEU, dirigé par les Auxiliatrices des Ames du Purgatoire.
Mission de la Cie de Jésus au KIANG-SOU, Chine.

Travail du coton, séparation de la graine, battage, roulage, filature et tissage.
Établissement du SEN-MOU-YEU, dirigé par les Auxiliatrices des Ames du Purgatoire.
Mission de la Cie de Jésus au KIANG-SOU, Chine.

❶ 兩個新生兒送到聖母院

Un commissionnaire apporte, dns deux paniers, de petits enfants nouveaux nés, sauvés de la mort par des chrétiennes, qui les envoient à l'Orphelinat du Sen-Mou-Yeu, dirigé par les Auxiliatrices des Ames de Purgatoire.

【原注】"擔子裏挑著兩個新生兒送到耶穌會江南教區聖母院交給修女撫養。"

❷ 江蘇聖母院的彈棉花作坊

Travail du coton, séparation de la graine, battage, roulage, filature et tissage. Établissement du SEN-MOU-YUE, dirgé par les Auxiliatrices des Ames Purgatoire. Mission de la Cie de Jésus au Kiang-Sou, Chine.

【原注】"拯亡會聖母院在江蘇教區創建的彈棉花作坊。"

❶
❷
❸

La Fondatrice de l'École des Sourds-muets, Auxiliatrice des Ames du Purgatoire, SEN-MOU-YEU. — Mission de la Cⁱᵉ de Jésus au KIANG-SOU, Chine. — Les six premiers élèves disent à leurs bienfaiteurs : Merci, merci ; Zia-Zia, Zia-Zia.

Petites orphelines revenues de nourrice (déjeuner). — Orphelinat du SEN-MOU-YEU, dirigé par les Auxiliatrices des Ames du Purgatoire. — Mission de la Cⁱᵉ de Jésus, KIANG-SOU, Chine.

Petite crèche, Orphelinat du SEN-MOU-YEU, dirigé par les Auxiliatrices des Ames du Purgatoire. Mission de la Cⁱᵉ de Jésus au KIANG-SOU, Chine.

❶ 六位聾啞學生

La Fondatrice de l'École des Sourds-muets, Auxiliatrice des Ames de Purgatoire, Sen-Mou-Yeu,—Mission de la Cⁱᵉ de Jésus au Kiang-Sou, Chine.—Les six premiers élèves disent à leurs bienfaiteurs: Merci, merci; Zia-Zia, Zia-Zia.

【原注】"拯亡會聖母院在江蘇教區建立的聾啞學校。六位小學生對恩人表示謝謝！"

❷ 保姆挨個給孩子餵飯

Petites orphelines revenues de nourrice (déjeuuer).—Orphelinat du Sen-Mou-Yeu, dirigé par les Auxiliatrices des Ames du Purgatoire.—Mission de la Cⁱᵉ de Jesus, Kiang-Sou, Chine.

【原注】"拯亡會聖母院在江蘇教區管理的孤兒院。"

❸ 江蘇教區育嬰堂

Petite crèche, Orphelinat du Sen-Mou-Yeu, dirigé par les Auxiliatrices des Ames du Purgatoire.—Mission de la Cⁱᵉ de Jesus, Kiang-Sou, Chine.

【原注】"拯亡會聖母院在江蘇教區管理的育嬰堂。"

MISSION DU SIU-TCHEOU-FOU, CHINE

編者	Mission des Jésuites Canadiens 加拿大耶穌會
語言	法文 德文
印製	1920s., Imprimerie du Messager, Montréal （加拿大蒙特利爾文傳社）
尺寸	140mm×90mm

加拿大耶穌會徐州教區系列

❶ ❷

❶ 浣衣女

Chinesische Frauen beim Waschen

❷ 加拿大傳教士

Groupe de Missionnaires canadiens

明末清初，天主教在徐州東部的邳州、宿遷傳播，零零散散，無大成就。光緒八年（1882）耶穌會傳教士艾賚沃[1]受江南教區派遣到徐州，建有"耶穌聖心堂"。第一次世界大戰爆發後，江南教區窘於人員緊迫，動員加拿大法語區耶穌會傳教士來華，補充人力資源。1918年至1940年有七十一位加拿大傳教士來華，在上海徐家匯神修院學習漢語後奔赴徐州[2]。1931年梵蒂岡傳信部從江蘇教區分立出徐州監牧區，正式交由加拿大耶穌會士專管，1935年徐州監牧區升格為徐州代牧區，邰軼歐[3]擔任主教，管轄銅山、豐縣、沛縣、蕭縣、碭山、邳縣、宿遷、睢寧。在徐州教區參與輔助傳教的有帕爾馬烏蘇拉會、獻堂女修會和聖母無原罪傳教女修會等。

1　艾賚沃（Leopold Gain, 1852—1930），字葆德，法裔加拿大人，1874年加入耶穌會，1876年來華，1882年到徐州開教，1888年晉鐸，1911年回上海。

2　參見 Édouard Lafortune, *Canadiens en Chine, Croquis du SiuTtcheou Fou, Mission des Jésuites du Canada*, Montréal: l'Action Paroissiale, 1930.

3　邰軼歐（Philippe Côté, 1895—1970），法裔加拿大人，生於美國麻省勞倫斯，1916年加入耶穌會，1927晉鐸，1929年來華，在碭山和宿遷傳教，1935年任徐州代牧區主教。

SIU-TCHEOU, CHINE, MISSION DES JÉSEITES CANADIEN

魁北克耶穌會徐州教區系列

編者 Procure de la Mission de Chine, Québec
耶穌會中國賬房（魁北克）

語言 法文

印製 1920s., Imprimerie du Messager, Montréal
（加拿大蒙特利爾文傳社）

尺寸 140mm×90mm

UN COUPLE HEUREUX

Au Roc: construction de l'école des filles

❶ 快樂的夥伴

Un couple Heureux

❷ 在建的女校

Au Roc: construction de l'école des filles

SIU-TCHEOU, MUSÉE CHINOIS, QUÉBEC

魁北克中國博物館徐州教區系列

編者	Mission des Jésuites Canadiens, Musée chinois, Québec 加拿大耶穌會魁北克中國博物館
語言	法文
印製	1930s., Germany（德國）
尺寸	140mm×90mm

SIU-TCHEOU, CHINE, MISSION DES JÉSUITES CANADIENS
Attelage paysan

◉ 農民搭便車
Attelage paysan

Sina—
Missione di Pengpu

意大利耶穌會蚌埠教區系列

編者　意大利耶穌會
語言　意大利文
印製　1930s.
尺寸　140mm×90mm

Cina - Missione di Pengpu.

8. Il P. Cassini S. I. a cavallo dell'irrequieta "Negra,, va di villaggio in villaggio.

Cina - Missione di Pengpu.

9. Con la bicicletta i missionari moltiplicano la loro attività.

❶ 趙信義神父走村串巷

Il P. Cassini S. I. a cavallo dell'irrequieta "Negra„ va di villaggio in villaggio

趙信義（Cipriano Cassini, 1894—1951），意大利佩里納爾多人，1911 年加入耶穌會，1926 年晉鐸，1928 年來華，1937 年任蚌埠教區主教。

❷ 傳教士騎自行車可以擴大活動區域

Con la bicicletta i missionari moltiplicano la loro attività

順治六年（1649）湯若望神父到安徽開教，以五河縣為基地在淮北等地佈福音。安徽教務受轄於順治十六年（1659）成立的南京代牧區和咸豐六年（1856）成立的江南代牧區。1921 年梵蒂岡傳信部決定設立統管安徽教務的蕪湖代牧區，下制淮泗、蕪湖、安慶教區，1929 年梵蒂岡傳信部將蕪湖代牧區分立出安慶代牧區和蚌埠代牧區，前者由西班牙耶穌會管理，後者由來自意大利都靈的耶穌會管理，在蚌埠、鳳陽、滁縣、懷遠、泗縣、靈壁、渦陽、亳縣、宿縣、阜陽、潁上等地設有堂口，六座教堂；輔助傳教的修女會是帕爾瑪烏蘇拉聖心會。

Cina - Missione di Pengpu.

10. Un inquillino del missionario.

Cina - Missione di Pengpu.

4. Gruppo di alunne interne del collegio tenuto dalle Madri Orsoline di Parma.

Cina - Missione di Pengpu.

5. Il P. Avedano S. I. amministra il battesimo nella cappella di Szechow.

Cina - Missione di Pengpu.

6. Ogni sera del mese di maggio.

❶ ❷
❸ ❹

❶ **傳教士與房東**

Un inquillino del missionario
一位蚌埠教區傳教士
與房東母子三口其樂
融融在一起。1929 年
蚌埠教區從蕪湖教區
分出，成立獨立教區。

❷ **帕爾馬烏蘇拉會學生組織成員**

Gruppo di alunne interne del collegio tenuto dalle Madri Orsoline di Parma
帕爾馬烏蘇拉聖心會（Orsoline del Sacro Cuore di Parma）成立於 1575 年，1899 年得到教宗正式批准成為修女傳教會，1926 年來華後一直在蚌埠協助意大利耶穌會從事輔助傳教工作，前後有二十一名外籍修女和三名本地修女，建有孤兒院、養老院及一座女修院。

❸ **耶穌會雅維達神父在泗州教堂施洗**

Il P. Avedano S. I. amministra il battesimo nella cappella di Szechow
雅維達（Michaël Avedano），1886 年生於意大利，1909 年加入耶穌會，1923 年來華，在蚌埠教區任神職，1924 年晉鐸，餘跡不詳。泗州，舊地名，曾轄制今泗縣、天長、盱眙、明光、泗洪一帶。

❹ **五月的傍晚**

Ogni sera del mese di maggio
每年五月是天主教奉祭聖母瑪利亞的"聖母月"。傳說在羅馬有一個潔淨無罪的熱心小孩子，在一個清和溫暖的五月晚上，召集了十幾個和他一樣的孤兒，提著燈籠來到了一座聖母像前，同聲吟唱一遍聖母禱文。悠揚清脆的歌聲隨著清風飄向遠方，第二天晚上更多的孩子聚集。以後不只孩子，連大人們也來參加這恭敬聖母的團體，漸成傳統。

HAI-TCHÉOU

耶穌會沙勿略學院海州教區

編者　Collège St Francois-Xavier Vannes
　　　耶穌會沙勿略學院（瓦訥）
語言　法文
印製　1949, Vannes（法國瓦訥）
尺寸　140mm×90mm

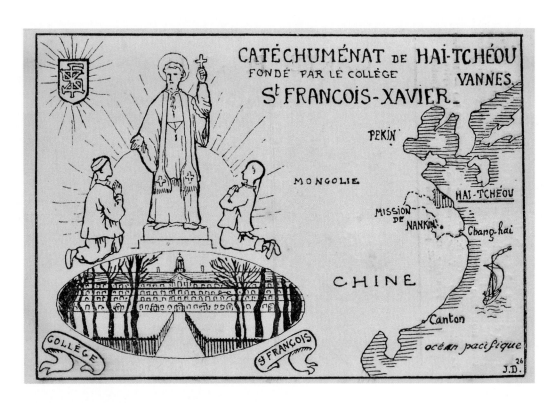

◉ 瓦訥聖沙勿略學院創辦的海州初學院

Catéchuménat de Hai-Tchéou Fondé par le Collège St Francois-Xavier Vannes

【原注】"通過初學院傳教士大致兩三星期可以使二三十位異教徒皈依，每年平均發展一百至一百二十位基督徒，這是發展新基督徒的基本途經。"

耶穌會沙勿略學院最初在十七世紀成立於法國瓦訥，1763 年耶穌會解散後該學院被迫關閉。1850 年耶穌會復建這所學校，稱"瓦訥聖沙勿略學院"（Collège Saint-Francois-Xavier de Vannes）。

光緒三十三年（1907）江南代牧區在海州修建天主堂，1924 年海州成立總本堂，1949 年教廷決定成立海州監牧區，耶穌會籌備海州初學院，隨著天主教傳教士撤離中國而沒有實現，大概算是天主教在舊中國的絕唱。

土山灣孤兒院

自明末清初西方傳教士來華後，他們在與歐洲信件往來裏頻繁談及中國的棄嬰現象，其被描述為與貧困相伴的惡俗，由此法國民間有人自發地資助在華傳教士解救棄嬰。1843 年法國神父約瑟夫·福爾班—冉森伯爵與法國傳信會合作在巴黎創辦"聖嬰會"（Opus a Sancta Infantil），旨在幫助在華傳教士開展對中國棄嬰的拯救活動。道光二十九年（1849）在法國聖嬰會的協助下江南教區開始有計劃地收養遺棄孤兒，咸豐五年（1855）薛孔昭神父在青浦橫塘開辦育嬰堂，後遷到徐涇鎮蔡家灣改為孤兒院。太平軍攻至上海郊區，房屋焚毀，神父被害，孤兒罹難。幸存孤兒避之董家渡，同治三年（1864）江南教區在徐家匯土山灣為孤兒院修建了固定院舍。

對土山灣孤兒院貢獻最大的是法國傳教士夏顯德神父。夏顯德（Franciscus Giaquinto, 1818—1864），字懋修，道光二十九年（1849）來華，咸豐元年（1851）初被派到蔡家灣管理孤兒院，當時一共有六十六個孤兒，其中四十三個男孩，二十三個女孩。夏顯德把女孩送到浦東唐墓橋孤女院，蔡家灣只留男孩。這些男孩身上都有令人作嘔的潰瘍，有一些失明、失聰或失語，遊手好閒，沒有工作習慣和能力。夏顯德在蔡家灣的六年中奮不顧身地親手照料那些病最重的和最討人嫌的孩子，孩子們逐步恢復健康，開始接受教育，首先是祈禱和教理，然後是常用字閱讀和書寫，長大了開始在學校與工場之間半工半讀。夏顯德在這裏創建了製衣、木工、製鞋、織布和印刷作坊，給孤兒們傳授謀生手藝。

神父們認為"撫養一般孤兒，除身心之進修外，更授以成家立業、服務社會之技能。"[1] 本著這個宗旨，孤兒院創辦工藝工場，訓練孤兒學藝，期長大成人後可有工作謀生之所。咸豐五年至民國三十一年（1855—1942）的八十七年裏，孤兒院收養孤兒五千五百餘人，離院後，或是留院辦工場做工，或是假上海其他工場商店謀生，甚或自開生意。院辦工場全部盈利都用於孤兒院維持的費用。

土山灣孤兒院工藝工場不同時期設置的生產車間不盡相同，民國中後期整合為五個部門。木工車間：製造中西木器，雕刻立體人像，金銀彩繪，油漆器具；五金車間：製作刀叉杯盤、教堂聖像和鐘台；繪畫車間：水彩，鉛畫，油畫，彩色玻璃；印刷車間：石印，鉛印，五彩印；發行所：裝幀和販賣圖書。部門設置有過變動，比如石印，也就是照相間，很長時間曾是土山灣主要部門，採用獨立設置。土山灣孤兒院工藝工場的印刷車間、繪畫車間和木器車間的發展最為顯著。

土山灣印書館是中國近代史上最大的出版機構之一，不了解土山灣印書館就無法全面懂得中國近代印刷史和出版史。咸豐五年（1855）蔡家灣孤兒院時期，夏顯德神父就開設了雕版印刷作坊。太平天國戰爭後蔡家灣孤兒院搬入土山灣，又

1　《上海徐家匯土山灣孤兒院》，土山灣孤兒院，1931 年，第 1-2 頁。

接收大批"戰爭孤兒"。孩子們多數通過各種渠道分流到社會,孤兒院仍需承擔更多責任。收容的孤兒們將來總是要走向社會的,技能大於養育,隨之包括印刷車間在內的工藝工場逐步形成。早期排印技術有賴於法國耶穌會士蘇念澄[1]神父和嚴思慍[2]神父。他們兩人陸陸續續在上海當地從小作坊主手裏盤下一些鉛字字模,並派遣弟子去其他印刷廠學習排字技術。土山灣印書館在引進歐洲先進印刷技術上每一階段都不落於同行,這與土山灣印書館歷任主持人有密切關係。土山灣印書館存續九十餘年間(1867—1958),前後共有二十名負責人,擔任主任的有翁壽祺[3]、嚴思慍、潘國磬[4]等人。

土山灣畫館奠基是西班牙神父范廷佐[5]。范廷佐年輕時接受了嚴格的西方藝術教育訓練,並受其父的影響,擅長雕塑、繪畫和建築設計。來華後,范廷佐相繼主持過董家渡聖方濟各沙勿略大教堂、徐家匯聖依納爵大教堂和徐家匯耶穌會住院的設計,親自繪製和雕塑聖像。他最有代表性的作品有徐家匯大教堂祭壇前的《墓中基督》、徐匯藏書樓的浮雕《耶穌會的聖人與真福》和《依納爵臨終圖》等。咸豐元年(1851)范廷佐在孤兒院工藝工場繪畫車間基礎上,組建繪畫學校(L'École de Beaux-Arts),收徒授藝。范廷佐病故後,陸伯都[6]繼承恩師衣缽,主持工藝學校的繪畫業務。同治三年(1864)陸伯都將圖畫部門遷入土山灣,正式成立土山灣畫館。土山灣畫館不僅使"山灣堂団"有了摹學繪畫的選項,還對社會公開授藝,培養了一批西畫藝術家。對土山灣畫館貢獻最大者是常熟人劉必振[7],1876年至1912年他執掌畫館期間,為畫館建章建制,著手正規化建設,是土山灣畫館鼎盛時期的功臣。土山灣畫館對中國近代美術大規模的專業教育也有著直接的影響,徐悲鴻評價佐證土山灣畫館的歷史地位為:"天主教入中國,上海徐家匯亦其根據地之一,中西文化之溝通,該處曾有極珍貴之貢獻。土山灣亦有習畫之所,蓋中國西洋畫之搖籃也。"[8]

1　蘇念澄(Hippolytus Basuiau, 1824—1886),字清渠,法國人,1847年入耶穌會,1857年晉鐸,1865年來華;逝於上海。

2　嚴思慍(Stanislaus Bernier, 1839—1903),字慎齋,法國人,1866年入耶穌會,1869年來華,1879年晉鐸;逝於上海。

3　翁壽祺(Casimirus Hersant, 1830—1895),字錫眉,法國人,1851年入耶穌會,1859年來華,1862年晉鐸,輔理修士,1874年進土山灣印書館,次年任印書館主任;逝於上海。

4　潘國磬(Xaverius Coupé, 1886—1971),字金固,法國人,1903年入耶穌會;1910年來華,1917年晉鐸,輔理修士。

5　范廷佐(Joannes Ferrer, 1817—1856),字盡臣,1842年入耶穌會,1847年來華,1855年晉鐸,輔理修士;創辦土山灣畫館。

6　陸伯都(1836—1880),字省三,江蘇川沙人,山灣堂団,徐家匯孤兒院孤兒,少小為張家灣天主堂教徒;1862年入初學院第一期學習,集體加入耶穌會;1874年晉鐸,輔理修士。

7　劉必振(1843—1912),字德齋,號竹梧書屋侍者,教名西默盎,江蘇常熟人;1861年入土山灣畫館習畫,後就讀於徐匯公學和耶穌會初學院,1867年加入耶穌會,1878年晉鐸,輔理修士;1876年正式擔任畫館主任。

8　徐悲鴻:〈中國新藝術運動的回顧與前瞻〉,載《時事新報》,1943年3月15日。

　　土山灣工藝工場木工間的輝煌成就歸功於德國人葛承亮[1]。葛神父來華前是舞台戲劇機械師，在華歲月全身心投入土山灣木工車間。"二百五十四名孤兒是這些車間的主體。在工場最初的八到十年間，加入工場學技的有兩類人，一類是聖母院的孤兒，一類是被父母送來學徒的。後一類需要簽訂契約，工場只負責孩子們的學習和工作，而信仰完全自由……木雕車間製作精美的中式家具，很受歐洲訪客的讚賞……今日土山灣維護著遠東地區天主堂的光彩榮耀——為神聖的祭祀製作了莊嚴和美麗。"[2] 1903 年土山灣木工間接單為比利時國王萊奧波德二世訂製了一組中式亭台閣樓建築，置於布魯塞爾萊肯宮；1915 年為在美國舊金山舉辦的"巴拿馬—太平洋博覽會"製作了"中國牌樓"模型和八十六座佛塔模型。木工間生產的黃楊木雕、家具和教堂祭祀木製品雕琢精美。葛承亮回顧往昔經歷，自豪地說了一句近乎使徒的箴言："耶穌做了三十年木匠，我和中國孩子們享受了三十年同樣的生活。"

1　葛承亮（Aloysius Beck, 1854—1931），字臥岡，德國巴伐利亞人，1877 年入耶穌會，1892 年來華，1907 年晉鐸，輔理修士；1894 年開始主持土山灣木工車間；1931 年回國。

2　*Ateliers de Sculpture et d'Ebenisterie*, Shanghai: Orphelinat de Zi-Ka-Wei, 1910, pp.2-3.

IMPRIMERIE DE LA MISSION CATHOLIQUE ORPHELINAT DE T'OU-SÈ-WÈ

土山灣印書館系列

編者 Imprimerie de la Mission Catholique Orphelinat de T'ou-Sè-Wè
土山灣印書館

語言 法文

印製 1910s., Impr. de la Mission Catholique Orphelinat de T'ou-Sè-Wè, Shanghai（上海土山灣印書館）

尺寸 140mm×90mm

❶ 土山灣孤兒院

Orphelinat de T'ou-Sè-Wè

江南教區於道光二十九年（1849）開始收養中國孤兒，咸豐五年（1855）薛孔昭神父在青浦橫塘開辦育嬰堂，先後暫居徐涇鎮蔡家灣、董家渡等地，同治三年（1864）在徐家匯修建土山灣孤兒院。圖左為"露德聖母像"，兩邊房屋是土山灣孤兒院工藝工場。

❷ 上海聖衣院墓園

Cimetière Carmel de Shanghai

【原注】"布蘭奇‧羅蘭德（Blanche Rolande）嬤嬤在上海聖衣院墓園，她也會像其他人有這樣一處墓穴。"

聖衣院墓園又稱"慎終堂"，位於上海徐家匯土山灣聖衣會隱修院南側，1962年遷至漕寶路息安公墓。

"加爾默羅跣足聖衣女修會"（Ordo Carmelitarum Discalceatorum, OCD），或稱"聖母聖衣隱修會"。這是一個發源於十二世紀的古老修會，在世界多地建有隱修院，修女在封閉環境裏過著閉門默想、祈禱的生活。同治八年（1869）聖衣會在上海徐家匯建立土山灣加爾默羅隱修院（Religieuses Carmélites de T'ou-Sè-Wè），俗稱"聖衣院"。該會1920年設立重慶巴縣曾家岩聖衣院，1933年在香港和廣州設立聖衣院，1941年在昆明和澳門設立聖衣院。

❶

❷

Orphelinat de T'ou-Sè-Wè

Cimetière Carmel de Shanghai

Collège de Zi-Ka-Wei

◉ 徐匯公學

Collège de Zi-Ka-Wei

徐匯公學位於上海徐家匯，始建於道光三十年（1850），全名為徐家匯聖依納爵公學（Collège Saint Ignace），法國耶穌會創辦，當年教會著名學者南格祿、晁德蒞[1]、馬相伯、黃伯祿[2]、蔣升[3] 等人先後擔任校長。1931 年該校向民國政府註冊，更名"徐匯中學"。

1　晁德蒞（Angelus Zottoli, 1826—1902），字敬莊，意大利人，後加入法國耶穌會，道光二十八年（1848）來華，久居 徐家匯，苦鑽漢語，熟讀儒家經典；道光三十年（1850）晉鐸，咸豐二年（1852）任聖依納爵公學校長，任職十五年， 被稱為這個學校的"真正創始人"。他還擔任過初學院院長、神學院講師等職。著有漢學著作《取醫訓蒙》和 *Cursus Litteraturæ Sinicæ*（《中國文學教程》），獲 1884 年儒蓮獎。

2　黃伯祿（1830—1909），名成億，字志山，號斐默，教名伯祿，江蘇海門人，幼年私塾；1843 年入張朴橋修道院修道 十七年，研習拉丁文、哲學、神學等；1860 年晉鐸後出任徐家匯小修院院長，兼授拉丁文和哲學，後在上海、蘇州、 海門等地傳教；1875 年任徐匯公學校長，三年後退隱董家渡專心寫作；著述有《契券匯式》、《中國婚姻律》、《官鹽 論》、《大清會典》、《中國大地震目錄》、《中西曆日合璧》、《中國紀元雜論文集》、《日月蝕考》、《集說詮真》、《聖女婓 樂默納傳》、《函牘舉隅》、《正教奉褒》、《正教奉傳》、《酬真辨妄》、《函牘碎錦》、《聖母院函稿》等。

3　蔣升（1843—1913），字邑虛，號南窗侍者子虛氏；早年就讀徐匯公學，1867 年加入耶穌會，1882 年晉鐸，1880 年 至 1899 年和 1901 年至 1902 年兩次出任徐匯公學校長；譯著豐富，有《聖方濟各·沙勿略傳》、《聖亞爾方騷勞特里 垓傳》、《修成正鵠》、《省慈編》、《默想正則》等。

編者	Orphelinat de T'ou-sè-wè, Shang-hai
	上海土山灣孤兒院
語言	法文
印製	1880s., 上海土山灣孤兒院工藝工場
版類	手繪（正面）鉛印（背面）
尺寸	140mm×90mm

土山灣孤兒院手繪系列

◉ 曲園春梅

這是一張土山灣孤兒院工藝工場製作的無標題明信片，正面為手繪圖案，背面鉛印。從郵戳看，這張已用片是光緒十一年十月二十八由北京寄出，十二月初九上海銷票，轉往巴黎，寄件人：Favier（樊國梁）。

這張明信片的看點有四處。一、郵戳的日期用的不是陽曆，是陰曆，郵戳上的"十一年"不是 1911 年，而是光緒十一年（1885），寄信人樊國梁（Pierre Marie Alphonse Favier, 1837—1905），天主教北京教區主教，逝於 1905 年。二、中國郵政史通常認定"中國第一種明信片是大清郵政局正式開辦後於 1897 年發行的"，這種說法顯然有誤，從這張明信片來看中國第一種明信片的出現應該不晚於 1885 年。三、西伯利亞大鐵路 1891 年開始修建，光緒二十九年（1903）開通郵路，自此從中國和東亞到歐洲的郵件基本上都是走經俄羅斯西伯利亞這條便宜、安全、快捷的北綫。這張北京至巴黎七次票明信片是從上海走海路的，説明發兑時北綫郵路尚未開通，也佐證這張明信片使用期不是 1911 年。四、中國現代意義上的郵政始於 1896 年光緒皇帝批准開辦大清郵政官局，在此之前清政府曾於同治五年（1866）委託海關總稅務司赫德[1] 開辦海關兼辦的郵遞業務。這張明信片是比較寡見的"海關郵遞"實物，不過從北京到上海用了四十天真是夠慢的。

1　羅伯特·赫德（Robert Hart, 1835—1911），英國人，出生於北愛爾蘭亞爾馬郡的波塔當，1853 年畢業於貝爾法斯特王后學院；1854 年來華，1861年起擔任大清海關總稅務司司長長達半個世紀，任內創建了稅收、統計、浚港、檢疫等一整套海關管理制度，海關還兼設了郵政系統；曾推動大清海軍建設以及早期多所文教事業的開辦；1908 年回英休假，1911 年病逝白金漢郡，清廷追授其為太子太保。

❶ 梅花佛手

中國傳統文化推崇梅花、佛手和松實三者乃香中君子，
清供雅物，所謂"聞香識風雅"，如乾隆〈三清詩〉："梅
花色不妖，佛手香且潔。松實味芳腴，三品殊清絕。"

❷ 仙人跨海

編者　Field Museum of Natural History, Chicago, U.S.A.
　　　美國芝加哥菲爾德自然歷史博物館
語言　英文
印製　1920s., Chicago, U.S.A.（芝加哥）
尺寸　140mm×90mm

土山灣孤兒院木作系列

❶ 柚木雕中國牌樓

Chinese Honorary Gateway Carved from Teak Wood

【原注】"高 19 英尺，寬 16 英尺 9 英寸，上海徐家匯孤兒院製作模型。"

❷ 南京佛塔瓷質模型

Model of the So-called Porcelain Pagoda, Nanking, China

【原注】"大報恩寺塔外飾黃色和綠色琉璃瓦。建於 1431 年，1854 年毀於太平天國起義。高 236 英尺，角檁懸掛風鈴 144 個。上海徐家匯孤兒院製作模型。"

CHINESE ORPHANEGE OF SIKAWEI

編者	Ernest Thill, Nels
	特希爾—尼爾斯圖片社
語言	法文
印製	1920s., Bruxelles（布魯塞爾）
尺寸	145mm×105mm

土山灣孤兒院工藝作品系列

◉ 布魯塞爾萊肯宮中國樓

Bruxelles-Laeken, Pavillon Chinois

比利時國王利奧波德二世（Léopold Louis Philippe Marie Victor, 1835—1909）登基前曾到印度和中國遊歷，對遠東建築藝術情有獨鍾。1900 年他參觀巴黎舉辦的萬國博覽會，非常喜歡法國設計師亞歷山大‧馬塞爾（Alexandre Marcel, 1860—1928）的異域風情作品，委託其為布魯塞爾萊肯王宮設計一個遠東風格的花園。1906 年馬塞爾規劃了一組稱為"中國樓"（Pavillon Chinois）的建築，包括茶樓和八角亭，比利時王室將修造合同委託給上海土山灣工藝院。葛承亮神父帶領木工間孤兒和事工著手製作，模仿上海豫園九曲橋湖心亭茶樓形制，高十八米，寬三十米，深八米，主體用上等柚木，配以石獅、巨柱、鼓墩、旗杆，在立柱、門檐、窗櫺、護壁板及雕樑朱欄上雕刻中國民俗故事和吉祥圖案，精美絕倫。1910 年"中國樓"在萊肯王室花園組裝完成。

徐家匯天文台

耶穌會在上海設有三座天文台：徐家匯天文台（Observatoire de Zi-Ka-Wei, 1871）、綠葭浜天文台（Observatoire de Loh-Ka-Pang, 1898）、佘山天文台（Observatoire de Zô-Sè, 1900）。

為了繼承明季傳教士在欽天監從事天文研究和治曆的傳統，耶穌會總會交給江南教區的任務中包括設立天文台。最早抵達上海的南格祿等三位耶穌會傳教士，隨船帶來了當時歐洲最為先進的天文儀器，因忙於教務，儀器一直棄置庫房，一度還把設備運到獻縣教區。十九世紀六七十年代耶穌會總會物色天文學家陸續派往上海經營和管理天文台，前後有劉德耀[1]、高龍鞶[2]、能恩斯[3]、蔡尚質[4]等人。同治十一年（1872）徐家匯天文台開始氣象觀測，兩位主持天文台工作的法籍神父劉德耀和高龍鞶，來華前都有在法國通赫斯特天文台工作的經歷，是較為專業的天文氣象學家。天文台設在肇嘉浜畔，初創時期有平房數間，條件簡陋，觀測工作只能在會士住所東側的平台上進行。天文台當時分為三個廳，西廳共有兩間為神父的臥室，中廳擺放儀器及進行業務，東廳為資料室。最初安裝的天文儀器只有一架氣象記錄儀、幾支寒暑表和氣壓表，還有高龍鞶神父自製的測風車。光緒九年（1883）江南教區籌資重建徐家匯天文台，有一座高四十一米的木塔，

◉《徐家匯天文台》（江南教區 A 系列）

Observatoire de Zi-Ka-Wei

安裝了測風儀，觀察海洋氣候。光緒十年（1884）神父們應上海租界當局請求在外灘設立信號台，懸掛氣象信球信旗，為停泊在黃浦江和進出上海港的艦船服務。

光緒二十五年（1899），耶穌會士們在光啟墓園東邊闢地籌建規模更大的天文台，在第一任台長能恩斯神父主持下於光緒二十七年建成。新天文台大樓為三層羅馬式建築，主體高十七米，大樓中央為測風塔，頂高四十米，共分三層，為磚木結構。塔上有貝克萊風向風速儀，塔的第二層正面安有大鐘一座，刻時鳴鐘。新台完工後，舊台址曾被震旦大學初創期佔用。

1　劉德耀（Henri Le Lec, 1832—1882），字斌齊，法國人，耶穌會士，來華前曾在斯通赫斯特天文台學習天文和氣象學；1865 年來華，在上海董家渡建立氣象觀測站；1882 年逝於蕪湖。

2　高龍鞶（Augustinus Colombel, 1833—1905），字鎬鼎，法國人，1851 年入耶穌會，來華前曾在斯通赫斯特天文台學習天文和氣象學；1869 年來華，同年晉鐸，派往南京籌建天文台，未果，回滬；1872 年參與籌備徐匯天文台工作；撰寫過著名的 *Histoire de la mission du Kiang-nan*（《江南傳教史》，Shanghai: 1833—1905）；逝於上海。

3　能恩斯（Marcus Dechevrens, 1845—1923），字慕谷，瑞士人，1862 年入耶穌會，1873 年來華，1880 年晉鐸；徐匯天文台第一任台長，負責氣象觀測；1887 年回歐。

4　蔡尚質（Stanislaus Chevalier, 1852—1930），著名天文學家，字思達，法國人，1871 年入耶穌會，1883 年來上海，1892 年晉鐸；領銜創建徐匯天文總台及佘山天文台。

徐家匯天文台觀測報告系列

編者　Observatiove de Zi-Ka-Wei 徐家匯天文台
語言　法文
印製　1900s., 土山灣印書館
尺寸　140mm×90mm

◉ 徐家匯天文台與哥本哈根氣象所業務往來

這是綠葭浜天文台台長馬德賚 1908 年 1 月 13 日自上海寄給哥本哈根丹麥氣象研究所所長（Monsieur Le Directeur, Institut Météorologique, Copenhague Danemark）的業務明信片，索要《氣象年報》1906 年第一期。

馬德賚（Josephus Tardif de Moidrey, 1858—1936），名德，字賚，法國人，1876 入耶穌會，光緒十五年（1889）來華，1897 年晉鐸，1898 年至 1936 年擔任綠葭浜天文台台長。

丹麥氣象研究所（DMI）成立於 1873 年，位於哥本哈根，隸屬丹麥海軍部，主要負責在丹麥本土、格陵蘭島和法羅群島進行天氣預報和觀測。

編者　Observatiove de Zi-Ka-Wei 徐家匯天文台
語言　英文
印製　1920s., 土山灣印書館
尺寸　140mm×90mm

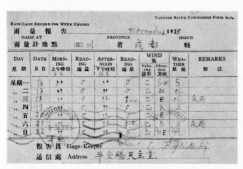

◉《徐家匯天文台觀測報告》（1925 年 11 月，成都）

這張明信片是 1925 年 12 月 9 日成都平安橋天主堂觀測站寄給徐家匯天文台的成都市 11 月份天氣觀測報告。

獻縣教區

天主教重返中國後，耶穌會的代牧區域基本上沿津浦鐵路分佈，坐擁中國最富饒的疆域。溯津浦鐵路北上，在古屬河間府的獻縣開闢一片新的福音熱土。1856 年梵蒂岡傳信部將北京代牧區拆分為遣使會管理的主教座堂位於北京的直隸北境代牧區和主教座堂位於正定的直隸西南代牧區，耶穌會管理的獻縣直隸東南代牧區。咸豐七年獻縣代牧區正式成立，上海徐家匯耶穌會住院院長郎懷仁[1]調任主教，轄河間、大名、廣平三府，冀州、深州、景州、開州、磁州五州，包括現屬河北的滄州、衡水、邢台、邯鄲，河南北部南樂、清豐、長垣，以及山東東明、寧津等三十三縣，主教座堂設於獻縣張家莊。1930 年奧地利傳教士凌安瀾[2]從天津工商學院調到獻縣教區任職，為了擴大更多歐洲國家對傳教事業的支持和增加傳教資金來源，凌安瀾從奧地利和匈牙利招募當地耶穌會士來獻縣。日本人佔領獻縣後，傳教士被囚禁，避難於教堂的教徒被殺害。二戰時奧地利、匈牙利與德日是同盟關係，凌安瀾以自己國籍的特殊身份出面斡旋，幫助法國傳教士化解危機。1939 年梵蒂岡從獻縣教區闢出景縣監牧區，交由奧地利耶穌會士管理，實施聖統制

後改稱景縣教區，凌安瀾任主教。1936 年傳信部設立大名教區，轄大名、南樂、清豐、濮陽、長垣，由匈牙利耶穌會管理，查宗夏[3]任主教。抗日戰爭勝利後，獻縣最早成為解放區，直隸東南教區管理層大多移居天津和北京。

與江南教區的張揚風格截然不同，獻縣的神父偏隅冀南窮鄉僻壤，沒有十里洋場的眼花繚亂，心靜神寧。他們兢兢業業傳佈福音，踏踏實實鑽研中國文化，"目不窺園，足不下樓，兀兀窮年，瀝盡心血"，神父們勵志將一生奉獻給耶穌基督，他們的現世生活樸實、簡單，無須在世俗繁複生活裏浪費光陰，有充裕時間埋頭在他們所感興趣的事情上。來華傳教士們背井離鄉，煢煢孑立，形影相弔，故而"專心致志，慘淡經營，自少而壯而老，窮畢生之材力心思，以製造一物"。他們許多人成為漢學家、科學家有其必然性。獻縣是個天主教傳教士的福地，許多後來在國際上出名的學者有著在獻縣工作的經歷，可以排上名人榜的有漢學家戴遂良和顧賽芬[4]，考古學家桑志華和德日進，歷史學家裴化行[5]和明興禮，他們的"教籍"登記在獻縣教區名冊上。

1　郎懷仁（Adrianus Languillat, 1808—1878），字厚甫，法國人，1841 年入耶穌會，1844 年來華；1851 年任上海徐家匯耶穌會住院院長、副主教；1854 年晉鐸，1857 年任直隸東南區代牧區主教；1863 年獲朝廷三品頂戴，1864 年調任江南代牧區主教；逝於上海。

2　凌安瀾（Leopold Brellinger, 1893—1967），奧地利人，1913 年加入耶穌會。1923 年在美國華盛頓喬治敦大學晉鐸；1925 年來華，任天津工商學院理學院神父、教務長和工學院院長等職務；1930 年被派往冀州、新河等縣傳教，1934 年任深州和南宮堂區總鐸；1936 年任上海耶穌會神學院院長；1939 年出任景縣監牧區首任監牧，1947 年晉升景縣主教。

3　查宗夏（Nicola Szarvas, 1890—1965），匈牙利人，生於匈牙利杜瑪森特拜奈代克，1906 年加入耶穌會，1925 年晉鐸；1936 年擔任大名教區主教，1946 年國民黨空軍轟炸大名時受傷，到上海手術，1947 年離開中國。

4　顧賽芬（Séraphinus Couvreur, 1835—1919），法國人，1853 年入耶穌會，1870 年來華，1872 年晉鐸；來華後在北京學習漢語，後在直隸省河間府直隸東南教區當神父多年；1886 年、1891 年、1895 年三次獲儒蓮獎。

5　裴化行（Henri Bernard, 1889—1975），法國人，1908 年加入耶穌會，1921 年來華，在獻縣教區任神職，1924 年晉鐸後到天津；在天津工商學院教授數學，在獻縣修道院講授中國哲學；1947 年回法國；著有《天主教十六世紀在華傳教志》、《利瑪竇神父和當時的中國社會》等。

MISSION DU TCHE-LI S.-E.

耶穌會直隸東南教區系列

編者	耶穌會
語言	法文
印製	1900s.
尺寸	140mm×90mm

MISSION DU TCHE-LI S -E. – Petits Chinois en habits de fête.

MISSION DU TCHE-LI S.-E. — Portes de Ta-ming-fu

❶ 孩子節日服裝

Petits Chinois en habits de fête

十個娃娃喜氣洋洋準備過年，他們的
衣服沒有一件是新的，有的是大人衣
服改的，有的是哥哥姐姐剩的，粗布
舊衣卻乾淨整齊，圖個除舊佈新，迎
祥納福。

❷ 大名府城門和牌坊

Portes de Ta-ming-fu

大名府，宋代設為陪都，名字源於春秋時期魏國，"畢萬之後必大'萬'，
盈數也！'魏'，大名也！"有興旺強大之意。歷經黃河水難的大名城在
燕趙大地上早已不那麼顯耀了，當代人們知道"大名府"三個字多來自
《水滸傳》，盧俊義、燕青、楊志、索超等強將大名府人也。明建文三年
（1401）建大名城牆和城門，大名府城上建有城樓、炮台，東南西北四城
門均有甕城，分別命名為"體仁、崇禮、樂義、端智"。

Missions de Sien-hsien
(PP. Jésuites français)

編者　Procure des Missions 耶穌會賬房
出版　*Chine, Ceylan, Madagascar*《中國錫蘭馬達加斯加》雜誌社
語言　法文
印製　1920s., Lille（法國里爾）
尺寸　140mm×90mm

《中國錫蘭馬達加斯加》
法國耶穌司鐸會獻縣教區系列

Chine, Ceylan, Madagascar, C.C.M.（《中國錫蘭馬達加斯加》）雜誌為法國東北大區耶穌司鐸會（Missions des Jésuites Français du Nord et de l'Est）創辦於 1898 年的會刊，出資人為耶穌會賬房（Procure des Missions），設在法國里爾的阿布維爾市（Abbeville, Lille）。法國耶穌會傳教區主要分佈在中國、錫蘭和馬達加斯加，雜誌名稱源此。1944 年刊名改名為 *Ceylon, Madagascar*（《錫蘭馬達加斯加》），1948 年又改名 *Chine, Madagascar*（《中國馬達加斯加》）。

這本雜誌的主要內容是宣傳傳教士在各地的情況，包括教區聖事活動、慈善工作、新機構設立、人員往來、神職晉升等，有大量傳教士介紹他們在當地的所見所聞。雜誌社經常把文章結書出版，如 *Scènes de la vie de Mission au Tchely sud-est*（直隸東南教區生活舞台叢書），有天津工商學院講師、法國傳教士談天道 [1] 與其同事合作撰寫的 *La Légende Dorée en Chine*（《中國聖徒》，1920）和 *Gerbes Chinoises*（《中國札記》，1934），前者敘述獻縣教區奉教殉難者的悲壯故事，後者由許多短篇組成，介紹獻縣的地理風俗、歷史文化，以及傳教士的生活。《中國錫蘭馬達加斯加》雜誌社編印了大量反映耶穌會在中國活動的明信片，背景主要反映獻縣教區事物。

◉ 孩子們感謝恩人

Le Merci des petits Chinois à leurs bienfaiteurs

孩子們拉的橫幅寫著 Merci la petits frère des France（感謝法國的小哥哥小姐姐）。其實照片裏這個年齡的孩子，對大人讓他們表達的感恩行為未必理解，傳教士的創意是他們自己對法國捐助人必不可少的表示，也是中國傳統思想觀念的傳遞。

20 - Le Merci des petits Chinois à leurs bienfaiteurs

1　談天道（Petrus Mertens），法國人，生於 1881 年，1899 年入耶穌會，1916 年來華，1917 年晉鐸；天津工商學院和北平德勝院講師，1951 年回國，餘跡不詳。

Mission de Sien-hsien (PP. Jésuites français)

1 - S. G. Mgr. H. Lécroart, S. J., Vicaire apostolique

Mission de Sien-hsien (PP. Jésuites français)

14 - Attrappe, Minet !

❶ ❷

❶ 劉欽明主教

S. G. Mgr. H. Lécroart, S. J., Vicaire apostolique

劉欽明（Henricus Lécroart, 1864—1939），字文思，法
國人，1883 年加入耶穌會，1900 年晉鐸，光緒二十七年
（1901）來華，1919 年任直隸東南代牧區主教，逝於獻縣。

❷ 貓咪，看這！

Attrappe, Minet!

一個女孩子用食物逗她的
貓，描繪那個時代中國孩子
的稚嫩、樸素和快樂。

CHINE, CEYLAN, MADAGASCAR C.C.M.

編者	Procure des Missions C.C.M.
	Bulletin Chine, Ceylan, Madagascar
	《中國錫蘭馬達加斯加》雜誌社賬房
語言	法文
印製	1930s., Les Imp. Réunies, Lille（法國南錫 聯合印刷廠）
尺寸	140mm×90mm

《中國錫蘭馬達加斯加》
中國系列 A 套

❶ ｜ ❷

❶ 墓地石獸

Monstre de pierre comme on en rencontre aux abords des cimetières

這尊石獅是西漢獻王陵遺物。西漢景帝劉啟之子劉德，武帝劉徹之異母兄長，公元前 155 年被封為河間王，班固《漢書》稱其："修學好古，實事求是，從民得善書，必為好寫與之，留其真，加金帛賜，以招之。"漢武帝賞其才華，忌其心智。劉德知其意後，終日縱酒聽歌，不久鬱悶而終，諡號"獻"，史稱之為"河間獻王"。唐詩人張繼歌："漢家宗室獨稱賢，遺事閒中見舊編。偶過河間尋往跡，卻憐荒冢帶寒煙。頻求千古書連帙，獨對三雍策幾篇。雅樂未興人已逝，雄歌依舊大風傳。"這尊石獸現位於滹沱河舊道的建於明崇禎二年（1629）的"單橋"橋頭。獻縣教區的教士墓地就在漢墓群附近的雲台山。

❷ 傳教士跟街頭小販買饃饃

Marchand ambulant; le Missionnaire achète des pains cuits à la vapeur

比不了江南教區的神父，傳教士在獻縣沒有麵包，沒有黃油，也沒有火腿。史料記載，傳教士們入鄉隨俗，一日三餐饃饃就著鹹菜，尚有牛奶，比起當地百姓日子還算不錯了，幸福感滿滿。

❶ ❷
❸ ❹

II - Leçon de chant à TA-MING (Mission de Sien-hsien)

❶ **一位給三千多嬰兒洗禮的修女**

Une vierge qui a déja donné le baptême à plus 3000 enfants

媽媽們排隊等候一位德高望重的修女給自己的孩子施洗，這位老孃孃是本地人，一頭白髮，身著黑衣，三寸金蓮，雍容富態。

❷ **家徒四壁**

Maison chinoise dans la campagne de Sien-hsien

獻縣一戶貧苦農民的家，茅草屋頂下支著一張勉強可以稱為床的臥具，上面亂堆著兩件破棉絮，土牆邊立著草蓆擋著掉落的渣土，左邊是不知何處撿來的破舊一箱一椅，右側有一眼土灶和一捆柴火。

❸ **我們的貧苦農家**

Nos pauvres paysans chinois

這家拮据的農戶，老兩口養了三個兒子一個女兒，秋裝已經上身，土房仍無窗戶。傳教士命題為"我們的貧苦農家"，指明這是一個奉教之家。

❹ **大名教區一堂音樂課**

Leçon de chant à Ta-Ming (Mission de Sian-hsien)

學童在神父指導下練習唱歌。耶穌會在大名開辦五所學校：大名法文學校、濮陽學校、濮陽女校、益大學校、益大女校，其他修會也在當地開辦多所學校。

CHINE, CEYLAN, MADAGASCAR C.C.M.

《中國錫蘭馬達加斯加》
中國系列 B 套

編者	Procure des Missions C.C.M.
	Bulletin Chine, Ceylan, Madagascar
	《中國錫蘭馬達加斯加》雜誌社賬房
語言	法文
印製	1930s., Les Impr. Réunies, rue de Canteleu, Lille（法國南錫聯合印刷廠）
尺寸	140mm×90mm

I - Un vieux prêtre chinois, le Père Paul SIU

● 老神父徐保和

Un vieux prêtre chinois, le Père Paul Siu

這位風度翩翩的老神父名叫徐保和，河北大名人，生於光緒三十四年（1908），1929 年加入耶穌會，讀書修士，後在天津工商學院和北京德勝院教授中文。

25 - Tombes des P.P. ISORÉ et ANDLAUER tués par les Boxeurs en 1900
et des missionnaires Jésuites décédés dans la Mission de SIEN-HSIEN

❶ 天津當代大學生

Étudiants chinois modernes à Tien-Tsin

天津工商學院的三位中國大學生
在學校閱覽室討論功課。

❷ 獻縣墓園

Tombes des P.P. Isoré et Andlaure tués par les Boxeurs en 1900 et des missionnaires Jésuite décédés dans la Mission de Sien-Hsien

【原注】"墓園埋葬著 1900 年義和團時期殉難的趙席珍和路懋德神父以及獻縣教區去世的耶穌會傳教士"

趙席珍（Remigius Isoré, 1852—1900），字希賢，法國人，1875 年加入耶穌會，1882 年來華，1892 年晉鐸，逝於獻縣。路懋德（Modestus Andlauer, 1847—1900），字懿恭，法國人，1872 年加入耶穌會，1882 年來華，1883 年晉鐸，逝於獻縣。

雲台山位於獻縣城東十里處，同治三年（1864）獻縣教區在此購得兩百一十五畝土地，光緒七年在山南建若瑟聖堂及附屬建築，北上雲台山鋪有磚階，階道曾為長廊覆遮，直通山頂。山上綠樹成蔭，環境清幽，教會曾以之作為神父避暑靜修之所，取名"若瑟山莊園"。獻縣教區的神職人員墓地"雲台山墓園"建在山腳下。江南教區主教年文思（André Borgniet, 1811—1862）視察獻縣教區時染霍亂去世，是"雲台山墓園"第一位宿主，後來除獻縣教區第一任主教郎懷仁逝於上海之外，歷任主教都葬於此；著名漢學家方殿華（Aloysius Gaillard, 1850—1900）神父考察北京古城建築時突發舊疾病逝，也葬於此。

CHINE, CEYLAN, MADAGASCAR C.C.M.

《中國錫蘭馬達加斯加》
中國系列 C 套

編者　Procure des Missions C.C.M.
　　　Bulletin Chine, Ceylan, Madagascar
　　　《中國錫蘭馬達加斯加》雜誌社賬房
語言　法文
印製　1930s., Lille（法國里爾）
尺寸　140mm×90mm

5　Mandarin chinois en habits de fête d'été

4　Orpheline chinoise et son rouet

❶　|　❷

❶ 官員夏服

Mandarin chinois en habits de fête d'été

這是一張清朝官員的照片。清代官員朝服的形制有著嚴格的規制，朝服可分為冬朝服和夏朝服，五品以下各級官員的朝服定制為"冬夏用之"，只有四品以上的官員有權利製作冬夏兩套官制朝服。清朝的朝冠為禮帽，又稱為"頂子"、"頂戴"或"頂戴花翎"，分為夏天的涼帽和冬天的暖帽。涼帽為喇叭形，無槍，多用藤、篾蓆，外裹綾羅，多為白色、湖色或黃色，上綴紅纓頂珠。

❷ 孤兒和她的紡車

Orpheline chinoise et son rouet

MISSION DU TCHE LI SUD-EST

《中國錫蘭馬達加斯加》
直隸東南教區系列

編者	Procure des Missions C.C.M.
	Bulletin Chine, Ceylan, Madagascar
	《中國錫蘭馬達加斯加》雜誌社賬房
語言	法文
印製	1930s., Lille（法國里爾）
尺寸	140mm×90mm

8. - Jeux de Collège : les « Mangeurs de ficelle »

24. - Le sourire "Céleste ! "

❶ ❷

❶ **學校運動會："吃豬排"**

Jeux de Collège: les "Mangeurs de ficelle"

一群天性頑皮的男孩子在教會學校的運動會上參加"吃豬排"比賽，穩準狠，最先叼著兩米高繩子上的物件者為勝。此片反映了教會學校孩子的生活並不總是那麼刻板，讀經與趣味相輔相成。

❷ **天堂般的快樂！**

Le sourire "Céleste!"

孤兒院裏四個頑皮的男孩子在戲水，表情燦爛，眉開眼笑，八隻手浸沒在水桶裏，情緒浸潤在忘我的快樂中。看了這幅"快樂"圖片，心中卻反有一絲絲"苦澀"。

Mission du Tche Li Sud-Est

32. - Savoureux lunch à bon marché !

Mission du The Li Sud-Est

1 - Le menu; bouillie de millet et petits pains cuits à la vapeur

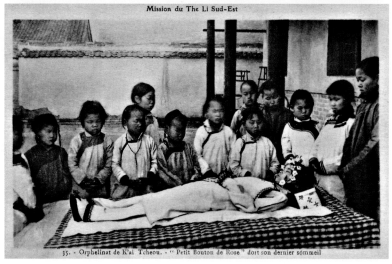

Mission du The Li Sud-Est

35. - Orphelinat de K'ai Tcheou. - " Petit Bouton de Rose " dort son dernier sommeil

❶ ❷

❸

❶ 價廉物美的午餐：
烤紅薯

Savoureux lunch à bon marché!

❷ 孩子們的食譜：小米
粥和饃饃

*Le menu; bouilie de millet et
petits pains cuits à la vapeur*

❸ 開州孤兒院一朵 "玫瑰花蕾" 凋謝了

*Orphelinat de K'ai Tcheou. "Petit Bouton de Rose"doit son germier
sommeil*

開州，古地名，屬直隸大名府，民國初年改名濮陽，後
行政區域調整劃歸河南。開州孤兒院的孩子們給去世的
小夥伴戴上象徵著 "茨冠" 的美麗花環，枕邊寫著 "耶
穌愛聖女"，為夭折者送別。

MISSION DE SIEN HSIEN (TCHÉ-LI S.-E.)

《中國錫蘭馬達加斯加》獻縣教區系列

編者　Procure des Missions C.C.M.
Bulletin Chine, Ceylan, Madagascar
《中國錫蘭馬達加斯加》雜誌社賑房

語言　法文

印製　1920s., Lille（法國里爾）

尺寸　140mm×90mm

Mission de Sien-hsien (Tché-li S.-E.)

16 - Le Missionnaire voyage par eau

Mission de Sien-hsien (Tché-li S.-E.)

12 - Arrivée de l'évêque en Char chinois

Mission de Sien-hsien (Tché-li S.-E.)

20 - Le Rêve du Missionnaire : Le Baptême

❶ 乘舟教民

Le Missionnaire voyage par eau

入鄉隨俗，普通傳教士下鄉佈道，或是騎馬，或是乘舟，舟車勞頓，自倍辛苦，圖片反映的傳教士的出行比起他們的前輩來已經有很大改善，早期傳教士經費拮据，常常用自己的雙腳丈量傳教區域，一年走上幾千里地並不稀罕。

❷ 主教乘中式馬車來了

Arrivée de L'évêque en Char chinois

等級比較嚴格的天主教中，主教出行還是有些威風的。此圖記述獻縣主教劉欽明回到張家莊主教府的情景，有專門的馬車夫，有專人為他擺好下馬凳，教堂門口聚集著迎接他的信眾。

❸ 施洗予福

Le Rêve du Missionnaire: Le Baptême

神父在教堂庭院裏為孩子"點化"。洗禮聖事是天主教的重要儀式，皈依者經過聖洗才能夠成為耶穌基督之門徒，受洗意味著得到主之恩典，可以洗淨往日罪孽，追隨耶穌生死復活。

SILHOUETTES DE CHINE, A TRAVERS LA MISSION DU TCHE-LI SUD-EST

編者　Procure des Missions
　　　耶穌會賬房
語言　法文 英文
印製　1920s., Lille（法國里爾）
尺寸　140mm×90mm

中國掠影 —— 走遍直隸東南教區系列

明信片上署"直隸東南教區系列"，外包裝的函套上標注"中國掠影——走遍直隸東南教區系列"。

5. - Église N.-D. de la Treille à Ta-Ming-Fou - N.-D. de la Treille's church at Ta Ming Fu

2. - Tournée épiscopale. L'Evêque en palanquin reçu en triomphe
Bishop's visit. The Bishop in a palanqueen cheered by the Catholics

4. - La Chorale du Collège de Ta-Ming-Fou
The choir at Ta Ming Fu's college

❶ 遠眺大名府教堂

Église N. -D. De la Treille à Ta-Ming-Fou
N. D. De la Treille's Church at Ta ming Fu

大名府寵愛之母大教堂始建於1918 年，1921 年竣工，哥特式風格。禮拜堂和鐘樓為一體建築，禮拜堂從鐘樓大門進入，堂門左右對聯："欲識其寵請看懷中所抱，要知厥能試觀掌上所持"，橫批"寵愛之母保障大名"。

❷ 主教到訪

Tournée épiscopale L'Evêque en palanquin reçu en triomphe
Bishop's visit. The Bishop in a palanqueen cheered by the Catholics

"主教馬車受到教徒夾道歡迎"，前呼後擁的架勢反映當年教會領袖出行的儀禮和排場，也被教內有識之士所詬病。

❸ 大名府的唱詩班

La Chorale du Collège de Ta-Ming-Fou
The choir at Ta Ming Fu's college

圖中孩子們手裏拿著的不是音樂課本，是教會廣泛發行的聖歌集。獻縣教區的河間勝世堂印書館曾經出版過《聖教歌選》、《大彌撒》，內容包括"避靜歌"、"耶穌瞻禮聖歌"、"聖體歌"、"聖心歌"、"聖母歌"、"聖若瑟歌"、"天神及聖人歌"、"彌撒詠唱"、"崇高之主"、"牧羊者"、"篤信耶穌"等。

Mission du Tche-Li Sud-Est — Chi-li south-east Catholic Mission

23. - Tournée épiscopale. Réception de S. G. à Nan Lao - When Bishop Lécroart is visiting Nan Lao's Church

Mission du Tche-Li Sud-Est — Chi-li south-east Catholic Mission

24. - Tournée épiscopale. L'Évêque accueilli par les délégués de la police mandarinale
Bishop's visit. The Bishop is given the salute by the mandarin's mounted police

Mission du Tche-Li Sud-Est — Chi-li south-east Catholic Mission

12. - Porte d'entrée du presbytère de Ts'ing-Fong-Hsien - The Parish Priest House at Ts'inf Fong Hsien

❶ 劉欽明主教視察南宮教堂

Tournée épiscopale.Réception de S.G. à Nan Lao
When Bishop Lécroart is visiting Nan Lao's Church

南宮縣屬景縣監牧區，先後設有西河、薛吳、楊家莊、東唐蘇、王家莊、周家莊、蘇村、趙明橋八處堂口。圖中劉欽明主教視察的是南宮主教堂西河教堂。

❷ 主教視察得到警察的護衛

Tournée épiscopale.L'Évêque accueilli par les délégués de la police mandarinale
Bishop's visit. The Bishop is given the salute by the mandarin's mounted police

這是幅清朝末年舊照，主教出行有軍人或警察護衛。獻縣教區是義和團重災區，有三千多信徒被殺，五十多位傳教士殉道。事件平息後，根據與外國使團的協議，清廷責成各州縣府衙派武裝人員保護傳教士安全。早在明末清初，在宮廷任職的傳教士一般都有品爵，領取"生活補貼"。清代中後期，一些傳教士有清政府給予的沒有俸祿的品職，北京主教戴濟世享有二品頂戴，樊國梁享有二品頂戴，林懋德享有三品頂戴；兗州主教安治泰享有二品頂戴，獻縣主教郎懷仁享有三品頂戴。按照清朝規制，他們享有官轎、護衛等待遇。

❸ 清豐縣神父居所門前

Porte d'entrée du presbytère de Ts'ing-Fong-Hsien
The Parish Priest House at Ts'ing Fong Hsien

神父借宿之所，青磚黛瓦，高聳門樓，一字影壁，至少兩進院子，主人的門第等次不低。大門開啟，木柵欄擋著家畜進入。門前開闊，孩子們集聚玩耍。1935年大名成立監牧區，下轄大名、南樂、清豐、濮陽，1947年交由匈牙利的耶穌會管理。清豐縣這時行政上屬大名轄治，牧權歸直隸東南教區。

SILHOUETTES DE CHINE, A TRAVERS LA MISSION DU TCHE-LI SUD-EST

編者	Procure des Missions
	耶穌會賬房
語言	法文 英文
印製	1920s., Lille（法國里爾）
尺寸	140mm × 90mm

中國掠影——走遍直隸東南教區續系列

明信片上署"直隸東南教區系列"，外包裝的函套上標注"中國掠影——走遍直隸東南教區系列"。

❶
___
❷

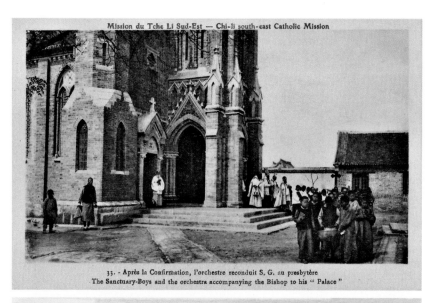

Mission du Tche Li Sud-Est — Chi-li south-east Catholic Mission

33. - Après la Confirmation, l'orchestre reconduit S. G. au presbytère
The Sanctuary-Boys and the orchestra accompanying the Bishop to his " Palace "

Mission du Tche Li Sud-Est — Chi-li south-east Catholic Mission

12. - La Passion au Collège de Ta-Ming. - Ta-Ming College Boys after the Drama of the Passion

❶ 聖童樂隊送主教回府

Après la Confirmation, l'orchestre reconduit S.D. au presbytère
The Sanctuary-Boys and the orchestra accompanying the Bishop to his "Palace"

❷ 大名學校男生演出耶穌受難劇

La Passion au Collège de Ta-Ming
Ta Ming College Boys after the Drama of the Passion

教會機構非常擅於利用文藝作品宣傳福音，不僅出版了許多小說、鼓詞和戲劇作品，獻縣教區勝世堂印書房和崇德堂印書房的《艾紅致命慘劇》、《聖倪閣老瑪爾定文明劇》、《在馬槽前》、《降生救世的福音》、《埋沒的智者》、《欺詐的社會》等劇本在當年的影響也是比較大的。

①　②
③　④

Mission du Tche Li Sud-Est — Chi-li south-east Catholic Mission

34. - Fillettes mendiant leur pain - When famine redunes to beg

Mission du Tche Li Sud-Est — Chi-li south-east Catholic Mission

10. - Médor ferait un délicieux civet! - Francis' dog might taste of the pan!

Mission du Tche Li Sud-Est — Chi-li south-east Catholic Mission

17. - « Acceptez une tasse de thé ! » - " Tea-totallers "

Mission du Tche Li Sud-Est — Chi-li south-east Catholic Mission

29. - Jeunes brodeuses à l'école de la Mission
Trying their hand at embroidering

❶ 荒年討飯的女孩

Fillettes mendiant leur pain. When famine redunes to beg.

姐妹二人手持打狗棍，挎著竹籃，青黃不接的冬日，凜冽寒風中瑟瑟發抖，沿街討一口食物果腹。"朱門酒肉臭，路有凍死骨"，傳教士在他們的鏡頭裏刻意壓縮空間，用幾張小小明信片記述了那個時代中國不同階層的生活狀況。

❷ 燉狗肉嘍！

Médor ferait un délicieux civet! Francis' dog might taste of the pan!

描述一個富家少爺頑皮地戲耍自己的狗狗，"兔從狗竇入，雉從樑上飛"，想必這家裏是一番雞飛狗跳的場景。

❸ 來一杯茶吧

"Acceptez une tasse de thé!" "Tea-totallers."

這兩個小夥伴顯得斯文多了，一壺兩杯，香茶待客，在傳教士眼裏"孺子可教也"。

❹ 教會學校孩子們的刺繡

Jeunes brodeuses à l'école de la Mission Trying their band at embroidering

CHINESISCHE MISSION VON SIEN-HSIEN

奧地利耶穌會獻縣教區系列

編者	Mission der österreichischen Jesuiten 奧地利耶穌會
語言	德文
印製	1920s., Kupfertiefdruck der Wr. Kunstdruck, Wien（維也納藝術印刷社）
尺寸	140mm×90mm

❶
———
❷

❶ **傳教士與信徒**

Missionär inmitten seiner Christen

這張拍於街頭的照片是奧地利傳教士選自清末舊照，人物髮型泄露了鏡頭對著的不是奧地利人來獻縣教區後的情景。傳教士與追隨者，盲藝人與圍觀者，攝影師捕捉的生活瞬間親切自然，不矯揉不造作，讀者如臨現場。

❷ **流動鐵舖**

Wandernde Dorfschmiede

Mission der österreichischen Jesuiten im apostol. Vikariat Sienhsien, China

編者	Missionsprokuratur S. J. In Wien 維也納耶穌會賬房
語言	德文
印製	1930s., Buchdruckerei Tyrolia, Wien（奧地利維也納蒂羅莉亞印刷所）
尺寸	140mm×90mm

奧地利耶穌會賬房獻縣教區系列

❶ **偉人墓前，南懷仁主教 1787 年逝於蘇州**

Am Grab eines verdienten Mitbruders, des Bischofs Gottft. Laimbeckhoven S. J., in Sutschau. +1787

中國天主教歷史上中文名字叫南懷仁的有三位，一位是康熙年來華的著名比利時耶穌會傳教士南懷仁（Ferdinand Verbiest, 1623—1688）；一位是同治年來華的聖母聖心會會祖比利時傳教士南懷仁（Theophile Verbist, 1823—1868），為避混淆後人稱之南懷義。再一位就是這張明信片介紹的奧地利耶穌會傳教士南懷仁（Godefroid-Xavier de Limbeckhoven, 1707—1787），1772 年加入耶穌會奧地利教區修院，1737 年抵果阿，乾隆三年（1738）到澳門，赴京治曆，後在湖廣、河南、江西傳教；乾隆十五年（1750）任南京主教，乾隆二十一年（1756）祝聖，次年兼管北京教務，因與澳門葡萄牙主教矛盾被奪權；乾隆五十年（1785）後獨自署理江南教區教務；逝於松江府湯家巷，初葬蘇州府白鶴山天主教墓地；今存墓碑為江南教區 1877 年新志。

❷ **磨盤和女人**

Mühle

Mission der österreichischen Jesuiten im apostol. Vikariat Sienhsien, China

編者　Missionsprokuratur S. J. In Wien
　　　維也納耶穌會賑房
語言　德文
印製　1930s., Buchdruckerie Tyrolia, Wien（奧地
　　　利維也納蒂羅莉亞印刷所）
尺寸　140mm×90mm

奧地利耶穌會賑房獻縣教區五彩系列

12. U. L. F. von China

◉ **中華聖母**

Unsere Liebe Frau von China

"中華聖母"，亦稱"東閭聖母"。庚子年義和團運動期間，河北清苑縣東閭村盛傳聖母顯現、庇佑教徒的聖蹟，遣使會神父組織教民在東閭村修建了一座哥特式大教堂、一所修女院和幾所學校，加固了村子周圍的工事，建起了"援助基督徒"、"大衛塔"、"聖米迦勒"和"聖路易王"四座堅固的門樓。為了感謝聖母的庇護，教區聘請法國畫師仿照慈禧太后的服裝設計了身著中國宮廷服裝的抱子聖母畫像，1908 年完成。1924 年在上海舉辦的中國主教團會議上，剛恆毅總主教決定將東閭教堂所懸掛的唐裝聖母畫像作為中華聖母的代表圖像。1937年教宗庇護十一世同意將東閭中華聖母堂列為中國天主教全國性朝聖地。1941年東閭大教堂及附屬設施被日軍焚毀。

Aus der chinesischen Mission der österreichischen Jesuiten von Sien-Hsien

奧地利聖阿洛伊修斯耶穌會獻縣教區系列

編者	Missions-Prokuratur S. J. In Wien 維也納耶穌會賬房 Missionsanstalt "Aloisianum", Linz-Freinberg, Oberösterreich 聖阿洛伊修斯社區耶穌會，上奧地利州林茨—弗林堡
語言	德文
印製	1910s., Kupfertiefdruck der Wr. Kunstdruck, Wien（維也納藝術印刷社）
尺寸	140mm×90mm

❶
————
❷

❶ 街頭乞討的盲歌手

Blinder Sänger (Straßenbettler)

❷ 現代中國女性

Moderne chinesische Damen

從人物著裝，尤其是典型的中西合璧的室內佈置看，照片中兩對中國母女不是獻縣人，大概拍攝於上海或天津。梳著劉海，裹著小腳，比起那些在洋學校讀書、在街頭演講撒傳單的新女性來說，她們還是保守家庭的大家閨秀。"保守"在那個年代是褒義詞，在學校裏信教的學生往往被稱為"保守生"。

KATHOLISCHE MISSION SIEN-HSIEN DER GESELLSCHAFT JESU

奧地利耶穌會獻縣教區特卡

編者	Missions-prokuratur, Wien
	耶穌會賬房（維也納）
語言	德文
印製	1930s., Wien（維也納）
尺寸	148mm×105mm

● 傳教士為奄奄一息的孩子施洗

Der Missionär tauft ein sterbendes Heidenkind

【原注】"凡為我的名，接待一個像這小孩的，就是接待我。"（《馬太福音》第18章第5節）

KINA, JÉZUSTÁRSASÁGA MISSZIÓJ

匈牙利耶穌會中國系列

編者	Jézustársasága missziój
	匈牙利耶穌會
語言	匈牙利文
印製	1930s., Budapest（布達佩斯）
尺寸	140mm×90mm
原注	"大家都來支持匈牙利傳教士！《天主教傳教區》是匈牙利教會的月報，憑藉一手新聞、生動敘事以及兒童和青年專欄贏得匈牙利讀者的好評。"

Jézustársasága missziói - *Kína.*

8. - Buddhista papok.

● 佛教僧人

Buddhista papok

KATOLIKUS MISSZIÓK SZERKESZTÖSÉGE ÉS A TAMINGI MISSZIÓ KÖZPONTJA

匈牙利耶穌會大名教區系列

編者　Katolikus Missziók Szerkesztösége És a Tamingi Misszió Központja
　　　匈牙利天主教大名教區
語言　匈牙利文
印製　1930s., Budapest（布達佩斯）
尺寸　140mm×90mm
原注　"非常感謝您對傳教士的慷慨捐贈，我們祈禱耶穌用其永生的精神寶藏回報您的付出。"

❶ 領聖餐的喜悦
❷ 呵護小鳥的孩子
❸ 孩子們需要溫飽

天津工商學院和北疆博物館

天主教在中國各教區管理機構絕大多數設在所在地的中心城市，獻縣教區是個例外。耶穌會一直希望將天津教務納入自己的管理範圍，同治八年（1869）耶穌會獻縣教區在天津設立名為"聖沙勿略院"的賬房，同治十年改名崇德堂，當時的主要功能是籌措傳教資金，用其房產和投資收入聊補教區傳教經費。民國中期崇德堂賬房成立作為河間勝世堂印書房分支機構的崇德堂印書館，開始編輯一些宣教書籍。勝世堂歇業後，獻縣教區的出版活動大多依託崇德堂。民國後期崇德堂印書館發展很快，除了由於獻縣教區把出版工作重心移至天津外，還要考慮到耶穌會在天津和北京的幾所學校對其出版工作的需求和支撐。

1921 年耶穌會于普鐸[1]神父從獻縣調到天津，利用庚子賠款餘額籌建新的學校，次年在馬場道購買了兩座小樓辦公。1922 年桑志華的北疆博物館新館落成後，教會立即在馬場道開工建設校舍，次年完工。新學校以工商學院（Institut des Hautes Études et Commerciales）的名字對外招生。學院初設有工、商兩科，後發展為三院九系。1933 年天津工商學院完成在南京國民政府教育部的備案工作，直到 1948 年 11 月解放軍兵臨城下才拿到備案

批准公文，最終核准的校名是"津沽大學"。

北疆博物館的前世今生與桑志華這個名字密不可分。桑志華（Émile Licent, 1876—1952），又記黎桑，生於法國龍比（Rombies），法國著名地質學家、古生物學家、考古學家。1912 年桑志華獲法國南錫科學院動物學博士學位，1914 年受耶穌會派遣來華，教籍屬獻縣教區，客居天津，大部分時間從事野外科學考察。二十五年間桑志華行程五萬多公里，足跡遍及中國北方各省，與瑞典人安特生[2]的科考隊、李濟[3]的中央研究院歷史語言研究所科考隊、丁文江[4]的中央地質調查所，一起開創了中國考古學的黃金十年。他帶領團隊鞍馬勞頓、風塵碌碌，採集地質、古生物標本達數萬件。這些標本陸續運回天津，堆積在崇德堂，日積月累無地存放，也不便展開研究。1921 年桑志華提議興建博物館正式館舍，次年在馬場道落成。桑志華為其取的法文名稱為 Musée Hoang Ho Pai Ho（黃河白河博物館），中文以"北疆博物館"為人熟知。1927 年法國政府為表彰桑志華創辦北疆博物館的特殊功績，授予他"鐵十字騎士勳章"。盧溝橋爆發戰事，日軍全面侵佔華北，桑志華神父被迫中斷科研工作，1939 年離華回法。接替桑志華任北疆博物

1　于普鐸（Paulus Jubaru, 1862—1930），字恩浩，法國人，1885 年入耶穌會，1901 年來華，同年晉鐸；1921 年創辦天津工商學院，首任院長，後轉深州任神職；逝於大名。

2　安特生（Johan Gunnar Andersson, 1874—1960），生於瑞典挪威聯合王國的耐蓋，畢業於瑞典烏普薩拉大學，1901 年至 1903 年屢次赴南極考察，擔任烏普薩拉大學地質學教授、瑞典國家地質調查所所長，還是國際地質學會秘書長；1914 年被北洋政府聘為農商部礦政顧問，率隊發掘仰韶文化遺址，並最早發現周口店古生物學遺址，為"北京人"現身世界舞台拉開序幕；1924 年回國，1926 年創辦斯德哥爾摩遠東博物館（Östasiatiska Museet）。

3　李濟（1896—1979），字受之，後改濟之，湖北鍾祥郢中人；1911 年考入留美預科學校清華學堂，1918 年官費留美，1922 年回國，執教於清華大學、南開大學，後長期在中央研究院歷史語言研究所任職，1949 年後赴台灣，任職台灣大學及史語所。

4　丁文江（1887—1936），江蘇泰興人，地質學家，1911 年畢業於英國格拉斯哥大學地質學系，1916 年與章鴻釗、翁文灝組建農商部地質調查所擔任所長，1923 年當選中國地質學會會長。

館館長的有羅學賓[1]和明興禮。

與桑志華合作的是國際知名的科學家、法國傳教士德日進。德日進（Pierre Teilhard de Chardin, 1881—1955）生於法國奧爾西內（Château of Sarcenat, Orcines），1899 年加入耶穌會，1918 年晉鐸；1920 年取得索爾邦大學地質—植物—動物學碩士學位後攻讀博士課程，並在巴黎天主教大學講授古生物學。1923 年德日進應桑志華神父邀請來到獻縣，參與天津北疆博物館建館工作。他在中國度過了二十三年的學術生涯，走遍中國，考察新生代地質以及古脊椎動物與古人類化石。剛到天津那年，德日進整理桑志華前次從薩拉烏蘇邵家溝帶回的羚羊牙齒、鴕鳥蛋片化石時，發現一枚桑志華疏忽的疑似人類牙齒的化石。他們委託北京協和醫院的加拿大解剖學家步達生[2]教授鑒定，確認這枚化石是七萬年前舊石器時期晚期智人、一位七歲兒童的左上外側門齒。發現這枚"河套人"門齒的意義雖不及後來周口店挖掘的"北京猿人"頭蓋骨，但其在中國地質生物及考古領域仍是開創性的非凡發現。這枚兩邊緣翻捲成棱、中間低凹的"鏟形牙"後來被認為是中國人的標準"生理印記"，有著"鏟形牙"的"河套人"被視為中國人的直接祖先。

德日進被中國科學界看作中國古脊椎動物學的奠基者和領路人之一。1918 年瑞典考古學家安特生得知北京周口店龍骨山石灰岩洞穴有大量動物骨骼化石堆積物。嗅覺敏銳的安特生騎著毛驢趕往周口店，早出晚歸，然機緣不佳，收穫不大。儘管安特生確定"我有一種預感，我們祖先的遺骸就躺在這裏"[3]，他還是離開周口店全身心投入仰韶遺址的發掘，周口店的工作交給中國考古學家裴文中[4]等人。1929 年德日進被聘為中國地質調查所新生代研究室顧問，參與周口店"北京猿人"挖掘和鑒定工作。恰在這一年，裴文中教授發現一個完整的北京人頭蓋骨。1935 年賈蘭坡[5]接替裴文中主持發掘工作，並於次年發現三塊頭蓋骨。新的發現經德日進研究鑒定為"北京猿人"頭蓋骨，其為猿人顱骨，從而確認了人類發展過程中猿人階段的存在。賈蘭坡晚年回憶說，他二十三歲初入這個領域，給德日進做助手，學得許多知識，"德日進神父是我最敬愛的老師之一"。

1940 年德日進困於日軍佔領的北京，潛心完成備受爭議的著作 *The Phenomenon of Man*（《人之現象》）。他把宇宙看成一種進化，從無生命到出現生物，從生命到出現人的精神，是一個持續不斷的完整的進化現象。進化朝著精神發展，是一種社會化和全球化的發展運動。天主教會認為德日進的這些大膽言論離經叛道，背馳傳統神學教義，禁止他的著作出版。二戰結束後德日進返回法國，不受教會待見的他又顛沛流離，客死他鄉。

1　羅學賓（Petrus Leroy），法國人，動物學家，生於 1900 年，1920 年入耶穌會，1930 年來華，1938 年晉鐸；負責北疆出版物編輯和沿海標本採集研究；1939 年至 1945 年任天津工商學院講師和北疆博物館館長；1946 年回國，餘跡不詳。

2　步達生（Davidson Black, 1884—1934），加拿大人，解剖學家，1906 年畢業於加拿大多倫多大學；1919 年來華任北京協和醫學院教授；周口店考古工作的負責人之一，1927 年根據周口店遺址中發現的一枚下白齒，將其所屬人種定名為中國猿人北京種；發表過多種有關北京人和中國新石器時代人骨的論著。

3　Johan Gunnar Andersson, *Children of the yellow earth: studies in prehistoric China*, London: Kegan Paul, 1934, pp.89-93.

4　裴文中（1904—1982），河北豐南人，古生物學家；1927 年畢業於北京大學地質系，1937 年獲法國巴黎大學博士學位，1929 年主持周口店古生物遺址發掘和研究，發現北京猿人第一個頭蓋骨；此後還主持山頂洞人遺址發掘。

5　賈蘭坡（1908—2001），河北玉田人，考古學、地質學家，1929 年畢業於北京匯文中學，1931 年入中央地質調查所新生代研究室並參加周口店北京人遺址發掘；1935 年接替裴文中主持這一地區的發掘和整理。

INSTITUT DES HAUTES ÉTUDES INDUSTRIELLES ET COMMERCIALES ET MUSÉE HOANG-HO-PEI-HO

天津工商學院和北疆博物館系列

編者　Institut des Hautes Études Industrielles et Commerciales, Tien-Tsin (Chine)
　　　天津工商學院
語言　法文 英文
印製　1930s.
尺寸　140mm×90mm

1. - Façade antérieure. — Front view.

◉ **天津工商學院正門**

Façade antérieure.—Front view.

天津工商學院主樓建於 1925 年，位於馬場道 117 號，建築為法國古典折衷主義風格，三層混合結構，屋頂的中心部位高而突出，採用法國曼塞爾式屋頂，覆以魚鱗式片瓦，東西兩翼主要為雙坡頂，山牆頂部飾以山花。屋頂前後的牆上各嵌有一座巨大的圓鐘，圓鐘兩側和上方分別採用巴洛克的券罩和斷山花加以防護和裝飾。屋頂內部為法國孟莎結構穹頂。

3. - Chalet des Professeurs. — Masters' house.

6. - Salle de Lecture. — Reading room.

18. - Musée Hoang-ho-pei-ho. — Hoang-ho-pei-ho Museum

❶ ❷

❸

❶ 工商學院教授樓

Chalet des Professeurs
Masters' House

❷ 工商學院閱覽室

Salle de Lecture
Reading room

❸ 北疆博物館

Musée Hoang-ho-pei-ho
Hoang-ho-pei-ho Museum

北疆博物館亦稱"黃河白河博物館",由法國博物學家桑志華神父創建,位於天津馬場道 119 號,主樓建於 1922 年,1926 年修建陳列廳和南樓,平面呈"工"字形,磚混結構,主樓與南樓之間用跨空封閉天橋相連。現為天津自然博物館。

香港耶穌會

明嘉靖三十六年（1557）葡萄牙人取得澳門居住權，澳門成為西方傳教士進入中國大陸的橋頭堡。1562 年葡萄牙籍耶穌會士路易斯・弗羅伊斯[1]神父抵達澳門，開啟了福音傳播工作。1565 年耶穌會澳門省會長決定成立耶穌會澳門會院；1576 年梵蒂岡傳信部批准從果阿總教區分立澳門教區，管轄範圍廣至大中華地區、日本、越南、東南亞沿海各島嶼，首位澳門主教是耶穌會士卡內羅[2]。1594 年耶穌會在澳門成立聖保祿神學院（Colégio de São Paulo），設有文法學部、人文學部、倫理神學部等，其培養的傳教士除到日本、中國外，還到越南、泰國、柬埔寨等地傳教。1602 年聖保祿神學院修建聖保祿教堂（Antiga Catedral de São Paulo），為澳門教區主教座堂、遠東天主教的中心，當地中國人稱之為"三巴寺"，稱這裏的神父為三巴寺僧。1835 年聖保祿神學院和聖保祿教堂毀於大火。

萬曆十年（1582）利瑪竇應范禮安[3]神父邀請從印度果阿到澳門，次年與羅明堅[4]神父結伴到時為廣東府治地的肇慶，一步步北向到京城。費賴之

在《在華耶穌會士列傳及書目》中所涉四百六十七位明季清初來華的傳教士大多數是在澳門登岸，在聖保祿神學院惡補漢語、中國文化、中國地理以及風土人情知識，修髮剃鬚，更換漢家服飾，然後邁過濠江入內地，有人把這套流程稱為"利瑪竇路綫"，今日人們所熟悉的郭居敬、龍華民、龐迪我、高一志、陽瑪諾、金尼閣、湯若望、何大化、潘國光、柏應理、南懷仁、徐日升、郎世寧等人無不經歷過這個入鄉隨俗的"中國化"過程，也是後人解讀利瑪竇能夠立足中國的成功經驗之一。順治十七年（1660）進入中國內地的耶穌會脫離澳門教區，成立獨立傳教團體。

時至近代，國門洞開，澳門作為天主教傳教士進入中國大陸跳板的歷史使命終結。自鴉片戰爭後香港被英國佔領，天主教各修會紛紛在香港設有傳教機構。澳門教區與香港教區歸教宗直管，耶穌會在香港和澳門有很深的根基和利益。香港教區成立於 1841 年，梵蒂岡傳信部分配給米蘭外方傳教會屬轄，在香港最活躍、勢力最大的天主教修會是巴黎外方傳教會，其遠東管理總部和司庫都設在香

1　路易斯・弗羅伊斯（Luís Fróis, 1532—1597），葡萄牙人，生於里斯本，1541 年進入葡萄牙的宮廷王室秘書廳擔任書記見習；1548 年加入耶穌會，同年前往當時葡萄牙在印度的根據地果阿，1561 年晉鐸，1562 年到澳門，1563 年到日本長崎，1565 年抵達京都傳教；1590 年曾陪同范禮安會見豐臣秀吉，1592 年曾到澳門傳教三年；著有《日本史》和《二十六聖人殉教記》；逝於長崎。

2　卡內羅（Melchior Carneiro, 1516—1583），葡萄牙人，生於科英布拉（Coimbra），1543 年加入耶穌會，1555 年到印度果阿，1567 年到澳門，為中國和日本地區主教；逝於澳門。

3　范禮安（Alessandro Valignano, 1539—1606），字立山，意大利人，1566 年入耶穌會，1570 年晉鐸，1573 年被任命為耶穌會遠東觀察員，1578 年由印度果亞抵達澳門；主張傳教士中國化有利於天主教的發展，要求傳教士們學習中國語言和中國風俗；1594 年在澳門建立聖保祿神學院；逝於澳門。

4　羅明堅（Michele Ruggieri, 1543—1607），字復初，意大利人，1572 年加入耶穌會，1579 年到澳門，學習中國語言和風俗。1581 年進入廣東，與利瑪竇等人結伴在中國大陸傳教；曾用拉丁文翻譯過中國典籍，編譯了第一本天主教教義中文讀本《天主實錄》。

港，統轄著北至中國滿洲，東至日本、朝鮮，西至雲貴川藏，南至印度支那半島的傳教事業。

耶穌會有組織地進入香港始於 1926 年，考慮到香港被英國管治，耶穌會總部派遣愛爾蘭人到香港拓展，主要職責是募集資金和培訓傳教幹部。愛爾蘭耶穌會出版會刊 *The Irish Jesuits in China*（《愛爾蘭耶穌會在中國》，Irish Province of the Jesuit Order, Dublin），在香港辦了九龍華仁學院和阿伯丁大修院，1949 年耶穌會撤離大陸後，這幾家學院成為神父們的臨時 "避難所"。

愛爾蘭人范達賢是研究中國天主教學術史上不可遺漏的神父，他長期生活在遠離耶穌會在華主流區域的香港，在那段波瀾壯闊的故事裏找不到他的位置。范達賢（Daniel. J. Finn, 1886—1936），又記芬戴禮，1886 年生於愛爾蘭科爾克，1902 年加入耶穌會，後在皇家大學研習考古學，1926 年來港，執教於香港大學地理系，1928 年離港赴廣州任聖心中學教務主任。1931 年梵蒂岡傳信部在香港鴨巴甸舉辦的華南總修院落成，范達賢回港出任神師，又有機會兼職香港大學地理系，投身於他心愛的考古事業。據說他每天早晨必自修院外出，到鴨巴甸總修院附近的一間女修院的教堂行祭。某日清早，他循例渡海去小堂，登岸時看見一艘大木船把從博寮島載來的沙子搬運上岸。他行經沙堆偶然撿到一銅矢，隨手拾放進衣袋裏，行祭完畢他再走到原來的沙堆旁觀察，又找到其他幾件不完整的古物。自此以後，他一面在修院講課，一面乘小舟到博寮島從事發掘工作，後來考察範圍擴至南丫島

西北的大灣、榕樹灣和洪聖灣等地。范達賢發掘出華南地區最早的一批新石器時期遺存，石斧、石刀、石錘、石杵、石箭、石矛、石球、石環、玉珥等一些遠古石器；銅箭鏃、銅矛以及各式的泥饗、陶碟、陶壺、陶碗等共百餘件，後存於華南總修院。范達賢根據自己從博寮島和南丫島發現的史前文物，推斷四千年前的新石器時期香港這塊土地上已經有人類居住生活；他認為在大灣發現的印有款式多樣的盤曲花紋（夔紋）的陶器與北方殷周文化相同，應該是西漢征戰南越的遺物，所謂 "南蠻文化" 其實已經融合了北方文化。1932 年至 1936 年間范達賢在香港發表考古論文十三篇，1936 年他作為代表出席奧斯陸世界考古大會，因肺病復發逝於倫敦。

人們熟悉范達賢多是因他的考古論作，其實他還有一項很少與他的名字聯繫在一起的學術成就。1911 年法國耶穌神父祿是遒[1] 應上海光啟社之邀為 "漢學叢書" 編撰 *Recherches sur les superstitions en Chine*（《中國迷信研究》），經在上海任職的另一位愛爾蘭傳教士甘沛澍[2] 的引薦，范達賢參與了把這部偉大著作移譯英文版 *Researches into Chinese Superstitions* 的工作。在幾十年間，祿是遒一邊編著法文版，發稿付梓；甘沛澍一邊翻譯英文本，排版跟進。甘沛澍大約逝於 1928 年，只完成前九卷和第十卷部分的翻譯工作。范達賢接過翻譯工作的接力棒，獨自翻譯了後四卷。范達賢去世後，後續工作應該是光啟社編輯們完成的，甘沛澍和范達賢與祿是遒一樣都沒有見到這部恢宏巨著的完整面目。

1　祿是遒（Henricus Doré, 1859—1931），字慶生，生於法國，勒芒神學院畢業，1884 年加入耶穌會，1886 年來華，在上海學習中文，後又赴安徽傳教。1895 年回上海養病，一年後又赴江蘇幾個教區任職；1897 年晉鐸。祿是遒利用自己在江南教區鄉村傳教三十多年的機會，在上海、江蘇、安徽等地調查中國民間迷信習俗，收集了大量包括中國年畫、符咒、神像、廟宇以及迷信崇拜場面在內的民俗圖片資料。

2　甘沛澍（Martinus Kennelly, 1859—1928），字商霖，愛爾蘭人，1878 年入耶穌會，1885 年來華，1900 年晉鐸，任職徐家匯天主堂。

"Help China" series

愛爾蘭耶穌會援助中國系列

編者	*Irish Jesuit Mission to China* 《愛爾蘭耶穌會在中國》雜誌社
語言	英文
印製	1930s, Ricci Mission Unit, Tullamore（愛爾蘭塔拉莫爾利瑪竇公寓）
尺寸	145mm×95mm

塔拉莫爾（Tullamore）是愛爾蘭中部城市，為培拉莫爾郡首府，當地的利瑪竇公寓是愛爾蘭耶穌會總部所在地。1929 年愛爾蘭耶穌會在香港島薄扶林道 93 號修建會院 "利瑪竇公寓"（Ricci Hall），這座栗白色相間的建築包括香港大學男生寄宿公寓，附設網球場、飯堂、圖書館、音樂室、電視房、健身室等，以及隸屬於天主教香港教區聖安多尼堂的 "利瑪竇宿舍小堂"，後改稱為 "上智之座小堂"（Our Lady Seat of Wisdom Chapel）。

❶ ❷

❶ 遠眺香港華南總修院

View of Regional Seminary, Hong Kong, South China

華南總修院（Regional Seminary of South China）位於港島南區黃竹坑，是梵蒂岡傳信部 1931 年創建的跨修會機構，培育華南地區國籍神職人員，服務華南的韶關、梧州、廣州、江門、嘉應、汕頭、汀州、廈門、福州、建寧、福寧、北海、瓊縣和香港等教區。1964 年因華南諸教區長期無培訓生源，華南總修院改為香港教區的大修院——聖神修院（Holy Spirit Seminary）。

❷ 期待

這張印製於二十世紀三十年代前期的明信片，表現一位香港漁民家的男孩子，頭戴斗笠，身著本色布衫，目光炯炯，充滿對未來美好生活的憧憬。

02

多明我會

　　1926 年教宗敕諭六位華籍神父晉升主教,許多中國天主教徒為中國人獲此殊榮歡欣鼓舞,揚眉吐氣,其實人們忘了這並不是中國人第一次出任主教,早在康熙十三年(1674)多明我會中國神父羅文藻就曾被教宗授予主教職銜。羅文藻,字汝鼎,號我存,福建福寧府人,生於萬曆四十五年(1617),家傳禮佛。崇禎六年(1633)傳教士到福安,羅文藻經方濟各會傳教士利安當點化皈依天主教,洗名額我略。兩年後,他陪利安當等神父赴北京,居日不久,隨四位多明我會神父和六位方濟各會神父回福建,馳援受圍攻的耶穌會神父艾儒略和陽瑪諾。局勢惡化,崇禎十一年(1638)他避難澳門,後經常往返於澳門和菲律賓。明永曆四年清順治七年(1650)羅文藻在福建汀州加入多明我會,順治十一年(1654)在馬尼拉晉鐸。康熙三年(1664)發生"曆案[1]",耶穌會傳教士羈押廣州期間,大陸全部教務均委託羅文藻照料,他不辭辛苦,足跡遍及閩、浙、贛、粵、晉、湘、川、江南、北直隸。1673 年梵蒂岡傳信部提名羅文藻晉升主教,多明我會菲律賓省會長嘉德郎(Antonius Calderon)嫌棄羅文藻在禮儀問題上的立場與耶穌會一致而反對,未果,翌年再議獲晉,羅文藻被派往菲律賓華人區傳教。巴黎外方傳教會福建主教陸方濟臨終前擬在福安穆陽為其祝聖,未及;直到康熙二十四年(1685),經過長達十一年的申訴後,終於由方濟各會主教伊大任[2]在廣州為其祝聖[3]。1690 年教宗亞歷山大八世下諭正式成立北京教區和南京教區,羅文藻出任南京教區主教,次年逝於南京。羅文藻是中國天主教史上第一個華籍多明我會士、第一個華籍主教。

　　多明我會是最早來華的天主教三大傳教會之一,明季就從利瑪竇打開的中國大門進入福建,在明末清初"禮儀之爭"中站在利瑪竇路綫的對立

1　康熙三年(1664)大臣楊光先參劾在欽天監工作的西方傳教士湯若望等人潛謀造反,邪說惑眾,曆法荒謬,"寧可使中國無好曆法,不可使中國有西洋人",把持朝政的鰲拜站在楊光先一邊,判湯若望和南懷仁等斬監候,逮捕三十五名傳教士,押解廣州。康熙五年(1666)湯若望病逝於寓所。1669 年康熙親政,清算鰲拜等人,為湯若望平反。清初這場曆法之爭史稱"曆案"。

2　伊大任(Bernardino della Chiesa, 1644—1721),意大利人,1644 年生於威尼斯,方濟各會會士,1680 年擔任福建教區副主教,1684 年任福建教區主教,1690 年又到北京教區任職,1721 年逝於山東臨清。

3　此段歷史依據方豪先生的考據,見方豪:《中國天主教史人物傳》,宗教文化出版社,2007 年,第 327—338 頁。

面。多明我會以其創始人得名，多明尼克・古茲曼（Domingo Félix de Guzmán）1170 年生於西班牙杜羅河畔阿蘭達的加斯蒂（Caleruega, Aranda de Duero），後來此地建有本篤會西洛斯聖多明我修道院（Monasterio de Santo Domingo de Silos）。有關多明尼克早年生活缺乏信史，據他成聖以後的文獻描述，其父菲利克斯（Félix Guzmán）是當地古茲曼（Guzmán）貴族，也有説是威尼斯富商。1184年，年方十四歲的多明尼克進入巴倫西亞學校（Palencia）讀書，學習了六年藝術和四年神學，據説 1191 年西班牙大災荒時，正在讀書的他曾捐財捐物，救助窮人。多明尼克 1194 年晉鐸，在奧斯瑪大教堂（Osma）加入聖奧古斯丁詠禮會（Canons Regular Grand-Saint-Bernard），1201 年擔任奧斯瑪大教堂詠禮會會長。1204 年他跟隨奧斯瑪主教出使丹麥，遇到一些"誤入歧途"的人，經多明尼克講述聖理、耐心勸導，皈依"正道"。1925 年多明尼克奉教宗旨意，在法國南部開展基督教宗派甄別工作，把不符合梵蒂岡正統理論的派別斥為異端予以取締。比如當時一些教派的領袖人物推崇"二元論"，認為物質本身是邪惡的；他們否認聖子降生的奧蹟，否認聖事的價值。多明尼克與這些"異端"公開辯論，試圖用聖教的真理"感化"他們。他發現許多婦女受"異教"毒害尤深，便把她們送進修道院改造。他又從幡然悔悟的婦女中擇選幾位成為修女，派她們勸誡其他異端者棄邪歸正。多明尼克的工作受到教宗讚許。凡是正統的就是真理，

這個信念是多明尼克一生的圭臬。

1215 年多明尼克在法國圖盧茲與六位神父合謀，向教宗提出組建新的修會，隨他者不僅要遵守祈禱默想等基本的修道生活，還需要潛心研究正統神學理論，通過傳教講道感化他人，以善表熏陶教友，傳揚信德。多明尼克諸人的想法得到教宗英諾森三世的口頭支持，他要求在現有修會中選擇一個會規作為新修會的章程，多明尼克呈報的是聖奧古斯丁會會規。1216 年多明尼克到羅馬觀謁新任教宗霍諾里烏斯三世，後者把聖羅門教堂撥給多明我作為修會會院，正式核准修會的章程，會名"講道會"（Ordo Praedicatorum, OP），習稱"多明我會"（Dominican Order）。多明我會與方濟各會一樣也制訂三個會規，"本會有三等，第一是修道男人，第二乃修道女人，第三是克己修業男女。此三等又分為三樣，第一修道之童貞，第二修會之鰥寡，第三修會之夫婦。此三樣具得進三會也。"[1]

多明我會成立伊始便與方濟各會聯合，高舉向魔鬼作戰的旗幟，成為羅馬教宗手中兩個對付世俗王室和內部異端的利器。多米尼克還對自己的門徒講"我們不可以把種子囤積起來，應當撒播四方"，1218 年開始帶領門徒走向歐洲各地，在西班牙、法蘭西、意大利各地建立修道院。1221 年心力交瘁的多明尼克突發重病，逝於意大利博洛尼亞的聖尼古拉斯修道院。他臨終遺言："吾無財產留世，惟傳幾言期望：奉愛德、守謙遜、持神貧。"1234 年多明尼克生前摯友教宗格列高利九

1　〔意大利〕李篤瑪：《修三會規程》，福州欽一堂多明我會，1883 年，第 2 頁。

世為他封聖。

後世對多明尼克的不利評價最多的是他與臭名昭著的中世紀宗教裁判所的關係。維護他的學者認為，宗教裁判所最早出現在 1231 年，已是多明尼克去世十年後了。即便這種辯護成立，也無法撇清多明尼克的思想和作為對宗教裁判所的影響，正是因他挑起和實施的對"異端"清算和改造的運動，才有了後來幾百年對"異端分子"的殘酷無情之打擊，十五世紀在他祖國的西班牙宗教裁判所懲罰異端之手段更加駭人聽聞。況且異端裁判所本身就是多明我會操作的，有學者一針見血指出，十九世紀之前的多明我會成長史就是一部與反邪教相伴相成的歷史。"所有這些異端都曾引起教會的驚慌，於是教會採用強力的手段來進行鎮壓 …… 這項工作大半是由多明我會教團和方濟各教團的僧侶來擔任。"[1] 歷史也記述了多明尼克較為人性的一面，據說他也曾為討伐異端戰爭的殘虐行為傷心落淚；也有追隨者回憶他其實挺有人情味，常常耐心地與貧家婦女和老嫗促膝談話，廢寢忘食。這些事蹟已經從多明我會正式文獻中刪除。

在教義上多明我會推崇《玫瑰經》(Rosarium)，這是天主教徒用於敬禮聖母瑪利亞的禱文，又稱《聖母聖詠》。《玫瑰經》歷史悠久，惟多明我會奉為本會主經，多明尼克生前認為《玫瑰經》是向聖母瑪利亞祈禱的最好的經文，如獻給聖母的馨香玫瑰。

多明我會在中國亦稱"道明會"。與方濟各會進入中國的路徑差不多，萬曆十五年（1587）多明我會以菲律賓做跳板落腳台灣和福建。崇禎四年（1631）意大利傳教士高奇[2] 從菲律賓乘商船來華，遇海難漂流至福寧沿岸小島，經漁民救起後送官，福安知縣巫三祝因與艾儒略有過交往，對基督教並無惡感，准許高奇留居傳教。隨後還有黎玉范[3] 神父到福建。清初來華的多明我會傳教士屬西班牙多明我聖母玫瑰省（Dominican Province of Our Lady of the Rosary），後因法國大革命和清廷禁教等因素匆匆撤離中國。

清末弛禁後，道光二十八年（1848）西班牙多明我會在福州南門兜澳尾巷修建教堂，同治七年又修建泛船浦天主堂。1883 年梵蒂岡傳信部設立以福州為中心的福建北境教區和以廈門為中心的福建南境教區，交由西班牙多明我會馬尼拉省管理。1913 年福建南境教區分立，成立台灣監牧區，仍由西班牙多明我會執牧；同時福州教區的興化府劃歸廈門教區。實施聖統制後成立福州總教區，西班牙多明我會管理福州教區、廈門教區和福寧教區，德國多明我會管理 1923 年成立的汀州教區，美國多明我會管理 1931 年成立的建甌教區。1935 年來自波蘭的多明我會傳教士還開闢了四川奉節教區。（更多明信片見"伊蘭茨多明我玫瑰會"）

1 〔英國〕羅素：《西方哲學史》，何兆武、李約瑟譯，商務印書館，1976 年，上卷，第 456 頁。

2 高奇（Angelo Cocchi, 1597—1633），西班牙人，多明我會傳教士，1622 年抵菲律賓，1627 年到台灣淡水，1631 年到福建，在閩北福安一帶傳教。

3 黎玉范（Juan Bautista Morales, 1597—1664），西班牙人，多明我會傳教士，1633 年從菲律賓來華，在福建傳教，逝於福建。

CHINA FUKIEN

多明我會福建 A 系列

編者　Mission der Dominikaner, Vechta I O., Hannover
　　　德國漢諾威費希塔社區多明我會
語言　德文
印製　1910s., Hannover（漢諾威）
尺寸　145mm×105mm

Unsere jüngste China=Expedition
sitzend: P. Willibrord, von links nach rechts: P. Edmund,
P. Albin, P. Kajetan.

Empfang unserer Neu-Missionare in Shanghang.

❶ ❷

❶ **新來華的傳教士**

Unsere jüngste China-Expedition
Sitzend: P.Willibrord, von links nach rechts: P. Edmund, P. Albin, P. Kajetan.

【原注】（坐）威利布羅德神父（P. Willibrord），（從左至右）埃德蒙神父（P. Edmund），阿爾賓神父（P. Albin），卡傑坦神父（P. Kajetan）。

❷ **上杭歡迎新來的傳教士**

Empfang unserer Neu-Missionare in Shanghang

【原注】"教區缺少神父，來自下薩克森州費希塔的年輕神父約瑟夫（Kolleg St. Josef）來此幫助我們。"

CHINA FUKIEN

多明我會福建 B 系列

編者	Mission der Dominikaner, Vechta I O., Hannover 德國漢諾威費希塔社區多明我會
語言	德文
印製	1920s., Meisenbach Riffarth, Berlin （柏林里法斯印刷公司）
尺寸	140mm×90mm

Msgr. Pelzer,
der Apostolische Präfekt der Rosenkranzmission mit den Missionaren.

Transport großer Balken zum Kirchbau in Lankiatu.

❶ ❷

❶ 多明我玫瑰會福建汀州主教歐倍徒 1926 年在武平與傳教士在一起

Msgr. Pelzer der Apostolische Präfekt der Rosenkranz mission Tingchow (China Fukien) mit den Missionaren (Wuping 1926)

歐倍徒（Egbert Maria Pelzer, 1882—1945），生於德國明斯特（Münster），1903 年加入多明我會，1909 年晉鐸，1925 年任汀州監牧區首任主教，逝於武平。

❷ 運原木修建藍家渡教堂

Transport grober Balken zum Kirchbau in Lankiatu (China-Fulien)

1918 年德國多明我會在福建上杭縣藍溪鄉開教，白加祿（Michael Bauer）神父在黃潭河畔藍家渡修建教堂。1929 年上杭爆發共產黨領導的土地革命，洋神父逃往縣城，藍家渡天主堂被起義農民焚毀。

Schule in Lankiatu.

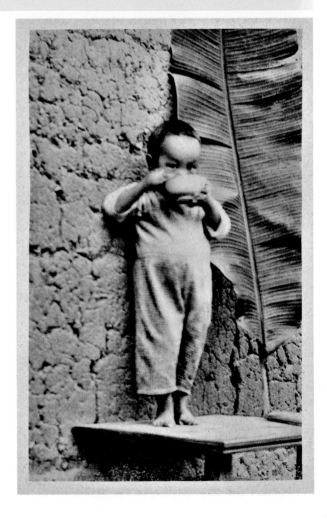

❶ 藍家渡學校

Schule in Lankiatu

藍家渡學校又稱"多明初級小學",建於 1918
年,為藍家渡天主堂附設的學校。

❷ 上杭孤兒院收留的一個父母雙失的孩子

*Die kleine von ihren heidnischen Eltern verstobene
Kunigunde im Hause der hl. Kindheit zu Shanghang (China
Fukien)*

MISIONES DOMINICANAS DE FOOCHOW (CHINA)

多明我會福州系列

編者	Mission der Dominikaner
	多明我會
語言	西班牙文
印製	1920s.
尺寸	148mm×105mm

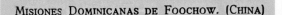

MISIONES DOMINICANAS DE FOOCHOW. (CHINA)

FOOCHOW. PROFESORES DEL COLEGIO DE SANTO DOMINGO.

FOOCHOW. APERTURA DE CURSO.

DECANO DE LOS MISIONEROS DE FUKIEN.

YEMPIM. VIAJANDO POR EL RÍO MIN.

MISIONES DOMINICANAS DE FOOCHOW. (CHINA)

❶ 福州揚光學校的教師（上）、揚光學校開學儀式（下）

Foochow. Profesores del Colegio de Santo Domingo

Foochow. Apertura de Curso

揚光學校位於鼓樓區津門路與秀冶里河墘交界處，是 1913 年西班牙多明我會會長艾仁忠[1]創辦的福州第一所天主教中小學全日制學校。

❷ 福建神學院院長（左）、溯閩江抵達延平（右）

Decano de Los Misioneros de Fukien

Yempim. Viajando por el Rio Min

"聖多瑪斯神修院"最初是高彌額主教於 1840 年創辦的福安郵亭。高彌額（Miguel Calderón, 1803—1883），西班牙人，1831 年任福建代牧區主教，1841 年離任。

---

1 艾仁忠（Jacobus Garcia），西班牙人；1889 年任頂頭本堂，1893 年調外縣，1919 年又任頂頭本堂，1925 年在上嶼教堂休養，1930 年去世。

MISSIONE DOMINICANA DI TINGCHOW (CINA)

多明我會汀州系列

編者	Missione Dominicana
	多明我會
語言	意大利文
印製	1920s.
尺寸	140mm×90mm

2. MISSIONE DOMENICANA DI TINGCHOW (Cina) - La residenza del Prefetto Apostolico.

10. - SHANGHANG (Cina) - MISSIONE DOMENICANA - *Due ragazze cieche, nel giorno del loro battesimo.*

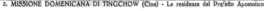

❶ 汀州教堂和會院

La residenza del Prefetto Apostolico

1923 年教廷從福建北境代牧區分立汀州監牧區，首任宗座監牧主教為德國籍歐倍徒，主教府設在武平，由德國多明我會管理，1947 年升格為汀州教區，主教座堂遷移長汀聖母玫瑰教堂，下轄汀縣、寧化、上杭、武平、清流、連城、明溪、永定八個堂口。

❷ 上杭兩個當日受洗的盲女童

Due ragazze cieche, nel giorno del loro battesimo

4. MISSIONE DOMENICANA DI TINGCHOW (Cina) - Un albero "della superstizione". È proibito di tagliarne anche un ramo !

3. MISSIONE DOMENICANA DI TINGCHOW (Cina) - Ponte e tempio pagano, presso *Lau-kia-tu.*

❶
___
❷

❶ 汀州一棵禁伐的風水樹

Un albero "della superstizione". È proibito di tagliarne anche un ramo!

這是汀州天后宮院內的大樟樹。中國南方許多地方保留著青蔥林木，多是樟、松、柏、楠等長青樹，稱為風水樹。

❷ 汀州靈渡木橋和天后宮

Ponte e tempio pagano, presso Lau-kia-tu

天后宮位於長汀縣城，始建於南宋紹定年間，原名"三聖紀宮"，為汀州八邑敬奉媽祖的場所，由山門、朗門、戲台、鐘鼓樓、水閣樓、前殿、正殿、後殿及聖母間組成。

LA MISSION DOMINIVAINE DE CHINE

編者　*Missions Dominicaines*, Paris
　　　《多明我會》雜誌社，巴黎
語言　法文
印製　1920s., Imprimeries Réunies de Nancy
　　　（法國南錫聯合印刷廠）
尺寸　140mm×90mm

《多明我會》汀州系列

Mission Dominicaine de Chine

SHANGHANG. - Josépha et son Balai

◉ 上杭：小何塞抱著掃帚

Shanghang—Josépha et son Balai

在西方文化裏，掃帚總是與神蹟聯繫在一起，也
常常是聖誕節故事裏的道具，聖誕老人雖不是騎
掃帚光臨萬家，家家戶戶掃雪迎接他卻是聖誕節
必要準備。這位小何塞抱著一把巨大的掃帚，渾
身沾滿掃帚掉下的削渣，快快樂樂。

❶ 武平：閱讀課　　　　　❷ 上杭：書法課　　　　　❸ 藍家渡：基督徒聚會

Wuping—La Leçon de Lecture　　Shanghang—La Leçon d'Écriture　　Lankiatu—Groupe de Chrétiens

03

方濟各會

　　1226 年意大利中部佩魯賈的阿西西小鎮一間家徒四壁的陋屋裏，歷史偉人方濟各漸入彌留，尚微清醒的腦海裏浮現舊約記載的大衛深陷囹圄、在山洞裏向耶和華禱告的情景，蒼白的嘴唇喃喃地唸著《詩篇》的一節〈求主眷顧〉：

> 我發聲哀告耶和華，發聲懇求耶和華。我在他面前吐露我的苦情，陳說我的患難。我的靈在我裏面發昏的時候，你知道我的道路。在我行的路上，敵人為我暗設網羅。求你向我右邊觀看，因為沒有人認識我。我無處避難，也沒有人眷顧我。耶和華啊，我曾向你哀求，我說："你是我的避難所。在活人之地，你是我的福分。"求你側耳聽我的呼求，因我落到極卑之地；求你救我脫離逼迫我的人，因為他們比我強盛。求你領我出離被囚之地，我好稱讚你的名。義人必環繞我，因為你是用厚恩待我。

　　方濟各（Francesco d'Assisi）1181 年生於意大利的阿西西（Assisi），其父喬瓦尼（Giovanni di Pietro di Bernardone）是位出色的綢布商人，在法國做生意時娶了普羅旺斯姑娘畢嘉（Pica de Bourlemont），生下男孩，取名方濟各，意思是"法蘭西人"。在意大利優渥生活中長大的方濟各英俊、聰明、強壯，生活富足，無憂無慮，慷慨大方。他的轉變據說源於 1205 年他在阿普利亞（Apulia）布里恩伯爵沃爾特三世（Walter III）軍隊服役時，突然得到上帝的感召，於是反省往日的浪蕩行為，敝屣世榮，厭惡世俗生活的一切，立願追求精神上的解脫。他離家出走去羅馬朝聖，混跡窮人中間，在聖彼得大教堂廣場乞討。回到阿西西後他吃了父親一頓老拳，並且被拖到阿西西主教府，被判脫離父子關係，放棄財產繼承權。隨後歲月，方濟各蝸居山洞，穿黑衣，披斗篷，四處化緣，募得資金重修了已廢棄多年的聖達勉堂（San Damiano）等幾座小教堂。

　　1208 年某日，他在阿西西聖母瑪利亞教堂望彌撒，這天神父講解了耶穌基督在安息日的"麥田比喻"："我要將我的靈賜給他，他必將公理傳給外邦"（《馬太福音》第 12 章第 18 節），深深打動了方濟各，他認為自己應該做些什麼迎接天國的到來。自此後，當地農民的破衣爛衫和一條腰間麻繩成為往日"少爺"的標準裝束，他走街串巷，向貧苦民眾宣傳和睦友愛的道理。不久他身旁聚集了一批志同道合者，晝行市井行乞，夜宿荒涼山間，過著極為簡樸的生活。1209 年方濟各與十一個同道擬訂了後來稱為"第一行為規則"（Regula Prima Order de Friars Minor）的會憲，所有成員必須終生侍奉耶穌基督，不得有任何財產，潛心修道，沿街乞食，身體力行耶穌之精神，"遵循我們主耶穌基督的教導，踏著他的腳步前行"。他們前往羅馬，求見教宗，要求成立傳教修會。得到英諾森三世的支持後，旋即組成方濟各小兄弟會（Ordo Fratrum Minorum, O.F.M）。

1212 年阿西西當地貴婦人克萊爾（St. Clare）在聖魯菲諾教堂聆聽了方濟各的講道深受感動，離家出走，要求加入這個修會。方濟各安排克萊爾居住在聖達勉堂修行，為女信徒們創建聖佳蘭隱修會（Order of Poor Clare），也稱"聖達勉堂苦行女修會"（Poor Ladies of San Damiano），為此制訂會憲"第二行為規則"，基於此會憲的組織稱為方濟各第二規會（Second Franciscan Order）。

對於那些無法離開家庭又有意參加方濟各會的人，"吾久欲再立一會，俾男女貴賤諸人，隨在入籍善修，則端自爾始可也……與第一第二會通功。"[1] 方濟各後來制訂了"第三行為規則"會憲，創建"方濟各第三規兄弟苦行會"（Third Order of Brothers of Penance）和"方濟各第三規姐妹苦行會"（Third Order of Sisters of Penance）。方濟各第三規苦行會是俗人和修士都可以參加的修會，不要求入會者必須"出家"，不需要發願。遵守方濟各會的基本規則的同時，他們可以承擔家庭生活的義務，履行世俗社會的責任，也稱為"在俗方濟各會"（Secular Franciscan Order）。

方濟各會的發展速度是方濟各本人和教廷始料不及的，他們的管理跟不上發展。奉教宗要求，1223 年方濟各著手整頓他的修會，最主要的是強化第一會規，強調方濟各第一規修會的成員必須遵守"苦行"和"修道"兩個基本原則；他還細化了入會條件、修會紀律及修行規則。為彌合會眾分歧，方濟各放寬對成員的赤貧要求，允許擁有財產。以此為原則，他還相應地修改了第二會規。

簡言之，第一規是為男子修道制訂的行為規則，第二規是為女子修道制訂的行為規則，第三規是為俗眾制訂的行為規則。前兩者要求入會者必須發誓鄙棄世俗生活，終身侍奉天主，後者則允許在俗。記住這三個行為規則對了解方濟各會和其他某些修會非常重要。後文提到的"瑪利亞傳教女修會"、"耶穌聖心女修會"、"海爾倫聖若瑟小姐妹會"、"格拉茨公教學校姐妹會"都屬遵循方濟各第三行為規則的修會。

1226 年方濟各逝於阿西西。1228 年教宗格里高利九世宣佈方濟各為聖人，同時修建阿西西方濟各大教堂，1230 年方濟各安葬在此。

後世加在方濟各身上的榮譽不止一個"聖人"，他也曾被授予意大利的主保；1212 年至 1219 年間，方濟各多次親臨近東，到過耶路撒冷、摩洛哥、埃及等地，力圖說服"十字軍"放棄血腥的征討，以福音傳佈換取地區和平，他被稱為"聖地主保"。方濟各是自然主義者，他留下許多保護動物的故事，倡導人類與動物和平相處，1979 年教宗約翰保羅二世宣佈聖方濟各為生態主保。他被人們尊為主保的事例多不枚數，比如動物主保、鳥類主保、環境保護主保、動物園主保、紡織工人主保、

1　〔意大利〕艾士傑：《聖方濟各第三會》，山西明原堂，1890 年，第 2 頁。

地毯工人主保、商人主保、和平主保以及一些城市主保。天主教歷史上教宗的名號在聖庇護、聖保羅、聖本篤、聖格里高利、聖利奧之後，又出現聖方濟各的名字，如當今教宗聖方濟各一世。人們問這位教宗用這個稱號的含義時，他的回答是不忘記窮苦大眾。

創立歷史太悠久、會祖去世過早、體系龐大的方濟各會後世分裂成無數因對方濟各神學思想解讀不同而產生的分支，梵蒂岡經年不斷協調促使其合併，仍然紛雜不統。七八百年來，方濟各會派別林立，不僅源於修會內部矛盾，還有梵蒂岡歷任教宗對教義的理解和偏好，更有歐洲各國王室為了世俗利益，借用方濟各會的影響和勢力，擴大自己的統治力和話語權，操縱派別，推波助瀾，加深矛盾，漁翁得利。方濟各會作為天主教歷史上最為保守的團體之一，其勢力遠遠超出信仰範疇，他們與歐洲各國封建君主有著錯綜複雜的政治關係，無論在意大利、法國、德國還是英國。早在十六世紀，波旁家族法王亨利四世就把自己王位的穩定與方濟各傳教士的支持聯繫在一起，甚至指定方濟各會充當國王軍隊御用隨軍神父。他們在社會上有著極為不佳的口碑，以至於在法國大革命中成為眾矢之的，遭受無情的清算。在雅各賓黨人統治的短短幾年中，有兩千五百三十四座方濟各會的修道院被查封或被拆毀。

早在利瑪竇來華幾百年前，方濟各會傳教士就曾經來華。北京主教樊國梁撰寫的《燕京開教略》一書對這段歷史有詳細記述。南宋末年，教宗英諾森四世派遣方濟各會修士柏朗嘉賓來華，在蒙古都城哈拉和林覲見元太宗窩闊台的第六皇后乃馬真‧脫列哥那，交涉蒙古鐵騎在中亞西亞殺戮屠城事件。高高在上的教宗在信裏斥責蒙古統治者，要求他們不要再攻擊其他民族："今聞蒙古君民率百萬之眾，侵伐奉教外教諸邦，屠戮生靈殆盡。各國之民，顛沛流離，哭聲震天地，慘不忍聞。朕甚怪焉。近來蒙古君民不惟不能改過自新，且益肆其暴虐，仍速遠伐遠有，不顧上主命人本性相安之大誡。不論男婦老幼，恣意殺戮，其義何居？"[1] 他督促他們皈依基督教，給世界以和平。元代，意大利人孟高維諾抵達元大都，覲見元成宗，獲准居留大都。教宗克萊孟五世於大德十一年（1307）設立汗八里總教區，任命孟高維諾為總主教。其後，朱明王朝國泰民安，方濟各會梅開二度，崇禎六年（1633）西班牙神父利安當[2] 帶領方濟各傳教士踩著利瑪竇的腳印接踵來華。利安當是當年利瑪竇在中國採取的"適應路綫"的積極反對者，他與多明我會黎玉范神父一起指責利瑪竇的做法違反天主教教義，甚至在 1643 年派黎玉范神父到羅馬教廷上訪，向梵蒂岡傳信部提出對耶穌會的十七項指控，要求教廷介入調查。理由看似枝末瑣屑，實質是對利瑪竇為在華傳教所制訂的路綫和規矩提出質疑。

清末開教後，方濟各傳教士大舉來華，是在華實力最強、派遣傳教士最眾、管理教區數量最多的傳教會，各項指標均在耶穌會、巴黎外方傳教會和遣使會之上。

1 〔法國〕樊國梁：《燕京開教略》，北京救世堂印書館，1905 年，上篇，第 26 頁。

2 利安當（Antonio de Santa Maria Caballero, 1602—1669），字克敦，又記栗安當，西班牙人，1618 年入方濟各會，1633 年來華；不久因中國禮儀之爭離開中國，1649 年重返中國，傳教於山東濟南，1666 年因 "曆案" 被遣送廣州，逝於當地；有名著《天儒印》。

FRANCISC. MISS., CHINE

編者	Missions Franciscaines
	方濟各會
語言	法文
印製	1900s., Vanves, Seine（法國塞納─馬恩省旺沃）
尺寸	140mm×90mm

法國方濟各會中國系列

❶ 商人伉儷

Un Marchand et Sa Femme

❷ 漢人一家

Une Famille Chinoise

❸ 信教父子

Pére et Fils au Céleste-Empire

編者　Procure des Missions Franciscaines, Bordeaux
　　　方濟各會賬房（波爾多）
語言　法文
印製　1920s., Bordeaux（法國波爾多）
尺寸　140mm×90mm

方濟各會波爾多賬房中國系列

❶
—
❷

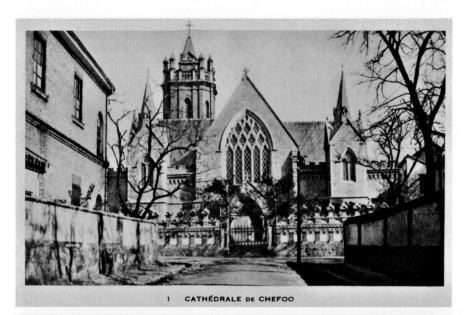

1　CATHÉDRALE DE CHEFOO

4　LA VISITE DES DISTRICTS

❶ 煙台教堂

Cathédrale de Chefoo

煙台天主教堂，全稱為"瑪
利亞進教之佑聖母堂"，位於
煙台東領事路，始建於同治
七年（1868），1886年擴建，
建築面積三千八百平方米，
哥特式尖屋頂，高大塔樓，
上蓋方尖頂，雙層拱窗，檐
上蓋柱飾，牆體為青方石砌
築，石雕花飾構件。1959年
教堂被拆毀。

❷ 巡視教區

En Tournée de Mission

編者　Procure des Missions Franciscaines, Metz, Esch, Lugano
方濟各會賬房（法國梅茨，盧森堡埃施，瑞士盧加諾）
語言　法文 德文
印製　1910s., Imprimerie Franciscaine, Metz（法國梅茨方濟各會）
尺寸　140mm×90mm

方濟各會梅茨賬房中國系列

Nos petits Chinois jouant au Saute-mouton.　Unsere kleinen Chinesen beim Bockspringen

● 孩子玩跳羊遊戲

Nos petits Chinois jouant au Saute-mouton
Unsere kleinen Chinesen beim Bockspringen

方濟各會梅茨賬房中國五彩系列

編者　Procures des Missions Franciscaines, Metz, Esch, Lugano
方濟各會賬房（法國梅茨，盧森堡埃施，瑞士盧加諾）

語言　法文 德文

印製　1910s., Imprimerie Franciscaine, Metz（梅茨方濟各會）

尺寸　140mm×90mm

Fortifications de la Montagne de la Vierge, protection contre les bandes de brigands chinois.
Befestigungen um den Muttergottesberg zum Schutze gegen die chinesischen Rauberbanden.

◉ **聖母山周圍防範土匪防禦工事**

Fortifications de la Montagne de la Vierge, protection contre les bandes de brigande chinois
Befestigungen um dem Muttergottesberg zum Schutze gegen die chinesischen Rauberbanden

此聖母山位於太原市陽曲縣東南的阪泉山上，山頂有"阪泉山聖母堂"。清嘉慶年禁教時期教友在阪泉山上建聖母洞，秘密供奉聖母像，逐成為聖母朝聖地。光緒二十三年（1897）山西主教艾士傑主持擴建為羅馬建築風格的聖母堂。"南有上海佘山聖母堂，北有太原阪泉山聖母堂。"

Résidence de DJANDJA (Chantong).
Missions-Station Djandja, Schantung.

Cimetière d'honneur en ruines (Chantong).
Zerfallener chinesischer Ehrenfriedhof.

❶
❷

❶ 姜家會院

Residence de Djandja (Chantong)
Missions-Station Djandja, Schantung

姜家位於山東煙台，1878 年修建天主堂，1903 年德國方濟各會在姜家設總鐸區，1929 年升格稱張店監牧區，由美國聖路易斯安納（St. Louisiana）方濟各會管理，1937 年更名周村代牧區，轄鄒平、桓台、無棣、樂陵等。

❷ 墓園牌坊的殘垣斷壁

Cimetière d'honneur en ruines (Chntong)
Zerfallener chinesischer Ehrenfriedhof

在另一個系列裏有一張同樣題材的明信片，説明這裏是"青州府附近的古墓"。衡王墓位於山東青州臨朐縣王墳鎮，成化二十三年（1487）明憲宗第七子朱佑楎被封為衡王，弘治十三年（1499）就藩青州，建衡王藩府，嘉靖十七年（1538 年）去世，謚號恭王，葬於三陽山前衡恭王墓。圖中牌坊現已不存。

Séminaire des Missions Franciscaines

編者	Séminaire des Missions Franciscaines, Mons-en-Baroeul (Nord) 方濟各會蒙桑巴勒爾神學院
語言	法文
印製	1920s., Phototypie Chambon, Bordeaux（法國波爾多尚邦圖片社）
尺寸	138mm×88mm

這個系列明信片共二十張，法國北蒙桑巴勒爾（Mons-en-Baroeul, Nord）的方濟各會神學院（Séminaire des Missions Franciscaines）編輯發行，部分內容與“方濟各會山東東境教區系列”重疊。

方濟各會蒙桑巴勒爾神學院中國系列

La CHEN-TZE, Moyen de Locomotion dans le Chan-Tong Oriental (Chine)

Marchand de Légumes, en Chine

❶ 拉身子——膠東交通工具

La Chen-Tze, Moyen de Locomotion dans le Chan-Tong Oriental (Chine)

❷ 菜販

Marchand de Légumes, en Chine

編者　Unione Missionaria Francescana, Roma
　　　羅馬方濟各聯會
語言　意大利文
印製　1920s., Rotocalcografia Civicchioni-Chiavari
　　　（羅馬奇維喬奧尼—基亞瓦里圖片社）
尺寸　138mm×90mm

意大利方濟各會中國系列

XI. — CINA - Gruppo di Giovani Francescani indigeni a Tsi-nan-Fu

VI. — CINA - Scuola Femminile - Una allieva scrive sulla lavagna l'AVE MARIA

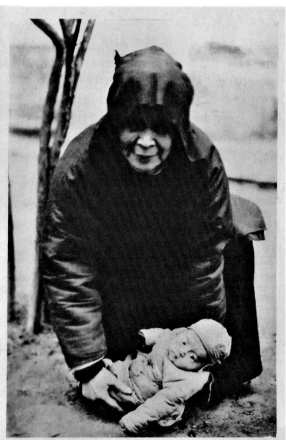

IX. — CINA - Una bimba esposta e raccolta da una Suora

❶ 濟南府方濟各會的本土青年人

Gruppo di Giovani Francescani indigeni a Tsi-nan-Fu

❷ 女校的孩子在黑板上寫"祝福瑪利亞"

Scuola Femminile—Una allieva scrive sulla lavagna l'AVE MARIA

❸ 修女發現一個棄嬰

Une bimba esposta e raccolta de una Suora

I Piccoli Missionari di Sant'antonio, Cina

編者	Procuratore delle Missioni 方濟各會賬房
語言	意大利文
印製	1920s., Trennto（意大利特倫托）
尺寸	140mm×90mm
主題詞	"聖安東尼會是方濟各會聯盟的組成部分，傳播福音的目的就是使無論男孩女孩都得到聖徒庇護。我們的責任是通過祈禱讓不開蒙的孩子皈依基督。"

意大利聖安東尼會系列

聖安東尼會，全稱"中國聖安東尼小傳教士會"，是方濟各會在中國建立的救助兒童慈善組織，在援助孤兒上類似於宗座聖嬰會，在發展兒童教育方面發揮童子軍作用，與耶穌會的聖體軍相仿。

❶ 孤兒院男孩

Bambine della Santa Infanzia (Cina)

【原注】"天堂是個美妙之處，去那裏是給施主最好的獎賞。"

❷ 孤兒院的孩子

Bambine della Santa Infanzia (Cina)

I nostri genitori ci avevano gettate via per farci morire, e il buon Missionario europeo ci ha salvate dalla morte ricoverandoci nell' orfanotrofio.

【原注】"我們被父母遺棄，無依無靠，好心的歐洲傳教士辦的孤兒院收留了我們，拯救了我們的生命。"

❸ 孤兒院孩子有湯喝

Bambine della Santa Infanzia—Cina

Cari Benefattori, noi preghiamo Gesù che vi ricompensi della buona minestra che ci avete mandato

【原注】"親愛的施主，你給我們美湯，耶穌會報償你的。"

H. Kindsheid (China)

荷蘭方濟各會孤兒系列

編者	Francikaansche Missiebond
	荷蘭方濟各聯會
語言	荷蘭文
印製	1920s., Antwerpen（荷蘭安特衛普）
尺寸	140mm×90mm
主題詞	"方濟各會支持了兩千五百四十九位兄弟的傳教事業。"

這個系列明信片與"意大利聖安東尼會系列"的部分內容有重疊。

❶
___
❷

H. KINDSHEID (China) : Na den maaltijd.

H. KINDSHEID
(China)
—

Wij zijn kristenen
door Godsgenade ;
toch hier zijn er nog
428.000.000
die 't ware geloof
niet kennen !

❶ 飯後隙趣

Na den maaltijd

❷ 奉教家庭

【原注】"承上帝的恩典我們成為基督徒，這裏仍有四億兩千八百萬人不知道何為真正的信仰！"

MISSION DES FRANCISCAINES DE LA MISÉRICORDE EN CHINE

盧森堡方濟各哀憫會系列

編者	Mission des Franciscaines de la Miséricorde, Maison-Mère à Luxembourg 盧森堡方濟各哀憫會（盧森堡聖母會院）
語言	法文
印製	1920s., Imprimerie Huss, Luxembourg （盧森堡胡斯印刷所）
尺寸	140mm×90mm

"盧森堡方濟各哀憫會系列"是一套勸捐明信片，內容不限於中國。

Mission des Franciscaines de la Miséricorde en Chine
Maison-Mère à Luxembourg, Rue Bel Air

6.　Notre bébé dans sa bonne humeur habituelle

◉ 我們的寶寶笑逐顏開

Notre bébé dans sa bonne humeur habituelle

德國社區
方濟各會系列

社區是歐洲許多國家傳統的社會組織形式，不論鄉村還是城鎮，人們自治管理本社區的事務，社區大多有比較完善的經濟和文化活動設施。天主教依據社區劃分大小教區，新教往往在社區組織相對獨立的宗會或分會。這種傳統在德國、荷蘭以及北歐國家一直保存著，是古老封建制的文化遺存。德國許多社區的方濟各會曾經長期開展對中國的募捐活動，零零散散留下一些甚為珍貴的專題明信片。

編者　Franziskaner-Missionsverein, Koblenz
　　　德國科布倫茨社區方濟各會
語言　德文
印製　1910s., Echte Photographie（德國埃希特圖片社）
尺寸　140mm×90mm
原注　"給飢寒交迫者的捐贈請寄給阿爾伯特‧克勞斯神父，科布倫茨約瑟夫索拉茲街14號方濟各會修道院。"

❶
<hr/>
❷

❶ 孤兒祈禱

Unsere Waisenkinder beten für ihre wohltäter
Für Nahrung Kleidung und Unterricht der Waisen sind im
Monat 6 Mark erforderlich.

【原注】"孤兒為你們祈禱，孤兒們吃穿和教育每月花費六馬克。"

❷ 給中國飢民一個麵包

Hungernde Chinesen bitten in der Mission des Franziskaners—
Missionars P. Albert Klaus um Brot

【原注】"方濟各會傳教士阿爾伯特‧克勞斯神父呼籲給中國飢民一個麵包。"

Waisenmädchen beim Plätten

編者　Provinzial-Missionsverwaltung Werl
　　　德國韋爾社區方濟各會
語言　德文
印製　1930s., Kr. Soest, Dortmund（德國多特蒙德左斯特教堂）
尺寸　140mm×95mm

◉ 製作墊布的孤兒

Waisenmädchen neim Plätten

【原注】"請予中國傳教區善捐"

編者　Segretariato Generale delle Missioni dei Francescane
　　　方濟各會總秘書處（羅馬）
語言　意大利文
印製　1920s., Roma（羅馬）
尺寸　140mm×90mm

方濟各會人物系列

“方濟各會人物系列” 是一套方濟各總會發行記述該會重要歷史人物的明信片，內容不限於中國。

❶ 1253 年方濟各會韃靼傳教士盧布魯克神父謁見蒙古大汗

P. Guglielmus Ruysbroeck davanti all'Imperatore dei Mongoli (1253), Miss. Tartar. O.F.M.

盧布魯克（Guillaume de Rubruquis, 1220—1293, 一說 1210—1270），法國人，法王路易九世親信，1248 年至 1250 年曾隨路易九世參加第七次十字軍東征，1253 年奉路易九世之命前往蒙古人處傳教，從地中海東岸阿克拉城，過黑海，同年秋到達伏爾加河畔，謁見成吉思汗鐵木真之孫、欽察汗國創建者孛兒只斤‧拔都大汗。1255 年他用拉丁文撰寫給路易九世的出使報告《東方行記》，記述了十三世紀蒙古人的衣食住行、風俗習慣、宗教等情況，還詳細描述所經山川湖泊、各地、各城以及不里阿耳、馬札兒、欽察、阿蘭、畏兀兒等各族的情況。

❷ 方濟各會成和德閣下 1924 年晉升蒲圻教區華籍主教

Mons. Odoroco Cen, O.F.M.
Primo Prefetto Apostolico indigeno in Cina
eletto a Puchi 1924

方濟各會中華殉道者

◉ 太原府殉道者

Le Martyre de Tai-Uien-Fou (Chine)

【原注】"1900 年 7 月 9 日義和團殺害了山西主教艾士傑和副主教富格辣，以及幾位方濟各神父和瑪利亞方濟各會的七位修女。"

艾士傑（Gregorius Grassi, 1833—1900），意大利人，1848 年加入方濟各會，1856 年晉鐸；1860 年來華，在山東傳教，1865 年到山西，1876 年晉升山西教區副主教，1890 年出任山西北境教區主教。1900 年艾世傑與副主教富格辣及同教二十六人在太原被義和團殺死。1946 年教宗庇護十二世為其晉福，2000 年教宗約翰保羅二世冊封其聖人。

富格辣（Franciscus Fogolla, 1839—1900），意大利人，1856 年加入方濟各會，1863 年晉鐸，1866 年來華，1868 年到太原，1898 年任山西北境教區副主教，1900 年死於義和團動亂；1946 年教宗庇護十二世為其晉福，2000 年教宗約翰保羅二世冊封聖人。

O B. João da Triora, Mártir na China em 1816. — Vivau um ano em Lisboa.

◉ 藍月旺 1816 年在中國殉難

O.B. João da Triora, Mártir na China em 1816.—Vivau um ano em Lisboa

藍月旺（Giovanni da Triora, 1760—1816），意大利人，久居里斯本，1777 年加入方濟各會，1784 年晉鐸；1799 年來華，初在澳門學習漢語和中國文化知識，隨後被派往湖南傳教，1815 年因違反禁教令被捕；1816 年 2 月 7 日在沙市被絞死。1900 年教宗利奧十三世為他晉福。

編者　Musée Missionnaire du Latran
　　　方濟各會拉特蘭宣教博物館
語言　法文
印製　1910s., Roma（羅馬）
尺寸　140mm×90mm

編者　União Missionária Franciscana
　　　方濟各聯會
語言　葡萄牙文
印製　1920s., Milano（米蘭）
尺寸　140mm×90mm

本頁三張明信片裏所提及的"殉道者"都是在華正常死亡傳教士，不是死於非命。

◉ 十位比利時方濟各聖安東尼會在華殉道者

Tien Belgische Minderbroeders—Martelaren in China
Missieprocuur in ieder klooster der Minderbroders.
Steun, St. Antonius Missies

◉ 1898 年至 1922 年在中國殉道的五位比利時方濟各會神父

Vijf Belgische Franciscanen in China om het leven gebracht (1898-1922)

◉ 比利時方濟各會寶血會殉道者（1898—1931）

Les Martyrs Franciscains Belges de la Mission Sanglante (Chine) 1898-1931

編者	Procure der Missiën, Paters Minderbroeders-Sint-Truiden 比利時聖特雷登社區方濟各會賑房
語言	荷蘭文
印製	1920s., Nels（尼爾斯圖片社）
尺寸	140mm×90mm

編者	Procure der Franciskaansche Missiën 比利時方濟各會賑房
語言	荷蘭文
印製	1920s., Nels（尼爾斯圖片社）
尺寸	140mm×90mm

編者	Procure des Missions Franciscaines, Anvers 安特衛普方濟各會賑房
語言	法文
印製	1930s., Impe. de Bièvre, Brasschaat（比利時布拉斯哈特比耶爾印刷所）
尺寸	140mm×90mm

方濟各會特卡

編者　Segretariato Generale delle Missioni
dei Francescane, Roma
方濟各總秘書處（羅馬）

語言　意大利文

印製　1920s., Roma（羅馬）

尺寸　140mm×90mm

◉ 中國一所孤兒院，歐洲修女、本地修女和學校學生

Un Orfanotrofio cinese, Suore europee ed indigene, e allieve delle scuole

【原注】"給宣教貢獻者予特別獎勵，比如，孤兒院建築上可以鑴刻捐贈者名字。"

Un Orfanotrofio cinese. Suore europee ed indigene, e allieve delle scuole.

Si accettano offerte speciali per una determinata opera missionaria: p. es. ... la fondazione di un letto in un orfanotrofio, apponendovi il nome del benefattore.

Ricorrete per informazioni al

SEGRETARIATO GENERALE DELLE MISSIONI FRAN-
CESCANE — Via Merulana, 124 — Roma 24

Serie: S. INFANZIA - V.

Chinesische Christenkinder

編者　Franziskaner-Missionsverein
方濟各會

語言　德文

印製　1910s.

尺寸　140mm×90mm

◉ 信教的孩子

Chinesische Christenkinder

左一的孩子拿著牌子："來自山東的祝福"。

編者　方濟各會
語言　英文
印製　1930s., 洗印
尺寸　140mm×90mm

◉ 修女在煙台發放食物

Mission Sister Distributing Food in Chefoo, China

這張寄給紐約某位捐助者的明信片："親愛的朋友：復活節快樂！謝謝您仁慈的捐贈。您的幫助對於日本和中國的方濟各會是寤寐求之的。感激不盡，方濟各會傳教士史令。"

史令（Dorotheus Schilling, 1886—1950），德國人，方濟各會士，曾到過中國、澳門和菲律賓，長期在日本傳教，學者型神父，傳教事蹟記載很少，後人所知的只是他留下的多部著作，尤其是他在日本傳教史研究上頗有心得，例如在他之前的學者通常認為明萬曆四十八年（1620）澳門出版的《簡明日語》是聖奧古斯丁傳教士編撰，史令舉證編者為耶穌會士，這對於研究沙勿略、利瑪竇等傳教士明朝末年在澳門的傳教活動非常有益。他的主要作品有 *Das Schulwesen der Jesuiten in Japan 1551-1614*（《十六世紀耶穌會在日本教育》，1931），*Hospitäler der Franziskaner in Miyako 1594-1597*（《方濟各會日本宮古醫院》，1931），*Vorgeschichte des Typendrucks auf den Philippinen*（《菲律賓印刷史》，1937）等。

山東教區

明季方濟各會和多明我會都曾在山東開教，無功而返。崇禎九年（1636）耶穌會龍華民神父到山東發展了一些信徒，打下傳教基礎。順治七年（1650）方濟各會利安當神父聽從湯若望建議進入山東，在濟南修建教堂開壇佈道。康熙四年（1665）因湯若望的"曆案"，利安當神父等人被拘濟南府監獄，後押解至廣州，死於非命。此後山東教務無大起色，偶有幾位西班牙方濟各傳教士在濟南活動，未成氣候。十八世紀下半葉因嘉慶和道光嚴格禁教，尤有法國大革命蕩滌歐洲大陸，各修會無暇東顧，傳教士們戛然消失。

1839年梵蒂岡傳信部決定從北京教區分立出山東教區，調意大利方濟各會傳教士羅伯濟[1]出任主教。道光二十二年（1842）羅伯濟受命接替去世不久的畢學源[2]兼任南京教區主教，山東日常教務交由江類思[3]打理，1848年羅伯濟辭職後江類思正式出任山東教區主教。正是這兩位方濟各會主教奠定了天主教在山東的傳教格局。

1880年聖言會傳教士安治泰和福若瑟神父到達煙台，在濟南洪家樓學習漢語，1882年受羅伯濟主教派遣前往兗州府、沂州府、曹州府和濟寧州開教，1885年正式由聖言會獨立管理主教座堂設在兗州的山東南境教區。方濟各會管理的區域隨之改稱山東北境教區，堂口分佈濟南、章丘、禹城、陵縣、德州、萊蕪等地，主教座堂設在濟南，主要由德國薩克森（Saxonia）方濟各會管理，在濟南洪家樓設有大修院、小修院、女修院、女子學校、仁慈堂、華洋印書館等，在大馬路開辦了方濟各瑪利亞傳教女修會管理的聖若瑟醫院（St. Joseph's Hospital）以及孤兒院、養老院等。光緒二十年（1894）梵蒂岡傳信部從山東北境代牧區分立山東東境代牧區，主教座堂設在芝罘（煙台），由法國土倫（Toulouse）方濟各會管理，實施聖統制後更名煙台教區，主要堂口在福山、棲霞、蓬萊、黃縣、龍口、招遠、萊陽、濰縣、坊子、平度等地，建有傳教員學校、崇正學校、修女院、小修道院，以及方濟各瑪利亞傳教女修會管理的麻瘋病院等，1931年煙台教區分立出由法國雷恩（Rennes）方濟各會管理的益都監牧區和法國梅茨（Metz）方濟各會管理的威海衛監牧區。1929年濟南教區分立出美國聖路易斯安納（St. Louisiana）方濟各會管理的周村教區，1931年又分立出華籍神父管理的臨清教區，1934年設立美國聖巴巴拉（Santa Barbara）方濟各會管理的東昌監牧區。實施聖統制後，濟南教區升為總教區。

1　羅伯濟（Lodovico Maria Besi, 1805—1871），教名羅類思，生於意大利維羅納，伯爵；1829年晉鐸，1833年前往中國傳教，1834年抵達澳門後，潛往湖廣地區秘密傳教，1839年出任山東教區主教，1841年兼任南京教區主教；1846年馳教後獲得董家渡和洋涇浜兩塊土地，修建董家渡教堂；1847年因病回國，次年辭去所兼各職。

2　畢學源（Cayetano Pires Pireira, 1763—1838），葡萄牙人，1800年來華；曾被任命南京教區主教，未到任；1823年至1826年任欽天監監副，1827年任北京教區主教；逝於北京。

3　江類思（Luigi Moccagatta, 1809—1891），生於意大利博爾米達堡（Castellazzo-Bormida），1826年加入方濟各會，1832年晉鐸並來華，在山東任神職；1848年羅伯濟辭職後接任山東教區主教，1870年改任山西教區主教；逝於任上。

CHAN-TONG ORIENTAL (CHINE)

法國方濟各會山東東境教區第一系列

編者	Mission des Franciscains 方濟各會
語言	法文
印製	1910s., Phototypie Chambon, Bordeaux（法國波爾多尚邦圖片社）
尺寸	140mm×90mm

Procession dans la Mission du Chan-Tong Oriental (Chine)

Mission des Franciscains

Enfants d'une Crèche de la Mission du Chan-Tong Oriental (Chine)

Mission des Franciscains

❶ 聖日遊行

Procession dans la Mission du Chan-Tong Oriental

❷ 山東東境教區一所孤兒院

Enfants d'une Crèche de la Mission du Chan-Tong Oriental (Chine)

CHAN-TONG ORIENTAL (CHINE), SÉRIE II

編者	Mission des Franciscains 方濟各會
語言	法文
印製	1910s., Phototypie Chambon, Bordeaux（法國波爾多尚邦圖片社）
尺寸	138mm × 88mm
原注	"您可以通過波爾多方濟各會賬房幫助法國方濟各會傳教士的工作。"

法國方濟各會山東東境教區第二系列

Mission des Franciscains du Chan-Tong or. (Chine).
Un Missionnaire à l'Auberge

Mission des Franciscains du Chan-Tong or. (Chine).
Un Jour de Fête à la Chrétienté de MA-KIA-TAEN　Série II. 13

Le Théâtre en Chine (Acte religieux)　Série II. 12

Mission des Franciscains du Chan-Tong or. (Chine).

❶ 傳教士下榻旅舍

Un Missionnaire à l'Auberge

❷ 馬家屯的基督教節慶

Un Jour de Fête à la Chrétienté de Ma-Kia-Taen

❸ 大戲台演出宗教戲

Le Théâtre en Chine (Acte religieux)

ŒUVRE DES CARTES POSTALES POUR LA MISSION DU CHAN-TONG ORIENTAL

ZUM BESTEN DER CHINA-MISSION (OST-SCHAN-TUNG)

方濟各會山東東境教區系列

編者	Mission des Franciscains 方濟各會
語言	德文 法文
印製	1900s.—1910s., F. Conrard, Metz（法國梅茨康拉德圖片社）
尺寸	140mm×90mm

Seminar in Tsinanfu (Schantung).

Chinesische Getreidemühle mit Eselbetrieb Moulin chinois avec moteur . . . à fumier.
für Kauliang-Sorghum (Getreideart), Weizen,
Reis, Gerste, Bohnen usw.

❶ 濟南府神學院

Seminar in Tsinanfu (Schantung)

道光二十七年（1847）山東主教羅伯濟在在武城設立了方濟各會神學院，1863 年遷至濟南城將軍廟天主堂，1875 年在濟南洪家樓耶穌聖心主教座堂南側修建濟南神學院，1901 年義和團運動後重建。神學院東部為建築主體，由北樓、東樓、西樓三面圍合的三合院，北樓是主樓，有門與教堂的庭院相通。1924 年濟南神學院改為天主教華北總修院。

❷ 磨坊

Chinesische Getreidemühle mit Eselbetrieb
Für Kauliang-Sorghum(Getreideart), Weizen,
Reis, Gerste, Bohnen usw
Moulin chinois avec moteur...à fumier

【原注】"中國磨坊加工高粱、小麥、玉米、大麥、豆類等"

Chinesisches Christendorf mit Brunnen. — Village chrétien en Chine: le puits.

Alter Mandarin in voller Amtstracht mit seinen 2 Söhnen
Vieux mandarin en costume officiel avec ses deux fils.

Mandarin in Wintertracht insnitten zweier Soldaten oder Liebgartisten.
Mandarin en costume d'hiver entouré de deux soldats, gardes de corps.

❶
────
❷

❶ 井邊聚集信教村民

Chinesisches Christendorf mit Brunnen
Village chrétien en Chine: le puits

教會發行的明信片裏有許多中國婦女在井邊活動的場景，典出
聖經中"井邊的相遇"、"井邊論道"的故事。《創世紀》："天將
晚，眾女子出來打水的時候，他便叫駱駝跪在城外的水井那裏"
（第 24 章第 11 節），《約翰福音》："在那裏有雅各井。耶穌因
走路困乏，就坐在井旁。那時約有午正"（第 4 章第 6 節）。在
耶路撒冷打水的婦女一般都是趁著太陽下山時來打水，而一位
撒瑪利亞婦人為了躲避眾人指責，則在午正時來打水。耶穌早
早在此等候這個需要安慰、需要喚醒、需要醫治的人。依照基
督神學的解釋，這個故事說明不是我們先愛神，乃是神先愛我
們。耶穌主動尋找我們，他在等待、在預備，來安慰、醫治每
一個有需要的靈魂。《約翰福音》："凡喝這水的，還要再渴；人
若喝我所賜的水，就永遠不渴。我所賜的水要在他裏頭成為泉
源，直湧到永生"（第 4 章第 13 節），意在論說耶穌所選擇的、
所賜給人的不是屬世的，不是物質的，乃是要將上帝的道，將
神的生命來供應有需要的人，讓人真正活在神裏面。

❷ 身著朝服的官員和他的兩個兒子（左）

Alter Mandarin in voller Amtstracht mit seinen 2 Söhnen
Vieux mandarin en costume official avec ses deux fils

身著冬服的官員和兩個護衛（右）

Mandarin in Wintertracht insnitten zweier Soldaten oder
Liebgartisten
Mandarin en costume d'hiver entouré de deux soldats, gardes
de corps

清朝四品以上文武官員有冬夏兩套朝服，冬服在
披領、袖口袍襟邊緣鑲錦繡片金，袍料顏色為藍
色。五品以下文武官員朝服不分冬夏，通身為雲
紋緞，袍領袍袖俱為石青妝緞，袍料顏色為石青
色。冬季暖帽為圓形，有一圈檐邊，多用黑色皮
毛、呢緞製成，中有紅色絨綫所製成的帽緯，帽
子最高處有頂珠。

Vicariat Apost. de Chefoo, Shantung.—
Mission des PP. Franciscains

編者	Mission des PP. Franciscains 方濟各司鐸會
語言	法文
印製	1910s., Bordeaux（法國波爾多）
尺寸	140mm×90mm

方濟各司鐸會煙台教區系列

Mgr Adéodat Wittner vic. ap. (Chefoo - Chine)

Missionnaires Franciscains (Chefoo - Chine)

❶ ｜ ❷

❶ **煙台教區羅漢光主教**

Mgr Adéodat Wittner vic. ap. (Chefoo – Chine)

羅漢光（Adéodat-Jean-Roch Wittner, 1868—1936），生於法國斯特拉斯堡聖瑪麗—歐米訥鎮（Sainte-Marie-aux-Mines, Diocese of Strasbourg），1886 年加入方濟各會，1892 年晉鐸，1907 年任山東東境（煙台）代牧區助理主教，1911 年晉升主教，逝於煙台。

❷ **煙台教區諸位司鐸**

Missionnaires Franciscains (Chefoo – Chine)

CHAN-TONG ORIENTAL (CHINE)

法國方濟各司鐸會山東東境教區 A 系列

編者	Mission des Pères Franciscains
	方濟各司鐸會
語言	法文
印製	1910s., Missions Franciscains, Bordeaux
	（法國波爾多）
尺寸	138mm × 88mm

Mission des Pères Franciscains - **Chan-Tong Oriental** (Chine) — On attend le " Grand Homme "

❶
___
❷

❶ 恭候大人物

On attend le "Grand Homme"

❷ 天真無邪

Charmantes enfants de Chine

Mission des Pères Franciscains - **Chan-Tong Oriental** (Chine) — Charmantes enfants de Chine

Mission des Pères Franciscains - Chan-Tong Oriental (Chine) - Arrivée de la Mariée

Mission des Pères Franciscains - Chan-Tong Oriental (Chine) — Lettrés Chinois

Mission des Pères Franciscains - Chan-Tong Oriental (Chine) — Ménagères venant du Puits

Mission des Pères Franciscains - Chan-Tong Oriental (Chine) — Bonzes musiciens

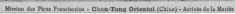

❶ 新娘下轎
Arrivée de la Mariée

❷ 中國文人
Lettrés Chinois

❸ 擔水的家庭婦女
Ménagères venant du Puits

❹ 僧人樂隊
Bonzes musiciens

MISSION DES PÈRES FRANCISCAINS FRANÇAIS AU CHAN-TONG ORIENTAL (CHINE)

編者	Union Missionnaire Franciscaine 方濟各聯會
語言	法文
印製	1920s., Paris（法國巴黎）
尺寸	140mm×90mm
主題詞	"方濟各會的成員有責任幫助傳教士拯救窮苦大眾，組建當地神職人員等。為此，普通會員每月支付十個生丁或一法郎；永久會員五十法郎……"

法國方濟各司鐸會山東東境教區 B 系列

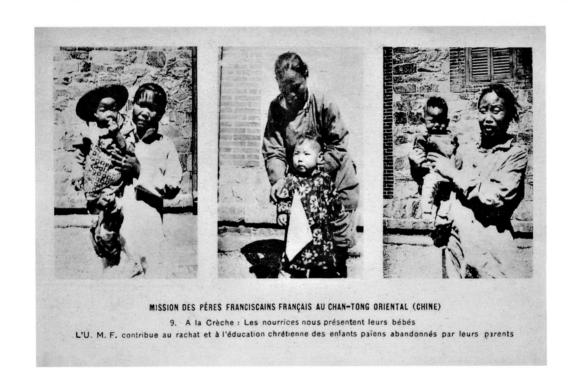

MISSION DES PÈRES FRANCISCAINS FRANÇAIS AU CHAN-TONG ORIENTAL (CHINE)

9. A la Crèche : Les nourrices nous présentent leurs bébés

L'U. M. F. contribue au rachat et à l'éducation chrétienne des enfants païens abandonnés par leurs parents

◉ 馬槽場景：孤兒院保育員顯擺她們的孩子

A la Crèche : Les nourrices nous présentent leurs bébés

L'U.M.F. Contribue au rachat et à l'étucation chrétienne des enfants païens abandonnés par leurs parents.

【原注】"方濟各會為異教棄嬰給予救護和教育。"

據記載，耶穌生在伯利恆馬棚裏，周圍沒有乾淨的地方，瑪利亞把聖子置於馬槽裏。後世信徒為紀念耶穌誕生往往會營造"馬槽場景"，也把救助孤兒與"馬槽場景"聯繫起來。

❶ 養老院的老人回憶自己的往事

Bonnes vieilles de l'Hospice de racontant leurs souvenirs de jeunesse

❷ 新式救護車給醫院送來殘疾病人

Ambulance nouveau modèle qui porte un infirme à l'Hôpital

❸ 傳教士帶著他們的夥計出行歸來

Missionnaires revenant de voyage avec leur boy

❹ 年輕的信教伉儷

Deux jeunes époux chrétiens

Deutsche Franziskaner-Mission Nordschantung (China)

德國方濟各會山東北境教區系列

編者　Deutsche Franziskaner, Sächsischen
　　　Franziskanerprovinz, Düsseldorf
　　　德國杜塞爾多夫撒克遜社區方濟各會
語言　德文
印製　1930s., Düsseldorf（杜塞爾多夫）
尺寸　140mm×90mm

Grab des Konfuzius

◉ 孔子墓

Grab des Konfuzius

【原注】"孔子公元前478年去世，享年七十三歲，墓地在曲阜市附近。歷史上極為少見，他對
國家和人民產生了非凡的影響，卻也極大地阻礙了基督教的傳播。方濟各會孟高維諾1294年至
1328年居中國，是來華第一位天主教傳教士。"

❶ ❷

❶ 奉教家庭

Christliche chinesische Familie

❷ 魯北最年長的教徒

Der älteste Christ aus Nordschantung

SCHULE UND MISSION. DIE DEUTCHEN FRANZISKANER IN SCHANTUNG

山東德國方濟各會教育傳教系列

編者　Xaverius-Missionsverein. Aachen
　　　德國亞琛社區方濟各沙勿略會
語言　德文
印製　1920s., Aachen（德國亞琛）
尺寸　140mm × 90mm

Der blinde Joseph und sein Katechist.

◉ 盲人約瑟和教義輔導員

Der blinde Joseph und sein Katechist

煙台聖約瑟工坊

在郵品收藏界有兩套清朝末年發行的明信片比較受追捧，一套由煙台聖約瑟工坊發行，一套由汕頭天主堂發行。雖談論較多，知之者甚少。天主教來華後，各家修會除了修建教堂、皈化信徒，還注重在所轄教區建立醫院、孤兒院、養老院、學校等公益機構，其中有各類工場為當地民眾就業提供幫助，比較著名的上海土山灣工藝工場，有印刷車間、木雕車間、繪畫車間、彩玻車間等等，土山灣印書館和土山灣畫館就屬土山灣工藝工場。煙台也有一些教會工場，1904 年美國長老會魏利夫婦在煙台創辦毓璜頂女校，這所“校辦工場”專做煙台民間剪紙，安排學校附近婦女來場就業。“毓璜頂剪紙”五彩套色，非常精美，暢銷海內外。

煙台聖約瑟工坊（Ateliers S. Joseph, Chefoo）屬這類工坊。光緒三十四年（1908）煙台主教常明德[1]在崇實街設立煙台天主教印書館（Catholic Mission Press. Chefoo），主要印製聖事書籍，如《日課要選》、《早晚工課》、《輔彌撒經》、《代洗要規》、《簡言要理》、《進教要理》、《玫瑰經》、《默想神工》、《聖路善工》、《十端經》，也出版過少量特色書籍，如《聖教理證》、《聖女德肋撒行實》、《聖若瑟善終會簡章》、《守貞新規》、《一目了然》、《找道直指》、《方濟後學聖母傳教修女會記》、《喪葬例禁》、《聖教對字本》、《聖教歌選》等。方濟各會在山東有兩家出版社，另一家是濟南天主堂印書館（華洋印書館）。

在崇實街上與煙台天主教印書館毗鄰的有幾家教會工場，有的生產手織花邊，有的生產繡花桌布，煙台聖約瑟工坊就是其中一家。它委託煙台天主教印書館印製反映中國民俗文化的明信片，然後組織一些孩子或者婦女為明信片手工上色，發行銷售，賺點微薄飯錢。這就是這套明信片的由來。

這些明信片大致有幾個不固定的主題：傳教生活，中國文化，中國習俗。初期編印比較隨意，不成系列，有一定影響後便重新編成系列，設了序號，有九個系列，其中第九個系列有一百餘種。影響最大的是“婚俗系列”和“喪葬系列”，上世紀四五十年代由法國波爾多的方濟各會賬房整理編輯，重新彩色印製。

1　常明德（Césaire Jean Schang, 1835—1911），法國人，1880 年加入方濟各會，1886 年晉鐸，1894 年任山東東境代牧區主教，逝於任上。

ATELIERS S. JOSEPH, CHEFOO, CHINE

編者	Ateliers S. Joseph, Chefoo, Chine
	煙台聖約瑟工坊
語言	法文 英文
印製	1900s.—1910s, Catholic Mission Press,
	Chefoo N. China（煙台天主教印書館）
版類	鉛印，手工設色
尺寸	140mm × 95mm

煙台聖約瑟工坊系列 A 套

● 儒者伏生

Le Lettre Fou-Cheng

伏生，名勝，字子賤，秦朝濟南郡鄒平人，享年 100 歲。自幼嗜古好學，博覽群書，對《尚書》研讀尤精，為秦朝博士官。公元前 215 年，秦始皇下令禁止民間私藏經書，伏生冒誅殺之罪，將《尚書》匿藏於壁中。秦末兵起，伏生流亡異鄉。劉邦平定天下，伏生返回故里，求其所藏《尚書》，損失大半，僅剩二十八篇，抄錄整理，教授於齊魯之間，主要弟子有濟南張生及歐陽生。漢文帝時，求能治《尚書》者，天下無有。後聞伏生之名，乃下令召見，然伏生年逾九十，不能赴京，漢文帝遣太常使掌故晁錯親赴鄒平。伏生年事已高，言語不清，使女兒義娥代言，傳授《尚書》二十八篇，傳四十一篇，後世稱《今文尚書》。爾後，曲阜孔壁中發現古文《尚書》，無今文佐證的，凡十六篇，既不能讀，也無人能解，謂之"逸書"。因此人謂漢無伏生，則《尚書》不傳；有《尚書》而無伏生，人亦不能曉其義，歷代學者讚譽伏生為"尚書再造"。

Le LETTRE　　　FOU - CHENG y

Ressemeleur — Soling shoes

S: 3　No 25.　Forge chinoise.　Chinese smith.

Dames au salon — Ladies in the parlour

S: 3　No 26.　Vendeur de grains.　Seed sellers.

❶ 鞋匠　　❷ 鐵匠　　❸ 太太客廳　　❹ 穰滿糧商

Ressemeleur　*Forge chinoise*　*Dames au salon*　*Vendeur de grains*

Soling shoes　*Chinese smith*　*Ladies in the parlour*　*Seed sellers*

S: 5 No 49.　　Riche et pauvre.　　　　　　　　Rich and poor.

Une Messe à l'auberge

Arrivée dans une chrétienté　　　　　　Arrival in a christian village

❶ 富人與窮人

Riche et pauvre
Rich and poor

❷ 旅舍施彌撒

Un Messe à l'auberge
Mass at the hostel

❸ 神父到堂口

Arrivée dans une chrétienté
Arrival in a Christian village

39　　Beim Quacksalber
Esculape en consultation　　The consultation

Bru allant en visite.　A daughter-in-law on her way for a visit.

Missionnaire architecte et constructeur
S 9 No 99　　A missionary architect and builder

A la porte de l'orphelinat　　At the door of the orphanage
S: 9 No 100

❶ 相面

Esculape en consultation
The consultation

❷ 回娘家

Bru allant en visite
A daughter-in-law on her way for a visit

❸ 傳教士建造師與工匠

Missionnaire architecte et constructeur
A missionary architect and builder

❹ 孤兒院門口

A la porte de l'orphelinat
At the door of the orphanage

編者　Ateliers S. Joseph, Chefoo
　　　煙台聖約瑟工坊
語言　法文　德文　英文
印製　1900s.—1910s, Catholic Mission Press.
　　　Chefoo N. China（煙台天主教印書館）
版類　鉛印，手工設色
尺寸　140mm×90mm

煙台聖約瑟工坊系列 B 套

35　Causette amicale　　Gemütliches Plauderstündchen　　A friendly chat

10　Cuisine ambulante.　　Eine Wanderküche in China.　　Itinerant cooking.

8　En san-pan.　　Kahnfahrt in China　　In a sanpan.

18　Une tasse de thé　　Beim Tee　　A cup of tea

①	②
③	④

❶ 嘮嗑
Causette amicale
Gemütliches Plauderstündchen
A friendly chat

❷ 食攤
Cuisine ambulante
Eine Wanderküche in China
Itinerant cooking

❸ 渙船
En san-pan
Kahnfahrt in China
In a sanpan

❹ 品茗
Une tasse de thé
Beim Tee
A cup of tea

Union Postale Universelle

編者	Ateliers S. Joseph, Chefoo 煙台聖約瑟工坊
語言	英文
印製	1910s, Catholic Mission Press. Chefoo N. China（煙台天主教印書館）
版類	鉛印，手工設色
發行	萬國郵政
尺寸	140mm×90mm

煙台聖約瑟工坊郵政明信片系列

郵政明信片

LANTERN BEARERS IN A MARRIAGE PROCESSION

郵政明信片

Ecole Chinoise　　　Chinese school

❶ 　❷

❶ 婚禮遊行的扛燈人

Lantern Bearers in a Marriage Procession

❷ 中國學堂

Ecole Chinoise
Chinese school

MARIAGE CHINOIS

編者　Procure des Missions Franciscaines
　　　方濟各會賬房
語言　法文
印製　1920s., Bordeaux（法國波爾多）
尺寸　135mm×90mm

煙台聖約瑟工坊中國婚俗系列

"煙台聖約瑟工坊系列"的發行在國內外頗受關注，因是手工製作發行量有限，方濟各會法國賬房翻印了其中有關中國婚俗的十二張，並多次發行，內容包括測八字、接新娘、下聘禮、宴賓客、上花轎、鼓樂手、燈鑼引、標旗隊、抬妝奩、祭祖先、拜天地、拜高堂等。

❶
————
❷

1. - MARIAGE CHINOIS. — Consultation du Devin.

10. - MARIAGE CHINOIS. — Vers l'Autel du Sacrifice.

❶ 測八字

Consultation du Devin

❷ 拜天地

"Pait'ien"-"Pai-ti". Adoration au Ciel et à la Tere

FUNÉRAILLES CHINOISES

編者　Procure des Missions Franciscaines
　　　方濟各會賬房
語言　法文
印製　1920s., Bordeaux（法國波爾多）
尺寸　135mm×90mm

煙台聖約瑟工坊中國喪葬系列

"煙台聖約瑟工坊系列"的發行在國內外頗受關注，因是手工製作發行量有限，方濟各會法國賬房翻印了其中有關中國喪葬的十二張，內容包括鳴鑼開道、鼓樂齊鳴、打幡招魂、靈旐逶迤、祭奠供品、法師樂隊、靈柩執紼、三牲紙馬、焚燒紙錢等。

❶
___
❷

8. - FUNÉRAILLES CHINOISES. — Bonzes. - Musiciens.

9. - FUNÉRAILLES CHINOISES. — Palanquin funèbre.

❶ 法師樂隊
Bonzes et Musiciens

❷ 靈柩執紼
Palanquin funèbre

山西教區

山西是天主教在中國最早踏足的地方，也是為傳播福音殉道者最多的地方。萬曆年間耶穌會傳教士艾儒略、金尼閣[1]等人接踵到絳州傳教，崇禎六年（1633）金彌格[2]到太原，他們遵從"利瑪竇規矩"，入鄉隨俗，籠絡人心，取得不俗成績。

明季對天主教在山西拓展貢獻最大者當屬高一志神父。高一志（Alfonso Vagnoni, 1566—1640），意大利人，1584 年加入耶穌會，萬曆三十三年（1605）來華，初到中國時取名王豐肅，字一元，又字泰穩、則聖。高一志先到南京傳教，專心學習中國語言文字，研究古籍經典文獻，著書立說，受到中國學者的認同。因他傳教有方，信教者甚眾，任南京天主教傳教會首任會長。樹大招風，萬曆四十三年禮部侍郎沈㴶奏表朝廷，貶詆王豐肅等人："不謂近年以來，突有狡夷自遠而至。在京師則有龐迪我、熊三拔等，在南京則有王豐肅、陽瑪諾等，其他省會各郡，在在有之。自稱其國曰'大西洋'，自名其教曰'天主教'。""夫普天之下，薄海內外，惟皇上為覆載照臨之王，是以國號曰'大明'，何彼夷亦曰'大西'？且既稱歸化，豈可為兩大之辭以相抗乎？"[3]徐光啟、李之藻、楊

廷筠、孫元化多位朝廷大員上疏力保，免死，逐至澳門。天啟四年（1624）王豐肅改頭換面，更名高一志，重返大陸來到山西絳州傳教，崇禎十三年（1640）逝於絳州。

在高一志的影響下山西出了一些著名的中國天主教徒，如韓雲[4]、韓霖、韓霞三兄弟。韓霖（1596—1649），教名多默（Thomas），出生於書香門第，官宦世家。祖上曾是被譽為"絳州二尚書"之一的韓重，官至南京工部尚書。韓霖中舉後對晚明政治現實心灰意冷，放棄了進一步科舉入仕的意願。他幾下江南，結交名仕，通過徐光啟的著作接觸傳教士帶來的西方科學知識，回家鄉建藏書樓"卄乘樓"，博覽群書，開辦學堂，親自授教。天啟五年（1625）他結交高一志，皈依天主教。韓霖傳世著作最重要的是撰於崇禎十四年的《鐸書》，他把基督教的救世學說融於中國孔孟儒家理論。明末清初來華傳教士與本土傳教士的著述有著很大不同，利瑪竇、艾儒略等人在其著作裏包容進許多儒家思想，但是他們拮擇儒家學說主要是為詮釋基督教教義以適合中國傳統，力圖印證基督教的思想在中國古已有之，非蠻夷蠱惑。而徐光啟、李之藻、

1　金尼閣（Nicolas Trigault, 1577—1628），字四表，生於當時屬比利時的法國城市杜埃，1594 年入耶穌會；1607 年來華，在杭州、西安、絳州傳教；逝於杭州，葬於大方井；最主要學術成就是編輯整理了利瑪竇手稿 De Christiana Expeditione apud Sinas Suscepta ab Societate Jesu（《基督教遠征中國史》，Augsburg: Verlag Antonij Heirat von Creolen, 1615）。

2　金彌格（Michel Trigault, 1602—1667），字端表，法國人，生於杜埃，金尼閣神父的姪子；1617 年入耶穌會，1630 年來華，初在陝西西安，後滯留山西傳教三十五年；1665 年因"曆案"被拘，押解北京、廣州，逝於廣州。

3　沈㴶：〈參遠夷書〉（萬曆四十四年），載《聖朝破邪集》，崇禎十二年大業堂鑴，卷一。

4　韓雲（1587—1661），字景伯，教名未達爾，韓霖之兄，山西絳州人，富紳；協助高一志完成《空際格致》、《守圉全書》，與羅雅谷和李天經合著《天主經解》，著有《戰守惟西洋火器第一議》、《催護西洋火器揭》等。

楊廷筠、朱宗元[1]、韓霖等本土教徒則以儒學為本，引基督教思想佐證基督教教義與孔孟之學既無衝突，並行不悖。

康熙三十五年（1696）梵蒂岡設立耶穌會管理的山西代牧區。近代馳教後，道光二十四年（1844）山西教務歸屬意大利羅馬方濟各會管理，同治九年（1870）江類思神父從山東調任山西教區任主教，他年老體弱，教務委託外甥艾士傑打理。艾士傑創建了洞兒溝方濟各會院、阪泉山聖母堂等。1890 年梵蒂岡將山西教區分立為主教座堂設在太原的山西北境代牧區，由意大利羅馬方濟各會代牧；主教座堂設在潞安的山西南境代牧區，由荷蘭馬斯特里赫特方濟各會代牧。

光緒十七年（1891）江類思去世後艾士傑接任太原教區主教。庚子動亂時，太原教區主教座堂被焚毀，艾士傑主教、富格辣副主教、二十六位神職人員和兩千餘名教友被殺。這還不包括基督新教在晉殉教者，有的新教差會竟遇滅門之災。1902 年鳳朝瑞[2]從漢口調到太原任主教，重整教務；1922 年分立出大同教區，由聖母聖心會管理；1926 年分立出國籍神父管理的汾陽教區；1946 年實施聖統制後升為太原總教區。

1　朱宗元（1609—1660），字維城，浙江鄞縣人，1631 年受洗，順治五年舉人；著有《答客問》、《拯世略説》，與陽瑪諾合譯《輕世金書》。

2　鳳朝瑞（Agapitus Fiorentini, 1866—1941），又稱亞加彼多或鳳亞加彼多，意大利人，方濟各會士，1895 年來華，初在湖北傳教，1902 年升為湖北主教，遂派往太原，1902 年至 1909 年和 1916 年至 1940 兩次出任太原主教；逝後葬西澗河。

TAI-UIEN-FOU (CINA)

編者	Unione Missionaria Francescana
	方濟各聯會
語言	意大利文
印製	1920s., Parma（意大利帕爾馬）
尺寸	140mm×90mm
主題詞	"方濟各會傳教聯盟，根據庇護十世 1907 年和庇護十一世 1922 年敕令，總的目標是傳播傳教知識和基督之愛，加強傳教士的職業水平；特別責任是幫助方濟各會的五十三個代牧區在世界各地發展，包括祈禱和施捨。會員捐贈年付 2.4 里拉，一次性 0.5 里拉；兒童（聖安東尼小傳教士）捐贈每年 1.2 里拉。如有意願請聯繫方濟各會賑房：博洛尼亞、帕爾馬或方濟各會的修道院。"

意大利方濟各會太原教區系列

❶
___
❷

Gruppo di bambine raccolte da le Suore Missionarie Francesca: Tai-Uien-Fou (Cina)

Le Missionarie Francescane distribuiscono frutta alle orfanelle raccolte nell'Asilo a TAI-UIEN-FOU (Cina)

❶ 太原府方濟各瑪利亞傳教女修會修女和孤女們在一起

Gruppo di bambine raccolte da le Suore Missionarie Francesca: Tai-Uien-Fou (Cina)

原文的 Suore Missionarie Francesca 即 "方濟各瑪利亞傳教女修會"。

❷ 太原府方濟各女傳教士給孤兒們發放水果

Le Missionarie Francescane distribuiscono frutta alle orfanelle raccolte nell' Asilo a Tai-Uien-Fou (Cina)

MISSIONE FRANCESCANA DI IUT-ZE (CINA)

意大利博洛尼方濟各會榆次系列

編者　Frati Minori della Segretariato Provinciale Bolognese del ss. Redentore
方濟各會博洛尼亞省秘書處

語言　意大利文

印製　1900s., Bologna（意大利博洛尼亞）

尺寸　140mm×90mm

Monumento ai Martiri del 1900, eretto a Ku-tcheng-ing nel cortile della Chiesa dove furono massacrati

◉ 1900 年榆次殉難者墓碑

Monumento ai martiri del 1900, eretto a Ku-tcheng-ing nel cortile della Chiesa dove furono massacrati

【原注】"這些殉難者是在古城營教堂庭院被害的。"乾隆年間天主教傳入榆次，近代教務歸屬太原代牧區，由意大利博洛尼亞（Bologna）方濟各會管理。1931 年設立榆次監牧區，主教座堂稱聖若瑟教堂，附設神修院和女修院；所轄區域有榆次、太谷、祁縣、徐溝、清源、盂縣、壽陽、平定、昔陽等十縣，在太谷、平遙、介休、靈石、陽泉設分堂；1944 年升為榆次代牧區；1946 年建立聖統制時改稱榆次教區。榆次是山西義和團運動首發地和動亂最嚴重的地區。

ZUID-CHANSI

編者	Missie Paters Franciscanen, Maastricht 馬斯特里赫特方濟各司鐸會
語言	荷蘭文
印製	1910s., Brinio, Rotterdam（荷蘭鹿特丹布里尼奧圖片社）
尺寸	138mm×90mm

荷蘭馬斯特里赫特方濟各會潞安教區系列

Mgr. Timmer met hooge gasten, Zuid-Chansi

◉ 翟守仁主教與賓客

Mgr. Timmer met hooge gasten, Zuid-Chansi

翟守仁（Alberto Odorico Timmer, 1859－1943），生於荷蘭馬斯特里赫特（Maastricht），方濟各會會士，1883 年晉鐸，光緒十年（1884）來華在湖北傳教，1888 年調山西，創辦潞安神修院任院長；光緒二十七年（1901）出任潞安教區第三任主教，1927 年因病退職，1943 年逝於太原，葬於西澗河墓地；作品有《新選聖教對聯》、《聖月經文》。

光緒十六年（1890）梵蒂岡傳信部將山西分為主教座堂設在太原的北境教區和主教座堂設在潞安的南境教區，南境教區由荷蘭馬斯特里赫特（Maastricht）方濟各會管理，轄潞安、澤州、平陽、蒲州四府，絳州、解州、霍州、沁州、隰州、長治、潞城、洪洞、靈石等五十四個州縣。1932 年潞安教區分立出華籍神父管理洪洞教區，1936 年分立絳州監牧區，由荷蘭烏特勒支（Utrecht）方濟各會管理。

Seminaristen van het Groot-Seminarie Zuid-Chansi.

Kinderen der H. Kindsheid te Sintchoang, Zuid-Chansi

❶ ❷

❶ 晉南神修院的學生

Seminaristen van het Groot-Seminarie Zuid-Chansi
這裏所說的晉南神修院即位於長治的天主
教潞安教區神修院，1888 年由翟守仁神父
創辦並擔任院長。

❷ 晉南新莊孤兒院的孩子

Kinderen der H.Kindsheid te Sintchoang, Zuid-Chansi
新莊位於山西省東南部長治東北山區潞城
縣，太行山西麓，上黨盆地東北邊緣；教
務隸屬荷蘭方濟各會管理的潞安代教區的
長治教區，輔助傳教的是荷蘭海爾倫聖若
瑟小姐妹會。

CHINA NORD-SHANSI

編者	Bayerischen Franziskaner Missions 巴伐利亞方濟各會
語言	德文
印製	1920s., St. Nikolaus-Verlag, L. Berchtenbreiter, Rosenheim（德國羅森海姆貝希滕布雷特爾 聖尼古拉出版社）
尺寸	140mm×90mm
主題詞	"梵蒂岡傳信部將中國晉北朔州代牧區交給巴 伐利亞方濟各會。為了完成這項使命，我們 請您給蘭茨胡特方濟各會傳教士支持。"

德國巴伐利亞方濟各會朔州教區系列

R. P. Odorich Hemmerich
aus Ingolstadt — Franziskanermissionär in China
Allen Freunden der Mission zum Andenken

❶ 晉北米昔馬莊會院

Missionsstation Mihsimachnang, China Nord-Shansi, Missionarsnohnumg

天主教於光緒二年（1876）傳入朔州，光緒五年在米昔馬莊修建第一座天主教堂，義和團運動時被焚毀，1913年原址重建；1926年梵蒂岡傳信部從太原代牧區分立朔州監牧區，交由巴伐利亞（Bavaria）方濟各會管理，主教座堂設於米昔馬莊，轄朔縣、寧武、偏關、五寨、河曲、代縣、河池等十五縣，實施聖統制後升格為朔州教區。

❷ 韓鐸民神父

R.P. Odorich Hemmerich

【原注】"來自英戈爾施塔特方濟各會的中國傳教士韓鐸民神父。"

韓鐸民（Odorich Hemmerich），德國人，1902年生於德國巴伐利亞州多瑙河畔的小城英戈爾施塔特（Ingolstadt），受巴伐利亞方濟各會派遣來華，常駐山西米昔馬莊。韓鐸民著有 *Shohchow, Das Missionsfeld der Bayerischen Franziskaner in China*（《朔縣教區簡史》，Peking: D. Franciscana, 1942）。

SHOHCHOW, CHINA

德國巴伐利亞方濟各會中國教團
朔州教區系列

編者	Bayerischen Franziskaner—Chinamissions 巴伐利亞方濟各會中國教團
語言	德文
印製	1920s, Franziskaner-Mission-Verein, Landshut a. j.（德國蘭茨胡特韋雷恩社區方濟各會）
尺寸	140mm×90mm
主題詞	"希望得到您給傳教士的小小禮物，請寄到蘭茨 胡特的索拉努之家（Solanushaus）。"

❶
____
❷

Kirche in Tsien tsai　China Shohchow

Chinesische Waisenmädchen beim Waschen

❶ 朔州杏寨教堂

Kirche in Tsien tsai, China Shohchow

❷ 女孤兒洗衣裳

Chinesische Waisenmädchen beim Waschen

Der Sarg des 1928 ermordeten Franziskanermissionars P. Hermenegild Wäldele auf dem Wege zur Beisetzung (Jan. 1929) Mihsimachwang - China (Shohchow)

Ober- und unterirdische Wohnungen in China (Shohchow)

Ein freundliches Chinesenväterchen - China (Shohchow)

❶ 瓦德勒神父 1928 年去世，1929 年 1 月在中國朔州米昔馬莊舉辦葬禮

Der Sarg des 1928 ermordeten Franziskanermissionars. P. Hermenegild Wäldele auf dem Wege zuf Beisetzung (Jan, 1929) Mihsimachwang— China (Shohchow)

❷ 朔州崖打窯

Ober- und unterirdische Wohnungen in China (Shohchow)

朔州崖打窯是黃土高原上特有的古老居住形式，當地人創造性利用高原有利的錯落地形挖洞而居，一般多選在朝陽的土崖下，背靠厚實堅固的土崖，自上而下切成垂直面，進而挖出直筒形窯洞。窯洞的門面用打製好的青石塊或灰磚砌成，窯洞口安裝木製門窗。

❸ 和藹的中國老人

Ein freundliches Chinesenväterchen— China (Shohchow)

門前對聯的"甘苦不貳精勤志，夷險無移忠義心"是中國天主教編纂的聖教楹聯裏用於歌頌聖若瑟的，類似的還有"忍耐之明鏡，鍾愛之典範"。

湖 北 教 區

明季利瑪竇一班人馬在來華時是以澳門為跳板進入大陸的，他們在澳門最早見到的是范禮安神父和羅明堅神父。正是這位羅明堅神父萬曆十五年（1587）曾到襄陽府武當山附近傳教，在湖北播下了福音種子。崇禎十年（1637）葡萄牙傳教士何大化[1]到湖北主持教務，來到武昌後獲當地兩位信奉天主教官員的協助，傳教頗有成效，蛇山腳下建有教堂。他在武昌時曾參與在江西建昌傳教的郭納爵[2]、殷鐸澤[3]等人的“建昌學派”翻譯中國古代經典的工作。1639 年張獻忠率起義軍攻入武昌，何大化遁往福建。康熙五年（1666）何大化涉“曆案”牽連被押解北京、廣州，釋後回福州。為紀念和宣傳湯若望的平反，何大化康熙十年（1671）編輯小冊子 *Innocentia Victrix*（《昭雪湯若望》），這本小冊子受到近代中國語言學家的重視，何大化無意中保存下來利瑪竇、金尼閣等人最早設計的漢語拼音方案——羅馬字母音注漢字。

順治十八年（1661）法國耶穌會神父穆迪我[4]來到湖北，得益奉教世家許纘曾母子的襄助而教務起色。許纘曾（1627—1700），字孝修，號鶴沙，華亭人，徐光啟重外長孫，一歲時徐光啟將其抱至天主堂受洗，洗名巴西略。許纘曾順治五年中舉，己丑科進士；順治八年（1651）受職檢討，順治十五年補江西驛傳道別使，順治十七年升四川布政使司參政，康熙三年（1664）移河南按察使。因“曆案”株連許纘曾遭革職，湯案得白，康熙九年復起任雲南按察使，到滇未及一年，告歸故里。許纘曾著有《寶綸堂稿》、《滇行記程》、《育嬰編外》、《三奇記院》等。許纘曾的母親教名甘第大（Candida, 1607—1680），徐光啟的孫女，自幼受洗，受家學影響，知書達禮，十六歲時嫁許遠度為妻，人稱許太夫人。太夫人專心修德，篤信天主，子女均自幼受洗入教。許太夫人與在江南的潘國光、柏應理、魯日滿[5]等傳教士關係甚好，斡旋周密，時常以錢財讚助傳教士。柏應理回歐洲述職前，許太夫人拿出金銀首飾，囑其代獻於羅馬聖依納爵大教堂。她的行為帶動松江信教婦女爭相送上戒指和手鐲。許太夫人得知柏應理此行一定會覲見教宗，遂購中文傳教書籍作為給教宗的見面禮。柏應理曾撰寫 *Histoire d'une dame chrétienne de la Chine*

1　何大化（António de Gouvea, 1592—1677），字德川，1611 年入耶穌會，1630 年抵澳門，在聖保祿神學院學習漢語；1636 年進入中國大陸，在杭州、蘇州、武昌、福州傳教；逝於福州，葬十字山。

2　郭納爵（Ignatius da Costa, 1603—1666），字德旌，葡萄牙人，1617 年入耶穌會，1634 年來華，在山陝、江西傳教；逝於廣東；翻譯《大學》、《論語》，著有《中國科學提要》、《原染虧益》、《身後編》、《老人妙處》、《教要》。

3　殷鐸澤（Prospero Intorcetta, 1625—1696），字覺斯，意大利人，1642 年入耶穌會，1659 年來華，為杭州天主教早期傳教者，1696 年逝於杭州，葬大方井；著有《耶穌會例》、《泰西殷覺斯先生行述》，參與翻譯《中庸》、《西文四書直解》。

4　穆迪我（Jacques Motel, 1618—1692），字惠吉，法國人，生於貢比涅，1637 年入耶穌會，在大學教授文法、古典文學、修辭學；1657 年來華，在南昌傳教；1661 年到武昌，1664 年因“康熙曆案”押解廣州，獲釋後回武昌，歿後葬洪山墓地。

5　魯日滿（Franciscus de Rougemont, 1624—1676），字謙受，比利時人，1641 年入耶穌會，1659 年抵澳門，初傳教於浙江，又至上海、常熟；“康熙曆案”被押至北京，解至廣州，1671 年返江南，重務舊業；1676 年病逝崇明，葬於虞山之陰。

（《一位中國奉教太太許母徐太夫人事略》，Paris: E. Michaliet, 1688）。

許纘曾適外做官，攜母親家眷同行。初到南昌的穆迪我見聖堂狹小破敗，求助在南昌的許氏母子，遂得大宅改成教堂。當年許纘曾這個江西驛傳道別使兼管湖廣事物，許太夫人致信耶穌會會長，建議派遣神父到湖北拓展，穆迪我受命抵漢口。許纘曾擢官四川，欲攜穆迪我同往，又擔憂路途艱險，深恐慈躬過勞，挽懇母親留漢。許太夫人應允，堅持穆迪我同在，許纘曾改勸穆格我[1] 伴其入川未允，行前他一再拜託當地同僚禮待洋神父[2]。許太夫人在武昌為穆迪我置業居住，資助修建教堂多座，一時間皈依民眾兩千餘人。1692 年穆迪我逝於武昌，與其兄弟穆尼閣[3] 和穆格我長眠於洪山墓地。穆迪我在鄂傳教業績顯著，開闢了武昌、荊州、襄陽、公安、荊門、宜昌等堂口，奠定了天主教在湖北的基礎。

與天主教湖南教區情況差不多，穆迪我之後湖北教務基本處於放任自流狀態。巴黎外方傳教會創始人陸方濟神父受命安南東京教區主教時，湖廣教區與閩、浙、贛、粵、桂、湘、川、滇、黔幾省名義上歸其轄制，1860 年陸方濟無法入境安南改派福建主教，這幾個省教區管理又挪到福建，可以說

差不多有一百多年無人認真打理湖北教務。咸豐六年（1856）梵蒂岡正式設立湖北代牧區，意大利籍方濟各會會士徐類思[4] 出任首任主教。1870 年梵蒂岡傳信部將湖北代牧區一分為三，主教府設在武昌的湖北東境代牧區（漢口教區），由意大利威尼斯方濟各會管理，主教府設在穀城的湖北西北境代牧區（老河口教區），由意大利托斯卡納（Tuscany）方濟各會管理；主教府設在荊州的鄂西南代牧區（宜昌教區），由比利時佛蘭德（Flanders）方濟各會管理。1923 年從漢口代牧區分立出三個教區，蒲圻監牧區、武昌監牧區和漢陽監牧區，蒲圻監牧區由國籍神父成和德任首任主教，武昌監牧區由美國辛辛那提（Cincinnati）方濟各會管理，漢陽監牧區由愛爾蘭高隆龐（Columban）外方傳教會管理。1932 年從漢口代牧區分立主教府設在黃州的蘄州監牧區，由意大利特蘭托（Trento）方濟各會管理。1936 年從老河口代牧區分立襄陽監牧區，由國籍神父易宣化為首任主教。1936 年從宜昌代牧區分立沙市監牧區，由美國紐約方濟各會管理。1937 年從漢口代牧區分立隨縣監牧區，由愛爾蘭希伯尼亞（Hibernian）方濟各會管理。1938 年從宜昌代牧區分立主教府設在恩施、由華籍神父管理的施南教區。

1　穆格我（Claude Motel, 1619—1671），字來真，法國人，生於貢比涅，穆氏昆季之么，1637 年入耶穌會，1657 來華；在漢中、四川傳教；1664 年因 "康熙曆案" 押解廣州，釋放後赴陝西、江西、湖北傳教；歿於贛州，與兄葬武昌洪山墓地。

2　〔比利時〕柏應理：《一位中國奉教太太許母徐太夫人事略》，徐允希譯，上海土山灣印書館，1938 年，第 41-43 頁。

3　穆尼閣（Nicolas Motel, 1617—1657），字全真，法國人，生於貢比涅，穆氏昆季之長，1637 年入耶穌會，教授文學和哲學，1657 年來華，經澳門到南昌，不久病逝，1678 年由穆迪我將靈柩運至武昌，葬洪山墓地。

4　徐類思（Luigi Celestino Spelta, 1818—1862），生於意大利倫巴弟亞省帕維亞省蒙特貝洛—德拉巴塔利亞，1836 年加入方濟各會。1845 年晉鐸，同年來華，1848 年任南京教區助理主教，1855 年任南京教區主教，1856 年調任湖北代牧區主教，1862 年逝於武昌。

CHINE, LIGUE DES MISSIONS FRANCISCAINES BELGES

比利時方濟各會中國系列

編者　Ligue des Missions Franciscaines Belges
　　　比利時方濟各聯會
語言　法文
印製　1910s., Vanderlinden, Bruxelles（比利時
　　　布魯塞爾范德林登）
尺寸　140mm×90mm

❶ ｜ ❷

❶ 湖北荊江府黃氏家族墓

Chine. Tombes de la famille Hoang A Kin-Iang Ho (Houpé)
黃氏是楚地望族。黃國滅於楚後族人內遷，秦漢
時期形成荊州黃氏和江夏黃氏，盛於長江中游，
為天下黃氏郡望。

❷ 我們的小教徒

Un de nos petits protégés

I-Chang , Houpé

荷蘭方濟各會宜昌教區系列

編者	Franciskaansche Missiebond
	方濟各聯會
語言	荷蘭文
印製	1910s., Vanderlindenstraat, Schaarbeek
	（荷蘭斯哈爾貝克范德林登街）
尺寸	140mm×90mm

◉ 湖北宜昌聖安東尼學校的學生

Leerlingen van't St-Antonius College te I-Chang (Houpé)

宜昌聖安東尼學校，中文校名"宜昌文萃學校"，方濟各會舉辦的六年制完全學校，只招收男生，高中用英文授課。

VICARIAT DU HOU-PEH S.O. /
VICARIAAT VAN HOU-PEH Z.-W.

編者　Ligue Franciscaine des Missions
Franciskaasche Missiebond
方濟各聯會
語言　法文 荷蘭文
印製　1910s., Vanderlindenstraat, Schaerbeek
（荷蘭斯哈爾貝克范德林登街）
尺寸　140mm×90mm

荷蘭方濟各會湖北西南教區系列

❶ 荊門學校的聯歡會

Fête d'école à Kingmen
Schoolfeest te Kingmen

❷ 富家老夫人

Vieille Matrone d'une riche famille Chinoise
Oude Dame eener rijke chineesche familie

❸ 新晉華籍神父

Nouveaux prêtres chinois
Vieuwgewijde chineesche priesters

CINA—VICARIATO AP. DI LAOHOKOW

意大利方濟各會老河口教區系列

編者　Unione Missionaria Francescana
　　　方濟各聯會
語言　意大利文
印製　1910s., Rotocalcografia Civicchioni-
　　　Chiavari, Fiesole
　　　（意大利菲耶索萊凹版印刷廠）
尺寸　145mm×90mm

❶
―――
❷

VI. - CINA - L'Orfanotrofio Femminile di Lao-ho-kow

❶ 一支中國樂隊

Un'Orchestra cinese

❷ 老河口女孤院

L'Orfanotrofio Femminile di Lao-ho-kow

湖 南 教 區

湖南的社會發展程度屬中等，雖不及沿海省份發達，比起雲貴甘青還算富饒，然而無論對於羅馬公教還是基督新教來說卻都是一塊更加難啃的骨頭，天主教在湖南的發展可以用一個中國俗語"起個大早趕個晚集"來形容。據說早在清順治十八年（1661），朝代更迭的亂世中就有耶穌會傳教士到過衡陽一帶，影響不大，此後湖南教務的存在處於時有時無的狀態，1659 年梵蒂岡傳信部規劃設在安南河內的東京代牧區兼管湖廣教務，1680 年陸方濟神父因無法入境安南不得不調任福建教區履職，事隨人走，湖廣的"戶籍"改遷到福建。1696 年梵蒂岡傳信部正式將中國教務歸整為北京、南京、澳門三個主教區，下轄九個代牧區，湖廣成其中為之一，也因獲命的主教遲遲未能到任，1708 年改由擔任貴州代牧區主教的法國耶穌會傳教士劉應兼署湖廣教務。1711 年遣使會傳教士德國人穆天尺[1]擔任四川代牧區主教兼署湖廣教務。1762 年湖廣代牧區教務改由方濟各會管轄的山陝代牧區兼管，直到 1838 年湖廣再次成為獨立代牧區。

咸豐六年（1856）梵蒂岡傳信部將湖廣代牧區分為湖北、湖南兩個代牧區，方濟各會傳教士西班牙人方來遠[2]出任湖南教區主教。1879 年傳信部又將湖南代牧區分立為湖南南境教區和湖南北境教區。湖南南境代牧區主教座堂設在長沙，又稱長沙教區，由意大利皮埃蒙（Piemonte）方濟各會管理。1925 年從長沙教區分立出永州監牧區，主教座堂設在零陵，由奧地利因斯布魯克（Innsbruck）方濟各會管理；1930 年分立出衡州代牧區，主教座堂設在衡陽，由意大利熱亞那（Genoa）方濟各會管理；1937 年分立出意大利博洛尼亞（Bologna）方濟各會管理的湘潭監牧區；1938 年分立出寶慶監牧區，主教座堂設在邵陽，由匈牙利聖約翰卡皮斯特拉諾省（St. John Capistran Province）方濟各會管理。湖南北境教區主教座堂設在常德，又稱常德教區，由西班牙奧斯定會（Ordo Sancti Angustini, O.S.A.）管理；1925 年從常德教區分立辰州監牧區，辰州監牧區主教座堂在沅陵，由美國苦難會（Congregation of the Passion, C.P.）管理；1931 年又從常德教區分立出仍由西班牙奧斯定會管理的澧州監牧區和岳州監牧區，主教府分別設在澧縣和岳陽。

---

1 穆天尺（Jean Müllener, 1673—1742），生於德國奧斯納布呂克，遣使會會士，1696 年晉鐸，1699 年來華到四川傳教，1708 年被驅逐到廣州，被判流放澳門，赴雅加達；1710 年秘密返回到四川，1715 年任四川主教兼管湖廣、貴州教務；1742 年逝於新都，葬鳳凰山天主教墓地。

2 方來遠（Michel Navarro, 1809—1877），西班牙人，方濟各會會士，1856 年任湖南代牧區主教。

Missionari Francescani nella Missione del Hunan meridionale

方濟各會湖南南境教區系列

編者　Unione Missionaria Francescana
　　　方濟各聯會
　　　Convento Osservanza-Bologna
　　　博洛尼亞歐瑟萬扎修道院
語言　意大利文
印製　1910s., Bologna（意大利博洛尼亞）
尺寸　140mm×90mm

❶
——
❷

❶ 湖南教區艾米利－方濟各會神學院雷托爾神父和學生

Vicariato Apostolico dell'Hu-Nan, adottato dai Frati Minori dell'Emilia—Seminaristi col loro P. Rettore

艾米利－羅馬方濟各會（Frati Minori dell'Emilia-Romagna）是方濟各會內部於十六世紀後半葉在意大利博洛尼亞形成的一個改革派別，該會的大本營在艾米利修道院（Emilia-Seminaristi），1594 年教宗克萊門特八世（Clement VIII）承認其合法性。1925 年來自意大利博洛尼亞的方濟各會傳教士進駐湖南湘潭，艾米利修道院隨之在湘潭建立神學院。

❷ 湖南南境教區收養的女孤

Bambine riscattate e battezzate dai

【原注】"這些孤女被湖南南境教區的方濟各傳教士收養，接受洗禮，在教會幼兒園和孤兒院長大。"

VICARIATO APOSTOLICO DELL'HU-NAN adottato dai Frati Minori dell'Emilia - Seminaristi col loro P. Rettore

Bambine riscattate e battezzate dai Missionari Francescani nella Missione del Hunan meridionale (Cina) e allevate negli asili e orfanotrofi della Missione.

Per concorrere alla salvezza delle povere creature, vi è l'opera pia dei Battesimi.

Per imporre ad un bambino il nome si accetta l'offerta di L. 5. Per il riscatto di un bimbo, col diritto di fungere da Padrino o Madrina nel suo battesimo e preparargli il vestitino si domanda un'offerta non inferiore a L. 25. Per l'adozione, cioè per ottenere che un bambino infedele venga ad essere ricevuto spiritualmente nella propria famiglia come figlio, offerta di L. 60 annue per tutto il tempo della sua educazione, o L. 500 una sol volta. Per la fotografia aggiungere L. 5.

Rivolgersi al Convento Osservanza - Bologna (30)

VICARIATO APOSTOLICO DI CHANGSHA (CINA)

編者	Unione Missionaria Francescana 方濟各聯會
語言	意大利文
印製	1920s., Società Editrice Cartoline—Torino （意大利都靈明信片社）
尺寸	140mm×90mm

意大利方濟各會長沙教區系列

Vicariato Apostolico di Changsha (Cina). Famiglia cristiana di Kiao-Kau

❶ 長沙的稻田和山莊

Changsha Panorami: Risaie e Monti

【原注】"為耶穌基督拯救更多靈魂，傳教士不懼嚴寒酷暑和風吹雨打。"

❷ 揚子江孤島上異教徒的寺院

Isolotto sormontato da monastero Pagano sul fiume Jang tse-kiang (Cina)

【原注】"福音的光芒將照亮被迷信籠罩的中國廣袤大地。"

❸ 村旁莊稼地裏停放著待下葬的棺柩

Paesaggio seminato di case con cadaveri in attesa di sepoltura

【原注】"教會告訴人們，豎立十字架的墓地可使逝者永恆，而可憐的異教徒們仍無可救藥地固守著自己的迷信。"

❹ 教徒喬高全家福

Famiglia criglia di Kiao-Kau

【原注】"天主教信仰可以改變家庭觀念，使其更加穩固。"

方濟各嘉布遣會

恪守"方濟各第一行為規則"的修會還有方濟各嘉布遣會和方濟各住院會。嘉布遣會是方濟各會的一個分支。十六世紀意大利方濟各會修道士馬特奧[1]和奧齊諾[2]不忘創始人方濟各的初衷,恪守最初的"方濟各第一行為規則",反對修會內部的修正主義,於 1528 年在德國萊茵威斯特伐利亞(Rhenish-Westphalian province)聚眾成立嘉布遣會(Friars Minor Capuchins, O. M Cap.),因修道士佩戴一種稱為 Capuchins 的尖頂風帽得名。嘉布遣會堅持清貧苦行的原則,要求修道士必須遵守孤獨和懺悔,生活極端簡樸,修道院和個人不得有任何財產,一旦入會任何人不得因忍受不了這種生活而離開;一切生活用品和吃食必須通過乞討獲得,且存量不得超過幾天;居住地不得有諸如家具類東西;修道士過集體生活,每日只有兩個時辰獨自祈禱時間;修道士必須赤腳,就連會祖方濟各常穿的草鞋也不允許;修道士人人穿著棕色外套,因而被稱為"棕衣修士"(Capuchin monkey)。嘉布遣會成立後很長時間被視為"異端",備受打壓。

嘉布遣會最早來華是康熙四十三年(1704)從印度西部的蘇拉特(Surat)經昌德納戈爾(Chandernagore)、聶拉木(Koti)抵達拉薩,傳教士們曾向七世達賴喇嘛講解過基督教教義,受授"與佛教善業永存之印章",昭示西藏有選擇宗教信仰自由,獲得在西藏自由傳播福音的權利。嘉布遣會傳教士在西藏購置土地修建教堂,建立西藏監牧區。雍正三年(1725)在黃教寺院上層僧侶聯合反對下,法國嘉布遣使會被迫撤離西藏。1918年德國威斯特伐利亞的嘉布遣會進入甘肅東部,1924年成立秦州教區。1923年奧地利嘉布遣會到滿洲,1928年建立依蘭教區,1934年建立佳木斯教區。1926年來自西班牙納瓦拉的嘉布遣會到甘肅,1930年在天水成立平涼教區。1930年方濟各第三規嘉布遣會聖家修女會(Capuchin Tertiares of the Holy Family, TC)到甘肅平涼等地開展輔助傳教工作。

1　馬特奧(Matteo Bassi, Matteo Serafini, 1495—1552),意大利人,1525 年加入方濟各會,1529 年晉鐸,1528 年聯合創建方濟各嘉布遣會。

2　奧齊諾(Bernardino Ochino, 1487—1564),生於意大利錫耶納,1504 年加入方濟各會,1528 年聯合創建方濟各嘉布遣會;受宗教裁判所迫害從德國逃往日內瓦,加入新教加爾文派;逝於波蘭。

O. M Cap. Kansu

方濟各嘉布遣會甘肅系列

編者	Friars Minor Capuchins, O. M Cap.
	方濟各嘉布遣會
語言	德文
印製	1930s.
尺寸	140mm×90mm

❶
———
❷

Bruder Sabbas O.M.Cap († 17. Mai 1929) teilt Essen an die Hungernden aus. Tsinchow, Kansu

Kansu　Nach dem Erdbeben 1927 — Missionare auf den Trümmern der Missionsstation

❶ 嘉布遣會薩巴斯神父（逝
於 1929 年 5 月 17 日）在甘肅
秦州給飢餓的災民發放食物

*Bruder Sabbas O.M.Cap († 17. Mai
1929) teilt Essen an die Hungernden aus.
Tsinchow, Kansu*

❷ 1927 年甘肅地震後傳教士
在傳教站的廢墟上

*Kansu, Nach dem Erdbeben 1927—
Missionare auf den Trümmern der
Missionsstation*

1927 年 5 月 23 日甘肅武威古浪
縣西北的水峽口一帶發生了八級
大地震，古浪縣城房屋頹倒無
遺，死亡七百餘人。

Ost-Kansu (China)

編者	Missionsprokuratur der Kapuziner, rhein.-westf. 方濟各嘉布遣會（萊茵—西伐利亞州科隆社區）
語言	德文
印製	1920s., Ehrenbreitstein, Köln（德國科隆埃倫布賴特施泰因）
尺寸	140mm×90mm

方濟各嘉布遣會隴東系列

❶
───
❷

❶ 隴東南的孤兒

Südost-Kansu: Waisenkinder

【原注】"如果你想為基督和教會做些什麼？請支持在甘肅東部傳教的嘉布遣會。""那裏有六百多萬異教徒等待皈依基督。"

❷ 清水縣的神父和教友

Christen und Katechumenen in Tsingshui

清水縣，甘肅省天水市轄縣，位於甘肅省東南部，天水市東北，隴山西南麓渭河北岸支流牛頭河流域；東界陝西省隴縣、寶雞，南連麥積區，西接秦安縣，北與張家川回族自治縣毗鄰。

方濟各住院會

方濟各住院會（Friars Minor Conventuals, OFM Conv.）最早形成的時間沒有確切記載，大概出現在十五世紀方濟各修會內部保守派與改革派激烈衝突時期。1517 年教宗確認 "方濟各住院會" 的合法性，1625 年批准其最終會章。Conventuals 一詞來自拉丁文的 "社區"，表示這個修會的成員認為不能在遠離人群的偏僻角落修行，應該生活在人口相對密集的社區；他們主張修道士不能居 "茅草屋" 或流浪街頭，要有相對穩定修道場所；恪守貧窮、貞潔、服從的戒律是必不可少的，但不是修道的目的；允許修道士擁有共同財產，修道士應該通過自己的勞動種糧養禽，自食其力；與世隔絕的禁欲主義與基督倡導的奉獻精神是根本不同的；修道士不能簡單生活在 "世外桃源"，不倡導隱修生活，許多成員長期居住在城市貧民窟，走到社區與貧苦百姓融為一體，了解他們，幫助他們，以基督精神感化人們。身穿黑色或深灰色斗篷，腰間繫白色繩子是 "方濟各住院會" 修道士的基本裝束，他們因之被稱為 "黑衣修士"。

陝西是天主教修會進入最多的地區。道光二十四年（1844）梵蒂岡設立陝西代牧區，主教府位於高陵縣通遠坊，光緒十三年（1887）以秦嶺為界設立北境代牧區（西安教區）和南境代牧區（漢中教區）。1925 年方濟各住院會派遣傳教團隊來華，籌備設立獨立教區，1928 年梵蒂岡傳信部從漢中教區分立出興安監牧區，交由意大利方濟各住院會管理，主教座堂設在安康，蘇輯伍[1] 任主教。1931 年蘇輯五從石泉縣返回途中行至漢陰縣白廟寺被土匪殺害，巴南初[2] 神父繼任，1940 年日本飛機轟炸安康縣城，巴南初罹難。

輔助傳教組織是方濟各寶血女修會（Franciscan Sisters of the Precious Blood），建有孤兒院兩所，養老院兩所，小學十一所以及女修院、醫院和醫療站等。

1　蘇輯伍（Giovanni Soggiu, 1883—1931），意大利人，1925 年來華，1928 年任安康監牧區主教，死於非命。

2　巴南初（Bernardus Baracciu, 1884—1940），意大利人，1899 年加入方濟各住院會，1907 年晉鐸，1925 年來華，駐漢中，1932 年任興安監牧區主教，死於非命。

Œuvre des Cartes postales au profit des Missions Franciscaines / Zum Besten der Franziskaner-Missionen

編者	Union Missionnaire Franciscaine, Couvent des PP. Franciscains, Metz, Marchen (Moselle) 方濟各聯會方濟各住院會摩澤爾省梅茨社區 Union Missionnaire Franciscaine, Couvent des Pères Franciscains, Sélestat, Maison St. Antoine (Bas-Rhin) 方濟各聯會方濟各住院會下萊茵省塞萊斯塔社區
語言	法文 德文
印製	1910s., Imprimerie Franciscaine, Metz（法國梅茨方濟各會）
尺寸	140mm×90mm
主題詞	"不辱方濟各會的使命"

"方濟各住院會不辱使命系列"由法國多個社區聯合編輯發行，內容一樣。

方濟各住院會不辱使命系列

5. Jeune Couple Chinois.
Chinesisches Brautpaar.

Imprimerie Franciscaine - Me

● 新婚夫婦

Jeune Couple Chinois

Chinesisches Brautpaar

15. Au retour du Marché.
Heimkehr vom Markte,

Imprimerie Franciscaine - Metz

12. Pagode rustique.
Lændliche Pagode.

Imprimerie Franciscaine - Metz

17. Une petite exhortation en passant.
Eine kleine Unterweisung vor der heidnischen Pagode.

Imprimerie Franciscaine - Metz

❶ 趕集回家

Au retour du Marché
Heimkehr vom Markte

❷ 古樸寺廟

Pagode rustique
Lændliche Pagode

❸ 街談巷議

Une petite exhortation en passant
Eine kleine Unterweisung vor der heidnischen
Pagode

方濟各住院會興安教區系列

編者	Union Missionnaire Franciscaine, Couvent des PP. Franciscains, Longeville-les-St.-Avold 方濟各聯會方濟各住院會（法國隆日維爾市聖阿沃爾德社區）
語言	法文 德文
印製	1920s., Imprimerie Franciscaine, Metz（法國梅茨方濟各會）
尺寸	140mm×90mm

1. Les Petites Chinoises confectionnent leur trousseau.
Unsere kleinen Chinesinnen bei der Brautausstattung.

Imprimerie Franciscaine - Metz

◉ **女孩子縫製自己的嫁衣**

Les Petites Chinoises confectionnent leur trousseau
Unsere kleinen Chinesinnen bei der Brautausstattung

2. Arrivée d'un nouveau Bébé. — Die Schützlinge der Franziskanerinnen Missionarinnen Mariæ. — Ankunft eines Findelkindes.

4. Les Protégés des Franciscaines M. M. — Vieux Mendiant. — Die Schützlinge der Franziskanerinnen Missionarinnen Mariæ. - Alter Bettler.

6. Les Protégés des Fransciscaines M. M. - Un Petit Estropié de six ans. Die Schützlinge der Franziskanerinnen Missionarinnen Mariæ. Ein kleiner sechsjahriger Krüppel.

❶　❷　❸

❶ 瑪利亞方濟各會修女接收新到棄兒

Arrivée d'un nouveau Bébé. Missionarinnen Mariæ

Die Schützlinge der Franziskanerinnen. Ankunft eines Findelkindes

❷ 瑪利亞方濟各會修女關心老乞丐

Les Protégés des Franciscaines M. M.—Vieux Mendiant

Die Schützlinge der Franziskanerinnen Missionarinnen Mariæ.—Alter Bettler

❸ 瑪利亞方濟各會修女照顧六歲小癬子

Les Protégés des Franciscaines M. M.—Un Petit Estropié de six ans

Die Schützlinge der Franziskanerinnen Missionarinnen Mariæ.—Ein Kleiner sechsjahriger Krüppel

04

巴黎外方傳教會

有這樣一批傳教士，他們經年累月顛沛於峰巒疊嶂的苗羌高原深處，在火耕水耨、結繩記事的磔磔人群裏尋找福音受眾，沐甚雨，櫛急風；欣然帶去的不僅是基督救世，還有倉頡作書、后稷耒耜的文明伎倆，天雨粟，鬼夜哭。這些拓荒者來自巴黎外方傳教會。

1649 年耶穌會傳教士亞歷山大・羅德[1] 在印度支那傳教三十年後返回羅馬，多次上書教宗英諾森十世和亞歷山大七世，建議增加經費，派遣傳教士到遠東傳佈福音予當地民眾。羅德提出只要受遣傳教士尊重當地風俗習慣和傳統文化，不涉入所在國政治，在那裏立足並完成神聖使命是沒有問題的。這樣做有利於梵蒂岡集權，君臨天下，對抗西班牙和葡萄牙王室和教會在世界各地的擴張。羅德去世多年後，教宗亞歷山大七世採納了“羅德計劃”，1659 年任命羅德推薦的陸方濟[2] 神父為東京（河內）主教，並署理中國的雲南、貴州、湖廣、四川、廣西五省及老撾的教務。

1662 年陸方濟神父率七名傳教士從馬賽港出發赴任，為了躲避葡萄牙人限制，他沒有走大航海時代新開闢的好望角海路，而是經西亞中東的陸路，1664 年到達緬甸和暹羅，因越南剛頒佈“禁教令”無法前行，不得不返回羅馬。為了保障遠東傳教使命的後備力量，早在 1663 年教宗旨意梵蒂岡傳信部籌備成立一所稱為“外方傳教神學院”（Séminaire des Missions Étrangères）的宗教機構，次年正式掛牌，是為“巴黎外方傳教會”的前身。陸方濟神父回到法國後擔任院長，為重新出征堅振內修、秣馬厲兵。1670 年陸方濟偕同十五位傳教士走海路，經好望角到達暹羅，1674 年拿到了暹羅國王發放的赴越南通行證，但十分不幸他們搭乘的船隻在南中國海遇到颱風，漂至菲律賓海岸，被西班牙人扣留在馬尼拉，1675 年遭遣送回國，跨太平洋，經墨西哥和古巴，再跨大西洋，完成一個史無前例的“環球行教”，可仍未能見到他擔

1　亞歷山大・羅德（Alexandre de Rhodes, 1591—1660），生於法國阿維尼翁（Avignon），1612 年加入羅馬耶穌會，1619 年抵達印度支那，在河內教區工作，1624 年被派往東印度群島，1627 年回到河內，1630 年被阮氏王朝驅逐出境後居澳門，1649 年返回羅馬；1660 年逝於波斯伊斯法罕。

2　陸方濟（François Pallu, 1626—1684），生於法國圖爾（Tours），巴黎外方傳教會（巴黎外方傳教神學院）創始人，1659 年任東京主教，1662 年出發東來，1674 年無功而返；1677 年再次東來，1680 年任福建主教，1684 年到福建，病逝當地。

任主教那個教區的模樣。1680 年陸方濟被任命為福建教區主教，在做出服從教宗的同時也服從法國國王的保證後，得到路易十四優渥的財務支持。1681 年陸方濟攜十位法國神父赴遠東，1682 年再抵暹羅，次年與閻璫[1] 神父結伴赴福建履職，不期遇清軍與鄭成功交戰台海兩地，耽擱一時，康熙二十三年（1684）初抵達漳州，歷經二十二年終於踏上中國大地。心力交瘁的陸方濟當年十月病逝福安。

清中期禁教期，巴黎外方傳教會堅持不懈在四川秘密傳教。他們在越南北方的東京、柬埔寨、泰國、朝鮮、中國南方和滿洲開闢了傳教區。"羅德計劃"對法國與東亞各國，尤其是與印度支那各國的經濟、政治和文化往來打下深深基礎，是日後法國相中這塊富饒土地，以之建立殖民地的鋪路石。法國大革命給"羅德計劃"的進一步發展按下停止鍵。大革命蕩滌著巴黎舊勢力，無人幸免。外方傳教神學院被關閉，資產被沒收，教士被驅逐，直到拿破崙滑鐵盧戰敗，1815 年路易十八在英普聯軍護送下回到巴黎，復辟波旁王朝後，教會收回院舍，重復往日的生活，然元氣大傷。

1840 年外方傳教神學院做了重要變革，修改會憲，從一個教區神父組織轉變為在俗傳教眾會，會憲規定，該會不僅神父可以加入也接納修道生，

入會者年齡不得超過三十五歲，且須有三年傳教經歷。修會總部一直在巴黎巴克街，人們習慣稱其為"巴黎外方傳教會"（Missions Étrangères de Paris, MÉP）。巴黎外方傳教會招募傳教士偏愛來自邊遠山區的農村子弟，吃苦耐勞、積極進取、勇於犧牲是這個團隊的傳統，不論在中國、日本、朝鮮還是印度支那，有一半傳教士埋葬在傳教地。

時至近代，巴黎外方傳教會海外傳教的目光仍然聚焦在遠東。蒸汽時代的來臨、蘇伊士運河的開鑿，大大方便了傳教士到東方旅行。他們 1831 年到朝鮮和日本，1838 年到中國滿洲，1841 年到馬來西亞，1846 年到中國藏區和印度阿薩姆邦，1855 年到緬甸。經年深耕細作，巴黎外方傳教會的教堂遍佈華南和西南廣袤大地，實行聖統制後，巴黎外方傳教會在大陸管理十四個教區：雲南府教區（昆明，1840）、奉天教區（瀋陽，1840）、貴陽教區（1846）、打箭爐教區（康定，1846）、成都教區（1856）、重慶教區（1856）、廣州教區（1858）、敘府教區（宜賓，1860）、南寧教區（1875）、吉林教區（1898）、寧遠教區（西昌，1910）、汕頭教區（1914）、北海教區（1920）、安龍教區（1922）等。巴黎外方傳教會東方總部設在香港，其觸角伸到中國內陸的西南地區、兩廣和滿洲，乃至西藏的邊緣地帶。

1　閻璫（Charles Maigrot, 1652－1730），又記嚴璫，法國人，1680 年加入外方傳教神學院，1676 年晉鐸，1684 年到福建，1687 年任命福建宗座代牧；逝於福州，葬三山陵園。

巴黎外方傳教會中國系列 A 套

編者　Missions-Étrangères de Paris
　　　巴黎外方傳教會
語言　法文 英文
印製　1930s., Paris（法國巴黎）
尺寸　140mm×90mm

這套法文英文雙語明信片，品種很多，內容豐富，出版時間跨度比較大，大致可以分為三個主題：風俗文化、邊疆民族、宣教事業。

Un village Moso au Setchoan (Chine)
A Moso village, Setchoan

Du Yunnan au Thibet, les caravanes
From Yunnan to Thibet, the caravans

Moulin à décortiquer le riz. Jeune fille Yao, Kouangsi (Chine)
Native paddy huller with a Yao girl, Kouangsi (China)

❶ 四川摩梭人村莊
Un village Moso au Setchoan (Chine)
A Moso village. Setchoan

❷ 滇藏茶馬古道上的馬幫
Du Yunnan au Thibet, les caravans
From Yunnan to the Thibet, the caravane

❸ 廣西瑤族女孩磨米粉
Moulin à décortiquer le riz.Jeune fille Yao, Kouangsi (Chine)
Native paddy huller with a Yao girl.Kouangsi (China)

Un câble se
de pont (Thib

A cable as
a bridge

Agapes de chrétiens thibétains réunis pour une fête
Convivials of christian Thibetans

Jeune mariée Lolo.
A newly married Lolo Lady

Jeune homme et jeunes filles Lolos
A young Lolo man and girls

❶ 藏區基督徒節日聚會

Agapes de chrétiens thibétains réunis pour une fête
Convivials of christian Thibetans

❷ 西藏索道

Un câble sert de pont (Thibet)
A cable as a bridge

❸ 倮倮族新娘子（左）

Jeune mariée Lolo
A newly married Lolo Lady

倮倮族小夥和姑娘（右）

Jeune homme et jeunes filles Lolos
A young Lolo man and girls

Le battage du blé chez les Lolos (Chine)
Trashing the corn in the Lolo country

Premières communiantes chinoises, Swatow (Chine)
Chinese first communicants, Swatow (China)

Sanatorium des Missions-Etrangères, Hongkong (Chine)
The Foreign Missions Sanatorium, Hongkong

❶ 倮倮人打穀

Le battage du blé chez les Lolos (Chine)
Trashing the corn in the Lolo country

❷ 汕頭第一批皈依基督的華人

Premières communiantes chinoises, Swatow (chine)
Chinese first Communicants, Swatow (China)

❸ 香港伯大尼療養院

Sanatorium des Missions-Étrangères, Hongkong (China)
The Foreign Missions Sanatorium, Hongkong

巴黎外方傳教會於 1875 年在港島薄扶林創建
“伯大尼療養院”（Béthanie Sanatorium），主
要為中國和東南亞傳教士服務，1910 年中文
改稱“伯大尼修院”，附設小教堂和印刷所。
建築為兩層白色新哥特式建築，是香港最重
要的歷史建築之一，被聯合國教科文組織列
為世界文化遺產。

編者　Missions-Étrangères de Paris
　　　巴黎外方傳教會
語言　法文
印製　1930s., Paris（巴黎）
尺寸　140mm×90mm

巴黎外方傳教會中國系列 B 套

MISSIONS ÉTRANGÈRES DE PARIS

CHINE. — Famille Lolo

MISSIONS ÉTRANGÈRES DE PARIS

Portes de Kunming (Chine)

MISSIONS ÉTRANGÈRES DE PARIS

THIBET. — Famille chrétienne

MISSIONS ÉTRANGÈRES DE PARIS

Une Mission au THIBET

❶ 保保一家人

Famille Lolo

❷ 昆明牌坊

Portes de Kunming (Chine)

❸ 奉教的藏族家庭

Thibet.—Famille chrétienne

❹ 藏區傳教站

Un Mission au Thibet

SÉMINAIRE DES MISSIONS-ÉTRANGÈRES, CHINE

編者	Séminaire des Missions-Étrangères
	巴黎外方傳教神學院
語言	法文
印製	1930s.—1940s., Paris（巴黎）
郵路	via Tonkin-Yunnan（經河內到雲南）
尺寸	140mm×90mm

"巴黎外方傳教神學院系列"是一套內容跨地域的明信片，以介紹巴黎外方傳教神學院在中國和法屬印度支那開辦的分支機構為主。

巴黎外方傳教神學院系列

"如果你想做傳教士，你必須成為聖徒"。1663 年教宗亞歷山大七世指示梵蒂岡傳信部籌備成立一所"外方傳教神學院"（Séminaire des Missions Étrangères），以保障陸方濟神父的遠東傳教使命後繼有人，1664 年學院在法國默東（Meudon）正式成立，後遷巴黎巴克街（Rue du Bac）。陸方濟神父擔任院長，著力培養具有奉獻精神的傳教士。這所機構當時不是修會，按照法王路易十四的要求，是一所向所有修會無差別開放的、對有志於海外傳教的神職人員進行培訓的專業機構，惟有神父才能加入是其惟一門檻。

1789 年法國大革命爆發，在啟蒙思想光芒照耀下的雅各賓黨人，把天主教視為與波旁王朝一樣的嗜血鬼，國民議會以巴黎外方傳教會神學院是波旁王朝的政治盟友為由下令關閉，遣散全部神職人員，有的神父上了斷頭台，大部分流亡羅馬、倫敦、亞眠等地。熱月黨人執政後，神父們捲土重來，1796 年贖回神學院校舍繼續辦學。1840 年外方傳教神學院通過修改章程，在神學院基礎上擴展成立傳教修會"巴黎外方傳教會"。

建院以來，巴黎外方傳教會神學院從未間斷向亞洲各地派遣傳教士，中國內地、香港、印度支那、日本、高麗等地的傳教士似乎都是這個神學院的同學。十九世紀中葉，為了趕上傳教區擴大的步伐，神學院迅速膨脹，神學班招生 1820 年六批次，1830 年十二批次，1860 年三十一批次，1889 年六十批次；下半葉每年有二百神學生就讀，到了 1904 年學生達　一千零三人。第一次世界大戰期間，神學院派遣上百名學生到"保衛祖國"的前線，他們大部分殉國，神學院大傷元氣。戰後，巴黎外方傳教會對神職人員的培訓不再局限於自己的神學院，更多地委派到羅馬神學院、巴黎索邦大學等地學習。

現在巴黎外方傳教會神學院院址是修會總部和巴黎天主教大學（Université Catholique de Paris）所在地，後者仍然是主要培養派往亞洲傳教的神職人員。

PETIT SÉMINAIRE DE ANLUNG
province du Kweichow
(via Tonkin-Yunnan)　　　　Chine

Ch. Post. Paris 22294r
Séminaire des Missions-Étrangères
128, Rue du Bac - Paris 7ᵉ

● 貴州安龍小修院

Petit Séminaire de Anlung, province du Kweichow, Chine (via Tonkin-Yunnan)

1922 年梵蒂岡傳信部決定將盤江流域的安龍和興義兩個仲家人堂區整合成立安龍監牧區，轄安龍、興義盤縣、興仁、貞豐、冊亨、普安、羅甸、晴隆、凌雲、西隆、西林、鳳山，由巴黎外方傳教會執牧。安龍教區轄域總人口二百萬，仲家人一百萬，天主教徒九千餘人，仲家人教徒七千多人。教區在景家沖成立安龍彌格小修院，韋利亞被任命為院長，重點培養本地仲家人神父。1927 年升格為安龍代牧區，實施聖統制後稱安龍主教區。

COLLECTION
MISSIONS-ÉTRANGÉRES

巴黎外方傳教會中華殉道者系列

編者　Missions-Étrangéres
　　　巴黎外方傳教會
語言　法文
印製　1930s., Paris（巴黎）
尺寸　140mm×90mm

Collection Missions-Étrangéres.

Interrogatoire du Bienheureux Auguste CHAPDELAINE, M. E. P.,
décapité au Kouang-Si (Chine), le 29 Février 1856.

◉ 真福馬賴 1856 年 2 月 29 日在廣西被斬首

Interrogatoire du Bienheureux Auguste Chapdelaine, M.E.P., décapité au Kouang-Si (Chine), le 29 Février 1856

馬賴（Auguste Chapdelaine, 1814—1856），法國人，1843 年晉鐸，1851 年加入巴黎外方傳教會，1852 年來華，在兩廣傳教，1854 年赴貴州。1856 年以煽動民亂罪與二十五名中國教徒一起被捕，中國教徒被砍頭，馬賴被處以籠刑，站籠困死，史稱“西林教案”。2000 年，馬賴被梵蒂岡冊封為“聖人”。

Collection Missions-Etrangères.

Les quatre premiers Prêtres Chinois déclarés Bienheureux (Béatification du 27 Mai 1900).
Joseph YUEN, Thaddée LIFOU, Augustin TCHAO et Paul LIEOU

◉ 1900 年 5 月 27 日四位中華殉道者晉品真福

Les quatre premiers Prêtres Chinois declares Bienheureux (Béatification du 27 Mai 1900)

這裏提到的四位中國真福：袁在德（Giuseppe Yuan Zaide, 1766—1817），教名若瑟，四川彭縣人，1795 年晉鐸，在川東川北邊境地區任教職，1817 年在成都被絞死。劉瑞廷（Taddeo Liu Ruiting, 1773—1822），教名達陡，四川渠縣人，1793 年皈依天主教，1807 年晉鐸，署理川東教務，1822 年在渠縣被絞死。趙榮（Agostino Zhao Rong, 1746—1815），教名思定，貴州婺川人，1776 年皈依天主教，1781 年晉鐸，在四川多地履職，1815 年被囚，死於獄中。劉翰佐（Paolo Liu Hanzuo, 1778—1819），教名保祿，四川樂至人，家族在教，1813 年晉鐸，在四川多地履職，1819 年在成都被絞死。

光緒三十一年（1905）北京救世堂印書館出版過陸鐸神父 [1] 撰寫的《真福劉達陡神父傳》、《真福趙奧司定神父傳》、《真福劉保祿神父小傳》。

1　陸鐸（1850—1930），直隸宛平人，遣使會士，1876 年晉鐸，1892 年入北堂聖若瑟修道院，1894 年發願後留直隸北部教區傳教，曾任北京西堂本堂神父；逝後葬滕公柵欄。

廣州教區

　　廣東是中國門戶開放最早的地區，也就成為天主教走向中國內地傳教的橋頭堡。明季利瑪竇一行進入大陸無一例外都是航至澳門，學習漢語，換上漢服，入關閘抵粵，潛然北上。清季來華傳教士絕大多數仍沿著這條"利瑪竇路綫"走向內地。廣東又是歷次教難發生時傳教士被驅逐之地，是"合規"的臨時庇護所，"康熙曆案"的傳教士除了幾個"要犯"在京羈押，大部分被遞解到廣州等候發落。鴉片戰爭後，香港取代澳門成為外國勢力與內地聯繫的支點，有更多傳教士直接從上海登岸，分發各地，然而廣東在與外方聯繫的前沿地位絲毫沒有削弱。

　　清中期馳教前廣東各地教務一直歸葡萄牙澳門教區署理，1848 年梵蒂岡傳信部從澳門教區分立粵桂教區，把兩廣教務交給教宗控制的巴黎外方傳教會。葡萄牙政府以自己的保教國資格拒絕移交，直到 1858 年才完成。1875 年粵桂教區分立為廣東教區和廣西教區，實現天主教在華南管理的基本格局。巴黎外方傳教會總部設在香港，廣東、廣西、雲南、香港、法屬印度支那聯繫緊密，有些教區管理範圍並不完全按國界和行政區域劃分。實行聖統制後，廣州總教區轄制廣州教區、北海教區、汕頭教區、嘉應教區、韶州教區、江門教區、海南教區，其中前三個歸巴黎外方傳教會執牧。

◉ **香港巴黎外方傳教會印書館總部（巴黎外方傳教會中國 A 系列）**

Imprimerie générale des Missions-Étrangères, Hongkong (Chine)
The Foreign Missions Press, Hongkong

巴黎外方傳教會最主要的出版機構是香港納匝肋靜院印書館（Imprimerie de Nazareth Pokfulum Hongkong）。光緒十一年（1885）羅若望[1]神父等人在澳門創辦納匝肋神學院（Nazareth Seminary），並交待他的助手滿方濟[2]神父在修院附近籌建納匝肋靜院印書館。葡萄牙政府對非葡裔天主教傳教士在澳門活動的政策比較嚴苛，羅若望神父等人感覺在澳門繼續發展多有不便，決定移師香港，1895年香港納匝肋靜院印書館正式掛牌，出版圖書使用的文字有二十八種。初期每年有六萬多冊出版物，印刷聖經，教理書籍，祈禱文集，多國語言的字典，地理、歷史、社會自然科學書籍，還有地圖、圖表及各類教材。據統計二十世紀二十年代每年初版再版書籍或達上百種，以拉丁文、法文、中文為多，還有安南語、高棉語、佬語、馬來語、緬語、日語等東亞東南亞語言書籍，甚至涉及帕勞語、關島的查莫羅語、喀羅尼西亞的卡納克語等一些小語種。從文化角度看，最有價值的是香港納匝肋印書館出版了一些中國少數民族語言的書籍，如苗語、彝語、瑤語、傣語、藏語等。香港納匝肋印書館曾經是一所重要的學術平台，巴黎外方傳教會傳教士和法屬印度支那法國學者撰寫的著作大多通過這家出版社被介紹到世界，受到國際學術界的關注。

巴黎外方傳教會來華傳教士裏不乏對中國文化刮摩淬勵、研精究微的學者，他們的學術成果是那個時代漢學研究的重要組成部分。在雲南和海南民族語言上卓有貢獻的薩維納[3]神父，對藏語和西藏歷史頗有研究的戴高丹[4]神父和古純仁[5]神父，專注於川西方言的古洛東[6]神父，都為中國文化研究做出過傑出貢獻，歷史不應該忘記他們。

巴黎外方傳教會還有許多傳教士在自己履職的地區，為了與福音受眾打成一片、便利傳教，對當地歷史、文化、風俗、語言等方面有著超出傳教範疇的關注和研究，比如研究貴州民族語言的方義神父和韋利亞神父、研究雲南民族語言的鄧明德神父，他們都曾獲得國際漢學最高榮譽"儒蓮獎"。

1　羅若望（Jean Joseph Rousseille, 1832—1900），法國人，1854年入巴黎外方傳教會，1856年任職香港司庫部，1860年任巴黎外方傳教會羅馬總司庫；1885年再赴港，創辦香港納匝肋修道院和印書館；1899年離港回法。

2　滿方濟（François Monnier, 1856—1939），法國人，1877年入巴黎外方傳教會，1878年晉鐸，次年赴印度，1884年到香港，主持與納匝肋修道院相關的工作；逝於香港。

3　薩維納（François Marie Savina, 1876—1941），法國人，1897年加入巴黎外方傳教會，1901年晉鐸後受遣赴安南東京高境教區（Haut Tonkin），掌握漢語、安南語、岱依語、苗語、儂語、優語、閩南話；1929年返回河內在遠東法蘭西學院執教；1934年遂退休移居香港，病逝港島。代表作 Dictionnaire Tay—Annamite（《安南岱依語—法語辭典》，1912），Dictionnaire Miao-Tseu—Français（《苗語—法語辭典》，1917），Dictionnaire Etymologique Français—Nùng—Chinois（《法語—儂語—漢語詞源辭典》，1924）。

4　戴高丹（Auguste Desgodins, 1826—1913），法國人，1850年晉鐸，1854年加入巴黎外方傳教會，1855年來華，赴藏區，曾進入昌都的巴貢、貢覺、官覺等地，被驅逐後落腳雅安；1880年從打箭爐出發經加爾各答和大吉嶺到達亞東；1894年至1903年在香港研究寫作；逝於亞東；代表作 Essai de Grammaire Thibétaine pour le Langage Parlé avec Alphabet et Prononciation（《藏語口語語法》，1899），Dictionnaire Thibétain—Latin—Français（《藏語—拉丁語—法語辭典》，1899）。

5　古純仁（Francis Goré, 1883—1954），法國人，巴黎外方傳教會會士，1907年晉鐸後來華；1908年赴藏區札壩傳教，1914年任打箭爐本堂，1920年任雅安本堂，1931年任雲南茨口教區副主教，管轄茨中、維西、貢山、德欽等地區教務；1952年被逐離華，逝於日內瓦；代表作 Trente Ans aux Portes du Thibet interdit, 1908-1938（《闖入藏區禁地三十年》，1939）。

6　古洛東（Edouard François Gourdin, 1838—1912），法國人，1861年加入巴黎外方傳教會，1863年晉鐸，同年來華，傳教於川南會理、冕寧、越巂、瀘州；退休寓合江，逝於敘州，葬重慶觀音山；代表作 Dictionnaire Chinois—Français de la Langue Mandarine Parlée dans L Ouest de la Chine（《華西官話漢法字典》，1893），《聖教入川記》（1917）。

CANTON

廣州教區系列

編者　Missions Etrangères de Paris
　　　巴黎外方傳教會
語言　法文
印製　1900s., Paris（巴黎）
尺寸　140mm×90mm

❶ 廣州修女

Religieuses Chinoises de Canton

❷ 廣州的中國孤兒

Orphelins Chinoises de Canton

❸ 廣州的中國孤兒給神父施禮

Orphelins Chinoises de Canton saluant leur évèque

MISSION CATHOLIQUE— SWATOW (CHINE)

汕頭教區系列

編者　Missions Etrangères de Paris
　　　巴黎外方傳教會
語言　法文
印製　1920s.
尺寸　140mm×90mm

Monseigneur MÉREL et les Missionnaires de la Région de Swatow

SWATOW (Chine). - Eglise Catholique, inaugurée en 1908

❶ 汕頭教區梅致遠主教和傳教士

Monseigneur Mérel et les Missionnaires de la Région de Swatow

梅致遠（Jean-Marie Mérel, 1854—1932），法國人，1879 年晉鐸，1880 年加入巴黎外方傳教會，次年來華，在廣西代牧區的北海任教職；光緒八年（1882）調到廣東教區，1896 年被派往汕頭教區任職。1901 年梅致遠被任命為廣東代牧區主教，在他主持下教區創辦"廣州聖心學院"和"石龍麻瘋病醫院"。1914 年梅致遠辭去主教職務，定居馬六甲，1927 年移居新加坡，逝於該地。

❷ 建於 1908 年的汕頭天主教堂

Eglise Catholique, inaugurée en 1908

同治九年（1870）法國巴黎外方傳教會進入汕頭開教，光緒三十四年在汕頭市外馬路修建聖若瑟天主堂（Cathédrale Saint-Joseph），是汕頭教區主教座堂，面積四百平方米。現存教堂為 1984 年重建，外觀與此圖相差很大。

❶ 出生不到十天的女嬰

Une Petite Fille pour 10 sous

❷ 汕頭教區收養的第一批孤兒

Premières Orphelines de la Mission

❸ 潮州教會學校的學生們出操

Chao-Chow, par Swatow (Chine).
Les Ecoliers de la Mission Catholique fuisant l'Exercice

編者	Mission Catholique Swatow
	天主教汕頭教區
語言	英文
印製	清末 汕頭
郵路	Mission Catholique Swatow via Hongkong
	（經香港到汕頭教區）
版類	手繪（正面），鉛印（背面）
尺寸	150mm×95mm

汕頭教區手繪系列

❶ ❷ ❸

❶ 桌邊仕女
❷ 持扇夫人
❸ 挑籤遊戲

MISSION CATHOLIQUE TONG-HING

東興教區手繪系列

編者	Mission Catholique Tong-hing (Chine)
	天主教東興教區
語言	英文
印製	清末 東興
郵路	Mission Catholique Tong-hing par Moncay
	（經河內芒街到東興教區）
版類	手繪（正面），鉛印（背面）
尺寸	150mm×95mm

❶｜❷｜❸

❶ 執扇紳士
❷ 稟報官員
❸ 量鑿正枘

貴陽教區

南盤江逶迤橫斷山脈，烏蒙都陽兩位山公劃壑為鄰，綿延五百里匯西江。先秦百濮之地、夜郎古國，漢之牂牁且蘭。南盤江畔安龍城郊有座景家沖聖母堂，與重慶雞冠石山聖母堂、貴陽鹿沖關吾樂之緣聖母堂、南充西山聖母堂並稱雄秀西南的天主教四大聖地。

景家沖聖母山山腰間有通一百年前的岩刻，鐫刻"聖母抱子像"，題記 Dioi ND（"牂牁母皇"），"為我等祈"。此處中西合璧、法漢互音的摩崖石刻記述了一段天主教神父傳奇，載籍著西南民族文化的衍繁而更為人們重視。當年在安龍的三位法國傳教士方義仁、方義和和韋利亞為祈禱第一次世界大戰早日結束，構建世界和平，鳩工劈山鑿石，於1917年敬鐫這通摩崖石刻，還在聖母山頂矗立起巨大金屬十字架，俯瞰安龍。

方義和（Henri Joseph Esquirol）1870 生於法國阿韋龍的皮亞琴察（Plaisance, Aveyron），小學畢業後進入阿韋龍貝爾蒙特（Aveyron Belmont）小修院學習，1890 年進入巴黎外方傳教神學院，1895 年畢業後晉鐸，接受赴中國傳教使命。光緒二十二年（1896）方義和和他的弟弟方義仁[1]以及韋利亞結伴東來抵達上海，沿揚子江赴重慶，一路上他見識到中國船工的艱辛，時而掛帆，時而棹槳，時而歌號拉縴。兩個月後他們在"古渝雄關"朝天門碼頭乘轎登上七八十個台階到達重慶渝中。他們走北綫大路趕赴貴州，一路上或是行舟南盤江五百里水路，或者戴著斗笠騎著白騾，路途中只有鹽水胡椒煮蔬菜，但好奇和夢想使他們不失昂揚鬥志。

方義和與方義仁來黔初期在安龍學習漢語和傳教知識，光緒三十年（1904）方氏兄弟先後被派往興義堂區和冊亨堂區。1908 年方義和到了仲家人[2]（Dioys）聚集區羅斛傳教，在這裏與韋利亞一起在合作編纂了《仲家語—法語雙解辭典》，並且自己親至香港協助納匝肋印書館校對出版。光緒三十四年方義和從香港回的羅斛堂區，不幸染患瘧疾，臉色蒼白，皮膚乾癟，沒有奎寧醫治，病重致聾。1912 年他受遣到王母（望謨）堂區任職，在那裏修建教區會院。1924 年方義和肝患日益加重，賈祿[3]主教安排他到條件稍好的貞豐醫治，療病期間他完成編纂了 *Essai de Dictionnaire' Ka⊥nao^- Français et Français-'Ka⊥nao^*（《黑苗語—法語雙解辭典》，1931 年香港納匝肋印書館出版）。方義和的研究與中國當代的民族認定和劃分也還是有所不同的，但是他如實地記述了當時的民族狀況，是很有價值的。1934 年方義和逝於安龍，告別他生活了三十九年的國家和一生所鍾愛的人民。

韋利亞和方義和是傳教事業搭檔，也是學術追求上的朋友。韋利亞（Gustave Williatte）1872

1　方義仁（Louis Andre Esquirol, 1878—1949），法國人，1898 年入巴黎外方傳教會，1896 年來華，在貴州安龍教區傳教，創辦多所學校，1914 年調遵義堂口，1922 年安龍本堂神父，1935 年任黃草壩本堂神父，1946 年任安龍主教；逝於安龍。

2　1953 年國家民族認定仲家人統一稱為布依族。

3　賈祿（Alexandre François-Marie Carlo, 1881—1952），法國人，1900 年入巴黎外方傳教會，1905 年來華，1922 年任安龍監牧，1927 年升為安龍代牧，1946 年升為安龍主教；逝於貴陽。

出生於法國北部杜埃（Douai）的奧布奇庫爾（Auberchicourt），少年父母雙亡，1893 年進入巴黎外方傳教神學院，1896 年晉鐸，同年受遣來到中國貴州，派往仲家人集聚區陽東，他在那裏掌握了漢語和仲家語。光緒二十五年（1899）他被調往冊亨鎮，這裏經常受到兵匪的騷擾，他還是每到一處首先照顧和幫助窮人和弱勢群體，建立學校，讓孩子們讀書識字。

光緒三十四年（1908）安龍教區在景家沖設立仲家小修院，宣統元年（1909）韋利亞被任命為院長，招收了十四位仲家學生，1915 年選派十位送到貴陽小修院學習。他在當地勸服二百餘人皈依天主教，其中有十一人後來晉鐸，成為國籍神父。1927 年他因嚴重鼻竇炎赴香港和法國治病，次年返回雲南，1929 年重掌仲家修道院，1934 年賈祿主教調韋利亞到貴陽教區。年事已高的韋利亞，自 1942 年把修道院大部分工作交給助手，自己偶爾教教拉丁文和數學。1944 年他做彌撒時中風，身癱不語，三天後做終傅。他深深地吸了一口賈祿幫他點燃的煙斗，"非常冷靜地把自己的靈魂交給了上帝。"

1934 年方義和葬在景家沖聖母堂，那裏銘記著他一生的樸素成績和精神寄託。十年後韋利亞也把自己安放在一生摯友旁邊，或許夜深人靜二人可以默默地討論他們的辭典，感嘆曾經的榮耀早已被世人忘卻。1949 年方義仁去世後堅決要求埋在其兄長身邊，這裏看不到家人和祖國，惟有聖母

山巔聳立的十字架和山腰處的摩崖石刻"羘牁母皇"陪伴靈魂。千里孤墳，無處話淒涼。方義和和韋利亞編纂的 *Essai de Dictionnaire Dioi3—Français, Reproduisant la Langue Parlée par les Tribus Thai de la Haute Rivière de l'Ouest*（《仲家語—法語雙解辭典》）1908 年由香港納匝肋印書館出版，1910 年獲國際漢學最高榮譽"儒蓮獎"。

與《仲家語—法語雙解辭典》分享該年榮譽的還有鄧明德的異曲同工之作《法語—倮倮撒尼方言辭典》。鄧明德（Paul Felix Angele Vial）1855 生於法國格勒諾布爾的瓦隆（Grenoble Voiron），1868 年就讀阿維農（Avignon）教會中學，1876 年進入巴黎外方傳教神學院，1879 年畢業並晉鐸；同年他受遣來華，光緒六年（1880）抵昆明，被分配到鹽津縣龍溪堂口，隨後調往大理漾濞教區，光緒十一年建立嵩明縣得子村堂口。光緒十三年鄧明德被調往陸良縣天生關，開始進入路南彝區傳教，很快掌握彝語，熟悉彝族阿細人生活，不久又創建路南縣南縣尾則村（Ve-tse）傳教點，修建青山口教堂，還創辦當地第一所新式學校崇德小學。光緒十八年（1892）鄧明德在居所遇刺，傷及心臟，運至香港治療，又回法國手術，光緒二十年痊癒後返回教區，光緒二十四年（1898）他長期經營的尾則村被當地政府評為"模範村莊"，1917 年鄧明德逝於尾則村，葬青山口天主堂。

鄧明德對彝族文化的貢獻不僅在興學辦教上，在語言文學領域也成績赫赫。他與當地著名的畢

摩 [1] 共同搜集整理彝文單字、單詞，把一字多形的彝文進行規範化，用整理規範出來的四百三十個彝文字編寫彝文書籍。1907 年他帶著彝族撒尼青年畢應前往香港製作彝文銅模，並在那裏排版、校對、印刷彝文圖書。1909 年香港納匝肋印書館出版了鄧明德的 *Nadók'óusē*（《《聖教要理問答》》）和 *Dictionnaire francais—lolo, dialecte gni*（《法語—倮倮撒尼方言辭典》），這兩部書是世界上最早採用鉛字印刷正式出版的彝文圖書，在文化傳承的貢獻彪炳千秋。

天主教進入貴州傳教可追溯到明末，清康、乾兩朝均有傳教士在黔活動，成效甚微，立足難穩。道光二十六年（1846）梵蒂岡委派巴黎外方傳教會白德旺 [2] 出任貴州主教，推動天主教傳播，初期追隨白德旺到貴陽的傳教士只有十人，十九世紀末法國傳教士近三十人，教徒達一萬七千人。傳教活動由貴陽遞次向黔北、黔東北、黔西南拓展，至清末貴州全境幾乎都可以看到高聳的教堂。中國實施聖統制後成立貴陽總教區，下轄三個教區：巴黎外方傳教會管理的貴陽教區和黔西南安龍教區，德國伊蘇登聖心司鐸會（Missionarii Sacratissimi Cordis Jesu Issoudun, MSC）管理的黔東北石阡教區。

1　畢摩，彝族祭司，主持祭祀，編造典籍，醫治疾病，彝族舊制度五個等級中最受尊重的人。

2　白德旺（Etienne Raymond Albrand, 1805—1853），法國人，1831 年進入巴黎外方傳教神學院，1832 年赴暹羅傳教；1846 年來華，1849 年任貴州主教。

MISSION DE KOUI-YANG, KOUY-TCHEOU, CHINE (1846—1925)

編者	Société des Missions—Étrangères de Paris 巴黎外方傳教會
語言	法文
印製	1920s., Paris（巴黎）
尺寸	140mm×90mm

貴陽教區系列

"貴陽教區系列"共五十張，內容包括貴陽南堂和學童、吾樂之緣聖母堂、黔靈山寺院靈塔、河畔的寺廟和磨坊、黃果樹的神父住所和聖母堂、都勻港、廣順孤兒男校、六衝關聖母堂、花溪鐵索橋、雲岩教堂等。

❶ ｜ ❷

2 KOUIYANG.— La Cathédrale. La façade.
(Kouy-Tcheou, Chine)

44 KAI-TCHÈOU.— Porte de la ville près de laquelle le Bienheureux Néel fut martyrisé.
(Kouy-Tcheou, Chine)

❶ 貴陽大教堂

La Cathédrale. La façade

道光三十年（1850）巴黎外方傳教會在貴陽修建正式教堂，後稱"貴陽北天主堂"，1874年擴建，後年完工。教堂正面是矗立東向的高大門樓，門樓上滿佈彩色中國畫浮雕，山水花鳥人物，千姿百態，彰顯著建造者們對中國文化的理解。門樓下設正門三道，均配以石刻對聯和橫額。中門："主保功高億萬生靈瞻若瑟，救世恩厚百千士庶賴耶穌"，"萬有真原"；右門："聖德純全九州瞻仰，神恩浩蕩萬國欽崇"，"務本"，左門："景教流行中外提福，真道昭著聖德同歸"，"尋源"。教堂後面是高聳西向的鐘樓，鐘樓底層大門上有石刻："畫閣鐘鳴千里應，名園花放四時新"，"且住為佳"。

❷ 開州城門—真福文乃耳殉難處

Kai-Tcheou.—Porte de la ville près de laquelle Le Bienheureux Néel fut martyrisé

開州為貴州開陽縣舊稱。文乃耳（Giovanni Pietro Neel, 1832－1862），生於法國羅納省，1855年加入巴黎外方傳教會，1858年晉鐸，同年離開波爾多來華，1859年到達貴陽，在二十來個堂口佈道，1862年被官府處以極刑，史稱"開州教案"。文乃耳1909年列品真福，2000年約翰保羅二世將文乃爾列入中華殉道聖人名單。

6 KOUIYANG.— Cimetière des chrétiens, Tombeau de Mgr Faurie (1824-1871). (Kouy-Tcheou, Chine)

7 KOUIYANG.— Petit Séminaire (près de N.-D. de Liesse) La cour, au fond: le préau. (Kouy-Tcheou, Chine)

47 Moyen de transport au Kouitcheou. Missionnaire en voyage. (Kouy-Tcheou, Chine)

30 TCHENLIN.— Un groupe de Barbares blancs (Pe Miao) se rendant à un marché. (Kouy-Tcheou, Chine)

❶	❷
❸	❹

❶ 胡縛理主教墓

Cimetière des chrétiens, Tombeau de Mgr. Faurie (1824-1871)

天主教貴陽教區咸豐年間花二百兩白銀在貴陽黔靈山大營坡購置土地修建墓園，包括胡縛理主教在內的貴陽教區四位主教葬於此。胡縛理（Louis-Simon Faurie, 1824—1871），法國人，1850 年加入巴黎外方傳教會，同年晉鐸，次年來華，駐貴州，1852 年任修道院院長，1860 年任貴州代牧區主教。

❷ 庭院深深的貴陽小修院

Petit Séminaire, La cour, au fond: le préau

咸豐六年（1856）法國傳教士胡縛理於在貴陽修建獅子壩小修院。1940 年為躲避日軍轟炸，鹿沖關中修院搬入此地，後改為聖心修女院。

❸ 傳教士在貴州乘轎子出行

Moyen de transport au Kouy Tcheou Chaises à porteurs.Missionnaire en voyage

❹ 鎮寧白苗去趕集

Tchenlin—Un groupe de Barbares blancs (Pe Miao) se rendant à un marché

鎮寧現屬貴州省安順市布依族苗族自治縣。苗族按頭飾和服飾區分有"紅苗"、"黑苗"、"白苗"、"青苗"、"花苗"等之稱，鎮寧的白苗服飾特點為"男科頭赤足，婦女盤髻長簪，衣尚白，短僅及膝"。

LES RACES DU KOUY-TCHEOU. CHINE

貴州土著民族系列

編者	Missions-Etrangères de Paris 巴黎外方傳教會
語言	法文
印製	1920s., Paris（巴黎）
尺寸	140mm×90mm

【特別說明】本系列對少數民族的身份認證只是傳教士根據那個年時代通行的認識如實記述的，與中華人民共和國成立後的"民族識別"有一些差異，不代表現今官方標準，但作為歷史現象和客觀存在還是有史料價值的。

"貴州土著民族系列"共有二十六張，內容包括安順縣屬白苗、白苗婦女、安順縣屬青苗、安順縣屬紅苗、安順縣屬革兜苗、安順縣屬牛角苗、安順縣屬水溪苗、黑苗、節日服裝的苗女、安順縣屬儂家苗、安順縣屬羅鬼苗、安順縣屬通背猴苗、安順縣屬仡佬苗、安順縣屬渡龍苗、都勻地區苗族女子、安順縣屬狆家人、安順縣屬補儂人、穿長袍的補儂族女人、安順縣屬補納人、安順縣屬屯田鳳頭布依人、凱里信教土著、安順縣屬蔡家人、安順縣屬蔡家人、安順縣屬水家女人狆家女人、水家族新娘等。

❶
❷

❶ 安順縣屬仡佬苗

"Ke Lao Miao"

仡佬族源於古代"僚"，主要分佈在貴州的遵義、銅仁、畢節、安順以及黔西南某些地區。

❷ 安順縣屬屯田鳳頭布依人

Indigènes "Pou I"

安順屯田，又稱屯堡，明初朱元璋大軍征南，命令部隊就地屯田駐紮，還從中原、湖廣和兩江地區把工匠、平民遷安順一帶，史稱"調北填南"。

布依族由古代僚人演變而來，其語言屬漢藏語系壯侗語族壯傣語支，主要聚居在黔南和黔西南以及安順市、貴陽市、六盤水市。"鳳頭"是指布依族戴的繡品。

14 « Ke lao Miao ».　　　(Kouy - Tcheou, Chine)

21 Indigènes « Pou I ».　　　(Kouy - Tcheou, Chine)

23 Indigènes « Tsai kia ».　(Kouy-Tcheou, Chine)

5 « Hong Miao ». — Barbares rouges.　(Kouy-Tcheou, Chine)

24 Indigènes « Choui kia ». — Femme indigène I kia.　(Kouy-Tcheou, Chine)

7 « Nieou ko Miao ». — Barbares à la corne de bœuf.　(Kouy-Tcheou, Chine)

❶ 安順縣屬蔡家人

Indigènes "Tsai kia"

蔡家人，中國未識別民族，分佈在貴州安順、清鎮、畢節、六盤水及雲南昭通彝良、鎮雄等地。古時和其他民族並稱為西南九夷蠻，解放前被泛稱為"蔡兜兜"或"蔡家苗"。蔡家人具有單一獨特的語言，有獨特的擀氈、種痘工藝，婚喪禮節與其他民族不同，民族習慣還保留得比較完整。相鄰民族對蔡族都有相應的稱呼，蔡家人自稱"門你"，本地官話叫"蔡家"，彝語稱"啊武哪"，苗族稱"啊鳥"或"斯聶"，水族稱"樓慢"，布依族稱"布慢"或"布阿武"等。

❸ 安順縣屬水家女人、猨家女人

Indigènes "Choui kai"—Femme indigène I kia

猨，夷之異體字，貴州安順的"夷人"是"彝族"的一支。1956 年毛澤東基於"夷人"之稱帶有貶義，提出將"夷"改為"彝"，相關民族統一稱為"彝族"。

❷ 安順縣屬紅苗

"Hong Miao"—Barbares rouges

苗族主要分佈於貴州、湖南、廣西、雲南。苗族自稱 Hmub（諧音：牡）、Hmongb（諧音：蒙）、Hmaob（諧音：摸）、maob（諧音：毛），有的地區自稱 ghab nus（諧音：嘎腦）、ghab Xongb（諧音：仡熊）、deb songb（諧音：帶叟）等。他稱"長裙苗"、"短裙苗"、"紅苗"、"白苗"、"青苗"、"花苗"等，新中國成立後統稱為苗族。

紅苗分為紅衣苗和紅頭苗兩個分支，以身著紅色彩綫衣服或頭纏紅色頭帕、盤纏紅帶而得名。紅頭苗又稱為"紅花苗"，苗婦頭帕以藍白紅花色布短巾層疊組成。

❹ 安順縣屬牛角苗

"Nieou ko Miao"—Barbares à la corne de bœuf

"牛角苗"是貴州安順縣苗族的一支，頭頂獨特"山尖"形狀髮式，自稱"嘎蒙"、"蒙鬥"。

6 « Ke teou Miao ». — Barbares à chignon.

(Kouy - Tcheou, Chine)

22 Chrétienne indigène de la région de Tsingai.
(Kouy - Tcheou, Chine)

25 Fiancée indigène « Choui kia ».
(Kouy - Tcheou, Chine)

❶ 安順縣屬革㺒苗

"Ke teou Miao"—Barbares à chignon

"革㺒苗"是苗族的一支，主要生活在貴州鎮寧縣革利鄉猛正苗寨，他稱"古董苗"，自稱"蒙阿董"（苗語：Hmongb ad ndongl）或"猛正"（苗語：Hmongb zhens）。

❷ 凱里信教土著人

Chrétienne Indigènes de la région d Tsingai

凱里位於黔東南，"凱里"係苗語音譯，意為"木佬人的田"，苗語稱木佬人為"凱"，田為"里"，"凱里"即"木佬人的田那個地方"；少數民族主要有苗族、侗族、仫佬族、畲族、布依族、水族、彝族等。

❸ 水家族新娘

Fiancée indigène "Choui kia"

水家人，又稱水族，主要聚居在黔桂交界的龍江、都柳江上游地帶，黔南的三都、荔波、獨山、都勻等地。水家人有本民族的語言和文字，水語屬漢藏語系壯侗語族侗水語支，古文字體系保留著圖畫文字、象形文字、抽象文字兼容的特色。

滿 洲 教 區

1846 年一位剛剛從滿洲回法述職的神父，被邀請在當地一家神學院演講，面對敬慕的學生慷慨激昂地講道："我形單影隻地生活在中國，鰥寡孤惸，那裏需要更多的傳教同工。我十五年前離開法蘭西，終於回到美麗的故鄉，心中魂牽夢縈的祖國。很快又要離開了，我會依依不捨。我的法語結結巴巴，不太流利了，一個在中國生活十五年從未說過'外語'的人，不能嫻熟地用母語表達，辭不達意是預料之中的。我們教區的信徒多為窮人，我們在伶仃孤苦中履行監督賦予的使命，勇敢地面對誘惑和怯懦。主給我們信念，給我們力量，完成堪比我們教會初創年代'黑暗時期'的偉大壯舉。"

一番崇論閎議使他成為即將踏上傳教之路的學生們心中的偶像。這位神父就是被稱為滿洲教區拓荒牛的方若望。方若望（Emmanuel-Jean-Francois Verrolles, 1805—1878），1805 年出生於芒什海峽邊法國城市岡城（Caen），曾任當地本堂神父，1828 年晉鐸，1830 年加入巴黎外方傳教神學院，同年來華，擔任四川穆坪修院院長。1838 年梵蒂岡傳信部擬將長城以外的滿洲和蒙古地區從北京教區劃出成立滿蒙教區，交由法國巴黎外方傳教會執牧，方若望出任主教。孟振生神父致函梵蒂岡傳信部陳述不同意見，傳信部修改成命，1840 年將滿蒙教區分為蒙古教區和遼東教區，前者仍歸遣使會管理，後者劃給巴黎外方傳教會。郵路不暢，好不容易接到任命書的方若望動身赴任，一路日宿夜行，車馬勞頓，途中在太原逗留接受祝聖，任命下達一年多才趕到西灣子。道光二十一年（1841）方若望

離開西灣子赴牛莊（營口）履職。方若望時期天主教傳教活動基本在遼寧，他的後繼者逐步把教堂修向北方。1878 年方若望逝於牛莊。

在方若望主持滿洲教務之前，天主教在這塊黑土地耕耘的深度遠不及其他地區，故而清末民初陸續申請來華的傳教會相當一部分被傳信部刻意安排到滿洲，如同"闖關東"，各國傳教士來這裏"拓荒"，發掘播撒福音種子的沃土。

滿洲不是荒蠻之地，滿洲教區還出過一位小有名氣的漢學家梁亨利。梁亨利（Paul Xavier Lamass）1869 年生於法國斯特拉斯堡，1890 年進入巴黎外方傳教會神學院學習，次年入會，1894 年晉鐸，同年（光緒二十年）受遣中國滿洲瀋陽，光緒二十三年調鐵嶺教區任神職，該教區有二千一百名教徒分散居住在六十五個村莊。他在那裏修建了學校、孤兒院和一座聖母聖心大教堂。轉年梁亨利擔任南滿教區負責人。八國聯軍入侵中國期間，梁亨利離開鐵嶺逃難，在俄國哥薩克士兵保護下北上哈爾濱，改乘火車到達伯力和海參崴，經日本抵達上海，後返回鐵嶺。光緒三十三年（1907）梁亨利調至瀋陽，主持重建奉天大教堂和吉林大教堂。1924 年梁亨利受調遣赴漢城，因逢土匪搶劫受傷回法國治療，1935 年重回瀋陽，主持奉天小南關天主堂公教印書館工作。1949 年梁亨利退休居香港，1952 年逝於薄扶林道伯達尼療養院，葬伯大尼墓地（Cimetière de Béthanie）。梁亨利在漢學研究的貢獻主要在語言學上，1922 年梁亨利在香港居住了八個月，整理出版 *Sin Kouo*

Wen ou Nouveau manuel de la langue chinoise（《新國文》）。他得到瑞典語言學家高本漢[1]的指點，設計了一套"羅馬字母拼音國文方案"，獲得 1922 年儒蓮獎。

中國天主教實行聖統制後，在瀋陽設立滿洲總教區，又稱奉天總教區，下轄十個教區：巴黎外方傳教會管理的瀋陽教區、吉林教區、撫順教區，聖母聖心會管理的熱河教區，加拿大魁北克外方傳教會（Quebec Foreign Mission Society, MEQ）管理的林東教區和四平街教區，德國本篤會（OSB）管理的延吉教區，瑞士伯利恆外方傳教會（Bethlehem Missionary Society, SMB）管理的齊齊哈爾教區，奧地利嘉布遣會管理的佳木斯教區，以及本地神父管理的赤峰教區。

白山黑水間曾活躍著身著不同顏色服裝的修女，在滿洲輔助傳教的女修會主要有瀋陽教區的孚日普照女修會、奉天聖母聖心女修會，撫順教區的瑪利諾外方傳教女修會，林東教區的加拿大瑪利亞安東尼女修會（Canadian Sisters Antonians of Mary, CSAM），吉林教區的方濟各瑪利亞傳教女修會、聖家獻女會，四平街教區的加拿大聖母無原罪傳教女修會，延吉教區屬本篤會的瑞士阿利味丹女修會（Olivetan Benedictine Sisters, OSB），齊齊哈爾教區的方濟各第三規聖十字架賜愛女修會（Congregatio Sororum Tertii Ordinis Sancti Francisci a Sancta Cruce, CSC）等。

1　高本漢（Klas Bernhard Johannes Karlgren, 1889—1978），生於瑞典延雪平，1907 年就讀於烏普薩拉大學，1909 年畢業後前往聖彼得堡學習漢語，1910 年抵達中國；1915 年根據博士論文增寫的《中國音韻學研究》第一部出版，次年獲儒蓮獎；1916 年執教於哥德堡大學，主持現代漢語、東亞語言文化和等課程；1939 年出任斯德哥爾摩遠東博物館館長，1950 年當選瑞典皇家學院和丹麥皇家學院院士。

MANDCHOURIE

滿洲教區系列

編者　Missions Étrangères de Paris
　　　巴黎外方傳教會
語言　法文 英文
印製　1930s., Paris（巴黎）
尺寸　140mm×90mm

La cathédrale de Moukden, Mandchourie
The Cathedral of Mukden, Mandchuria

Hospice de vieillards, Newchwang, Mandchourie
Old men and women hospital, Newchwang, Mandchuria

MISSIONS ÉTRANGÈRES DE PARIS

MANDCHOURIE. — Porte de MOUKDEN

❶ 奉天大教堂

La cathédrale de Moukden, Mandchourie
The Cathedarl of Mukden, Manchuria

奉天大教堂全稱"耶穌聖心主教座堂"，天主教奉天總教區主教座堂，位於瀋陽市沈河區南樂郊路。咸豐十一年（1861）方若望神父從營口來瀋陽開教，1875 年著手興建教堂，稱小南天主教堂，附設有育嬰堂和學堂。1900 年毀於庚子之亂，堂內一百多名人被燒死。1909 年用庚子賠款重建，梁亨利神父設計風格純正的哥特式大教堂，1912 年竣工。

❷ 滿洲牛莊養老院

Hospice de vieillards, Newchwang, Mandchourie
Old men and women hospital, Newchwang, Mandchouria

牛莊現稱營口，道光二十一年（1841）方若望離開西灣子到達滿洲最先落腳的地方，曾是天主教在滿洲傳教的大本營，後逐漸遷移到瀋陽。

❸ 奉天城樓

Mandchourie.—Porte de Moukden

清太宗天聰八年（1634）皇太極拓建瀋陽城，修建八門德勝門、福勝門、天佑門、地載門、撫近門、懷遠門、內治門、外攘門，外加四個角樓，共十二樓。

MISSION DE KIRIN, MANDCHOURIE

滿洲吉林教區系列

編者	Missions Étrangères de Paris
	巴黎外方傳教會
語言	法文
印製	1930s., Paris（巴黎）
尺寸	140mm × 90mm
郵路	via Siberia（經西伯利亞）

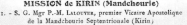

MISSION de KIRIN (Mandchourie)
1. - S. G. Mgr P.-M. LALOUYER, premier Vicaire Apostolique
de la Mandchourie Septentrionale (Kirin)

MISSION de KIRIN (Mandchourie)
7. - Séminaire Saint-Joseph

❶ 滿洲北境（吉林）教區第一任主教高德惠神父

S. G. Mgr. P. - M. Lalouyer, premier Vicaire Apostolique de la Mandchourie Septentrionale (Kirin)

高德惠（Pierre-Marie-François Lalouyer, 1850—1923），法國人，1871 年加入巴黎外方傳教會，1823 年晉鐸，1873 來華駐瀋陽，1874 年任瀋陽修院教授，1898 年任滿洲北境教區主教；逝於吉林。

❷ 聖若瑟神羅學院

Séminaire Saint-Joseph

道光二十四年（1844）巴黎外方傳教會在農安縣小八家子村拉丁修院，1856 年遷移往至遼陽沙嶺，1896 年遷往長春，1915 年遷到吉林東關，始稱"吉林若瑟神羅學院"，又稱"聖若瑟神學院"。1940 年改立"中央神學大修院"，由法國里昂聖母升天會（Augustiniani ab Assumptione, AA）管理。1947 年關閉。

❶ 本土神父

Groupe de Prêtres indigènes

❷ 龍王廟

Pagoda de la Montagne du Dragon

❸ 寺廟的造像

Idoles dans une Pagode

滿洲聖若瑟屯

在中國天主教歷史上有一個發生在滿洲綏化的饒有意思的事件，傳教士組織信徒以墾荒形式建立心目中的"伊甸園"，這就是一般正史很少提到的Colonie Saint-Joseph，直譯為"聖若瑟開墾地"，依中國人的習慣稱為"滿洲聖若瑟屯"。

清軍入關後，為了使百廢待興的滿洲儘快恢復民生，初期曾招募漢人出關墾荒。康熙年間清廷改變政策，為保護"龍興之地"嚴禁漢民北出山海關、喜峰口，並強制驅逐不入滿籍的流民。晚清朝廷無力延續禁墾政策，適逢內地災荒連年，戰亂頻仍，"闖關東"成為中國歷史上寡見的北向移民現象。

地處松嫩平原呼蘭河流域的綏化，土地肥沃，人煙稀少。光緒二十八年（1902）法國人陸平神父到這裏開闢新教區，不經意間看到當地政府的招墾佈告，有了搞一個非傳統傳教實驗區的念頭。陸平（Henri Roubin, 1871—1935），字恆之，生於法國上盧瓦爾省，1890年加入巴黎外方傳教神學院，1895年畢業後晉鐸，同年來華至滿洲。光緒二十四年（1898）滿洲教區重組時，陸平神父負責籌建吉林教區，次年受命組建黑龍江巴彥教區。1900年義和團圍攻巴彥教堂，陸平帶手下逃亡哈爾濱，得俄國人保護經海參崴輾轉到上海，事態平息後返回巴彥教區履職。目睹滿目瘡痍，他放棄重建教堂念頭，1902年離開巴彥來到正在招墾的綏化海倫縣新闢教區。光緒三十一年（1905）他得到吉林主教高德惠首肯，從法國募集的資金裏動用了五千兩白銀購買了"墨字六井"[1]部分土地，面積足二十四平方公里有餘。最初他身邊只有十來個教徒，他親力親為修建了只有簡易教堂和住所的村落，起名"三井子"。1909年陸平從巴彥、遼寧三檯子、吉林八家子、熱河松樹嘴子等天主教自治村動員信徒一百五十餘戶落戶"三井子"，把自己的實驗項目更名為"聖若瑟屯"。

為了穩定已有的村民安家樂業，吸引更多教徒入夥加盟，陸平以很低的價格把土地賣給或賃給農戶，再購置生產工具供他們使用，完善村裏的生活設施，建有小學、中學、養老院等，1913年重修教堂，新添神父住所和修女院，一千五百平米的聖若瑟大教堂1919年完工，可容兩千人同時進行聖事活動。陸平本著自治原則，在村裏設立商會、農會、治安委員會、屯防隊，制訂村規，村民按財產納稅，用以購買武器，防範土匪；成年男子有義務守衛城垣；旅店不得開在村裏，避免奸細潛入；禁止食用和買賣鴉片，禁止賭博；年滿七歲必須學習教義，天主教聖日村民需參加教堂活動，不得勞作。民淳俗厚的聖若瑟屯成為遠近聞名的夜不閉戶治安模範村。1912年聖若瑟屯有了官方名稱"海北鎮"，1923年黑龍江省督軍吳俊升曾視察聖若瑟屯，贈匾"韜鐸西來"，規定到聖若瑟屯"武官下馬、文官下轎"，軍隊不得借宿。

聖若瑟屯實現著陸平神父的理想家園，這個人世間的伊甸園雖非遍地珍珠瑪瑙，卻像插在黑山白雪間的一面旗幟，吸引八方教徒慕名投奔。1919年聖若瑟屯村民已經達到四千人，其中還有過江而

1　"井"：墾荒單位，三十六平方里為一井。

來的朝鮮教徒二百餘人。

　　1928 年五十七歲的陸平因病離開聖若瑟屯返回家鄉休養，1935 年逝於法國中部多姆山省。

　　從聖若瑟屯走出來的不僅有告老還鄉的陸平，還有中國近代天主教舞台上赫赫有名的于斌。于家祖籍山東省昌邑縣于家莊，清朝末年于斌的曾祖父于文成闖關東來到綏化蘭西縣。于斌生於光緒二十七年（1901），六七歲時父母雙亡，由祖父母撫養，家境一般，童年常與小夥伴在呼蘭河畔放豬，也讀過幾年私塾。1912 年祖父母慕名舉家搬到聖若瑟屯，祖母皈依天主。于斌 1915 年受洗，教名保羅，字野聲，借用《馬太福音》裏“有施洗的約翰出來，在猶太的曠野傳道”（第 3 章第 1 節）之典。陸平神父從聰明伶俐的小于斌身上發現可造潛質，破例保送他到海倫縣高等小學和吉林省第一師範學校讀書。

　　“五四運動”期間于斌是吉林省第一師範學校的學生領袖，遭政府通緝，輟學回鄉，在聖若瑟屯一家綢布店當夥計聊補生活。1920 年他再次受到陸平神父關照，進入吉林神羅神學院深造，在小修院學習拉丁文，又在上海震旦大學預科學習法文，後回到神羅神學院大修院學習神學兩年。1924 年以優異成績畢業的于斌被保送到羅馬的宗座傳信大學（Pontificia Universitas Urbaniana）研修哲學

和神學課程，還獲得宗座聖多瑪斯大學（Pontificia Studiorum Universitas a Sancto Thoma Aquinate in Urbe）哲學博士學位。1928 年于斌在羅馬晉鐸，1929 年又取得宗座傳信大學神學博士學位。此後他長期在梵蒂岡圖書館當管理員，這個時期中國學者從梵蒂岡圖書館發現許多珍貴史料，在向覺明[1]、陳援庵、羅常培[2]、徐宗澤[3]等學者的論著裏出現的新的史料與于斌不無關係。1933 年他在宗座傳信大學執教，講授中國哲學和中國文化史。

　　這一年于斌以教廷駐華全權代表公署秘書身份回到中國，兼任中華全國公教進行會總監督，1936 年深受梵蒂岡信任的于斌出任南京教區主教。抗日戰爭全面爆發後，于斌隨國民政府西遷重慶，曾前後八次前往歐美國家，三次面見美國總統羅斯福，爭取世界各國對中國人民抗擊日本侵略者的同情和援助。戰後于斌回到南京教區履職，1946 年成為聖統制的南京總教區主教。1949 年後于斌經美國赴台灣，擔任台北輔仁大學校長，1969 年教宗任命于斌為樞機主教，1978 年病逝羅馬，安葬在台北輔仁大學校園內。

　　一個從小不知父母之愛的放牛娃，一位胸懷滿腔愛國熱血的布衣青年，有幸成為承秉基督之權杖往訓萬民的最高代牧者中的一位，感謝陸平神父的精心栽培之情，感念聖若瑟屯那片沃土的養育之恩。

1　向達（1900—1966），字覺明，筆名方回、佛陀耶舍；湖南漵浦土家族人；1919 年考入南京高等師範學校；後任商務印書館編譯員、北平圖書館編纂委員會委員兼北京大學講師；1935 年到牛津大學鮑德利圖書館工作；在英國博物館檢索敦煌寫卷和漢文典籍；1937 年赴德國考察劫自中國的壁畫寫卷；次年回國任浙江大學、西南聯合大學教授；抗戰勝利後，任北京大學歷史系教授兼掌北大圖書館；建國後，任北京大學歷史系教授、圖書館館長，中國科學院哲學社會科學部委員。

2　羅常培（1899—1958），字莘田，號恬庵，筆名賈尹耕，齋名未濟齋；語言學家、語言教育家；歷任西北大學、廈門大學、中山大學、北京大學教授，歷史語言研究所研究員，北京大學文科研究所所長；畢生從事語言教學、少數民族語言研究、方言調查、音韻學研究；與趙元任、李方桂同稱為早期中國語言學界的“三巨頭”。

3　徐宗澤（1886—1947），字潤農，中國近代天主教歷史學家；生於徐家匯，徐光啟第十二世孫；十九歲為秀才，二十歲入耶穌會，繼而赴歐美，攻讀文學、哲學和神學，晉升司鐸；1921 年歸國後在南匯縣境實習傳教；兩年後任徐匯藏書樓館長兼《聖教雜志》主編，兼職啟明女中校務；著作有《哲學史綱》、《心理學概論》、《社會學概論》、《社會經濟學概論》、《中國天主教傳教史概論》、《明清間耶穌會士譯著提要》、《三民主義節要》等四十餘部。

MANDCHOURIE—
COLONIE SAINT-JOSEPH

滿洲聖若瑟屯系列

編者　Missions Étrangères de Paris
　　　巴黎外方傳教會
語言　法文
印製　1910s., Paris（巴黎）
尺寸　140mm×90mm

❶
―
❷

MANDCHOURIE. - Colonie Saint-Joseph - Le R. P. ROUBIN, fondateur de la Colonie et ses deux Vicaires

MANDCHOURIE. - Colonie Saint-Joseph - Entrée de la Colonie

❶ 陸平神父和聖若瑟屯兩個教
區建立者

*Le R.P.Roubin, fondateur de la Colonie et
ses deux Vicaires*

坐中的是陸平神父，1898 年創建
吉林教區和 1899 年創建巴彥教
區，1902 年創建聖若瑟屯。

❷ 聖若瑟屯村口

Entrée de la Colonie

❶ ❸
❷ ❹

MANDCHOURIE. - Colonie Saint-Joseph - L'Église et son Clocher aux débuts de la Colonie en 1906

MANDCHOURIE. - Colonie Saint-Joseph - Religieuses Indigènes

MANDCHOURIE. - Colonie Saint-Joseph - La nouvelle Église en construction

MANDCHOURIE. - Colonie Saint-Joseph - Volontaires prêts à défendre leurs foyers contre les brigands

❶ **1906 年聖若瑟屯初創時期的教堂和鐘樓**

L'Église et son Clocher aux débuts de la Colonie en 1906

初創時，陸平神父帶領身邊十來個教徒，親力親為修建了只有簡易教堂和住所的村落。

❷ **即將竣工的新教堂**

La nouvelle Église en construction

1913 年新建聖若瑟大教堂以及神父住所和修女院，聖若瑟大教堂呈哥特風格，浮雕祭台，嵌花玻璃，佔地三千六百平方米，建築面積一千五百平米，鐘樓高四十米，可容兩千人同時進行聖事活動，1919 年竣工。

❸ **聖若瑟屯修女**

Religieuses Indigènes

聖若瑟屯建有女修院。屯規要求年滿七歲必須學習教義，天主教聖日村民不得工作，需參加教堂活動等。

❹ **屯防隊時刻準備與土匪作戰**

Volontaires prêts à défendre leurs foyers contre les brigands

防範土匪是那個年代滿洲人生活的一部分。屯規要求村民按財產多寡繳納稅金，購置武器，防範土匪；十六歲至六十歲的男子有義務參加屯防隊，守衛城垣。"九一八事變"後，馬占山部曾在此地與日軍血戰，據屯抵抗，村民罹難無數，聖若瑟屯大部分建築焚毀，自此元氣不再。

05

遣使會

　　味增爵·保羅（Vincent de Paul, 1581—1660）的名字裏有個"de"，卻與貴族毫無關係，既無封地也無采邑，其父是地地道道的農民。味增爵 1581 年生於法國吉耶省（Guyenne）的珀依村（Pouy），家庭多子貧寒，無錢供讀。他與兄弟姐妹不同，酷愛學習，十五歲時父親賣掉家裏僅有的一頭牛供在他家鄉達克斯（Dax）學校讀書。天資聰慧的味增爵兩年後就考入圖盧茲大學學習神學，1604 年畢業，獲神學學位。

　　1605 年味增爵在法國南部的卡斯特爾（Castres）接受一項慈善捐助活動，事後在馬賽上船，途中被海盜劫持到突尼斯，拍賣為奴，兩年後逃脫回到法國。味增爵來到羅馬繼續學業，1612 年被任命為巴黎克利希聖梅達爾教堂（Saint-Medard, Clichy）神父和貢迪伯爵家族神師，而後那個在路易十三死後當上攝政的安娜王后也聘請味增爵作自己的神師。

　　味增爵的特殊身份讓他在巴黎社交圈結識許多名媛貴婦，出入她們的沙龍，組織慈善活動，為窮人募食捐衣，提供醫療服務；他還曾籌集資金從北非贖回一千多名奴隸。1625 年味增爵在貢迪伯爵支持下提出創辦一家修道眾會的構想，1626 年獲得巴黎大主教和法王路易十三批准，修會稱為遣使會（Congrégation de la Mission, CM），又稱味增爵會（Vincentians），因總部設在巴黎郊區的聖納匝肋（St. Lazare）修道院，法國人習稱納匝肋會（Lazarists）。"納匝肋"基督教聖城，現在規範譯為"拿撒勒"，位於以色列北部加利利地區，是耶穌的祖籍和長大的地方，當時這個地方經濟很落後，"拿撒勒"一詞在基督教裏是與"貧窮"、"窮人"相關的。

　　遣使會這位創始人希望修會的定位是"在俗神職人員眾會"，教士不需隱居修道院，日常生活在普通社區，完成修會交給的任務。1658 年味增爵撰寫了一本《共同規則》作為會憲，這本小冊子詳細地說明了本會會士的責任和義務：效仿耶穌基督傳播福音，往訓萬民；拯救無知的罪人回到主的身邊；嚴格而虔誠地完成聖事工課；注重個人品德修煉；生活簡樸，慷慨助人；關愛窮人，熱心慈善事業等。《共同規則》還對本會修道院、神學院、孤兒院、撫老機構、醫院和學校的興辦和管理做了原則性規定。味增爵講過他一生最關心的兩件事，一是修建更多的修道院，二是救助更多的貧苦民眾，這也是

《共同規則》的宗旨和核心。

味增爵在巴黎高層社交圈結識路易絲，與她合作創辦了仁愛女修會。路易絲·德瑪利萊（Louise de Marillac）1591 年生於法國梅克斯（Le Meux），幼年喪母，少年喪父，在普瓦西（Poissy）多明我修女會辦的學校讀過書，本打算長大後成為修女，經不住朋友撮合，1613 年嫁給安娜王后身邊的侍官安托萬（Antony Le Gras），1625 年丈夫久病不治。精神迷惘的路易絲希望味增爵神父作自己的神師，指導自己祈禱，撫慰心靈。味增爵建議對於她來說最有意義的事情是組織社交圈的貴婦們，投入幫助窮人、救助病人的慈善事業。在味增爵的具體指導下，1633 年路易絲在家中成立"仁愛女修會"（Filles de la Charité），1642 年味增爵將其納入遣使會體系，稱為"納匝肋仁愛女修會"（Filles de la Charité de St Vincent de Paul, FdlC），1655 年獲教宗批准。此前信教婦女只能在修道院後院牆邊禱告，味增爵倡導因人而異、因地制宜，婦女隨時隨地都可以祈禱，於是該修會在普通民眾中的影響迅速擴大。納匝肋仁愛女修會關注貧窮婦女，為她們提供醫護、教育、生活幫助。路易絲全身心投入修會工作，在法國各地旅行，在醫院、孤兒院等機構發展會員，陸續建立四十多個分會。1660 年 3 月

路易絲逝於巴黎，1934 年教宗庇護十一世為她封聖，1960 年教宗約翰二十三世宣佈她為"社會工作者的主保"。路易絲去世六個月後，味增爵·保羅於 1660 年 10 月在巴黎去世。後人讚曰："一個窮苦鄉下人，手中一文錢沒有，到處施捨，到處立會，錢財湧湧而來，終沒有用完……所以能作如此多多奇事，緣由無他，因聖人之愛德，大的無邊。"[1]

遣使會迅速在整個歐洲傳播，1633 年教宗烏爾班八世正式批准遣使會會章，1641 年允許在意大利設立分支機構。遣使會從 1645 年開始在歐洲以外傳教，到法國大革命爆發前，已經在海外開闢一百五十個傳教點。法國大革命中遣使會與其他修會一樣遭受無情的清算，聖納匝肋修道院被摧毀，許多修道院和神學院一時變成關押教士的監獄，彼此相識的主教和神父們隔著窗戶相望，聽著熟悉的鐘聲，相伴度過"暗無天日"的晝夜，無奈中等到的是押往斷頭台的歸宿，大革命的暴風驟雨中罹難的遣使會神父有七百餘人。

康熙三十八年（1699）遣使會派遣畢天祥[2]神父和穆天凡[3]神父來華，穆天凡出任主教。首批遣使會傳教士在中國的業績不好，沒有打開局面，於乾隆二十五年（1760）撤離中國。這時期中國天主

1　〔法國〕安傑利：《聖味增爵行實》，〔法國〕石伯鐸譯，北京救世堂印書館，1912 年，第 59 頁。

2　畢天祥（Ludovico Appiani, 1663—1732），生於意大利薩盧佐（Saluzzo），遣使會士，1687 年晉鐸，1699 年來華，在北京、廣東、浙江溫州、四川、雲南藏區傳教；在華三十三年中有十三年在監獄度過；逝於澳門。

3　穆天凡（Johann Muiiener，1673—1742），生於德國不萊梅（Bremen），遣使會士，1696 年晉鐸，1699 年來華在四川傳教；1709 年被逐廣州，1715 年任四川代牧，逝於四川新都，葬成都鳳凰縣。

教史記載最多的遣使會傳教士只有德理格神父。德理格（Teodorico Pedrini），字性涵，1671 年生於意大利費爾莫（Fermo），1698 年加入遣使會。羅馬教宗派遣樞機主教鐸羅[1]到中國巡視，德理格作為鐸羅的隨員來華；康熙四十九年（1710）到澳門，次年進京。康熙皇帝很賞識德理格，挽留他教授皇子們西學。當康熙得知鐸羅樞機主教奉羅馬天主教宗派遣來華的目的是要糾正和推翻利瑪竇制定的中國傳教政策時甚感憤怒，把鐸羅押解到澳門，並責澳門總督將其軟禁。康熙留德理格在京城，德理格擅長音樂和繪畫，會製造樂器，而且是一名作曲家。受康熙之命德理格擔任宮廷樂師，並參加康熙欽定《律呂正義》第五卷〈律呂正義·續編〉"協均度曲"的撰寫工作，這是中國第一部中文西洋樂理著作，收入四庫全書。德理格遺作有濃郁複調風格的奏鳴曲十二首（小提琴獨奏與固定低音譜），他是繼徐日升之後又一名精通音樂的洋教士。雍正三年（1725）德理格修建西直門天主堂——西堂，直接隸屬於羅馬教廷傳信部，不受中國教區管轄。西直門天主堂與北京另外三座耶穌會士創建的教堂，在羅馬教宗解散耶穌會後全部轉歸遣使會管轄。德理格在朝廷服務，與當地傳教士甚少往來，頗受非議。1746 年德理格逝於北京，葬滕公柵欄。

由於經濟利益紛爭，迫於歐洲世俗君主壓力，1773 年教皇克萊門特十四世頒發 Dominus ac Redemptor（"吾主救世主"）敕令解散耶穌會，耶穌會傳教士不得不陸續撤離中國。負責善後的錢德明[2]神父曾向法國政府建議，為了法國在華長遠利益應該派遣法國其他修會來華，填補耶穌會撤離留下的空白[3]。法國教會把這個計劃交給遣使會實施，遣使會派遣羅廣祥[4]帶領傳教士於乾隆五十年（1785）到北京接替耶穌會留下的空位。最典型的例子是從崇禎二年（1629）鄧玉函進入欽天監管理明清兩朝曆法開始，擔任欽天監監正的都是耶穌會傳教士，嘉慶五年（1800）羅廣祥擔任欽天監監正後都是遣使會傳教士把持欽天監。嘉慶十三年（1808）清廷把大部分傳教士"請出"紫禁城，在欽天監任職的高守謙[5]、李拱辰[6]、畢學源等三人留

1　鐸羅（Charles-Thomas Maillard de Tournon, 1668—1710），意大利人，1701 年任紅衣主教，1703 年作為教皇克萊門特十一世特使東來，訪問多國，1705 年到澳門，次年抵京，協調"禮儀之爭"，未果，1707 年被押解並囚澳門；逝於澳門。

2　錢德明（Jean-Joseph-Marie Amiot, 1718—1793），字若瑟，法國人，1739 年入耶穌會，1750 年到澳門，次年奉旨進京；1761 年任法國傳教團司庫，1779 年出任法國傳教團團長；長期供職朝廷，給皇子和大臣講授西學；耶穌會解散後，他是這個時期仍在堅守的不多幾位耶穌會士和北京法國傳教團善後成員。法王路易十六在大革命風暴中被梟首的消息九個月後傳到北京，錢德明聞之猝發中風，不日逝於寓所，歸葬正福寺。

3　參見 Camille de Rochemonteix: *Joseph Amiot et les Derniers Survivants de la Mission Française a Pékin, 1750-1795*, Librairie Alphonse Picard et Lils, Paris, 1915。

4　羅廣祥（Nicolas-Joseph Raux, 1754—1801），又記郎霽·羅旎閣，碑記羅尼閣，法國人，1771 年入遣使會，1777 年晉鐸，1785 年任法國傳教團長上，1785 年至 1801 年任欽天監監副；逝於北京，葬正福寺。

5　高守謙（Verissimo Monteiro de Serra, 1776—1852），葡萄牙人，1803 年來華，1818 年任北京主教，1826 年離開北京抵澳門；1832 年返回葡萄牙，逝於家鄉。

6　李拱辰（José Ribeiro Nunes, 1767—1826），葡萄牙人，1783 年入遣使會，1791 年來華；1806 年至 1826 年任欽天監監副監正，逝於北京，葬滕公柵欄。

任;道光三年（1823）這些傳教士也離開欽天監。

　　逃離北京後,一部分遣使會傳教士去了澳門,一部分躲到西灣子。早在康熙年間傳教士就來到西灣子,雍正四年（1726）左右在西灣子一處叫作大東溝的地方修建了教堂。[1]山高路遠、消息閉塞的西灣子給逃離北京的傳教士以容身之地,這座壩上小城一時成為北京教區的地下中心。道光十四年（1834）孟振生[2]神父臨危受命來到西灣子,主持北京教區教務。西灣子教區在當地蒙古人中發展教徒,當時有好幾位喇嘛皈依天主。道光十九年（1839）孟振生籌建西灣子大公學院,教授蒙古文、滿文、漢文、藏文,培養信徒。[3]

　　1840 年梵蒂岡傳信部設立遣使會管理的蒙古教區和巴黎外方傳教士管理的遼東教區。孟振生任蒙古代教區主教,主教府設在西灣子村,有小東溝、西灣子、苦力圖三個堂口,這個時期教區成立大小修院、孤兒院、女子學校。清廷弛禁後,道光

二十六年（1846）孟振生任北京教區主教。

　　遣使會在北京教區的經歷比起其他教區要複雜和豐富,命運多舛,英法聯軍侵華、八國聯軍侵華、義和團運動、戊戌變法等中國近代史上最悲愴的事件就發生在西什庫大教堂的高牆之下,遣使會身臨其境、耳聞目濡、見證滄桑。實行聖統制後遣使會在中國執牧十三個教區:來自法國巴黎的傳教士管理北京教區、天津教區、正定教區、南昌教區、杭州教區、寧波教區、台州教區和安國教區,來自法國土倫的傳教士管理吉安教區,來自波蘭的傳教士管理順德教區,來自荷蘭的傳教士管理永平教區,來自英國的傳教士管理贛州教區和餘江教區。

　　納匝肋仁愛女修會道光二十八年（1848）派第一批修女來華,在澳門逗留四年,受葡澳當局排擠,咸豐二年（1852）經寧波轉道上海,在各個教區做傳教輔助工作。

1　〔比利時〕隆德里:《西灣聖教源流》,北京西什庫遣使會印字館,1938 年,第 11 頁。

2　孟振生（Joseph-Martial Mouly, 1807—1868）,字慕理,法國人,遣使會士,1834 年來華,1840 年任蒙古代牧區主教,1846 年任北京教區主教;1856 年任直隸北境代牧區主教;逝於北京,葬正福寺。

3　〔比利時〕隆德里:《西灣聖教源流》,北京西什庫遣使會印字館,1938 年,第 36 頁。

Bienheureux Jean-Gabriel PERBOYRE, Missionnaire Lazariste
Martyrisé en Chine, le 11 Septembre 1840

Cliché J. Garczynski

LA CONDAMNATION :
Quoi ! renier mon Dieu, mon trésor et ma vie
Et vous fouler aux pieds .. Croix !... signe du Chrétien
Jamais ! Jamais ! la mort, mais non l'apostasie
Mon doux Sauveur ne m'a fait que du bien ! !

編者　Missions des Lazaristes
　　　遣使會
攝影　Cliché J. Garczynski
語言　法文
印製　1930s.
尺寸　140mm×90mm

◉ 遣使會傳教士真福董文學 1840 年 9 月 11 日在中國殉難

Bienheureux Jean-Gabriel Perboyre. Missionnaire Lazariste Martyrisé en Chine, le 11 Septembre 1840

【原注】"譴責：怎麼能否定我的上帝，上帝是我的一切！怎麼能用你骯髒的腳踐踏十字架，基督徒的崇拜者是永存的！你們能殺死我，我絕不會背叛仁慈的主！"

董文學是中國天主教歷史上的重要人物。董文學（Jean-Gabriel Perboyre, 1802—1840），法國人，自幼立志修道，1817 年進入遣使會小修院學習，1826 年晉鐸。1835 年與五六位同工東渡來華到澳門，次年被派往武昌行教，途經河南逗留兩年，1838 年抵達目的教區。1939 年被官兵逮捕，次年死於絞刑。1996 年教宗約翰保羅二世為董文學封聖，他成為天主教中華殉道者中第一位享有聖人品銜的傳教士。

La Cartolina della Riconoscenza riservata ai Benefattori del ‹Le Missioni Estere Vincenziane›

編者	*Le Missioni Estere Vincenziane*《味增爵遣使會》雜誌社
語言	意大利文
印製	1920s., Torino（意大利都靈）
尺寸	140mm×90mm
原注	"《味增爵遣使會》雜誌是遣使會創辦的插圖月刊。地址：意大利都靈奇里和平之家（Casa della Pace, Chieri Torino）。"

《味增爵遣使會》感恩系列

Bambine cinesi abbandonate

Aiutateci! salvateci dalla morte!

Salviamo i bambini abbandonati!

In Cina, ogni anno, molte migliaia di poveri bambini sono abbandonati dai loro genitori.

Chi ha Fede e pensa che quei poveri infelici sono nostri fratelli, riscattati, come noi, dal Sangue preziosissimo di Gesù, non può rimanere indifferente a tale strage. I missionari e le suore accorrono a raccoglierli per amministrar loro il S. Battesimo e ricoverarli negli orfanotrofi. E noi che facciamo? Aiutiamoli con offerte. Salviamo i bambini cinesi, ed essi, cresciuti, pregheranno per i loro Benefattori.

Inviare le offerte a

Le Missioni Estere Vincenziane
Casa della Pace - CHIERI
(Torino)

Figlia della Carità missionaria e cinesine salvate

❶ 　❷

❶ **遺棄的女嬰**

Bambine cinesi abbandonate

【原注】"幫助她們，拯救生命！"

❷ **仁愛會的修女與拯救的孤兒**

Figlia della Carità missionaria e cinesine salvate

【原注】"救救被遺棄的孩子吧！中國每年有成千上萬的貧困兒童被父母遺棄。面對這樣悲慘事件的兄弟們，不能熟視無睹，要以耶穌熱血拯救孩子們。傳教士和修女們收養了孤兒，給他們施洗。我們應該做什麼？給他們捐贈善款。這些被拯救的孩子長大後會為你們祝福的。向遣使會捐贈吧！"

CARTOLINA ARTISTICA ISTRUTTIVA DELLE MISSIONI ESTERE VINCENZIANE

編者　*Le Missioni Estere Vincenziane*
　　　《味增爵遣使會》雜誌社
語言　意大利文
印製　1920s., Torino（意大利都靈）
尺寸　140mm×90mm
原注　"《味增爵遣使會》雜誌是遣使會創辦的插圖月刊。地址：意大利都靈奇里和平之家（Casa della Pace, Chieri Torino）。"

《味增爵遣使會》傳信系列

❶
——
❷

SEMINARIO DI KI-AN (Kiangsi, Cina)
DIRETTO DAI PRETI DELLA CONGREGAZIONE DELLA MISSIONE (1922).
chierici, cattolici europei, in Cina abbiamo 428.000.000 d'Infedeli da convertire!

LA PROCESSIONE DEL CORPUS DOMINI a Cha-la, presso Pechino (Cina)

Benediteci, o Signore, / Vi preghiam con voti ardenti, / Vostri figli siam redenti / Dall'amante vostro Cuor!

❶ 吉安神修院

Seminario di Ki-An (Kiangsi, Cina)

【原注】"1922 年遣使會神父創辦吉安神修院。""在中國有四千二百八十萬人皈依天主教。"

（左上）教宗庇護十一世（Pius PP. XI, 1857—1939），原名安博·達米亞諾·阿契爾·拉蒂（Ambrogio Damiano Achille Ratti），意大利人，1922 年當選教宗。（右上）徐澤麟主教（Nicolas Ciceri, 1854—1932），生於意大利那不勒斯諾拉（Nola），1874 年加入巴黎外方傳教修院，1878 年晉鐸，同年來華到江西，1885 年籌建江西東境代牧區；1900 年任職上海賬房；1907 年任江西主教，1922 年創辦吉安神修院；1927 年退休返回意大利，逝於都靈。

❷ 北京柵欄教堂舉辦聖體儀式

La Processione del Corpus Domini a Cha-la, presso Pechino (Cina)

【原注】"上帝保佑我們，我們以誠摯的誓言向您祈禱，愛您所愛！"

Suore Missionarie della Cina in viaggio.
In mezzo Suor Lebrun visitatrice

Bambine della S. Infanzia di KIAN (Cina)

Bambine della S. Infanzia di Kian (Cina)

❶ **中國修女出行**
Suore Missionarie della Cina in viaggio
【原注】"修女出行為客人捎腳。"

❷ **吉安孤兒院的孩子**
Bambini della S. Infanzia di Kian (Cina)
【壓圖文字】"親愛的意大利施主,我們被父母遺棄了,你成為我們的父母吧!"

❸ **吉安孤兒院的孩子做遊戲**
Bambini della S. Infanzia di Kian (Cina)
【背板文字】"感謝意大利的施主!"

LES MISSIONS DES LAZARISTES ET DES FILLES DE LA CHARITÉ

編者　*Les missions des Lazaristes et des Filles de la Charité*
　　　《納匝肋遣使會和仁愛女修會》雜誌社
語言　法文
印製　1930., Paris（巴黎）
尺寸　140mm×90mm

《納匝肋遣使會和仁愛女修會》最初是由遣使會創辦於 1836 年的年報，後來歸真福董文學基金會（Œuvre du Bienheureux Jean-Gabriel Perboyre）管理，改為月刊。

《納匝肋遣使會和仁愛女修會》系列

CHINE — Evêques et Prêtres Lazaristes

◉ 遣使會的主教和神父

Evêques et Prêtres Lazaristes

居中者為林懋德主教。林懋德（Stanislas-François Jarlin, 1856—1933）生於法國洛特省自由堡（Castelfranc），1884 年加入遣使會，光緒二十五年（1899）來華，初期在保定任神職，1889 年晉鐸並擔任樊國梁主教的助理，獲清廷三品頂戴。義和團掃蕩北京城時，林懋德與主教樊國梁被困西什庫天主堂五十六天，劫後餘生，成為生死之交。光緒三十一年樊國梁去世後，林懋德出任直隸北境代牧區主教；1933 年逝於北平，葬滕公柵欄。著有《信經宣講》等。

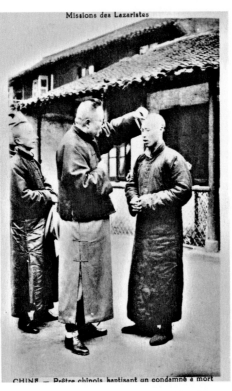

❶ ❷ ❸

❶ 保定府的教徒父子

Environs de Pao-Tin-Fou –Deux chrétians

1910 年梵蒂岡從直隸北境代牧區（北京代牧區）
分立出主教座堂設於保定的直隸中境代牧區，
主教座堂為聖伯多祿教堂。實施聖統制後改稱
為保定教區，隸屬於北京總教區。

❷ 神父給死囚施洗

Prêtre chinois baptisant un condamne à mort

❸ 孤兒聖誕節禮物

Les cedeaux de la Ste Enfance

FILLES DE LA CHARITÉ MARTYNRISÉES

《納匝肋遣使會和仁愛女修會》殉道者系列

編者　*Les missions des Lazaristes et des Filles de la Charité*
　　　《納匝肋遣使會和仁愛女修會》雜誌社
語言　法文
印製　1930., Paris（巴黎）
尺寸　140mm×90mm

❶ **1840 年 9 月 11 日遣使會士真福董文學被處死在十字架上**

Le Bienheureux Jean-Gabriel Perboyre, Lazariste mort en Chine, étranglé une croix, le 11 Septembre 1840

❷ **1870 年 6 月 21 日天津望海樓殉難的仁愛會修女**

Filles de la Charité Martyrisées le 21 Juin 1870, Tien-Tsin (Chine)

第二次鴉片戰爭後，清政府與法國簽訂《中法天津條約》。依據這個條約，法國傳教士在天津獅子林與海河交匯處修建了望海樓教堂。教堂附設育嬰堂，修女們收養棄嬰。時規凡撿拾棄嬰送堂者一律付酬，市井混混借機拐騙兒童交給修女，騙領賞金。再加上當年醫療條件不好，常有死嬰，育嬰堂招了拐賣和虐殺兒童的惡名。同治九年（1870）六月仇視天主教的百姓燒毀了望海樓教堂，殺死二十餘位法國神父等，史稱"火燒望海樓事件"。

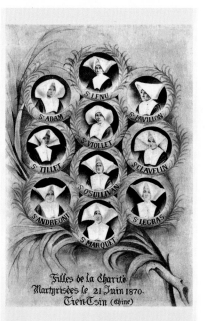

Filles de la Charité Martyrisées le 21 Juin 1870. Tien-Tsin (Chine)

❸ **1870 年 6 月 21 日遣使會天津殉道者謝福音和吳維辛**

Lazaristes martyrisés à Tien-Tsin (Chine) le 21 juin 1870, M. Claude-Marie Chevrier, M. Vincent Ou

這是兩位"天津教案"的殉道者。謝福音（Claude-Marie Chevrier, 1821—1870），法國人，1854 年晉鐸，1858 年加入巴黎外方傳教會，1860 年到中國赴蒙古教區，1866 年轉入北京教區，1870 年在天津被害，葬望海樓天主堂。吳維辛（1821—1870），廣東南海人，1835 年在澳門領洗，1845 年在西灣子發願並晉鐸，1866 年調北京教區，1870 年在天津被害，葬望海樓天主堂。

M. Claude-Marie CHEVRIER　　M. Vincent OU

Lazaristes martyrisés à Tien-Tsin (Chine) le 21 juin 1870.

STUDIEHUIS ST. VINCENTIUS À PAULO

編者　Studiehuis St. Vincentius à Paulo
聖味增爵奈梅亨學院
語言　荷蘭文
印製　1930s., Nijmegen（荷蘭奈梅亨）
尺寸　140mm×90mm

味增爵遣使會 1926 年在荷蘭奈梅亨（Nijmegen）購買一處酒店，成立聖味增爵學院（Studiehuis St. Vincentius à Paulo），是味增爵遣使會在荷蘭最重要的教育和研究機構，出版過一些有關中國的書籍。

聖味增爵奈梅亨學院中國系列

❶ ❷

† Mgr. Franciscus Hubertus Schraven
9 October 1937 vermoord in China, met zes andere
Lazaristen-missionarissen

Smakelijk eten!

❶ **文致和主教 1937 年 10 月 9 日在中國與其他六位納匝肋會傳教士被害**

Mgr. Franciscus Hubertus Schraven
9 October 1937 vermoord in China, met zes andere Lanzaristen-missionarissen

文致和（Franciscus Hubertus Schraven, 1873—1937），荷蘭人，1894 年加入遣使會，1896 年發願，1899 年晉鐸；同年來華，在直隸西南教區（正定教區）傳教，1908 年調上海任首善堂賬房，1920 年任直隸西南教區主教。1937 年日軍洗劫了正定主教座堂，文致和主教以及克羅地亞神父柴慎成（Thomas Ceska, 1872—1937），法國神父夏露賢（Lucien Charny, 1882—1937），荷蘭神父艾德偲（Antoon Geerts, 1872—1937），法國神父貝德良（Eugène Bertrand, 1905—1937），荷蘭神父魏之綱（Gerrit Wouters, 1909—1937），波蘭神父白來福（Vadislas Prinz, 1909—1937），法國熙篤會霍修士（Emanuel Robial, 1877—1937）等九名外籍神職人員（其中遣使會六人）在正定天寧寺凌霄塔被日軍殺害，2014 年教皇晉文致和為真福。

❷ **香噴噴 樂滋滋**

Smakelijk eten!

聖味增爵坎波莫羅內學院中國系列

編者 Collegio di Campomorone-Genova
聖味增爵坎波莫羅內學院
語言 意大利文
製作 1920s., Genova（意大利熱那亞）
尺寸 140mm×90mm

Casa della Santa Infanzia

◉ **納匝肋仁愛女修會在中國的孤兒院**

Casa della Santa Infanzia
Opera della Santa Infanzia, Le figlie della Carità di S. Vincenzo De-Paoli in Cina

北 京 教 區

天主教在華傳教史近代以前都是以北京為中心的。方濟各會會士孟高維諾至元三十一年（1294）抵達元大都汗八里，觀見元成宗，獲准居留大都。大德十一年（1307）教宗克萊孟五世設立汗八里總教區，任命孟高維諾為總主教，統理中國及遠東教務，直至明朝軍隊攻佔大都，洪武八年（1375）汗八里總教區被正式撤銷。明末利瑪竇來華，這批傳教士歸屬澳門教區管轄，十七世紀中後葉羅馬教廷傳信部在中國推行宗座代牧制，從澳門教區分設南京代牧區和北京代牧區，咸豐六年（1856）又將北京代牧區一分為三：遣使會管理的主教座堂位於北京的直隸北境代牧區和主教座堂位於正定的直隸西南代牧區，耶穌會管理的主教座堂位於獻縣的直隸東南代牧區。

遣使會在北京城從耶穌會手中繼承下來豐厚的遺產。康熙皇帝患有瘧疾，吃了白晉等法國傳教士帶來的奎寧後病癒，賜法國傳教團一處宅院；康熙三十三年（1694）又賜中南海湖畔蠶池口一塊地皮，法國傳教團在此修建"救世主堂"。"皇帝賜給我們這幢房子一年後再次降恩。這次降恩絲毫不比第一次遜色，同樣為基督教帶來榮譽，他又賜給我們很大一塊地以建造我們的教堂……諭令明示，他賜給我們這塊地是用於建造一座宏偉教堂的。"[1] 光緒十三年（1887）中南海擴建，老北堂土地被徵

用，傳教團得到清廷拆遷補償款白銀四十五萬兩，在西安門內西什庫南口易地重建哥特式建築風格的北堂（Cathédrale de Pétang）。據歷史學家包士傑[2]神父 1923 年統計，天主教在北京的主要設施有平則門外柵欄墓地（Cimetière de Chala, 1611）、順治門內南堂（Cathédrale de L'Immaculée Conception, 1605）、東安門外東堂（Église Saint-Joseph, 1651）、西直門內西堂（Église de N.-D. Sept-Douleurs, 1723）、正福寺墓地（Cimetière de Tcheng-Fou-See, 1732）、西什庫仁慈堂孤兒院（Orphelinat du Jenzetang, 1862）、聖若瑟會院（Maison-Mère des Joséphines, 1872）、崇文門內使館區法文學堂（École Saint-Michel, Légations, 1874）、西什庫納匝肋印書房（Imprimerie des Lazaristes, 1878）、北堂藏書樓（Bibliothèque du Pêtang, 1887）、北京南堂法文學堂（Collège de L'Immaculée-Conception ou du Nantang, 1891）、柵欄聖味增爵修院（Séminaire des Lazaristes, 1900）、柵欄聖母會會院（Maison Provinciale des Maristes, 1900）、交民巷法國醫院（Hôpital Saint-Michel, 1901）、交民巷天主堂（Église Saint-Michel ou des Légations, 1901）、正福寺天主堂（Église de Tcheng-Fou-See, 1907）、柵欄石門天主堂（Église de Tous Les Sainte, 1911）、小修道院（Petit-Séminaire, 1914）、大修道

1　〈耶穌會傳教士洪若翰神父致拉雪茲神父的信〉（1703 年 2 月 15 日於舟山），載〔法國〕杜赫德編：《耶穌會士中國書簡集》，耿升等譯，大象出版社，2005 年，第一卷，第 294 頁。譯文有調整。

2　包士傑（Jean-Marie-Vincent Planchet, 1870—1948），法國人，歷史學家，1893 年入遣使會，1894 年來華，1896 年晉鐸，1932 年回法國，餘跡不詳；1923 年曾用筆名 Antoine Thomas 出版 Histoire de la Mission de Pékin，還著有《拳時北京教友致命》、《拳時北堂圍困》、《四史集一》、《古經像解》、《新經像解》、《聖保祿宗徒行實》、《聖老楞佐行實》、《聖五傷方濟各行實》、《我信天主》、《要理略說》、《克己略說》等。

編者　Missions des Lazaristes
　　　遺使會
語言　法文
印製　1910s., Imp. Dourceois
　　　Frères, Chalon-sur-Saône
　　　（法國索恩河畔沙隆杜爾塞
　　　瓦兄弟印刷所）
尺寸　140mm×90mm

◉ 北京北堂印書館

Imprimerie des Lazaristes à Pèkin

北堂印書館位於北京西安門內西什庫北堂東南側，成立於 1864 年，1950 年北堂印書館與西什庫北堂分立，1956 年公私合營改為西四印刷廠、西城印刷廠、京華印刷廠，主要承接北京圖書館、中國科學院圖書館等單位圖書修理和裝訂業務。圖中遠處是西安門和皇城內城牆西段，拍攝點在西什庫北堂。

院（Grand-Séminaire, 1914）、平則門內中央醫院（Hôpital Central, 1918）、耶穌聖心學堂（École des Maristes）、北堂醫院（Hôpital Saint Vincent）、西堂毓英中學堂（École Normale du Sitang）、西什庫織毯工場（Les Tapissiers du Pétang）等 [1]。

　　作為天主教在中國三大出版機構之一的北京北堂印書館（Imprimerie Pei-T'ang）成立於同治三年（1864）。咸豐十年（1860）時任主教的孟振生從撤退的英法聯軍處接手一台鉛石兩用手搖印刷

機，萌發籌辦出版機構的想法。次年他赴法公務，獲一意大利朋友贈印刷機一套運回北京。同治三年（1864）北堂印刷所開始運行，因技術能力不足，只能印製零散的西文文件，中文書籍如往雕板木刻。田嘉璧接任主教後，特地派人赴歐採購印刷設備和材料，延請在法國印刷廠有過實習經歷的梅士吉 [2] 修士一同來華，光緒四年（1878）抵京，是年擴建後的印刷廠正式開工。庚子事變期間北堂印刷設備大部毀於戰火，次年重置。1928 年梅士吉

1　Jean-Marie-Vincent Planchet, *Guide du Touriste Aux Monuments Religieux de Pèkin*, Imprimerie des Lazaristes du Pétang, MCMXXIII, 1923。

2　梅士吉（Auguste-Pierre-Henri Maes, 1854—1936），法國人，1878 年來華，同年晉鐸，輔理修士；長期主持北京北堂印書館，1932 年退休；逝於北京。

因來華五十年"勞苦功高"獲得法國政府頒發的勳章。1932 年梅士吉退休，李蔚那[1]神父接任。北堂印書館的經營曾有不善的時候，1938 年因費用緊張遣散員工半數以上。

天主教在北京的歷史比在上海要稍微早一些，明末清初鼎盛光景時前者比後者也要更加耀眼。無論主教堂、修道院、教士墓地，還是孤兒院、中小學校、醫院、天文台、藏書樓等，兩地無甚差別，該有的都有了。有所不同的是北京的"聖蹟"大多建於清中期之前，許多還是耶穌會撤離之前設立和建造的；而上海以徐家匯為代表的教會機構和建築基本上是"門戶開放"之後的成果。其次，上海天主教雖然也經歷太平天國衝擊，但沒有像北京天主教與中國近代歷史事件那麼息息相關，北京天主教的每一處聖蹟都可以寫一部歷史連續劇，訴說其與高牆之外共同發生的故事，展開中國近代政治跌宕起伏的畫卷。

1　李蔚那（Aymard-Bernard Duvigneau, 1879—1952），法國人，1904 年晉鐸，同年來華，在江西傳教；1924 年調北平柵欄大修院，1932 年主持北堂印書館，1951 年回法；對中國天主教音樂史有研究，著有 *Teodorico Pedrini, Prete della missione, Musico alla corte imperiale di Pechino* (1946)。

PÉKIN

北京教區 A 系列

編者	Missions des Lazaristes
	遺使會
語言	法文
印製	1910s., Paris（巴黎）
尺寸	140mm×90mm

PÉKIN.— Église de l'Immaculée Conception *(Nan-t'ang)*

◉ 北京聖母無染原罪堂（南堂）

Pékin.—Église de l'Immaculée Conception (Nan-t'ang)

南堂位於北京城南宣武門，原為萬曆二十九年（1601）明神宗批給來華耶穌會士的住地，利瑪竇在此地居住並買下隔壁東林講學舊地，作為私人祈禱所"首善書院"，利瑪竇把 Immaculée Conception（"聖母無染原罪"或"無玷聖母"）譯為"首善"。萬曆三十三年（1605）利瑪竇將其改建一座小教堂。順治七年（1650）湯若望將其建成一座二十米高的巴洛克式大教堂，奉無染原罪聖母為主保。在教堂西側建神父住宅、天文台、藏書樓和儀器館等。世祖御筆親書"欽崇天道"、"通玄佳境"匾額，湯若望作《都門建堂碑記》。世祖曾二十四次到南堂微服私訪，與湯若望抵足相談，尊稱五十九歲的湯若望神父為"瑪法"（滿語"老爺爺"）。康熙三年（1664）湯若望因"曆案"下獄冤死，南堂被毀，平反後康熙六十年（1721）撥銀重建，並多次移駕南堂看望湯若望的繼任者南懷仁，賜匾額"萬有真源"。乾隆四十年（1775）南堂毀於火災，高宗賜銀重修。光緒二十六年（1900）南堂被義和團焚毀，後年賠款重建。

PÉKIN.—Collège Français (Nan-t'ang).

CHA-LA près PÉKIN.—Maison Provinciale des Petits-Frères de Marie.

❶

❷

❶ 北京南堂法文學校

Pékin.—Collège Français (Nan-t'ang)

同治十三年（1874）南堂在隔壁舉辦私立學校，光緒十七年（1891）法國聖母小昆仲會接管，在南堂東側，也就是利瑪竇曾經的"首善書院"舊址，修建"北京南堂法文學堂"（Collège de L'Immaculée-Conception ou du Nantang），校舍為三面圍合建築，磚木結構，有教室、學生宿舍、實驗室、圖書館，庭院為操場。學校只招男生，畢業後授予法國學位。1937年法文學校納入國民教育體系，改名"私立南堂中學"。

❷ 北京石門柵欄聖母會修院

Cha La près Pékin.—Maison Provinciale des Petits-Frères de Marie

聖母小昆仲會（Institutum Parvulorum Fratrum Mariae, PFM）是一家教育傳教的天主教修會，1817年成立於法國里昂，1891年來華，又稱為"主母會"，當年接管遣使會的兩所北京法文學校，1893年接管耶穌會的上海聖方濟學校（Collège Saint Francis Xavier），1916年接管遣使會天津法漢雙語學校天津聖路易學堂（Collège Saint-Louis），後來陸續管理的學校還有漢口法文學校、煙台崇正學校、威海海星學校、宣化法文學校、敘州法文學堂、重慶法語學堂、重慶明誠中學、重慶明誠師範學校、北京廣育學校、北京盛新學校、天津貞淑小學、上海若翰納公學、上海正心學校、上海中法中學等。

1900年聖母小昆仲會在北京石門柵欄開辦本會的修院"主母會修院"。"石門柵欄"是位於北京阜成門外滕公柵欄周圍的一處天主教資產，義和團運動摧毀了之前的墓地和教堂，後用賠款重建，主要有聖米歇爾法國教堂（Église Saint-Michel）、石門教堂（Église de Tous Les Sainte à Chala）、聖味增爵修院（Séminaire des Lazaristes）、主母會修院等。

Pékin

北京教區 B 系列

編者　Missions des Lazaristes
　　　遣使會
語言　德文 英文
印製　1910s., Graphische Gesellschaft, Berlin E.W.
　　　（柏林圖片社）
尺寸　140mm×90mm

Peking.　Peitang Kathedrale.　Peitang cathedral.

Ausf.: Graphische Gesellschaft, Berlin i-W.

● 北堂

Peitang Kathedrale
Peitang cathedral

"北堂"即"救世主大教堂"，是北京四座主要天主堂之一，位於內城西什庫，亦稱"西什庫教堂"。耶穌會法國傳教士因治癒康熙的瘧疾，於康熙三十三年（1694）在西安門內中海西畔蠶池口獲贈土地，於康熙四十二年（1703）建成"救世主教堂"。光緒十三年（1887）中南海擴建，老北堂土地被徵用，傳教團得到清廷拆遷補償款，在西安門內西什庫南口易地重建。北堂主體建築為一座三層哥特式建築，頂端共由十一座尖塔構成，建築平面呈十字形，鐘樓尖端高約三十一米；正面三拱門，雕有聖若望和聖保祿等四聖像；堂前左右兩側各有一座黃頂琉璃瓦重檐歇山頂碑亭，亭內置乾隆皇帝手書御碑兩通。周圍建有北堂藏書樓、北堂印書館、仁慈堂孤兒院、北堂醫院、聖若瑟會院等。

Peking.　　Aussicht von Mauer. — View from Wall.

Ausf.: Graphische Gesellschaft, Berlin S.W.

Peking.

Ausf.: Graphische Gesellschaft, Berlin S.W.

Französische Gesandtschaft.　　Legation de France.

❶

❷

❶ 城牆上眺望東交民巷

Aussicht von Mauer
View from Wall

"交民巷"位於北京南城牆內，原稱"江米巷"，古為河邊運糧碼頭，東起崇文門，西迄宣武門，以正陽門為界分為"東江米巷"和"西江米巷"。第二次鴉片戰爭後，依據咸豐八年（1858）簽署的《天津條約》，法國、日本、美國、德國、比利時、荷蘭、俄羅斯等國在東江米巷建立公使館。光緒二十七年（1901）的《辛丑條約》規定東江米巷為 Legation Street（使館街），中文後稱"東交民巷"。東交民巷由各國使館聯合管理，還入駐英國滙豐銀行和麥加利銀行、俄國俄華道勝銀行、日本橫濱正金銀行、德國德華銀行、法國東方匯理銀行等，自辦法國郵局、法國醫院、法文學堂等設施。

鏡頭近處當年為比利時使館，遠處為天主教北京教區的"交民巷天主堂"。交民巷天主堂主要為駐京外國僑民服務，由法國遣使會管理，被稱為"法國教堂"，光緒二十七年動工，三十年開堂；奉天使彌厄爾為主保，又稱"聖彌厄爾教堂"。

❷ 法國公使館

Französische Gesandtschaft
Legation de France

咸豐十年（1860）英法聯軍攻佔北京，法國軍隊駐軍東江米巷西段的安郡王府，設立法國公使館，《辛丑條約》簽訂後重修擴建，正門有磚質壁柱和拱券。

寧 波 教 區

早在嘉靖二十七年（1548），近千名葡萄牙人曾從海上潛入寧波府雙嶼港居住，在島上修建天主教堂，被浙江巡撫驅逐，傳教設施搗毀。明末清初天主教開始有組織地在寧波傳播福音，天啟七年（1627）葡萄牙傳教士費樂德[1]從杭州到寧波（鄞縣），迨後還有利類思[2]、畢方濟[3]、衛匡國[4]等人，雍正禁教後傳教設施廢棄。寧波天主教教務前後歸澳門代牧區、南京代牧區、福建代牧區、浙贛代牧區管理。1846年教廷傳信部決定設立法國遣使會執牧的浙江代牧區，主教府初期位於定海，1850年遷入寧波藥行街聖母升天堂，1876年移至寧波江北聖母七苦堂。1910年浙江代牧區分立為浙江東境代牧區和浙江西境代牧區，前者管理寧波、紹興、台州、溫州、處州教務；1924年浙東代牧區改稱寧波代牧區。1926年寧波代牧區分立台州代牧區，1931年又分立出麗水監牧區，1949年分立永嘉教區。

寧波最有名的天主教教堂是藥行街寧波聖母七苦堂，始建於康熙四十一年（1702），同治五年（1866）重建。寧波江北岸耶穌聖心堂始建於同治十年（1871），光緒二年正式成為浙江代牧區主教座堂。浙江代牧區還有象山石浦善導聖母堂、新浦聖若望堂、餘姚聖若瑟堂、紹興聖若瑟堂、定海聖彌額爾堂、沈家門玫瑰聖母堂等。寧波教區還在寧波江北岸設立大小修院。

1　費樂德（Rodrigue de Figueredo, 1594—1642），字心銘，葡萄牙人，1608年加入耶穌會，1622年來華，1626年晉鐸；初在杭州傳教，1627年到寧波，後在武昌、開封等地，歿於開封。

2　利類思（Ludovicus Buglio, 1606—1682），字再可，意大利人，1622年入耶穌會，1637年抵澳門，隨後到中國大陸活動；著作有《西方要紀》、《超性學要》、《不得已辯》等。

3　畢方濟（Francesco Sambiasi, 1582—1649），字今梁，意大利人，1603年入耶穌會；1610年來華；在京時向朝廷條陳救國之策，後到上海、開封、揚州、蘇州、寧波等地傳教；入閩前結識明唐王朱聿鍵，唐王在福州即位，畢方濟應召前來，備受禮遇，隆武帝諭令撥款擴建"三山堂"，賜御書"上帝臨汝"匾額，准許公開傳教，並作詩相贈；卒於廣州；著有《畫答》、《睡畫二答》、《靈言蠡勺》、《奏摺皇帝御製詩》等。

4　衛匡國（Martino Martini, 1614—1661），字濟泰，意大利人，1631年入耶穌會，1643年來華，長期在浙江傳教；1661年病逝於杭州，葬於杭州留下老東岳大方井；著有《真主靈性理證》、《逑友篇》等。

NINGPO CHINE

寧波教區系列

編者	Missions des Lazaristes 遣使會
語言	法文
印製	1920s., Buona Stampa Antiblasfema–Chieri（意大利奇里虔誠新聞社）
尺寸	140mm×90mm

❶ 寧波教區教堂和會院

La Mission Catholique, Ningpo (Chine)

浙江代牧區主教座堂和會院位於寧波江北岸，優越的位置和宏大規模得益於顧方濟和蘇鳳文兩任主教的努力。顧方濟（François-Xavier-Timothée Danicourt, 1806—1860），法國人，1828 年加入遣使會，1831 年晉鐸，1834 年來華，道光三十年（1850）任浙江代牧區主教，購進了寧波江北岸土地，開設醫院、施藥局和育嬰堂，建造小聖堂。蘇鳳文（Edmond-François Guierry, 1825—1883），法國人，1851 年晉鐸，1864 年來華，1868 年任北京代牧區主教，1870 年調任浙江代牧區主教，次年興建江北天主教堂"聖母七苦堂"，1876 年修建教區會院，包括主教公署、藏經樓、若瑟醫院等。

❷ 寧波孤兒院

La Ste. Enfance à Ningpo (Chine)

咸豐二年（1852）遣使會在寧波藥行街創辦"仁慈堂"，內設孤兒院、育嬰堂、寡婦院、慕道院、紡織廠、若瑟醫院以及女子學校，由納匝肋仁愛女修會管理，在定海、溫州、甌海設有分堂。咸豐十一年在藥行街成立"普濟院"，後搬到草馬路，設有孤兒院、菜園、診所和醫院，也由納匝肋仁愛女修會管理。同時開辦拯靈會女修會管理的拯靈會會院，有女子初學院、慕道院、診所等，在台州、臨海、溫州、紹興、餘姚、定海、沈家門、衢州、麻蓬設有分院。

❶
———
❷

La Mission Catholique. NINGPO (Chine)

La Ste Enfance à NINGPO (Chine)

LES PROTÉGÉS DE LA STE. ENFANCE

編者　Maison de Jésus Enfant, Ningpo (Chine) 寧波孤兒院
Prucure D. Grimonpont, Lille（法國里爾格里蒙龐賬房）
語言　法文
印製　1920s., Lille（法國里爾）
尺寸　140mm×90mm

寧波孤兒院關愛孩子系列

"寧波孤兒院關愛孩子系列" 有兩個版本，另一個是《納匝肋遣使會和仁愛女修會》（*Les missions des Lazaristes et des Filles de la Charité*）雜誌社發行的，內容和序號相同，油墨偏黃。

3. Maison de Jésus Enfant, NINGPO (Chine) — Les Protégés de la Ste Enfance.
Les Moyennes : leçon de Catéchisme.

9. Maison de Jésus Enfant, NINGPO (Chine) — Les Protégés de la Ste Enfance.
Aveugles et muettes.

❶ ｜ ❷

❸

❶ **她們在禱告**
Quand Elles prient

❷ **聽嬤嬤講耶穌的故事**
Les Moyennes : leçon de Catéchisme

❸ **瞽目和聾啞孤兒**
Aveugles et muettes

正 定 教 區

正定是中國歷史上教案多發的地區之一，又是義和團運動的重災區。最為嚴重的事件是在抗日戰爭時期，1937 年日軍佔領正定城，燒殺搶掠，蠻橫囂張；日軍包圍主教教堂，覬覦躲避在堂區的避難婦女和修女，被荷蘭籍主教文致和阻擋在門外。日軍強行闖入教堂，洗劫一空，逮捕文致和主教和其他七名神父，裹挾至天寧寺凌霄塔前燒死。“正定慘案”後梵蒂岡和西方各國紛紛向日本抗議，並責成日本天主教會斡旋，迫於形勢日軍最終接受聖座及各國要求，向教宗及各國政府謝罪，懲治罪犯，賠償教會損失，保證類似事件不再發生。

明末天主教傳教士從京城來到直隸正定府開教，卓有成效。雍正禁教，北京教友避難潛藏正定府的槀城縣、欒城縣、趙縣、寧晉縣等地，史稱“南堂教友”。道光二十六年（1846）法國遣使會從葡萄牙神父手裏接管正定教區，咸豐六年（1856）教廷成立直隸西南代牧區，主教座堂設在正定，管理順德（邢台）、定州、趙州等地；咸豐八年清廷賜正定隆興寺西側行宮建為教堂，法籍主教董若翰[1]主持在院內北部中軸綫上修建帶有兩座雄偉鐘樓的主教座堂，兩側分別是首善堂和仁慈堂。1924年直隸西南代牧區更名為正定府代牧區，同時分立蠡縣（安國）監牧區，1929 年分立趙縣監牧區，1933 年又分立順德府監牧區。

正定教區於光緒十七年（1891）設立小修道院，1941 年設立大修道院。納匝肋仁愛女修會在正定輔助傳教，管理仁慈堂孤兒院和首善堂孤老院。此外嚴規熙篤會的楊家坪聖母神慰院也在正定教區管轄區域，1928 年文致和主教邀請嚴規熙篤會在正定滹沱河畔修建聖母神樂院。

---

[1] 董若翰（Jean-Baptiste Anouilh, 1819—1869），法國人，1843 年加入遣使會，1846 年晉鐸；1848 年來華，任北京教區助理主教，1858 年任直隸西南代牧區主教；逝於正定，葬柏棠小修院教堂。

CHENG-TING-FU MISSION, S.W.CHIHLI, CHINA

正定教區系列

編者	Missions des Lazaristes 遣使會
語言	法文 英文
印製	1900s.
尺寸	140mm×90mm

❶

---

❷

6. – Portique de l'Église
Collection L. Sans
The Church
(Cheng-Ting-Fu Mission, S. W. Chihli, China)

2. – Ouvroir pour femmes païennes
Collection L. Sans
Work-room for pagan women
(Cheng-Ting-Fu Mission, S. W. Chihli, China)

❶ 教堂門前

Portique de l'Église
The Church

正定教區即直隸南境教區，成立
於 1856 年。1858 年法國神父董若
翰任正定主教，修建正定教堂，為
"正定慘案"發生地。

❷ 正定教區社會婦女福利工場

Ouvroir pour femmes païennes. Wolk-room
for pagan women
Cheng-Ting-fu mission

此片記述教會在正定府開設的一家
面向非信徒婦女開設的縫紉工場，
後排有位外國修女為她們服務。

聖母神慰院

1098 年出生於法國香檳省貴族家庭的本篤會修士聖樂伯[1]，率領十九位志同道合的修士，在法國東部勃艮第第戎附近的熙篤（Citeaux）創建新的修道組織“熙篤修道院或熙篤會”（Ordo Cisterciensium Reformatorum Beatae Mariae Virginis de Trappa, OCR），中國舊稱“西都會”，倡導更寧靜、更簡樸、更符合聖本篤會規精神的生活，遠離人世，寧靜獨處，刻板地要求成員生活簡樸、克己、勞作、祈禱和讀經，極注重團居生活中的弟兄友愛。五百年後，1664 年法國特拉普聖母修道院（La Trappe Abbey）院長德蘭塞[2]看不慣修道院制度和管理的蛻化，銳利改革，為修道院制定了更加嚴苛的紀律：少食、無肉、辛苦的體力勞動和嚴格的沉默，此後修道院被稱為“嚴規熙篤修道院”（Cistercians of Strict Observance, OSCO, Trappist）。厚重院牆圍割不出世外桃源，百年之後法國大革命蕩滌著這個世界上的“一切存在”，遠絕塵世的隱修士們被逐出修道院，被殺或四處逃難，素淨有序的修院只剩下斷壁殘垣，嚴規熙篤修道士在法國幾乎“斷子絕孫”。幾位藏匿在瑞士的“落網之魚”堅持潛修，延續香脈。不食人間煙火的嚴規熙篤修道士自此浪跡天涯。

又過了一百年，1870 年田嘉璧[3]主教回法國述職，偶得正準備捨棄一切、立願當修女的女公爵索非亞捐贈六萬法郎，邀請加爾默羅會修道院來華設立分支機構，應允情變，田嘉璧不得已改請熙篤會兌現對捐款者的承諾。光緒九年（1883）嚴規熙篤會法國七泉隱修院索諾等兩位修道士來到河北楊家坪設立聖母神慰院（Notre-Dame de Consolation）。索諾（Ephrem Seignol, 1837—1893）生於法國盧瓦爾河省聖伊夫舍瓦勒特（Saint-Just-en-Chevalet），1861 年晉鐸，幾年後進入梅里尼亞特（Mérignat）修道院，1868 年成為七泉（Tamié）隱修院院長，1880 年七泉隱修院關閉。流亡中的索諾應田嘉璧主教邀請從馬賽出發來華，在懷來涿鹿縣謝家堡鄉呂家灣村楊家坪設立聖母神慰院，1887 年索諾修士退休，卒於斯。其後幾十年間，太行山深處人跡罕見的聖母神慰院陸續接納世界各地和中國本土的上百名修道士靜修。他們嚴守聖本篤會規，生活嚴肅，個人清貧，每日凌晨即起身祈禱。這裏追求生活的單調乏味，把清貧視為最高美德，不沾五葷，食淡衣粗；披褂禱告雞鳴前，合衣睏倒三更後；除了公共祈禱，終日沉默不語，只與主言，隙人稱其啞巴會。修道士們工課之餘，開荒種地，養牛擠奶，自給自足，過著接近自然狀態、與世隔絕的生活。他們死後安葬在修道院墓地，沒有棺木，只有一襲白布裹身，默默歸於塵土。

1900 年義和團運動形勢險惡，附近宣化等地

1　聖樂伯（Saint Robert, 1028—1111），法國人，本篤會修士，茂來斯木（Molesmes）修院院長，創建熙篤會。

2　德蘭塞（Armand Jean Le Bouthillier de Rancé, 1626—1700），法國人，出身富有，1651 年晉鐸，1665 年擔任奧爾良公爵神師，1662 年處理家庭遺產後進入特拉普修道院，1664 年擔任院長；1664 年改革特拉普修道院，為修道院制定了非常嚴苛的紀律，稱為“嚴規熙篤修道院”。

3　田嘉璧（Louis-Gabriel Delaplace, 1820—1884），又記田類斯，法國人，1842 年入遣使會，1843 年晉鐸；1846 年來華，在河南傳教；1852 年任中國江西代牧區主教，1854 年任浙江代牧區主教，駐錫寧波，1870 年調任直隸北境代牧區主教；逝於北京，葬於正福寺。

的天主教徒跋山涉水奔向楊家坪避難，聖母神慰院也遭到拳民圍攻，修士們堅持抵抗了兩周時間後義和團自動退去，院長范維（Victor Van）在被圍期間去世。

1926 年楊家坪神慰院已經有一百二十名修士，大多數是中國人，成為當時世界上最大的熙篤會修道院。1928 年正定教區文致和主教邀請嚴規熙篤會來自己的教區拓展，楊家坪神慰院派人開闢分院聖母神樂院（Notre-Dame de Liesse），地處寸草不生的滹沱河畔，俗稱河灘苦修院。盧溝橋事變後，楊家坪神慰院所在地是八路軍與日軍交戰的"拉鋸區"，飽受戰爭蹂躪。太平洋戰爭全面爆發後，楊家坪神慰院的外籍修道士曾一度被關入濰坊集中營。1947 年，在國共內戰中楊家坪神慰院和正定聖母神樂院焚毀於戰火。嚴規熙篤會組織幸存的修道士撤離到成都，在新都縣泥巴沱成立時間短暫的成都聖母神樂院。1950 年又遷至香港，建立大嶼山聖母神樂院（Trappist Haven Monastery）。

NOTRE-DAME DE CONSOLATION

編者	Missions des Lazaristes
	遣使會
語言	法文
印製	1920s., Paris（巴黎）
尺寸	140mm×90mm

聖母神慰院系列

Franziskanerbischof Cessarius Schang mit einigen seiner Missionnare in Tschilu, in der Mitte des Hochw. Abt der Trappisten v. Maria Trest bei Peking.
Mgr. Cessire Schang et le R. P. Abbé des Trappistes de Marie Consolatrice, près Peking.

◉ 文致和主教與聖母神慰院院長

Mgr. Cessire Schraven et le M.P. Abbé des Trapplates de Marie Consolatrise, près Peking

【原注】"文致和主教正定府傳教士在京畿會見聖母神慰嚴規院院長。"

1926 年法國熙篤會遠東視察員德勞思[1]院長來華視察楊家坪聖母神慰院，1928 年在楊家坪院院長陪同下考察河南衛輝與河北正定兩地，擇址修建第二所隱修院，選中位置較近的正定，設立聖母神樂院。

1　德勞思（Dom Bernard Delauze, 1874—1947），法國人，1891 年加入熙篤修道院，1898 年晉鐸，1917 年任東貝（Dombes）女修院代理院長，1923 年起任艾格貝勒（Aiguebelle）修道院院長；二十世紀二十年代代表熙篤會總會多次到遠東日本、中國視察。

Abbaye de N.-D. de la Consolation (*Yang-kia-ping*).

◉ 楊家坪聖母神慰院

Abbaye de N.-D. De la Consolation (Yang-kia-ping)

楊家坪聖母神慰院的建築設計援手於聖母聖心會的和羹柏神父，和羹柏（Alphonse Frédéric de Moerloose, 1858—1932）生於比利時根特布魯日（Gent Brugge）的一個工場主家庭，1881 年就畢業聖盧克藝術學院（l'École Supérieure des Arts）建築系，1882 年進入聖母聖心會神學院學習，1844 年晉鐸，咸豐五年（1855）來華，在甘肅的涼州和甘州傳教。光緒二十四年（1898）萬濟眾[1]出任中蒙古代牧區主教後，派遣和羹柏到崇禮縣西灣子鎮負責那裏的教堂和神學院的維護和修繕工作，義和團運動時當地被毀壞的建築都是他督導重建的，包括教堂、住院、學校、孤兒院、墓地等。1903 年和羹柏應時任院長魏察德[2]邀請，為楊家坪聖母神慰院設計督建被義和團毀壞的建築，並新建了後來倍受稱讚的哥特式大型教堂建築。1909 年和羹柏脫離聖母聖心會，歸屬遣使會的北京教區，後返回比利時。

1　萬濟眾（Jérôme-Josse van Aertselaer, 1845—1924），字思洛，比利時人，1872 年加入聖母聖心會，1870 年晉鐸，1873 年來華，任西灣子小修院院長，城川本堂，1887 年任聖母聖心會總會會長，1898 年任中蒙古代牧區主教。

2　魏察德（Maur Veychard, 1854—1919），法國人，1883 年晉鐸，1887 年來華，在北京教區楊家坪聖母神慰院修行，1900 年任院長；逝於河北懷來。

06

宗座聖伯鐸保祿外方傳教會

天主教諸修會中，不論是男修會還是女修會，就傳教方式而言通常分為限於本地服務的普通修會和外向拓張的外方傳教會，或兼而有之。走向外域的傳教會當中有幾家是羅馬教宗直屬的修會，名稱上冠有 Pontificio（宗座），以示其身份特殊，比如宗座聖伯鐸保祿外方傳教會。

宗座聖伯鐸保祿外方傳教會的創始人彼得羅·阿文濟尼（Pietro Avanzini）1832 年出生於羅馬富裕家庭，在聖瑪利亞公立學校（Venerabile Collegio di Santa Maria in Monticelli）完成基礎教育，1851 年打算未來成為神職人員而選擇就讀卡普拉尼卡學院（Collegio Capranica），獲哲學學士學位，1852 年進入耶穌司鐸會羅馬學院（Collegio Romano dei Padri Gesuiti），也就是現在著名的宗座格里高利大學（Pontificia Università Gregoriana）深造，1853 年獲哲學博士學位，1857 年獲神學博士學位，1860 年又在宗座拉特朗大學（Pontificia Università Lateranense）取得法律博士學位。阿文濟尼是一位徹徹底底的科班出身神職人員，其他修會創辦者無不望其項背。大多數修會創辦者，要不生活貧苦，勵志磨煉；要不心靈受挫，感恩慰藉，在上帝召喚下走上使徒之路。而阿文濟尼卻是讀書破萬卷，胸中有乾坤，屬梵蒂岡最信賴的那類人。1860 年阿文濟尼接受紅衣主教帕特里齊（Cardinal Costantino Patrizi）邀請出任拉特朗的聖喬瓦尼大教堂（San Giovanni of Basilica）主教，1865 年教宗庇護九世親自為他祝聖。是年阿文濟尼創辦並主編非官方雜誌 *Acta Sanctae Sedis*（《教廷公報》），定期披露教宗通諭和天主教修會的文件，1909 年改為梵蒂岡官方出版物，更名 *Acta Apostolicae Sedis*（《傳教公報》）。1871 年阿文濟尼在羅馬籌建 "宗座聖伯鐸保祿外方傳教會"（Seminario Pontificio Estere dei Santi Apostoli Pietro e Paolo, ESAPP），簡稱 Dum Ecclesiae Navicula，意為 "傳教之舟"，1874 年教宗庇護九世正式核准其章程。同年阿文濟尼因意外事故去世，葬於羅馬維拉諾公墓（Cimitero del Verano），1971 年移柩宗座聖伯鐸保祿外方傳教會的寶血大教堂（Chiesa del Preziosissimo Sangue）。

1885 年宗座聖伯鐸保祿外方傳教會朱利亞尼（Francesco Giulianelli, 1831—1898）神父曾奉教廷之命出使中國，向清政府遞交教宗列奧十三世致光緒皇帝信函，要求在戰時保護和善待來華傳教士和天主教徒。1887 年梵蒂岡傳信部曾任命方濟各會的安廷相[1] 出任陝西南境（漢中）教區主教，1895 年安廷相因不適應中國的生活環境返回羅馬，宗座聖伯鐸保祿外方傳教會的拔士林[2] 神父接任主教職務後教區得到較大發展。1926 年梵蒂岡將宗座聖伯鐸保祿外方傳教會與米蘭外方傳教會合併成立宗座外方傳教會。

1　安廷相（Gregorio Antonucci, 1846—1902），意大利人，1873 年晉鐸，方濟各會會士，1887 年出任陝西南境（漢中）教區主教，1895 年辭職回國。

2　拔士林（Pio Passerini, 1866—1918），意大利人，1886 年加入使徒伯鐸和保祿宗座外方傳教會，1888 年晉鐸，1895 年出任陝西南境（漢中）教區主教，逝於任上。

MISSIONE DELLO SHEN-SI MERID (CINA)

漢中教區系列

編者	Pont.Seminario romano, dei SS. AA. Pietro e Paolo
	宗座聖伯鐸保祿外方傳教會
語言	意大利文
印製	1900s.－1900s., Roma（羅馬）
尺寸	140mm×90mm
主題詞	"宗座聖伯鐸保祿外方傳教會期待意大利教士和年輕學生加盟，參與拯救異教徒的事業。"

宗座聖伯鐸保祿外方傳教會"漢中教區系列"共四個子系列。

Serie I　　　　　　　　　Missione dello Shen-si Merid. (Cina)

7. - Chiesa di Lean-Kia-ngan

◉ 蹇家壩教堂

Chiesa di Lean-Kia-ngan

蹇家壩地處漢中略陽縣，1892 年宗座聖伯鐸保祿外方傳教會開教，購當地祠堂改建聖母堂。

漢中教區最有名的教堂當屬"古路壩天主堂"，安廷相神父任漢中教區主教後主教座堂設在城固縣南樂古路壩，拔土林接任主教後在古路壩大興土木，修建規模宏大的"古路壩天主堂"，有鐘樓、主教公館、小公館、修道院、育嬰堂、養老院、拉丁院。

Serie I　Missione dello Shen-si Merid. (Cina)

6. - Pagode con palcoscenico

Serie III　Missione dello Shen-si Merid. (Cina)

2. - Fumatrice d'oppio

Serie III　Missione dello Shen-si Merid. (Cina)

3. - Il taglio del codino durante la rivoluzione

❶ 寺廟與戲臺

Pagoda con palcoscenico

❷ 煙鬼

Fumatrice d'oppio

❸ 剪辮

Il taglio del codino durante la rivoluzione

❶
❷
❸

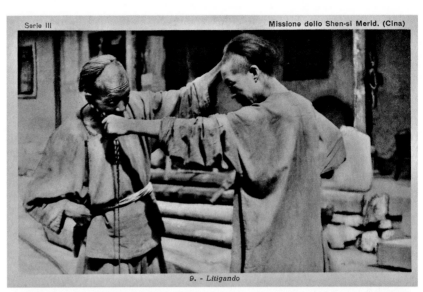

Serie III　　　　　Missione dello Shen-si Merid. (Cina)

9. - Litigando

Serie III　　　　　Missione dello Shen-si Merid. (Cina)

4. - Trasporto Funebre

Serie III　　　　　Missione dello Shen-si Merid. (Cina)

10. - Medico e medicine

❶ 鬥毆

Litigando

❷ 抬棺

Trasporto Funebre

❸ 郎中

Medico e medicine

❶❷

❶ 機械

Come si liscia l'interno degli archibugi

這位老農民人力驅動的是非常原始的立式
磨盤，現代術語稱"立式磨傳動裝置"。

❷ 犯人

Condannato alla catena

07

宗座外方傳教會

這是一個無論從宗會歷史還是從創辦者履歷看都是不能再簡單的傳教會，既缺少砥礪進取的個人故事，也沒有篳路藍縷的奮鬥歷史，歷史學家談到這些傳教士時總是輕描淡寫地幾百字了事。

米蘭外方傳教會創辦人拉馬佐淒（Angelo Francesco Ramazzotti）1800 年出生在米蘭一個富有而虔誠的家庭，據說六歲時便萌發未來投身神職的願望。拉馬佐淒在帕維亞大學（Pavia）學習教會法和民法，1823 年獲法學博士學位，在一家律師事務所執業兩年，1825 年入當地教區神學院深造，1829 年晉鐸；從 1830 年至 1850 年他長期為神職人員和傳教士講授神學。1850 年庇護九世任命拉馬佐淒出任帕維亞主教，同年在教宗授意下拉馬佐淒參照巴黎外方傳教會的會章和組織架構，在米蘭附近的郎巴迪創建郎巴迪外方傳教會（Seminario Missioni Estere di Longobardi），通常稱為米蘭外方傳教會（Missioni Estere di Milano, MEM）或米蘭會。1858 年拉馬佐淒出任威尼斯主教，1861 年在威尼斯當選為紅衣主教。消息公佈後一個月零兩天，拉馬佐淒心臟病突發，逝於意大利北部威尼托大區的克雷斯帕諾（Crespano del Grappa）。拉馬索淒初葬於聖馬可大教堂（Saint Mark's Basilica），後移柩米蘭。

一位大主教，還是位紅衣主教，創辦了一家官方色彩濃厚的傳教會，在群雄逐鹿的中國，試圖從耶穌會、方濟各會、遣使會等諸侯手裏搶佔一塊屬教宗直轄的天地。米蘭外方傳教會 1858 年到香港，名義上香港教區屬教宗直管，沒有分派給任何一家修會，由於米蘭外方傳教會的特殊身份，香港教區一直由米蘭外方傳教會代牧。

早在崇禎元年（1628），意大利耶穌會傳教士畢方濟神父從南京赴山西開教，路經開封，受到明宗室分封在汴的吳王熱情接待，滯留兩年，購買一棟民房改為教堂，後葡萄牙耶穌會傳教士費樂德神父從甬來汴接替畢方濟。崇禎十四年（1641）李自成農民軍圍困開封城，明軍掘黃河大堤，開封陷汪洋，次年費樂德遇難。康熙三年（1664）恩理格[1] 神父來開封復教，適逢“曆案”，恩理格被押解廣州，傳教再中斷，此後河南教務歸南京教區管轄。

1844 年梵蒂岡傳信部從南京教區分立出河南教區，主教府設在南陽靳崗，由遣使會管理。1869 年傳信部把河南教區管理權劃歸米蘭外方傳教會。1926 年梵蒂岡將宗座聖伯鐸保祿外方傳教會併入米蘭外方傳教會，更名“宗座外方傳教會”（Pontificio Istituto Missioni Estere, PIME），承繼了原會在香港、河南、陝西的“遺產”。

1　恩理格（Christian Wolfgang Herdtrich, 1625—1684），字性涵，奧地利人，1641 年入耶穌會，1660 年來華，曾在欽天監參與修曆；逝於絳州。

Cina

編者	Istituto delle Missioni Estere di Milano
	米蘭外方傳教會
語言	意大利文
印製	1910s.—1920s., Milano（米蘭）
尺寸	140mm×90mm
主題詞	"在印度、印度支那和中國的九大教區傳播信仰和文明。"

"米蘭外方傳教會中國系列"有五個子系列，每個子系列二十張。各個子系列主題大致可以歸納為：第一系列"風景"，第二系列"建築"，第三系列"祭祀"，第四系列"生活"，第五系列"人物"。米蘭外方傳教會與宗座聖伯鐸保祿外方傳教會重組為宗座外方傳教會後，這五個系列被後者承襲並以宗座外方傳教會名義多次重印。

米蘭外方傳教會中國系列

Serie I.ª - Cina - 1. Un'incantevole collina nel Ho-nan.

Serie I.ª - Cina - 4. Scena di pesca su un fiume.

Serie II.ª - Cina - 11. Ritrovo di Mandarini e Magnati.

Serie III.ª - Cina - 13. Interno del Tempio dell'Agricoltura.

①	②
③	④

❶ 美麗山崗
Un'incantevole collina nel Ho-nan

❷ 張網捕魚
Scena di pesca su un fiume

❸ 雙亭石橋
Ritrovo di Mandaini e Magnati

❹ 稷王廟內
Interno del Tempio dell'Agricoltura

Serie IIIª – CINA – 16. *Bonzi in abiti da cerimonie.*

Serie IIIª – CINA – 20. *Bonzo in preghiera.*

Serie IIIª – CINA – 18. *I bonzi di un convento con le loro insegne.*

Serie IV.ª – CINA – 9. *Come si tirano le barche.*

❶ 佛僧祭服

Bonzi in abiti da cerimonie

❷ 道士法器

I bonzi di un convento con le loro insegne

❸ 逆水縴舟

Come si tirano le barche

❹ 晨鐘暮鼓

Bonzo in preghiera

Serie IV· – CINA – 20. *Conduttore di carrozzella a mano.*

Serie IV· – CINA – 16. *Venditore di articoli casalinghi.*

Serie V· – CINA – 2. *Signora Cinese del Sud.*

Serie V· – CINA – 4. *Signorine cinesi del Nord.*

❶ ❷
❸ ❹

❶ 人力車夫　　　　　❷ 走街串巷　　　　　❸ 華南女子　　　　　❹ 華北女子

Conduttore di carrozzella a mano　　*Venditore di articoli casalinghi*　　*Signora Cinese del Sud*　　*Signora cinesi del Nord*

Promuove la propagazione della fede e della civiltà in nove vaste Missioni dell'India, dell'Indocina e della Cina

米蘭外方傳教會文明普照系列

編者	Istituto delle Missioni Estere di Milano 米蘭外方傳教會
語言	意大利文
印製	1910s.—1920s., Milano（米蘭）
尺寸	140mm×90mm
主題詞	"在印度、印度支那和中國的九大教區傳播信仰和文明。"

4. - Il giorno in cui nuovi cristiani entrano nel gregge della Chiesa è giorno di gran festa in terra ed in cielo.

7. La scuola è un gran mezzo di educazione e di propaganda cristiana.

10. - La S. Infanzia è l'opera più consolante e più cara al cuore del missionario.

❶ ｜ ❷

❸

❶ **皈依天主是天上人間的好日子**

Il giorno in cui nuovi cristiani entrano nel gregge della Chiesa è giorno di gran festa in terre ed in cielo

❷ **學校是灌輸福音的最佳地方**

La scuola è un gran mezzo di educazione e di propaganda cristiana

❸ **照料孤兒是傳教士心怡之事**

La S. Infanzia è l'opera più consolante e più cara al cuore del missionario

SCENE DI VITA INFANTILE IN CINA, SERIE I

編者	Istituto Missioni Estere, Milano
	米蘭外方傳教會
語言	意大利文
印製	1910s.—1920s., Milano（米蘭）
尺寸	140mm×90mm
主題詞	"拯救異教棄嬰的生命，使其獲得聖潔的洗禮以及受到基督教育之恩典。"

米蘭外方傳教會中國孤兒生活場景第一系列

"米蘭外方傳教會中國孤兒生活場景系列"主要介紹米蘭外方傳教會有關聖嬰會的慈善活動。這個系列曾多次發行，早期系列比較簡單，後期重新編成兩個子系列。

PIA OPERA DELLA S. INFANZIA. — 19. Fanciulle che attendono al bucato.

Serie I. — 10. Nutrici della S. I. che aspettano il baliatico.

Serie I. — 11. Le nutrici portano i bambini per la visita medica.

Serie I. — 19. Piccolo cinesino che dirige la preghiera.

❶ 洗衣女孩
Fanciulle che attendono al bucato

❷ 育嬰堂的護工帶著孩子等待洗澡
Nutrici della S. I. che aspettano il baliatico

❸ 護士給孩子檢查身體
Le nutrici portano i bambini per la visita medica

❹ 孩子帶領大家祈禱
Piccolo cinesino che dirige la preghiera

SCENE DI VITA INFANTILE IN CINA, SERIE II

米蘭外方傳教會中國孤兒生活場景
第二系列

編者	Istituto Missioni Estere, Milano
	米蘭外方傳教會
語言	意大利文
印製	1910s.—1920s., Milano（米蘭）
尺寸	140mm×90mm
主題詞	"拯救異教棄嬰的生命，使其獲得聖潔的洗禮以及受到基督教育之恩典。"

Serie II. — 13. *L'ora della merenda dei piccolini.*

Serie II. — 10. *I piccoli divoratori di riso della S. Infanzia.*

❶
—
❷

❶ 孩子們吃零食的時間
L'ora della merenda dei piccolini

❷ 孤兒院的孩子狼吞虎嚥
I piccoli divoratori di riso della S. Infanzia

編者	Istituto delle Missioni Estere di Milano
	米蘭外方傳教會
語言	意大利文
印製	1910s.—1920s., Milano（米蘭）
尺寸	140mm×90mm
主題詞	"在印度、印度支那和中國的九大教區傳播信仰和文明。"

米蘭外方傳教會中華殉道者系列

米蘭外方傳教會編輯的這套"中華殉道者系列"與其他修會同類明信片不同，介紹的大多數殉道者並不是本修會傳教士，有多明我會的，有巴黎外方傳教會的，有的發生在中國，有的發生在印度支那等地。

◉ **中國教區首位殉難者劉方濟、巴黎外方傳教神學院的文乃耳以及晉福的中國殉難者就義**

Martirio del B. Francesco Capillas Domenicano, Protomartire della Cina, del B.G. Pietro Neel del Seminario di Parigi, e di altri Beati martiri cinesi

劉方濟（Francis Fernández de Capillas, 1607—1648），生於西班牙帕倫西亞，1624 年加入多明我會，1631 年到菲律賓傳教，1632 年晉鐸，1642 年來華在福建傳教，順治四年（1647）被捕，次年在福安被斬首。劉方濟是天主教在中國的第一位殉難者，2000 年約翰保羅二世將劉方濟列入中華殉道聖人名單。文乃耳為巴黎外方傳教會來華傳道士。

TIP. S. LEGA EUCARISTICA

編者	L'Istituto delle Missioni Estere di Milano 米蘭外方傳教會
語言	意大利文
印製	1910s.—1920s., Tip. S. Lega Eucaristica, Milano （米蘭聖體聯盟圖片社）
尺寸	140mm×90mm
主題詞	"在印度、印度支那和中國的九大教區傳播信仰和文明。"

米蘭外方傳教會救助孤兒系列

"米蘭外方傳教會聖體聯盟系列" 有黑白和五彩兩個子系列。

◉ 拯救孤兒體現女子仁愛之心

L'apostolato delle Figlie della Carità. La S. Infanzia

編者　Istituto delle Missioni Estere di Milano
　　　米蘭外方傳教會
語言　意大利文
印製　1914, Fermo（意大利費爾莫）
尺寸　140mm×90mm

米蘭外方傳教會特卡

La Madonna del Pianto comprotettrice di Fermo e Archidiocesi

Fra le Ninfee nella terra di Canton dove dovrá sorgere il tempio

Padre Giuseppe Zamponi - in mezzo a due bambine - che hanno fatto la prima Comunione

◉ 聖殤像從費爾莫來到遙遠的中國

La Madonna del Pianto Nella Lontana Cina di Fermo

"費爾莫教區捐獻的聖殤像"（左），"廣州教堂的睡蓮池畔"（右），"沈若瑟神父領養的兩個孤兒，為他們初領聖餐"。

【原注】"天主教傳教士之不可抗拒的魅力傳播著、皈化著、吸引著人們；在基督教文明的氣息所氤氳的大地上矗立起聖殤像，以便耶穌基督的宗教可以傳播和征服人心。中國傳教士沈若瑟神父就是一個勤勤懇懇的榜樣，他修造了教堂和庇護所，引領許多靈魂皈依基督。現在他虔誠地要為悲痛聖母建造一座聖堂，那裏的信徒可以像我們一樣從聖殤像那裏獲得靈感和力量，心虔志誠地攀登座座生命之峰。他除了滿腔熱忱外一無所有，貧窮，他不氣餒，相信自己的願望很快就會實現，因為他知道我們是慷慨的。我們在這項工作中的合作，是愛，是膜拜，是信仰，是感恩的表達，是對三百年的聖殤像永不忘卻的紀念。"

傳說 1546 年羅馬某條街道的悲傷聖母像流下淚水，這個聖蹟傳到意大利東部城市費爾莫，1609 年人們為此修建一座小教堂"聖殤教堂"（Chiesa della Madonna del Pianto），1614 年當地藝術家用特殊紙漿製作"聖殤像"（Madonna del Pianto）供人祭奉。按這張明信片的記載，1914 年這座聖殤像曾在廣州教堂巡展。

沈若瑟（Giuseppe Zamponi, 1870—1925），生於意大利馬切拉塔（Macerata），1891 年加入米蘭外方傳教會，1895 年晉鐸，同年到香港教區任職，後在廣東汕尾、海豐傳教，1921 年任汕尾教區會長，1922 年回國；逝於家鄉馬切拉塔。

PONTIFICIO ISTITUTO DRLLE MISSIONI ESTERE, CINA

編者	Pontificio Istituto delle Missioni Estere
	宗座外方傳教會
語言	意大利文
印製	1930s., Milano（意大利米蘭）
尺寸	140mm×90mm
主題詞	"在印度、印度支那和中國的九大教區傳播信仰和文明。"

"宗座外方傳教會中國系列"承繼"米蘭外方傳教會中國系列"，編輯風格和體裁大同小異，分為五個子系列。

宗座外方傳教會中國系列

Serie I.ᵃ - CINA - *Villaggio montano cinese.*

❶ │ ❷

❶ 北京五塔寺

Stupe di un gran tempio a Pechino

北京五塔寺，正式名稱為真覺寺，位於北京市白石橋以東長河北岸，始建於明代永樂年間。院內有座真覺寺金剛寶座塔，須彌石台上有五座小石塔，是印度佛陀伽耶精舍形式的佛塔，樣式秀美，為明代建築和石雕藝術的代表之作。五塔寺現為北京石刻藝術博物館，最為珍貴的收藏有正福寺公墓遺物。雍正十年（1732）法國傳教團購置北京城西郊佛教寺院正佛寺改建為法國傳教士專屬的正福寺公墓，曾有白晉、巴多明、馮秉正、孫璋、錢德明、張誠等著名傳教士的六十五通墓碑。歷經義和團運動和近些年北京城市建設，正福寺公墓及正福寺教堂不復存在，在人們（包括筆者）的呼籲下遺存的墓碑移至五塔寺，是石刻藝術博物館珍貴的收藏品。

❷ 中國山村

Villaggio montano cinese

Serie II.ª - CINA - Club dei mercanti dello Shan-si a Che-ti-tchen (Honan)

Serie II.ª - CINA - Paravento in muro con disegni composti con pianelle in porcellana del Kiangsi.

Serie II.ª - CINA - Antica pagoda nello Shensi

Serie V.ª - CINA - 16. Commedianti.

❶ ❷
❸ ❹

❶ 河南水冶鎮晉商會館

Club dei mercanti dello Shan-si a Che-ti-tchen (Honan)

安陽山西會館，位於安陽城西 20 公里的水冶鎮北街珍珠泉東側。山西商人來此經商者居多，在珠泉河北岸建了一座會館。從 1656 年到 1888 年，晉商建在全國各地的山西會館有五百座之多。

❷ 江西磚雕照壁

Paravento in muro con disegni composti con pianelle in porcellana del Kiangsi

❸ 陝西古亭

Antica pagoda nello Shensi

❹ 戲劇演員

Commedianti

PROMUOVE LA PROPAGAZIONE DELLA FEDE E DELLA CIVILTÀ IN NOVE VASTE MISSIONI DELL'INDIA, DELL'INDOCINA E DELLA CINA

編者	Pontificie Opere Missionarie, Direzione Nazionale, Roma 宗座外方傳教會（羅馬）
語言	意大利文
印製	1930s., "Fotografare" Cesare Capello—Milano（意大利米蘭卡佩羅）
尺寸	150mm×105mm
主題詞	"在印度、印度支那和中國的九大教區傳播信仰和文明。"

宗座外方傳教會文明普照 A 系列

Ningyuanfu - Cina - Il Missionario parla....

Kweiteh - Cina - L'arrivo del dono dell'Opera Apostolica.

❶ **寧遠府傳教士走訪山區教徒**

Ningyuanfu-Cina—Il Missionaro parla...

【原注】"讓我們加入傳教士的隊伍吧，讓基督王國贏得人民。"

❷ **歸德傳教士發放捐贈的衣服**

Kweiteh-Cina—L'arrivo del dono dell'Opera Apostolica

【原注】"幫助他人可以使傳教生活中的喜悦悲傷化為成聖的階梯。"

Hong-Kong - Cina - Un nuovo prete al Seminario Regionale.

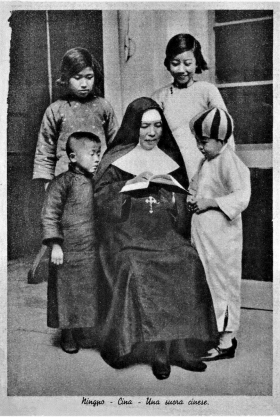

Ningpo - Cina - Una suora cinese.

Nanking - Cina - La ricreazione in una scuola.

❶ 香港神學院的本土新晉神父

Hong-kong-Cina—Un nuova prete al Seminarsa Regionale

【原注】"國家、教區、教區管委會是傳教組織的三個主要因素。"

❷ 寧波的中國修女

Ningpo-Cina—Una suora cinese

【原注】"真正的文明是在十字架籠罩之下的。"

❸ 南京學校孩子拔河比賽

Nanking-Cina—La ricreazione in una scuola

【原注】"朋友，你是否收到《傳信會》周刊？如果沒有，請聯繫當地教區。"

Anching (Cina) - Due bimbi archeologi.

Hunan - Cina - Un sarto che lavora in piena via.

Honan (Cina) - Fervore di piccoli catecumeni.

❶ ❷
❸

❶ 安慶的兩個小考古學家

Anching (Cina)—Due bimbi archeologi

【原注】"在受過教育的青年人中，
傳教士都會得到一種安慰。"

❷ 湖南街頭裁縫

Hunan-Cina—Un sarta che lavora in piena via

【原注】"為福音傳遍世界而祈禱、行動
和獻身。"

❸ 河南小小慕道者的熱忱

Honan (Cina)—Fervore di piccolo catecumeni

【原注】"所有孩子都沐浴著基督之
博愛。"

Cina

宗座外方傳教會文明普照 B 系列

編者	Pontificie Opere Missionarie
	宗座外方傳教會
語言	意大利文
印製	1930s., Reparto Rotocalco-Scuola Tip.
	Pontificia—Pompei（意大利龐貝印刷技工
	學校）
尺寸	150mm×105mm

Fanciulla cristiana dell'Honan (Cina) - che prega il Crocefisso.

Ichang (Cina) - Un giardino d'infanzia.

❶ ｜ ❷

❶ 河南信教女孩向耶穌受難像祈禱

Fanciulla Cristiana dell'Honan (Cina)—che prega il Crocefisso

【原注】"十字架伴我長大，忠耿一生。"

❷ 宜昌一所孤兒院

Ichang (Cina)—Un giardino d'infanzia

【原注】"每一個教區都會有朝氣勃勃的活動中心。"

SCENE DI VITA INFANTILE IN CINA, SERIE I

宗座外方傳教會中國孤兒生活場景第一系列

編者	Pontificio Istituto delle Missioni Estere 宗座外方傳教會
語言	意大利文
印製	1930s., Milano（意大利米蘭）
尺寸	140mm×90mm
主題詞	"在印度、印度支那和中國的九大教區傳播信仰和文明。"

"宗座外方傳教會中國孤兒生活場景系列"承繼"米蘭外方傳教會中國孤兒生活場景系列"，分為兩個子系列。

Serie I. — 2. *Come vengono portati alle Suore i bambini della S. I.*

Serie I. — 12. *La cura dei bambini ammalati.*

Serie I. — 3. *Un bambino appena raccolto.*

Serie I. — 21. *La prima lezione di Catechismo.*

❶ 送到育嬰堂生活怎麼樣？
Come vengono portati alle Suore i bambini della S.I.

❷ 護理病嬰
La cura dei bambini ammalati

❸ 初識基督
La prima lezione di Catechismo

❹ 剛剛撿到的孩子
Un bambino appena raccolto

SCENE DI VITA INFANTILE IN CINA, SERIE II

宗座外方傳教會中國孤兒生活場景 第二系列

編者	Pontificio Istituto delle Missioni Estere 宗座外方傳教會
語言	意大利文
印製	1930s., Milano（意大利米蘭）
尺寸	140mm×90mm
主題詞	"在印度、印度支那和中國的九大教區傳播信仰和 文明。"

Serie II. — 6. Narrando la Storia Sacra.

Serie II. — 18. - Le ragazze grandi che preparano il pranzo.

Serie II. — 13. Suore che divertono i bambini.

Serie II. — 16. Il primo legaccio.

❶ ❷ ❶ 聽神父講耶穌的故事　❷ 大孩子幫助嬤嬤準備午飯　❸ 嬤嬤哄孩子　❹ 初飾聖帶

❸ ❹ *Narrando la Storia Sacra*　*Le ragazze grandi che preparano il pranzo*　*Suore che divertono i bambini*　*Il primo legaccio*

Uccisi in Cina

宗座外方傳教會中華殉道者系列

編者	Il Pontificio Istituto delle Missioni Estere 宗座外方傳教會
語言	意大利文
印製	1942, Milano（米蘭）
尺寸	150mm×105mm
主題詞	"宗座外方傳教會在印度、中國和非洲 十一個教區傳播信仰和文明。"

◉ 宗座外方傳教會 1941 年至 1942 年在中國殉難的傳教士

Missionari del PIME, Uccisi in Cina 1941-1942

宗座外方傳教會救助孤兒系列

編者　Pontificie Opere Missionarie, Piazza Fontana, Milano
宗座外方傳教會（米蘭）

語言　意大利文

印製　1930s., Grafiche A.L.M.A. Milano（米蘭 A.L.M.A. 圖片社）

尺寸　135mm×85mm

❶ 窮人的孩子早當家

Il piccolo incomincia ad essere utile nei lavori famigliari

❷ 盈盈而笑的中國孩子

Sorrisi cinesi dalla vallata del Fiume Giallo

Bimbi Cinesi

宗座外方傳教會中國兒童系列

編者	Pontificio Istituto delle Missioni Estere 宗座外方傳教會
語言	意大利文
印製	1940s., Fotoimissioni Bonzai—Milano（意大利米蘭）
尺寸	140mm×90mm
主題詞	"在印度、印度支那和中國的九大教區傳播信仰和文明。"

❶ 天真無邪

❷ 看圖識字

❸ 六個夥伴

編者　Pontificie Opere Missionarie, Direzione
　　　　Nazionale, Roma
　　　　宗座外方傳教會（羅馬）
語言　意大利文
印製　1930s., Zincografica—Firenze（意大利
　　　　佛羅倫薩印刷公司）
尺寸　140mm×90mm

宗座外方傳教會中國見證系列

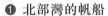

❶ 北部灣的帆船

Imbarcazioni caratteristiche sulle coste dei Tonchino. I Padri Gesuiti se ne servono per le loro cirse apostoliche.

【原注】"耶穌會神父曾聚集教徒在船上做禮拜。"

北部灣，舊稱東京灣（Coste dei Tonchino），中國廣東雷州半島、海南島及越南之間的海灣。中國馳教前，西方傳教士無法進入大陸，常常召集信徒在海上完成聖事活動。

❷ 布達拉宮

【原注】"在西藏腹地是福音無法滲透的大地，一位勇敢的孟加拉禪師到達了達賴喇嘛的布達拉宮，拍攝了這座宏偉的寺院。"

LA COLTIVAZIONE DEL RISO

編者　Pontificie Opere Missionarie, Roma
　　　宗座外方傳教會（羅馬）
語言　意大利文
印製　1940s., Tradate（意大利特拉達泰）
尺寸　140mm×90mm

"宗座外方傳教會中國水稻種植系列"，布面紙板，一套十二張，內容包括種田裏手、培育秧苗、歡快插秧、擔運熟穀、壯漢打穀、篩米裝筐、糙米去麩、婦孺闔歡、顆粒歸倉、地主喜悅、祭奉先祖等。

宗座外方傳教會中國水稻種植系列

❶

❷

❶ **歡快插秧**

Lavoro gioioso: il taglio della risaia

❷ **壯漢打穀**

La battitura. Buoni muscoli e... avanti.

SERIE POPOLI E COSTUMI

宗座外方傳教會人民與風俗系列

編者　Pontificie Opere Missionarie
　　　宗座外方傳教會
語言　意大利文
印製　1940s., P. Fontana, Milano（米蘭豐塔娜）
尺寸　140mm×90mm

"人民與風俗系列"是一套國際性的明信片，內容涉及中國、東南亞和非洲。

❶｜❷

❶ 中國：料事如神
Cina—Nomadi "Fantze" nelle loro caratteristiche foggie
圖片表現一位西方傳教士與四位牧民在一起討論聖經，原題直譯為"牧民的'方子'"，意思是遊牧民從前遇事占卜，信基督教後習慣從聖經尋找答案。

❷ 中國：母愛
Cina—Amor materno

河南北境教區

同治八年（1869）梵蒂岡傳信部把河南代牧區管理權劃歸米蘭外方傳教會，從香港調安西滿[1]神父出任主教。據說當年安西滿趾高氣昂到靳崗上任時"黃帽赭袍，乘坐綠呢大轎，前列旗幟，高腳牌四面，一寫'欽命化洽中州'，一寫'欽命聲騰古越'，一寫'欽命驚夢指迷'，一寫'欽命振聲啟聵'。小旗三對，一寫'欽命法國主教'，一寫'欽命法國大學士'，一寫'欽命法國使臣'。轅門上大旗一對'欽命法國主教總理河南全省事務'，隨從多騎，行出西門，開放三炮，簇擁而去。"[2]如此高調行事徹底背離了利瑪竇路綫，是為當地民眾反感，安西滿任主教時期河南教案屢發。

光緒八年（1882）梵蒂岡傳信部以黃河為界將河南教區拆分為河南北境代牧區和南境代牧區，北境代牧區主教府設在林縣，亦稱"衛輝教區"，南境代牧區主教府設在南陽，亦稱"南陽教區"。南境代牧區又分立出兩個教區，1906年以襄城為中心成立西境代牧區，亦稱"鄭州教區"，1916年成立東境代牧區，亦稱"開封教區"。米蘭外方傳教會管理衛輝教區、南陽教區、開封教區。此外，帕爾馬沙勿略外方傳教會管理鄭州教區和1929年成立的洛陽教區；聖言會管理1927年設立的信陽教區和1936年設立的新鄉教區，西班牙重整奧斯丁會管理1928年設立的歸德教區。

1　安西滿（Simeone Volonteri, 1831—1904），意大利人，1855年加入米蘭外方傳教會並晉鐸，1869年到香港，次年到河南，1873年任河南教區主教，1882年任河南南境教區主教；逝於任上。

2　"中央研究院"近代史研究所編：《教務教案檔》，第三冊，"中央研究院"近代史研究所，1974年至1981年，第569頁。

CINA, VICARIATO APOSTOLICO DEL HO-NAN SETTENTRIONALE

編者	Istituto Missioni Estere, Milano 米蘭外方傳教會
語言	意大利文
印製	1910s.—1920s., Milano（米蘭）
尺寸	140mm×90mm
主題詞	"在印度、印度支那和中國的九大教區傳播信仰和文明。"

"米蘭外方傳教會河南北境教區系列"有五個系列，印製於清末民初，反映的是河南北境教區風俗人情和傳教情況。早期印的第一系列明信片統一標注當年教區狀況："河南北境代牧區 1914 年統計：轄區面積三點五萬平方公里，轄區人口七百萬，信眾一萬兩千人，傳教士二十五人，修院生二百八十一人，學校一百二十三所，學生一千七百人，孤兒院四所，孤兒三百人，教堂一百座，堂口三百五十個，主教住地河南衛輝。"

米蘭外方傳教會河南北境教區系列

Il Vescovo coi Missionari.

Le bambine della S. Infanzia condotte in Chiesa dalle catechiste.

Come vengono trasportati i bambini della S. Infanzia

❶ 主教與傳教士主教

Il Vescovo coi Missionari

❷ 孤兒院的孩子們走進教堂

Le bambine della S. Infanzia condotte in Chiesa dalle catechiste

❸ 給孤兒院送孩子

Come vengono trasportati i bambini della S. infanzia

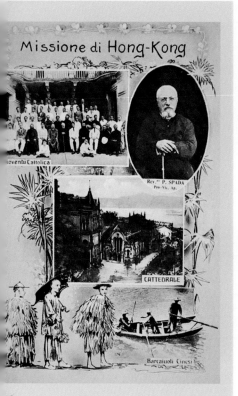

❶ ｜ ❷ ｜ ❸

❶ 香港教區

Missione di Hong-Kong

圖片由上至下："青年會"、"德若翰主教"、"大教堂"。

德若翰（Giovanni Michele Spada，1867—1950），意大利人，1891年加入米蘭外方傳教會，1892年晉鐸，同年到香港，1924年署理香港主教，1948年退休，逝於香港。

❷ 南陽教區

Missione di Nan-yang

圖片由上到下："大教堂"、"女孤兒"、"包海容主教"、"靳崗會院"、"中國寺廟"。

包海容（Flaminio Belotti，1874—1945），意大利人，1899年晉鐸，1907年加入米蘭外方傳教會，1917年任河南南境教區主教，1937年任南陽教區主教，逝於任上。

❸ 開封教區

Missione di Kai-feng-fu

圖片由上到下："耶穌聖心大教堂"、"村莊"、"譚維新主教"、"學校師生"。

譚維新（Noè Giuseppe Tacconi，1873—1942），意大利人，1902年來華，1910年任河南南境教區主教，1916年調任河南東境教區主教，1940年退休。

MONS. GIOVANNI MENICATTI
VICARIO APOSTOLICO del HONAN NORD in CINA

50. *Juen She Kai, presidente della Repubblica cinese.*

39. *Venditore ambulante*

Serie IIIᵃ – Ho-Nan Settentrionale (Cina) - 38. *La Bottega d'un barbiere*

❶ 河南北境教區梅占魁主教

Mons. Giovanni Menicatti, Vicario Apostolico del Honan Nord in Cina

這是一張梅占魁主教簽名的明信片。梅占魁（Giovanni Menicatti, 1866—1943），生於意大利米蘭，1885 年加入米蘭外方傳教會，1889 年晉鐸，1903 年任河南北境教區主教，1920 年因病退休返回家鄉。

❷ 中華民國總統袁世凱

Juen She Kai, presidente della Repubblica cinese

袁世凱（1859—1916），字慰亭，號容庵，河南項城人。辛亥革命期間袁世凱逼清帝溥儀退位，推翻清朝，1913 年當選為中華民國首任大總統。1915 年袁世凱改國號為中華帝國，建元洪憲，史稱"洪憲帝制"，引發護國運動，不得不取消帝制。1916 年病逝，葬河南安陽。

❸ 街頭小販

Venditore ambulante

❹ 剃頭攤子

La Bottega d'un barbiere

La S. Infanzia nella Missione dell'Ho-nan Settentrionale (Cina)

米蘭外方傳教會河南北境教區聖嬰會系列

編者	Istituto Missioni Estere, Milano 米蘭外方傳教會
語言	意大利文
印製	1910s.—1920s., Milano（米蘭）
尺寸	140mm×90mm
主題詞	"拯救受異教迷信影響遭遺棄的孩子，並為他們獲得聖洗和基督教育的權利。"

LA S. INFANZIA NELLA MISSIONE DELL'HO-NAN SETTENTRIONALE (CINA)

35. Ragazze della S. I. che filano il cotone.

◉ 孤兒院女孩紡綫

Ragazze della S.I. che filano il cotone

08

聖母聖心會

同治四年（1865）一位名叫南懷義的比利時神父在三位同工的陪伴下，穿過長城來到口外一處小村莊，邁出長達八十四年篳路藍縷傳播福音的第一步。後人記：

> 出張家口大境門外，綠清水溪東北進，便入了大東溝。那道溝原是通多倫的一條古道，雖是雲山連綿，但幸溝深遼闊，居民較稠。進至黑山嘴子，距張垣約百里，那裏山嶺比較更是險峻，而溪流則漸緩漸細，繞過這裏以後，突見前方山河，向西蜿蜒曲折，作一大半圓形，隱約的山麓河畔間，煙樹繚繞，有一村落，名曰西灣子，據稱以溪水抱村向西作灣得名。……公教亦在此而根而蒂，而花而果，發展興旺起來，畢竟成了公教發祥之地云。[1]

Missions de Scheut : le T. R. P. Verbist, fondateur de la Congrégation.

◉ 聖母聖心會創始人南懷義（聖母聖心會中國系列）

T.R.P. Verbist, fondateur de la Congrégation

南懷義（Theophile Verbist）1823 年生於安特衛普，就讀當地耶穌會公學和美林（Mechelen）小修院，1847年晉鐸，在美林小修院任學監；1853 年擔任布魯塞爾皇家軍事學校（École Royale Militaire）駐校神父，兼任莫倫貝克（Molenbeek）婦幼基金會主管。通過後者，南懷義開始知道中國，了解到中國有無數等待拯救的孤兒。

1860 年南懷義提出建立一家以"解決中國的貧窮和缺乏孤兒院"為宗旨的新修會，獲比利時紅衣主教的批准。這家在俗宗會叫作"無玷聖母聖心傳教會"（Congregatio Immaculati Cordis Mariae, CICM），在中國簡稱為"聖母聖心會"，文獻通常用其創建地比利時司各特（Scheut）稱呼其會其人。1862 年南懷義前往羅馬覲見教宗庇護九世，本來擬議赴香港傳教，因香港教區已經歸米蘭外方傳教會管理，1864 年梵蒂岡傳信部說服遣使會把蒙古代牧區劃給聖

---

1 〔比利時〕隆德里：《西灣聖教源流》，北京西什庫遣使會印字館，1938 年，第 1 頁。

母聖心會，次年南懷義等四位神父前往羅馬，拿到任務書，先期來到西灣子，接管蒙古代牧區，出任副主教。同治七年（1868）南懷義感染斑疹傷寒逝於灤平縣老虎溝，1931 年遺骨運回比利時，重葬在安德萊赫特（Anderlecht）的 "南懷義教堂"。

聖母聖心會繼承的是耶穌會和遣使會近一百五十年 "打拚" 下來的產業。經過幾十年苦心的經營，聖母聖心會建立了察哈爾的西灣子、南壕塹、玫瑰營子、香火地，熱河的松樹嘴子、城廠、赤峰，綏遠及陝甘寧三邊地區的二十四頃地、缸房營子、巴拉蓋、毛腦海、小橋畔等教區[1]。1883 年梵蒂岡傳信部正式將內蒙地區分為三個教區，對應上述三個地區分別為 "中蒙古代牧區"、"東蒙古代牧區"、"西南蒙古代牧區"。聖母聖心會在中國傳教九十年間，共從歐洲派遣六百七十九位傳教士來華。聖母聖心會本來僅僅是比利時司各特鎮的一批有志來華傳播福音的獻身者，在無傳統背景、經濟窘迫的困境下，做得風生水起，有聲有色，憑著一腔熱血，歷經幾十年寒耕暑耘，在中國天主教林立

的眾修會中脫穎而出，成為其他有志奉獻者仿效的榜樣。

相對其他傳教修會來說，聖母聖心會來華傳教士的文化水平是比較高的，他們長期沉寂在塞外荒域，傳教之餘潛心研究中國文化，碩果纍纍，名人輩出，他們在漢學史上留下濃墨重彩，如田清波[2]的 *Le Dialecte Monguor, Parlé par les Mongols du Kansou Occidental*（《隴西蒙語方言》，1933）和 *Folklore Ordos*（《鄂爾多斯口述文學》，1937—1947），彭嵩壽[3]的 *Chansons Populaires Chinoises de la Region Sud des Ordos*（《鄂爾多斯南部中國民歌》，1912）和 *Notes sur le T'oemet*（《土默特筆記》，1922），康國泰[4]的 *Le Mariage chez les T'ou-Jen du Kan-Sou*（《甘肅土人的婚姻》，1932），賀登崧[5]的 *Temples and History of Wanch'üan Chahar*（《萬全的寺廟和歷史》，1948）等。

民國中後期又是聖母聖心會傳教士首先發起對中國 "新文學運動" 的關注。比利時人善秉仁（Joseph Schyns, 1899—1979）生於蓋默尼

---

1 *Vicariatus Mongolle*, exercitium, 1918-1919（《蒙古代牧區統計》，1918—1919）。

2 田清波（Antoine Mostaert, 1881—1971），比利時人，1899 年入聖母聖心會，在司各特修道院研習哲學、神學、古漢語和蒙文；1905 年晉鐸，同年來華，前二十年間在西南蒙古教區傳教，曾任白泥井子和城川本堂；活躍在鄂爾多斯南部鄂托克旗南境的城川一帶，致力於蒙古語言學的調查研究，搜集了大量有關鄂爾多斯傳統、風習、歷史、宗教文獻和民俗學等方面的資料；1925 年加盟輔仁大學做學術研究，在其著作中有一多半是研究鄂爾多斯的語言、歷史和文學的，代表作還有 *Dictionnaire Ordos*（《鄂爾多斯蒙語辭典》，1941）；1948 年離華赴美繼續蒙古文學研究，發起哈佛燕京學社出版的蒙古歷史文獻叢刊 *Scripta Mongolica*（《蒙古抄本集刊》）。

3 彭嵩壽（Jozef van Oost, 1877—1939），比利時人，1896 年加入聖母聖心會，1901 年晉鐸，1902 年來華，任二十四頃地和歸化城本堂。

4 康國泰（Louis Schram, 1883—1971），又記許讓，比利時人，1902 年加入聖母聖心會，1909 年來華，歷任西寧、臨夏、渾源、陝壩、蠻會本堂，日佔時被囚，戰後任三盛公本堂，參與北平懷仁書院活動；逝於比利時。

5 賀登崧（Willem A. Grootaers, 1911—1999），1932 年入聖母聖心會，在魯汶大學學習語言學，1938 年晉鐸，1939 年來華，曾任大同本堂；太平洋戰爭爆發後被拘濰縣集中營和北平德勝院，戰後被輔仁大學聘任為語言學教授；1950 年轉赴日本，任東京本堂，後在奈良天理大學和東京天主教上智大學教書，逝於東京。

希（Gemmenich），1912 年在比利時列日加入聖母聖心會，1916 年在法國費列里斯‧聖羅克斯（Ferrieres Saint-Rochus）小修院學習人文學科，1921 年至 1925 年在魯汶學習神學，1924 年晉鐸。善秉仁 1925 年來華後在天津語言學校學習一年，隨後受遣赴內蒙古傳教，先後任西灣子副本堂、灶火溝和南壕塹本堂，1936 年任寧夏教區鸞會本堂和傳教區會長。1943 年善秉仁與其他神職人員被日本憲兵隊拘留於濰縣和北平的集中營，日本戰敗後獲釋。1948 年善秉仁擔任聖母聖心會與輔仁大學合辦的北京懷仁書院秘書，1952 年退休回比利時。在集中營囚禁期間，善秉仁閱讀了大量中國現代文學作品，頗有心得。戰後他借用聖母聖心會賬房名義，在北平設立"普愛堂編輯部"，編纂了

"批評和文學研究"叢書，以此為舞台聚集了一批中外學者。1945 年善秉仁出版法文的 *Romans à lire et Romans à proscrire*（《說部甄評》），重點介紹中國近現代小說，有六百部小說的書評，一百一十位作者小傳，1946 年出版了此書的中文版《文藝月旦（甲集）》。1948 年善秉仁與蘇雪林等人合作出版了 *1500 Modern Chinese Novels & Plays*（《一千五百種現代中國小說和戲劇》）。與善秉仁一起投入中國"新文學運動"研究的還有比利時傳教士文寶峰[1]。

田清波、康國泰、彭嵩壽、閔宣化、賀登崧、善秉仁、文寶峰等一連串名字，還不是在漢學研究卓有成績的聖母聖心會傳教團隊的全部，民俗研究學者司禮義[2]神父、畫家狄化淳[3]和方希聖也都是聖母聖心會的傳教士。

1　文寶峰（Hubert-Hendrik van Boven, 1911—2003），比利時人，1929 年入聖母聖心會，1935 年晉鐸。1936 年來華，任綏遠副本堂，二戰間被拘濰縣和北京集中營，戰後任巴拉蓋本堂；1949 年離華歸鄉，在司各特和魯汶大學教授中文，1952 年轉赴日本傳教，任本堂神父並從事中國文化研究，在日本退休，逝於姬路城。

2　司禮義（Paul Serruys, 1912—1999），比利時人，1929 年入聖母聖心會，1935 年晉鐸，1936 年來華，在平定、張北等地傳教，二戰期間被日軍羈押；戰後赴美國研究蒙古語。

3　狄化淳（Leo van Dijk, 或 Dyck, 1878—1951），比利時人，1896 年入聖母聖心會，1902 年晉鐸，同年來華，1904 年任蘭州本堂，1927 年至 1942 年歷任寧夏代牧區、綏遠代牧區、歸化城本堂神父；二戰期間遭日軍拘押；戰後在北京幾所醫院做駐院神父，間或推介天主教繪畫藝術；逝於司各特。

CHINA / CHINE

編者	Missiën van Scheut
	Missions de Scheut
	聖母聖心會
語言	荷蘭文 法文
印製	1920s.—1930s., Drukkerij "De Beurs" Antwerpen, Imprimerie de la Bourse, Anvers
	（荷蘭安特衛普證券印刷所）
尺寸	140mm×90mm

"聖母聖心會中國系列"有兩套，分別用荷文和法文印製，圖片內容、形式和種類大致相當。從圖注描述的確切性來看，傳教士為明信片編輯提供的原始文字應該是荷蘭文，法文是編輯後加的。前後發行有六十多種，大致可以分為民俗文化、市井人物、文物景觀、傳教生活、各式教堂等主題。此系列明信片歷年屢次翻印，紙張和墨色略有差異。

聖母聖心會中國系列

民間風俗

Missiën van Scheut : China. Op weg naar de markt.

Missiën van Scheut : China.
Nieuwjaarsfeest : De springbussen.

❶ ❷

❶ 趕集去
Op weg naar de markt

❷ 年貨市場
Nieuwjaarsfeest: De springbussen

n van Scheut : China. Lijkkoets gedragen door 48 man.

Missiën van Scheut : China. En of ze watertanden !

Missions de Scheut : Chine. On répare toutes les poteries.

Missiën van Scheut : China. Langs de straat wordt gekookt.

Missions de Scheut : Chine.
Four dans lequel on cuit les vases en émail cloisonné.

❶ 四十八抬大轎
Lijkkoets gedragen door 48 man

❷ 垂涎欲滴
En of ze watertanden

❸ 全能銅匠
On répare toutes les poteries

❹ 街頭小吃
Langs de straat wordt gesmuld

❺ 燒製掐絲琺瑯瓶
Four dans lequel on cuit les vases en émail cloisonné

市井人物

Missions de Scheut : Chine. Un jeune porteur d'eau.

Missiën van Scheut :
China. Tijdverdrijf na de klas : de verboden vrucht.

❶ 馱水少年

Un jeune porteur d'eau

❷ 課餘生活：偷吸香煙

*China. Tijdverdrijf na de klas: de
verboden vrucht*

❸ 我們在這裏如此快樂

Ook hier kan men poseeren

Missiën van Scheut : China. Ook hier kan men poseeren.

Missiën van Scheut : China.
Verpoozing na de studie ; het muziekkorps der college-studenten van Erhshihszekingti.

Missions de Scheut : Chine. Coiffure de fillettes chinoises : mode et gloire du pays.

Missiën van Scheut :
China. Tijdverdrijf na de klas : moederke spelen.

❶ ❹
❷
❸

Missiën van Scheut : China. Wie lacht er 't schoonst ?

❶ 課餘生活：二十四頃地中學學生樂隊

Verpoozing na de studie: het muziekkorps der college-studenten van Erhshihszekingti

二十四頃地位於包頭市土默特右旗。光緒二十四年
（1898）西南蒙古教區主教府自三盛公（今磴口縣）遷至
二十四頃地村，修建"二十四頃地天主教總堂"，韓默理
任主教，管轄內蒙古呼和浩特、固陽縣、達茂旗、鄂托克
旗、河套地區和寧夏、陝西部分地方，後擴展到內蒙托
縣、和林縣、四子王旗、武川縣等地。主教府下設二十四
頃地教區、缸房營子教區、小巴拉蓋教區以及其他堂口。

❷ 女孩髮型：時尚和榮耀

Coiffure de fillettes chinoises: mode et gloire du pays

❸ 誰笑得最開心？

Wie lacht er 't achoonst?

❹ 課餘生活：學當媽媽

Tijdverdrijf na de klas: moederke spelen

文 物 景 觀

Missiën van Scheut : China.
Binnenkoer der pagode.

Missions de Scheut : Chine. Brûle-parfum en bronze.

❶ ｜ ❷　　　❶ 寺廟庭院　　❷ 青銅香爐

　　　　　　　　Binnenkoer der pagoda　　*Brûle-parfum en bronze*

傳教生活

Missiën van Scheut : De laatste voorbereiding tot de Missietaak.

Missiën van Scheut : De jongste karavaan is op post.

Missiën van Scheut : China. E. Pater Dangreau bezoekt een fabriek van cloisonné-vaatwerk.

Missions de Scheut : Chine. Repos après l'étude : Les philosophes de Suiyuan font pique-nique.

❶ 一切就緒

De laatste voorbereiding tot de Missietaak

此明信片反映的是傳教士正式開展傳教工作前漢語培訓班結業："畢業臨別紀念，神父先生合影"。

❷ 家書抵萬金

De jongste karavaan is op post

此明信片表現的是傳教士與郵差在一起。同樣圖片法文版説明是 Apprentissage de la vie chinoise（"融入中國生活"）。從圖片看，後排右一是位郵差，荷文版的説明更確切些。

❸ 唐莪勞神父參觀瓷器廠

E.Pater Dangreau bezoekt een fabriek van cloisonné-vaatwerk

唐莪勞（Jozef Dangreau, 1912－1939），比利時人，1930 年加入聖母聖心會，1936 年晉鐸，1937 年來華，初期在北京學習漢語，1938 年任小淖爾和新城副本堂。

❹ 課餘生活：綏遠哲學家們在野餐

Repos après l'étude: Les philosophes de Suiyuan font pique-nique

為了推廣神職人員本土化、淡化各修會間區隔和間隙，剛恆毅主教重新劃分了教區，還在一些地方開辦中國總教區主導的跨修會的"會外神職班"，強化中國本土神職人員的培訓。"會外神職班"還有特別指定的教區供其學員實習實踐，比如蒙古教區的赤峰、集寧，河北教區的趙縣、宣化、永年、保定，山東教區的臨清、陽穀，山西教區的汾陽、洪洞；陝西教區的盩厔（今作"周至"），江蘇教區的海門、南京，河南教區的駐馬店，四川教區的順慶、萬縣、嘉定，湖北教區的蒲圻、襄陽、施南，雲南教區的昭通，以及澳門。

Missiën van Scheut : China. Verpoozing na de studie : de theologanten van Tatung op wandeling.

Missions de Scheut : Chine. Ste Enfance, en route pour l'excursion de vacances.

Missions de Scheut : Chine. Les thuriférairès coiffés du "Tsi-Kin-Mao"
une particularité liturgique de la vielle Chine.

❶ 大同神學家假期出行途中

Verpoozing na de studie: de theologanten van Tatung op wandeling

這種跨修會培訓的最重要基地是在聖母聖心會轄區的綏遠哲學神學修院，常守義[1] 神父擔任院長。綏遠神哲學院的前身是綏遠省歸綏市天主教神哲學院，1935 年山西大同神哲學院容納不了眾多的修道生，遂在綏遠另建神哲學院。綏遠神哲學院的職責主要是舉辦 "會外神職班"，培訓中國本土神職人員。相類似的有遣使會管理轄區的北平和天津的明德學園。

❷ 孤兒院孩子假期旅行

Ste Enfance, en route pour l'excursion de vacances

❸ 頭戴 "祭巾帽" 成為中國傳統禮儀

Les thuriférairés coiffés du "Tsi-Kin-Mao" une particularité liturgique de la vielle China

"祭巾帽" 是中國天主教採用的一種中國式樣的宗教冠帽，也稱 "祭巾"。萬曆四十二年（1614）來華傳教士金尼閣回羅馬述職，向耶穌會總會長克勞迪奧‧阿奎維瓦（Claudio Aquaviva, 1543—1615）提出在華傳教的五十條建議，其中包括允許神父用中文舉行聖祭、聖事、日課以及允許在華傳教士在禮儀中戴祭巾帽等，得到教宗認可，後逐步成為中國天主教禮儀的範式。"祭巾帽" 仿宋明官帽式樣，四方形掛繡片，樣式統一，圖案隨意。通常主持彌撒的神父或者輔彌撒的助祭才戴 "祭巾帽"，圖中女學生的裝束只是模仿，非正式禮儀。

1　常守義（1903—1991），集寧香火地人，聖母聖心會士，1927 年晉鐸，綏遠神哲學院（厚和神哲學院）院長，輔仁大學哲學講師；逝於玫瑰營子。

各 地 教 堂

❶ 西灣子大教堂

Kathedraal van Siwantze

西灣子鎮始建於遼金時期，元朝時定名為定邊城，明末叫大東溝，清初稱西灣子，現以崇禮知名。康熙三十九年（1700）天主教傳入西灣子，1762 年後動土木建教區設施。1829 年因清廷嚴格禁教，北京教區部分神職人員遁於西灣子鎮。1840 年遣使會法國神父孟振生出任新設立的蒙古教區主教，主教座堂設在西灣子鎮。同治三年（1864）聖母聖心會從遣使會手中接管蒙古代牧區教務，在西灣子大興土木，擴建西灣子大教堂和會院。1900 年義和團運動時期大教堂等傳教設施被毀，事後用清廷賠款重建，規模遠非昔日。此照片是義和團運動之前的舊照。

❷ 偏僻角落的溫馨教堂

Lief kerkje in een verlaten hoek van China

法文版說明：這是西灣子附近的一座教堂。

Missiën van Scheut : China. Kerk van Kaokiayngtze.

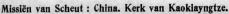

❶ 高家營子教堂

Kerk van Kaokiayngtze

高家營子是赤峰市喀喇沁旗一座小村莊。高家營子教堂屬中蒙古代牧區西灣子教區，由比利時傳教士和羹柏設計和督造，比利時聖呂克哥特式建築風格。

❷ 小橋畔中式風格教堂

Kerk in Chineeschen bouwtrant te Siao-k'iao-pan

小橋畔村位於陝西榆林市（綏德）靖邊縣東坑鎮，地處毛烏素沙漠邊緣。小橋畔教堂屬西南蒙古代牧區（寧夏代牧區）寧條梁教區，1875年時任小橋畔副本堂的司福音[1]神父設計並修建了這座富有中國建築特色的教堂。

❸ 綏遠石窰子教堂

Eglise de Chayaotze (Soeiyuan)

石窰子村現屬張家口市崇禮區。石窰子教堂隸屬西南蒙古代牧區二十四頃地教區。從圖片看這是一處比較小的堂口，土坯蓋的房院甚為簡陋。光緒二十五年（1899）比利時神父司友善[2]來石窰子村開教，任石窰子副本堂。

---

1 司福音（Jan-Baptist Steenackers, 1848—1912），比利時人，1972年晉鐸，1874年加入聖母聖心會，1869年畢業於布魯日大修院，1874年來華，洗後任小橋畔、鄂爾多斯副本堂，伊寧本堂，上海普愛堂賬房；1898年回國，在根特、列日和布魯塞爾大學擔任中文教授。

2 司友善（Joannes de Gryse, 1866—1825），比利時人，1886年加入聖母聖心會，1888年至1891年就讀魯汶耶穌會神學院，1891年晉鐸，1898年來華，先後任石窰子、十喇嘛水泉子副本堂，台路溝、哈拉溝本堂，1919年回國。

CHINA

聖母聖心會英文中國系列

編者　Mission of Scheut
　　　聖母聖心會
語言　英文
印製　1930s., W. H. Smith & Son, The Arden Press.
　　　For the Belgian Catholic Mission of Scheut.
　　　London（英國倫敦阿登出版社史密斯父子印
　　　刷所為聖母聖心會印）
尺寸　135mm×88mm

❶ ❷

❶ **青海拉卜楞寺大喇嘛**

The Great Lama of Labrang. Kou-Kou-Nar.

拉卜楞寺位於甘肅甘南州夏河縣，藏語全稱為"噶
丹夏珠達爾吉扎西益蘇奇具琅"，意思為具喜講修興吉祥右旋寺。康熙四十八年（1709）由
第一世嘉木樣阿旺宋哲大師創建，康熙五十三年建立嘉木樣佛宮，為寺
院最高活佛府邸。拉卜楞寺是藏傳佛教格魯派六大寺院之一、甘南地區
的政教中心，保留有完整的藏傳佛教教學體系，被譽為"世界藏學府"。

❷ **青海拉卜楞寺的富裕喇嘛**

The Wealthy Lama of Labrang. Kou-Kou-Nar.

❶ 嫁給漢人的青海藏族姑娘

Tibetan Woman Married to a Chinese, Kou-Kou-Nar.

李唐文成公主吐蕃和親，開創漢藏民族通婚的先河。漢族與藏族婚姻是普通習俗，不存在任何阻礙，尤其在青海地區。宋代西隴地區漢藏通婚導致當地通行漢語，明代長期在青海屯兵戍邊，漢人兵裔性別不平衡更促進漢藏通婚。

❷ 青海和察罕蒙古族首領

Chiefs of the Tcha-Sak Mongols. Kou-Kou-Nar.

察罕蒙古族是青海土族的統稱，是從蒙古族分化出來的青海特有民族。元代成吉思汗西征時在河湟地區留下駐守部隊，隨著歲月流逝，逐漸與蒙古族分離，受到周圍漢、藏文化和伊斯蘭文化的影響形成獨立的民族特徵和身份，蒙古人稱土族為"察罕人"，藏族人稱其為"霍爾人"，意為"白蒙古人"，主要聚居在青海省互助、民和、大通等地，細分有土族、保安族、裕固族、東鄉族等。

❸ 青海土著婦女

Native women. Kou-Kou-Nar.

聖母聖心會傳教士康國泰神父 1932 年著有 *Le Mariage chez les T'ou-Jen du Kan-Sou*（《甘肅土人的婚姻》）一書，詳細介紹甘肅土人婚姻習俗和家庭狀況，如買賣婚姻，勞役或入贅婚姻，例外婚姻，離婚、休妻、換妻，逃婚，母系氏族等。費孝通先生第一任妻子王同惠 1935 年曾翻譯這本書，1997 年費孝通先生發現譯稿並整理出版。

PAGODA OF AQUI-MIAO. MONGOLIA.

TCH'ENG HOAHG MIAO. (THE BLUE CITY.)

❶
──
❷

❶ 巴彥淖爾阿貴廟

Pagoda of Aqui-Miao. Mongolia.

阿貴廟位於內蒙古巴彥淖爾磴口縣沙金套海蘇木境內的
狼山，蒙古語意為"有山洞的廟"。阿貴廟始建於嘉慶
三年（1798），稱"宗乘寺"，是蒙古地區惟一紅教喇
嘛的寺廟，奉其創始人印度僧蓮花生為祖師。阿貴廟祭
殿及廟宇殿堂以其神奇絕妙聞名遐邇，拾級而上到達山
頂，依次有五道廟、公卜廟、羅漢廟、觀音洞等廟宇，
在大殿周圍的懸崖峭壁上有五個奇特的天然岩洞，洞內
彩塑迷離，栩栩如生。

❷ 青城城隍廟

Tch'eng Hoahg Miao. (The Blue City)

青城城隍廟位於甘肅蘭州榆中縣青城鎮，始建於宋仁宗
寶元年間，初為秦州刺史狄青的議事廳，稱"狄青府"。
萬曆二十五年（1597）秦州議事廳改為守備府，是"一
條城"守備軍指揮部。雍正二年（1724）守備府改建為
城隍廟。青城城隍廟有山門、戲樓、廊坊、陪殿、鐘鼓
樓、獻殿、皋金二縣城隍陪殿、大殿等建築物。

MONGOLIË /
MONGOLIO

聖母聖心會蒙古系列

編者	Missiën van Scheut
	Missions de Scheut
	聖母聖心會
語言	荷文 法文
印製	1920s.—1930s., Drukkerij "De Beurs" Antwerpen/ Imprimerie de la Bourse, Anvers （荷蘭安特衛普證券印刷所）
尺寸	135mm×88mm

"聖母聖心會蒙古系列"分別用荷文和法文兩種文字印製了兩套，圖片內容、形式、數量大致相當。

Missiën van Scheut : Mongolië. Hij offert... maar niet voor den waren God.

Missiën van Scheut : Mongolië. Middagmaal der Mongolen.

Missiën van Scheut : Mongolië.
Grootvader brengt ze bij den pater.

❶
　❸
❷

❶ 他在祭祀，崇拜的不是上帝
　Hij offert...maar niet voor den waren God

❷ 蒙古人的午飯
　Middagmaal der Mongolen

❸ 祖父帶孫子去見父親
　Grootvader brengt ze bij den pater

Missions de Scheut : Mongolie. Dans les "palars" du Nord-Ouest.

Missions de Scheut : Mongolie. Dans la steppe infinie.

Missions de Scheut : Mongolie. Que deviendront ces candidats-lettrés ?

Missiën van Scheut : Mongolië. Kapel in 't onmetelijk plein van Balgason.

❶ ❷
❸ ❹

❶ **西北的 "遊牧人"**

Dans les 'palars' du Nord-Ouest

palars（"巴拉子"）是舊時對遊牧人的稱謂，略帶貶義，荷文版標題為 *Waar de banen nog moeten getrokken worden*（風雪人未歸）。

❷ **無垠的蒙古草原**

Dans la steppe infinie

❸ **這些文化人未來會咋樣？**

Que deviendront ces candidats-lettrés?

❹ **城川鎮迎領聖體搭建的祭壇**

Reposoir pour la procession dans la plaine de Balgaso

城川鎮（Balgaso）位於鄂爾多斯西南部鄂托克旗，同治十三年（1874）聖母聖心會傳教士在鄂托克旗開教，堂口隸屬西南蒙古代牧區（寧夏代牧區）寧條梁教區。比利時著名漢學家田清波神父 1906 年至 1912 年間曾擔任過城川鎮本堂。

城川鎮是 "河套人" 的發祥地和薩拉烏素動物化石群的集聚地，二十世紀二十年代法國傳教士桑志華和德日進收到城川鎮聖母聖心會傳教士發現疑似古生物化石的報告，他們在薩拉烏蘇河谷的邵家溝找到史前舊石器時期的遺址，最重要的是一枚七萬年前舊石器時期晚期智人——"河套人" 的左上外側門齒化石，這枚兩邊緣翻卷成棱、中間低凹的 "鏟形牙" 後來被認為是中國人的標準 "生理印記"。桑志華和德日進等人撰寫了劃時代科學著作 *Le Paléolithique de la Chine*（《中國舊石器時代》，Publications du Musée Hoang ho Pai ho de Tien Tsin, 1928）。

MONGOOLSCH HUWELIJK / MARIAGE MONGOL

編者	Missiën van Scheut
	Missions de Scheut
	聖母聖心會
語言	荷蘭文 法文
印製	1920s.—1930s., Drukkerij "De Beurs" Antwerpen/
	Imprimerie de la Bourse, Anvers
	（荷蘭安特衛普證券印刷所）
尺寸	135mm×90mm

聖母聖心會蒙古婚俗系列

"聖母聖心會蒙古婚俗系列"分別用荷文和法文兩種文字印製了一套，圖片內容、形式、數量大致相當。原編者不太了解蒙古婚俗，明信片的序號似不符合婚俗程序，筆者在此做了調整。

Missions de Scheut : Mariage mongol.
1. La fiancée.

Missiën van Scheut : Mongoolsch huwelijk.
3. De bruidegom weerhouden voor de deur zijner schoonouders.

❶   ❷

❶ 蒙古族新娘

Mariage mongol

草原民族傳統婚姻有兩種，或是"搶婚"，或是"聘親"。聖母聖心會傳教士記錄的年代，內蒙古的鄂爾多斯和土默特等地已然比較開化了，基本上均為"聘親"。

❷ 新郎被擋在岳父家門外

De bruidegom weerhouden voor de deur zijner zijner schoonouders

男方家要託媒人帶著象徵和諧、甜蜜、旺盛的白糖、茶葉、膠等物品，用一塊白手巾包著，到中意的女孩家"撮合"。女方收下禮物後，男方帶著哈達、奶酒、糖塊之類禮品求婚。蒙古人相信"多求則貴，少求則賤"，為了女兒不被小覷，女方家長必須屢屢把男方"拒之門外"，然後被"真誠"打動，笑納訂婚哈達，與男方家長喝訂婚酒。

Missions de Scheut : Mariage mongol.
2. La fiancée, voilée, est conduite à cheval vers l'église.

Missiën van Scheut : Mongoolsch huwelijk.
4. De bruidegom moet een schapenbeentje breken.

Missions de Scheut : Mariage mongol.
7. En route vers la maison de son époux.

❶ ｜ ❸
❷

❶ 披著面紗的新娘去教堂

La fiancée, voilée, est conduit à cheval vers l'église

受藏傳佛教的影響，蒙古族男女兩家定親後要請喇嘛占卜結婚吉日。哈達是藏傳佛教敬佛的禮品，敬獻哈達也成為蒙古人與未來親家禮尚往來中必不可少的禮儀。而在一些信奉基督教的家庭，占卜吉日和敬獻哈達被去教堂參加禮拜活動所替代。

❷ 迎親

En route vers la maison de son époux

蒙古人娶親分男方迎親和女方送親。男方身穿艷麗的蒙古長袍，腰繫彩帶，頭戴圓頂紅纓帽，腳蹬高筒皮靴，佩帶弓箭，到女方家後向新娘的父母、長親逐一敬酒，行跪拜禮。次日與女方送親隊伍合併一處返回婆家，在草原上縱馬奔騰，追逐為先。

❸ 新郎折斷羊頸骨

De bruidegom moet een schapenbeentje breken

迎親隊伍到新娘家時，女方家人為他們擺上或豐或簡的"筵席"。新郎首先必吃的是一種"羊頸喉肉"，羊頸喉肉骨頭堅硬，連接牢固，不易掰開，吃羊頸喉肉是新人對婚姻終身不悔的表示。這種婚俗早在《元史》裏就有記載。

Missions de Scheut : Mariage mongol.
5. La nouvelle coiffure de la jeune épouse.

Missions de Scheut : Mariage mongol.
6. La jeune mariée fait les neuf saluts rituels devant sa belle-mère.

Missiën van Scheut : Mongoolsch huwelijk.
8. Het gelukkige echtpaar.

❶ │ ❷ │ ❸

❶ 新娘紅妝

La nouvelle coiffure de la jeune épouse

新娘到公婆家，頭戴"筒帽"或披著綢巾。新郎用箭挑開頭蓋，引新娘進新搭的帳篷。族中長輩婦人"梳頭媽"給媳婦修改髮型，改梳一種中分的"媳婦頭"。

❷ 新娘向婆婆施九叩禮

La jeune mariée fait les neuf saluts rituels devant sa beelle-mère

婚禮最重要的是祭拜儀式，拜灶、拜祖先、拜公婆。許多天主教神學家和傳教士把這類禮儀視為"迷信"加以斥責，但是從明季利瑪竇神父開始就"容忍"這些儒家禮儀，認為其與敬奉上帝並不衝突，可以並行不悖。新娘新郎喝完交杯酒後，雙方來賓杯觥交錯、長歌勁舞，"醒時同交歡，醉後各分散"，乃人類衍綿之循環。

❸ 幸福夫妻

Het gelukkige echtpaar

蒙古族婚俗在中華民族眾多習俗裏是比較有代表性的風俗，2019年被列入《國家級非物質文化遺產代表性項目保護單位名單》。"聖母聖心會蒙古婚俗系列"明信片用了八張圖片還原了那個時代的蒙古族婚嫁禮儀，並且記錄了基督教對奉教家庭婚俗的影響。

CHINA /
CHINE

編者	*Missiën van Scheut*
	Missions de Scheut
	《聖母聖心會》雜誌社
語言	荷文 法文
印製	1920s.—1930s.
尺寸	140mm×90mm

《聖母聖心會》雜誌是聖母聖心會於 1889 年創辦的會刊，有荷文版 *Missiën van Scheut* 和法文版 *Missions de Scheut*，雜誌社在比利時布魯塞爾出版，先後面向中國、剛果和菲律賓教區發行。

"《聖母聖心會》中國系列" 有兩套，分別用荷文和法文印製，圖片內容、形式和種類大致相當。此系列明信片歷年屢次翻印，紙張和墨色略有差異。

《聖母聖心會》中國系列

❶
――
❷

China. In tijd van hongersnood. — Op zoek naar wat kruiden.

Le petit protégé du Père. Chine. Terisou. Les petits gâtés du Père.

❶ 野草度荒年

In tijd van hongersnood—Op zoek naar wat kruiden

❷ 迭力素：神父寵愛的孩子們

Le petit protégé du Père, Les petits gâtés du Père, Chine, Terisou

迭力素（Terisou/Terisu）是內蒙古呼和浩特和林格爾縣舍必崖鄉的一座村莊，光緒十六年（1890）聖母聖心會在此設堂，有八十餘間房舍，辦有學校等，教務管理隸屬光緒九年（1883）創立的中蒙古綏遠代牧區舍必崖（Shabernoor）堂區，也稱為香火地堂區。

Chine. Terisou. — La lessive.

Chine. — Le marché à Kalgan.

❶ 迭力素：洗衣服

Chine-Terisou—La lessive

❷ 卡爾甘市場

Le marché à Kalgan

卡爾甘（Kalgan），蒙古語音譯，現稱張家口，始建於明萬曆，從蒙
古語"錫喇喀勒噶"（Chuulalthaalga）演化而來，意思是聚集之門，
為草原民族南下內地的重要關隘和商賈聚集地。

CHINA /
CHINE

編者　*Missiën van Scheut*
　　　Missions de Scheut
　　　《聖母聖心會》雜誌社
出版　Nels（尼爾斯圖片社）
語言　荷蘭文 法文
印製　1910s.—1920s., Nels（尼爾斯圖片社）
尺寸　140mm×90mm

"《聖母聖心會》尼爾斯圖片社中國系列"有兩套，分別用荷文和法文印製，圖片內容、形式和種類大致相當，由《聖母聖心會》雜誌社編輯，尼爾斯圖片社印製發行。

《聖母聖心會》尼爾斯圖片社中國系列

尼爾斯圖片社是比利時人愛德華·尼爾斯（Edward Nels）1898 年在布魯塞爾創辦的一家以普及地理知識為宗旨的出版機構，業務主營製作地圖、導遊和攝影書籍以及印刷紀念品。尼爾斯圖片社的明信片很有特色，印刷技術和質量名列前茅，尤以手工設色產品為人喜聞樂見，逐漸成為公司主業，圖片社因而成為比利時乃至歐洲最大的明信片出版機構。1913 年公司職員歐內斯特·特希爾（Ernest Thill, 1882—1942）從尼爾斯手裏接管圖片社經營管理權，公司名稱改為"特希爾—尼爾斯圖片社"（Thill-Nels）。尼爾斯圖片社與世界各地的傳教會關係密切，不僅把通過傳教士採集的各個國家和民族的風土人情納入自己的出版計劃，還幫助教會機構印製和發行記述各地傳教見證明信片，留下十分珍貴的歷史映像。明信片出版項署"特希爾—尼爾斯圖片社"者均為二十世紀二十年代以後發行。

China De Tijgervallei, laatste rustplaats van den Z. E. P. Theophiel Verblst, Stichter van Scheut.

◉ 老虎溝——聖母聖心會會祖南懷義安息地

De Tijgervallei, laatste rustplaats van den Z.E.P. Theophiel Verilst, Stichter van Scheut

這個老虎溝是指冀北灤平縣張百灣鎮的一個小村莊，同治七年（1868）聖母聖心會會祖南懷義神父傳教途中感染斑疹傷寒在這裏逝世。老虎溝的教務隸屬光緒九年（1883）建立的東蒙古熱河教區之平泉（Pakeou）堂區。

Chine Le Séminaire de Si-want-tze (Tchagar).

China Swi-Yuan : de Residentietoren te Palakai

Chine - Chela ou Sou hao　Les enfants de la Ste Enfance à l'étude.

Chine S...... petites filles dans... ...orpheli... de Kang-Fang-ingize.

❶	❷
❸	❹

❶ 察哈爾西灣子神學院

Le Séminaire de Si-want-tze (Tchagar)

西灣子神學院建於遣使會管理時期。聖母聖心會有兩處大修院，一處是著名的大同神哲學院，一處是綏遠神哲學院，兩所都是大修院，小修院由下一級教區舉辦。

❷ 綏遠巴拉蓋教區

Swi-Yuan: de Residentietoren te Palakai

巴拉蓋（Palakai），歷史上民間稱為"京包路巴拉蓋"，現為包頭市沙爾沁鎮一村莊，教務隸屬光緒九年（1883）創建的西南蒙古綏遠代牧區，設有小學、孤兒院、診所、養老院等；1918年修建的巴拉蓋教堂是比利時和羹柏神父參考布魯日鐘樓設計的，是典型的比利時中世紀風格的磚塔。1924年作家冰心一行曾參觀巴拉蓋天主教堂。

❸ 什拉烏素壕孤兒院的孩子在學習

Chela Ou Sou Hao, Les enfants de la Enfance à l'étude

什拉烏素壕位於內蒙古呼和浩特托克托縣什拉烏素河畔，同治十二年（1873）聖母聖心會傳教士在歸化城開教，修建教堂、開設育嬰院，光緒十一年（1885）後陸續在什拉烏素壕、舍必崖村、迭力素等地設堂口，教務隸屬中蒙古綏遠代牧區舍必崖（香火地）堂區。

❹ 綏遠孤兒院的女孩子

Soei-Yuan. Un groupe de petites filles dans la pel orphelinet de Kang-fang-ingize

聖母聖心會在綏遠教區舉辦的福利機構有孤兒院四十二所、醫院一座、藥房一百九十一間、小學九十九所，規模比較大的有綏遠歸化公醫院、綏遠歸化聖家女學校等。

Chine　Souhait de " Bonne Année ".

China　Op wandeling met de weesjes der H. Kindsheid
te Siwantze.

China　Gered kind in de armen zijner beschermster,
meesteres der H. Kindsheid.

❶ 新年祝福

Souhait de "Bonne Année"

這是一張那個年代歐洲人非常熟悉的照片，來華傳教士每逢聖誕節和新年便把這幅照片做成的明信片寄給家鄉的信友、同工、父母、親人、朋友，祈求喜樂平安。

❷ 西灣子孤兒院

Op wandeling met de weesjes der H. Kindsheid te Siantze

道光十六年（1836）聖母聖心會設立西灣子孤兒院，頭十年就收養孤兒二百二十三名，光緒三年（1877）西灣子代牧區陸續在高家營、南壕塹、興和縣分設孤兒院。

❶ 修女懷抱著拯救的孤兒

Gered kind in de armen zijner beschermster, meesteres der H. Kindsheid

在綏遠、寧夏、察哈爾、西灣子、集寧代牧區輔助聖母聖心會傳教的有方濟各瑪利亞傳教女修會、聖母聖心傳教女修會和聖心婢女會，辦有醫院、學校、孤兒院、養老院等。

MISSIËN VAN SCHEUT—CHINA / MISSIONS DE SCHEUT—CHINE

編者	Missiën van Scheut
	Missions de Scheut
	聖母聖心會
出版	Nels（尼爾斯圖片社）
語言	荷蘭文 法文
印製	1920s., Nels（尼爾斯圖片社）
尺寸	135mm×85mm

"尼爾斯圖片社聖母聖心會在中國系列"有兩套，分別用荷文和法文印製，圖片內容、形式和種類大致相當。

尼爾斯圖片社聖母聖心會中國傳信系列

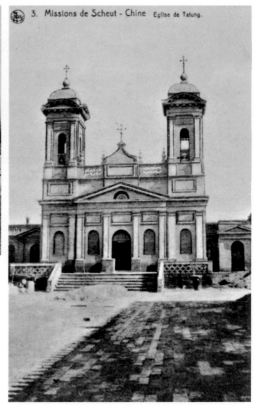

❶ ❷

❶ 聖母聖心會天津語言學校

École Chinoise des Pères de Scheut à Tientsin

聖母聖心會給新近來華的傳教士學習中文提供幫助，早年在西灣子、涼州等地開設語言學校，為便於管理和提高效率，1922 年在五大道的天津會院普愛堂專設立語言學校，1931 年這所語言學校改由北京會院普愛堂舉辦。

❷ 大同教堂

Eglise de Tatung

光緒十七年（1891）方濟各會執牧太原教區時修建大同教堂，義和團運動中大同教堂被焚毀，1906 年重建。1922 年設立聖母聖心會管理的大同監牧區，奉聖母無玷聖心為主保，稱"聖母聖心堂"，為大同教區主教座堂。

◉ 察哈爾玫瑰營子教堂

Eglise de Mel-kouel-ing-tze (Village du Rosaire—Tchagar)

玫瑰營子鎮位於內蒙古察哈爾右翼前旗，清朝中期此地是只有著七戶人家的村落，有一塊當地人稱為"蘆草卜子"的濕地，以為地名。光緒十年（1884）時任蒙代牧教區主教的西巡教務路經"蘆草卜子"，感於土地肥沃、水草豐美、地域廣闊，遂派華人神父劉振林到此地設傳教站，光緒十三年（1887）草創土木結構教堂"聖土堂"，劉振林任本堂神父；藉以天主教的《玫瑰經》將"蘆草卜子"改名為"玫瑰營子村"。光緒二十五年（1899）正式修建磚石結構的天主堂，後又多次擴建，並修建孤兒院和修女院等。教堂毀於義和團運動，事件後重建。玫瑰營子教區神父把村邊的一座小山設為聖山，稱"磨子山朝聖地"，每年八月二日組織教徒上山朝拜聖母，求恩、謝恩、許願、還願。此類聖地大多數教區都有，不及"磨子山朝聖地"知名。

玫瑰營子教堂是中蒙古集寧代牧區主教座堂。1929 年天主教本土化計劃實施時，整個集寧代牧區成為華籍神父管理的教區，張智良任主教。張智良，1887 年生於赤峰，1917 年晉鐸，1929 年任集寧代牧區主教，1932 年逝於集寧，編著過《聖教楹聯類選》（上海土山灣印書館，1922）。此外華籍神學家常守義也經常在此修行，並逝於此地。

玫瑰營子教區在聖母聖心會傳教史上有著特殊地位，這裏最終聚集的上萬名信徒也是這片土地的墾殖者，堪與巴黎外方傳教會在吉林的"聖若瑟屯"、北美瑞挪會在鄂爾多斯的"扒子補隆"媲美。

❶ 察哈爾南壕塹學校的學生

Leerlingen aan 't College te Nan-hao-tsien (Tchagar)

南壕塹鎮，又稱西營子或柴溝堡，現屬張家口尚義縣，同治七年（1868）比利時傳教士費爾林敦[1]神父到南壕塹開教，在蒙古人中佈福音，同治十三年（1874）建成南壕塹天主堂，隸屬中蒙古西灣子代牧區。光緒二十九年（1903）南壕塹天主堂設立的"養正中學"是當年著名的公學。

❷ 察哈爾基督教重鎮鑲紅旗教堂

Kerk le Siang-houo-ti, groot christendorp in Tchagar

鑲紅旗又稱廟紅旗，位於內蒙古烏蘭察布，曾屬察哈爾省，1928年歸屬綏遠省。鑲紅旗教務隸屬1883年成立的東蒙古熱河代牧區。

---

1 費爾林敦（René Verlinden, 1830—1892），生於比利時海芬（Heffen），1856年晉鐸，1845年至1856年在梅赫倫（Mechelen）神學院先後完成人文學科、哲學和神學課程；1866年來華，歷任西灣子、二十三號和鄂爾多斯本堂；1877年離開中國，1892年逝於比利時杜伊斯堡（Duisburg）。

MISSIËN VAN SCHEUT, CHINA

尼爾斯圖片社聖母聖心會中國見證系列

編者	Missiën van Scheut
	聖母聖心會
出版	Nels（尼爾斯圖片社）
語言	荷蘭文
印製	1920s., Foto L. Leys（萊斯圖印社）
尺寸	150mm × 105mm

◉ 女護士
Ziekenverpleegsters

荷蘭烏得勒支聖母聖心會中國系列

編者	Missiën van Scheut, Missiehuis Sparrendaal te Vught Bisschop Hamer—Huis, Utrecht 聖母聖心會（荷蘭烏得勒支斯帕林達教區）
語言	荷蘭文
印製	1920s., E. de Bont & Zoon, Rotterdam（荷蘭鹿特丹德邦特父子公司）
尺寸	138mm×90mm

◉ 男孩子

Chineesche jongenstype

LES MARTYRS DE LA FOI EN CHINE

聖母聖心會中華殉道者系列

編者　Mission de Scheut
　　　　聖母聖心會
語言　法文
印製　1900s., Tasson-Snel, Bruxelle（比利時布魯塞爾）
尺寸　138mm×90mm

◉ 1900年在中國殉道的聖母聖心會神父

Les Martyrs de la Foi en Chine
Pères Missionnaires de Scheut

義和團運動期間有四位聖母聖心會神父遇難：

（上右）韓默理（Ferdinand Hamer, 1840—1900），字希泰，荷蘭人，聖母聖心會創始人之一，1860年至1864年就讀烏特勒支大修院，1864年晉鐸，次年來華，曾任關東本堂、西灣子代牧，光緒四年（1878）任甘肅主教，後任西南蒙古主教；義和團運動時死於托克托。

（上左）馬賴德（Jan Mallet, 1870—1900），比利時人，1891年加入聖母聖心會，1892年至1896年就讀魯汶耶穌會神學院，1896年晉鐸，同年來華，曾任公溝堰和香火地副本堂；義和團運動時死於寧遠廳。

（下左）何濟世（Armand Heisman, 1862—1900），比利時人，1883年在司各特學習神學並加入聖母聖心會，1886年結業後晉鐸，1888年來華，先後任西灣子副本堂，平定腦包和歸化城本堂，中蒙古省省長；義和團運動時死於寧遠廳。

（下右）司化興（Jozef Segers, 1868—1900），比利時人，1889年加入聖母聖心會，1892年至1895年就讀魯汶耶穌會神學院，1895年晉鐸，同年來華，曾任松樹嘴子和苦力圖副本堂，老虎溝本堂；義和團運動時死於灤平縣。

PRIESTER-MISSIEBOND VAN BELGIË

編者	Priester-Missiebond van België L'Union Missionnaire du Clergé de Belgique 比利時司鐸聯會
語言	荷蘭文 法文
印製	1920s., Ern. Thill, Nels, Brussel（布魯塞爾特希爾—尼爾斯圖片社）
尺寸	138mm×90mm
原注	"天主教徒應該支持教宗推崇的使命；成為宗座傳信會成員每年十到二十法郎；參加宗座聖伯多祿宗徒會為當地教區教士提供幫助每年五法郎。"

"比利時司鐸聯會中國系列"是一套動員信徒參加慈善活動的募捐卡，由布魯塞爾漢斯霍倫（Ganshoren）等幾個社區聯合用荷蘭文和法文分別發行，主要反映聖母聖心會和聖母聖心傳教女修會在華事業。

比利時司鐸聯會中國系列

❶

❷

❶ 或被遺棄的孩子

Een pas aangebracht verlaten kindje (Missie P.P. van Scheut)

❷ 見習修女和預備修女在學習

Novices et postulantes des Sœurs de la Sainte-Enfance à l'étude

14. Mongolië. Een groep christen kinderen
(Missiezusters v. d. H. Augustinus).

KATHOLIEKEN, STEUNT DE PAU-SELIJKE MISSIE-LIEFDEWERKEN

Wordt lid van het Genootschap tot Voort-planting des Geloofs. — 2.60; 5 of 10 frank per jaar.

Gedenkt het Liefdewerk van den H. Petrus tot opleiding van een inlandsche geestelijkheid in de missielanden. — 2 frank of meer per jaar.

Laat uwe kinderen opschrijven in het Genoot-schap van de H. Kindsheid. — 0.60; 1 of 2 frank per jaar.

« Het verlangen en de wil van den H. Stoel is, dat in alle parochies eerst en vooral worde ingericht het groote werk tot Voortplanting des Geloofs en daarna de beide hulpwerken van de H. Kindsheid en van den H. Petrus Apostel. »

8 Februari 1924.

Kard. VAN ROSSUM.

Uitgave van den Priester-Missiebond (Basiliek, Ganshoren-Brussel).

17. China. Leerlingen uit het meisjespensionaat.
(Missiën van Scheut).

KATHOLIEKEN, STEUNT DE PAU-SELIJKE MISSIE-LIEFDEWERKEN

Wordt lid van het Genootschap tot Voort-planting des Geloofs. — 2.60; 5 of 10 frank per jaar.

Gedenkt het Liefdewerk van den H. Petrus tot opleiding van een inlandsche geestelijkheid in de missielanden. — 2 frank of meer per jaar.

Laat uwe kinderen opschrijven in het Genoot-schap van de H. Kindsheid. — 0.60; 1 of 2 frank per jaar.

« Het verlangen en de wil van den H. Stoel is, dat in alle parochies eerst en vooral worde ingericht het groote werk tot Voortplanting des Geloofs en daarna de beide hulpwerken van de H. Kindsheid en van den H. Petrus Apostel. »

8 Februari 1924.

Kard. VAN ROSSUM.

Uitgave van den Priester-Missiebond (Basiliek, Ganshoren-Brussel).

11. Mongoolsche vrouwen bij den soepketel met eigenaardige hoofdversiersels.

KATHOLIEKEN, STEUNT DE PAUSELIJKE MISSIE-LIEFDEWERKEN.

Wordt lid van het **Genoot-schap tot Voortplanting des Geloofs.**

5, 10 of 20 frank per jaar.

Gedenkt het **Liefdewerk van den H. Petrus** tot opleiding van een inlandsche geestelijkheid in de missie-landen.

2 frank of meer per jaar.

" Het verlangen en de wil van den H. Stoel is, dat in alle parochies eerst en vooral worde ingericht het groote werk tot Voortplanting des Geloofs en daarna de beide hulpwerken van de H. Kindsheid en van den H. Apostel Petrus. "
Kard. VAN ROSSUM.

Uitgave van den Priester-Missiebond van België. Middaglijnstraat, 40, Brussel.
Centraal Secretariaat der Pauselijke Missieliefdewerken in België - Postrek. 421.10.

❶ 皈依基督的孩子

Mongolië. Een groep christen kinderen
(Missiezusters v. d. H. Augustinus)

❷ 寄宿學校的女生

Leerlingen uit het meisjespensionaat (Missie
P. P. van Scheut)

❸ 戴著奇特頭飾的蒙古婦女在熬湯

Mongoolsche vrouwen bij den soepketel met
eigenaardige hoofdversiersels

MUSÉE DES MISSIONS DE SCHEUT

編者　Musée des Missions de Scheut
　　　　聖母聖心會博物館
語言　荷蘭文 法文
印製　1930s., Nels（尼爾斯圖片社）
尺寸　150mm×105mm

"聖母聖心會中國博物館系列"有兩個版本，荷蘭文法文雙語版和法文版。

聖母聖心會中國博物館系列

聖母聖心會博物館（Museum Scheut）位於比利時布魯塞爾的安德萊赫特區（Anderlecht），當地人稱"中國博物館"（Musée de Chine）。南懷義最初為了培訓派往中國的傳教士在總部會院設立中國物品陳列室，便於學生直觀地了解派遣地的文化習俗。一百年間傳教士搜集大量他們感興趣的珍貴物品，陸續從中國寄回或帶回修會總部，後獨立形成"中國博物館"。

聖母聖心會博物館現分為四個展廳，第一展廳"中國文字"，介紹中國文字的淵源、遞延和書寫特點，陳列了大量古錢幣，結合古錢幣的銘文介紹中國書法。第二展廳"中國民俗"，陳列品包括珠寶、服裝、瓷器、槍釉、樂器、藝術品、器皿等，再現了中國尤其是內蒙古地區的民間生活。第三展廳"中國信仰"，復建了廟宇場景，藉以解釋儒家、道教、佛教、喇嘛教等東方信仰的內涵和特點。第四展廳"中國與基督教"，簡要敘述了一千多年來基督教三次來華的歷史，著重記述 1865 年南懷義率領聖母聖心會來華的砥礪歲月。

聖母聖心會博物館最大的空間留給"先賢館"（Fotogalerij）。自 1865 年以來有著近三千八百位聖母聖心會傳教士告別親人，離開故鄉，奔赴世界各地佈道，一些人客死他鄉。"先賢館"陳列著歷來全部傳教士的照片，並注明他們的生卒日期和在會履歷。

博物館隔壁是"南懷義石棺教堂"（Kapel Met de Sarcofaag van Theophiel Verbist），1931 年盛放南懷義遺骨的中國棺槨運回比利時後安置在這座教堂的地下室。

◉ 中國博物館

Het Chineesch Museum
Le Musée de Chine

❶

——

❷

❶ 中國佛像　　❷ 文房四寶

Chine. Pagode　　*Chine. Penselen, inktstokken, ivoren en stenen bollen voor callgraphen*

甘　肅　教　區

天主教進入中國西北相較稍晚。明代耶穌會傳教士鄂本篤[1]跟隨意大利商隊東行，從印度穿越巴基斯坦、阿富汗，翻過帕米爾高原，萬曆三十一年（1603）到達喀什噶爾地區的葉爾羌城稍事逗留，次年陸續到過阿克蘇、庫車、庫爾勒、吐魯番，又經哈密、嘉峪關，萬曆三十三年抵達甘肅酒泉。鄂本篤本打算到北京與利瑪竇會合，殀於中途。乾隆二十三年（1758）清廷平定新疆準噶爾部，欣喜若狂的高宗弘曆一方面諭旨郎世寧、王致誠[2]等人製作銅版畫《平定準格爾回部得勝圖》歌頌自己永垂史冊的豐功偉業，另一方面又派遣耶穌會士傅作霖[3]、高慎思測繪新疆地圖，乾隆二十四年他們到達哈密、吐魯番、瑪納斯、準噶爾、伊犁，繪就中國歷史上最早的新疆地圖。

光緒四年（1878）梵蒂岡傳信部從陝西代牧區分立主教座堂位於蘭州的甘肅代牧區。1905年甘肅代牧區分設甘肅北境代牧區和甘肅南境代牧區，均由聖母聖心會管理。聖母聖心會還將傳教區域拓展到新疆。光緒九年（1883）聖母聖心會甘肅主教韓默理派遣南治靈[4]、楊廣道[5]、石天基[6]、戴格物[7]四位神父到新疆開教，陸續在迪化（1883）、喀什（1885）、寧遠（1887）、瑪納斯（1906）、霍城（1908）、呼圖壁（1916）、沙灣（1918）等地建堂。1922年西北地區的教務調整，甘肅北境代牧區和甘肅南境代牧區分別更名為蘭州代牧區和秦州代牧區，前者由德國聖言會執牧，後者由德國嘉布遣會執牧。1930年西北教務再次調整，從蘭州代牧區分立出德國聖言會管理的新疆監牧區，從秦州代牧區分立出西班牙嘉布遣使會管理的平涼監牧區。1937年蘭州代牧區又分立出德國聖言會管理的西寧監牧區。清末民國，天主教在中國西北三省設立的蘭州、秦州、平涼、西寧和新疆五個教區大多數早期是聖母聖心會開拓的，後來逐漸交與其他修會，只保留陝寧跨界的寧夏代牧區的管理權。

1　鄂本篤（Bento de Goës, 1562—1607），葡萄牙人，1588年加入耶穌會，1603年跟隨商隊東行，到達印度的拉合爾、喀什噶爾的葉爾羌，1605年到達吐魯番、哈密、嘉峪關，逝於肅州（酒泉）。

2　王致誠（Jean-Denis Attiret, 1702—1768），又記德尼或巴德尼，法國人；自幼學畫於里昂，後遊學羅馬，工油畫人物肖像；1735年入耶穌會，1738年來華，1746年晉鐸，輔理修士；宮廷畫師；逝於北京，葬正福寺。

3　傅作霖（Félix da Rocha, 1713—1781），字利斯，葡萄牙人，1728年加入耶穌會，1738年來華，在河間教區任職，1753年任欽天監監副，1759年奉旨繪製《準噶爾部和厄魯特部地圖》，賜予二品頂戴；歿於北京。

4　南治靈（Paul-Piet Hendriks, 1846—1906），荷蘭人，1866年畢業於荷蘭聖若瑟學院，1866年至1871年荷蘭沃蒙德（Waarmond）大修院學習，1871晉鐸，1873年加入聖母聖心會，同年來華，1877年任歸化城（呼和浩特）本堂，1882年至1884年任寧遠（伊犁）本堂，1885年至1887年任喀什本堂，1899年至1906年在喀什教區擔任神父；逝於喀什。

5　楊廣道（Andries Jansen, 1842—1913），荷蘭人，1867年畢業於烏特勒支大修院，晉鐸；1870年加入聖母聖心會，次年來華，歷任岱海、歸綏、蘭州、徽縣本堂，1883年始任伊犁區會長，1886年因病回國。

6　石天基（Jan-Baptist Steeneman, 1853—1918），荷蘭人，1876年業於烏特勒支大修院後晉鐸；1877年加入聖母聖心會，次年來華，歷任西灣子、涼州、寧遠副本堂，1883年起任綏定區會長。

7　戴格物（Constant de Deken, 1852—1896），比利時人，1879年畢業於魯汶聖神學院後晉鐸，1880年加入聖母聖心會，1881年來華，歷任涼州、新城副本堂，寧遠本堂；1890年赴剛果。

KAN-SOU, CHINA

編者　Missiën van Scheut
　　　Missions de Scheut
　　　聖母聖心會
語言　荷蘭文 法文
印製　1920s., Imp. de la Sté. Belge de Phototypie, Etterbeek-Brussels
　　　（比利時布魯塞爾聖貝爾吉圖印社）
尺寸　138mm×88mm

"聖母聖心會甘肅系列"是一套比較完整記述清末民初甘肅人文風俗的明信片，全套二十四張，內容包括白崖峽：甘南風景如畫的角落、甘南慶州：疏勒河上的木橋、徽縣：山間磨坊、蘭州浮橋、蘭州鐵橋、流經中衛縣的黃河、蘭州附近的水車、水車澆地、蘭州的團練、甘北佛塔，以及有關慶陽府的打穀場、家畜和磨盤、磨坊、駝隊小憩、山間運木、教堂內景、望彌撒歸來的人們、傳教路上、棋逢對手、赧王陵、慶陽寺廟等。

聖母聖心會甘肅系列

◉ 黃河浮橋

Lan-Tcheou (Capitale de la province—Hoofdstad der provincie)
Eerste brug over den gelen stroom
Pont ancien sur le fleuve jaune

甘肅省會蘭州的黃河浮橋古已有之，唐柳中庸〈河陽橋送別〉："黃河流出有浮橋，晉國歸人此路遙。若傍闌干千里望，北風驅馬雨蕭蕭。"明洪武五年（1372）重建，二十隻大船橫於黃河，鐵索固定，鋪以木板，蘭州古八景謂"降龍鎖蛟"。光緒三十三年（1907）清政府動用國庫銀三十萬兩，由德商承建"蘭州黃河鐵橋"，廢浮橋。

❶

❷

❶ 白崖峽：甘南風景如畫的角落

Pei-la hia

In de bergen aan Zuid Kan-Sou

Coin pittoresque du Kan-Sou Sud

白崖峽位於甘南天水秦州的黃柏村，有瀑布、溶洞，山
清水秀，森林茂密，懸崖峭壁，奇險峻秀，峰巒疊嶂，
雲霧晨繞，現成立白崖峽風景區。

❷ 慶陽府三十里舖農村生活：駝隊小憩

Ts'ing-Iang-fou. XXX li-p'ou

Landelijk leven: Kameelen ter rustplaats

Vie champêtre: Chameaux au repos

三十里舖屬慶陽市慶城縣下轄鎮。慶陽教務原屬秦州代
牧區，1930 年秦州代牧區分立出平涼監牧區，由西班牙
嘉布遣使會管理。

❶ 慶陽府三十里舖農村生活：山間運木

Ts'ing-Iang-fou, XXX li-p'ou

Landelijk Leven: Boomenvervoer in de bergen

Vie champêtre: Transport d'arbres dans les montagnes

❷ 慶陽府三十里舖：棋逢對手

Ts'ing-Iang-fou, XXX li-p'ou

Een belangrijk schaakpartijtje

Une partie d'échec intéressante

❸ 慶陽府三十里舖：傳教路上

Ts'ing-Iang-fou, XXX li-p'ou

Missionaris op reis

Missionnaire en voyage

同治三年（1864）聖母聖心會傳教士在慶陽開教，光緒十四年（1888）在三十里舖修建第一座教堂“若瑟天主堂”。

09

聖言會

　　一項轟轟烈烈的事業，必然有甘於為其獻身的先驅者。十九世紀下半葉，魯南大地的人們常常遇到一位走街串巷的洋人，他穿中式長袍馬褂，梳著滿式長辮，留著漢家鬍鬚，啃著饃饃窩頭就鹹菜；很少藉助交通工具，憑著一雙腿步行，無論酷暑寒冬、晴天雨天，走遍面積七萬多平方公里、人口接近一千萬的魯南教區，講道、探訪，施行聖事。他愛中國人，同情中國人的處境，鄙視西方列強在中國的所作所為。

　　這是一位中文名字叫作福若瑟的天主教神父。福若瑟（Joseph Freinademetz, 1852—1908）生於奧匈帝國的南提羅爾省巴迪亞村（Badia, South Tyrol，當時屬奧地利，現屬意大利），矢志修道，1875 年畢業於布里克森（Brixen）教區修院並晉鐸。1878 年他結識聖言會創辦人楊生，滿懷熱情地加入這個成立不久的修會，在斯泰爾參加外派培訓。光緒五年（1879）福若瑟與同會安治泰 [1] 神父應山東代牧區羅伯濟主教邀請來華，經香港抵達煙台，在濟南洪家樓學習漢語，光緒八年（1882）受羅伯濟派遣前往兗州府、沂州府、曹州府和濟寧州開教，隨後不久二人代表聖言會接手以兗州為中心的山東南境代牧區，主教座堂設在陽穀縣坡裏村，安治泰出任主教。福若瑟在此度過二十六年傳教生活，受牧教徒由初期的一百五十八人擴展到二十萬人。教會史給予福若瑟“魯南傳教區之父”的稱譽。光緒三十三年（1907）時任主教韓寧鎬回德國述職，將教區管理全權委託給福若瑟，次年福若瑟因照料傷寒病人受感染，在濟寧城北的戴家莊聖言會會院病逝。教友遂其心願將他葬在當地的聖言會墓園“戴莊薑園”。

　　福若瑟在家書上有一段讓人潸然淚下的話：“我願在天堂仍是中國人，我願為中國人死上一千次，我沒有其他的心願，只希望我的屍骨埋在中國同胞中間。”福若瑟還說過：“愛是教外人所懂得的惟一外國語言。”會祖楊生神父通告正在歐洲訪問的韓寧鎬主教以福若瑟去世的消息時寫道：“他終身修行從苦難世界進入了永生境地，加入了天堂那些尊享安逸和喜樂之聖人行列。

1　安治泰（John Baptist Anzer, 1851—1903），德國人，1875 年加入聖言會，1879 年與福若瑟作為聖言會第一批傳教士來華；1882 年擔任山東南境代牧區代理主教，1886 年任主教；1893 年獲清政府三品頂戴，次年升為二品頂戴；逝於羅馬。

這是吾儕的共同追求，為他祈禱祝福吧！"[1] 1926年韓寧鎬主教用德文撰寫了一部紀念福若瑟神父的傳記〈聖言會神父福若瑟生之所行，為開拓魯南傳教事業嘔心瀝血〉，文之最後概括了福若瑟的轟轟烈烈的一生，給予極高評價：

> 勇者無畏，福若瑟是成功者。他心無雜念，謙恭儒雅，甘貧守節，無嗜無欲，奉獻無取，宅心仁厚，博愛無類，一位心存聖愛

的傳教士！面對這位強者，此時此地站立在聖堂之下的人們，每當回眸往事，常常感念不盡。

斗轉星移，不論現在與那時多麼不同，吾儕後繼者既已選擇傳教事業，生如福若瑟，仿效比肩，奮然進取，用更多的善愛，卓越的成就，完成前人未完遺願；以福若瑟為榜樣，割除身上膿瘡，做一個脫離低級趣味的高尚者。[2]

編者　聖言會
語言　德文
印製　1925, Verlag der Saabrücker Landdszeitung, Saabrücker（德國薩爾布呂克印刷所）
尺寸　140mm×90mm

◉ 聖言會成立五十周年

Zum 50-Jaehr. Bestehen der Missionsgesellschaft von Steyl.

【原注】"阿諾德 · 楊生"（中），"斯泰爾聖米徹爾教堂"（下左），"聖言會舊址"（下中），"聖文德爾大教堂"（下右）。

1　〔德國〕赫爾曼 · 費希爾：《傳教士韓寧鎬與近代中國》，新星出版社，2015 年，第 319 頁；參考德文原版譯文略有調整。

2　Augustin Henninghaus, *P. Jos. Freinademetz SVD. Ein Heiligmäβiger Chinamissionar*, Verlag Der Katholischen Mission Yenchowfu, 1920, p.3.

　　聖言會創始人阿諾德·楊生（Arnold Janssen）1837 年生於德國萊茵河下游的荷蘭邊境小城戈赫（Goch），在家鄉附近加埃斯東克（Gaesdonck）的天主教奧古斯丁高中（Catholic Augustinianum High School）完成學業，在父母影響下選擇了牧靈之路。通過神學院進修，1861 年楊生被任命為明斯特（Muenster）教區神父，同時在博霍爾特（Bocholt）一所中學兼職教授自然科學、數學和教理。熱情和理想一直攪動楊生不安分的心，他不能忍受平淡無奇的生活，力圖闖破慣習加給自己的藩籬，1873 年毅然辭去教職，與朋友聯手在維也納附近的莫德林（Mödling）創辦《聖心月刊》（*Kleiner Herz-Jesu Bote*）。鐵血宰相俾斯麥統治德國時期，頒佈稱為《文化鬥爭》（*Kulturkampf*）的法規，限制天主教的活動，囚禁了一些不買賬的神父。楊生勸告同仁不要悲觀，提出走出德意志向海外發展的計劃。1875 年他在荷德邊境的荷蘭中世紀古鎮斯泰爾（Steyl）建立聖言會（Societas Verbi Divini Word, S.V.D.），西文文獻中也把聖言會簡稱 Steyl。1909 年楊生逝於斯泰爾。

　　聖言會在華傳教區無論歷史和範圍都無法與耶穌會、遣使會、方濟各會相比，然其影響不可小覷。1922 年教廷將聖母聖心會開闢的甘肅傳教區域重新整合，成立隴東代牧區和隴西代牧區，前者交嘉布遣會管理，聖言會拿到隴西代牧區管理權，濮登博任主教。民國中期聖言會受教廷委託管理輔仁大學，在中國天主教史上留下濃重的一筆。

CHINA, S.V.D.

聖言會中國系列

編者	Missionsprokuratur Steyl
	聖言會賬房
語言	德文
印製	1910s., Missionsprokuratur, Steyl（荷蘭斯泰爾）
尺寸	140mm×90mm

❶ ❷

❶ 兗州府女子學校的修女和孩子們

Südschantung, China: Missionsschwester mit einer Mädchenklasse in Yenchowfu

❷ 天倫之樂

China: Der alte Mung mit Enkel und Enkelin

❶ ｜ ❷ ｜ ❸

❶ 魯南露德聖母洞前的孩子們

Südschantung, China: Waisenkinder vor der Lourdesgrotte Waisenkinder vor der Lourdesgrotte

露德（Lourdes）是法國南部比利牛斯山脈的城鎮。據傳 1858 年當地十四歲的鄉村女孩伯爾納德（Bernadette Soubirous, 1844—1879）聲稱多次在這裏看到身著白衣藍帶的聖母瑪利亞顯現。奇蹟得到當地教會認可，露德修建了聖母山洞、教堂和宗座聖殿，山洞流出的泉水被信者奉為使人聖潔之水。1876 年教皇庇護九世批准伯爾納德見證的"異象"，1933 年伯爾納德被教宗封為聖女。露德成為天主教的朝聖地，伯爾納德遇到的聖母被稱為"露德聖母"。世界上許多地方修建露德教堂和露德聖母山、露德聖母洞以祀。圖為山東兗州教區濟寧戴家莊福若瑟紀念地的聖母洞。

❷ 隴西涼州西夏傳教站的工友端著一杯茶

Westkansu, China: Pförtner der Missionsstation Liangchow-Sihiang bei einer Tasse Tee

❸ 豫南駐馬店傳教站的搬運工飯後一袋煙

Südost-Honan, China: Der alte Pförtner der Missionsstation Chumatien

CHINA, S.V.D.

聖言會中國五彩系列

編者	Steyler Mission 聖言會
語言	德文
印製	1910s., Missionsdruckerei Heiligkreuz, Neisse（德國尼斯堡海利希克羅伊茨傳教印書局）
尺寸	140mm×88mm

❶
＿＿
❷

BISCHOF HENNINGHAUS mit einigen Missioneren nach der Kirchweihe in Tenghsien, China.

Aus der Steyler Mission in China   Ein Missionar spendet die heilige Taufe

❶ 韓寧鎬主教滕縣聖事活動後與傳教士

Bischof Henninghaus mit einigen Missioneren nach Kirchweihe in Tenghsien, China

滕縣又稱滕州，清代屬兗州府，民國屬濟寧，天主教教務歸兗州教區。

❷ 神父施洗

Ein Missionar spendet die heilige Taufe

CHINESISCHES STADTBILD.

CHINESENMÄDCHEN
in Kleidchen von Wohltätern aus Europa,
die heilige Schrift studierend

❶ 中國城鎮

Chinesisches Stadtbild

韓寧鎬主教 1924 年從兗州寄往荷蘭斯泰爾的明信片。"中國城鎮"指大名府,大街遠處是大名城樓,近處是"李家牌坊",萬曆年間奉旨敕建的透雕石坊,三樑下依次懸掛石匾"聖旨"、"一朝元老"、"兵部右侍郎李景元"。樑柱均是鏤空立體透花浮雕圖像,人物花草栩栩如生。

❷ 身著歐洲人捐贈衣服的中國女孩研讀經文

Chinesenmädchen in Kleidchen von Wohltätern aus Europa, die heilige Schrift studierend

①
② ③

CHINESISCHE WAISEN-MÄDCHEN DER KATHOL. MISSION.

Aus der Steyler Mission in China.　Zwei vornehme Katechisten.

❶ 教區的中國孤兒
Chinesische Waisen-Mädchen der Kathol. Mission.

❷ 兩位出色的中國傳教士
Zwei Vornehme Katechisten

❸ 神修院學生體育活動
Chinesische Seminaristen beim Spiel

CHINA, S.V.D.

聖言會印書局手繪系列

編者	Steyler Mission
	聖言會
語言	德文
印製	1900s., Missionsdruckerei in Steyl（斯泰爾聖言會印書局）
版類	手繪（正面），鉛印（背面）
尺寸	140mm×90mm

Gruss aus Süd-Schantung-Steyl,

五夜漏盡別安

MISSIONSDRUCKEREI IN STEYL. POSTL. KALDENKIRCHEN. № 11.

● 五夜漏盡別安——來自魯南聖言會的問候

Gruss aus Süd Schantung Steyl

五夜，即五更，《文選·陸倕〈新刻漏銘〉》："六日不辨，五夜不分。"李善注《文選》："晝夜漏起，省中用火，中黃門持五夜。五夜者，甲夜、乙夜、丙夜、丁夜、戊夜也。"

夜漏盡，指天明，要鳴鼓報時。蔡邕《獨斷》卷下："夜漏盡，鼓鳴則起；晝漏盡，鐘鳴則息也。"晝漏盡，指夜臨，要鳴鐘報時。這種刻漏而鳴鼓鳴鐘的方式，自漢代以後歷代循行。"玉漏銀壺且莫催"、"五夜漏聲催曉箭"、"金爐香燼漏聲殘"……漏也成為無數文人騷客藉以抒發胸臆的對象。在他們的筆下，漏聲能讓人感慨時間的飛逝、美好時光的短暫，絲絲惆悵，聲聲沉重。《資治通鑒·漢元帝建昭二年》："恐後漏盡宮門閉，請使詔吏開門。"方苞〈弟椒塗墓誌銘〉："吾父喜交遊，與諸公夜飲，或漏盡乃歸。"

❶ 五夜漏盡別安──來自青島的問候

❷ 童子嬉戲疊石

這兩張明信片是 1905 年盧國祥神父由青島和膠州寄往德國的。盧國祥（Rudolf Pieper, 1860─1909），德國人，聖言會會士，1886 年來華，在兗州教區任教職，逝於兗州。盧國祥撰寫過 *Unkraut, Knospen und Blüten aus dem Blumigen Reiche der Mitte*（《中華苗蔓花》，Kaldenkirchen: Druck und Verlag der Missiondruckerei, 1900）和 *Neue Bündel Unkraut, Knospen und Blüten aus dem Blumigen Reiche Mitte*（《新花束：中華苗蔓花》，Jentschoufu Druck und Verlag der katholischen Mission, 1908），非常詳細地記述了他在中國的所見所聞，包括中國人民的日常生活、風俗習慣、宗教信仰等，還有一些特定時期的史料和分析，比如袁世凱的作為、義和團運動的起因等，有一定的學術價值。盧國祥的中文出版物有《聖教歌選》（兗州天主堂印書館，1908）。

①｜②

❶ 烏鴉和喜鵲

這張韓寧鎬主教的實寄明信片，1906 年發自兗州，經上海由海路寄至德國科隆。

鴉鵲崇拜是滿族文化，滿族神話傳說中的鴉鵲形象都是善良美好的，滿人對鴉鵲極其喜愛和崇敬，甚至化鴉鵲為神。在滿族神話傳說裏，烏鴉和喜鵲大多是指引者、使者、保護神、拯救者、造福者的角色，譬如有的部落的神話裏把喜鵲、烏鴉記為九天女的孩子，被洪水淹死後化為鴉鵲，給女真人銜來了穀種、送來了穀神，使女真人的農業生產日益發達和強大。

❷ 蓑笠綸竿──來自中國的問候

Gruss aus China

【原注】"請把您的捐贈寄至卡爾登基興的聖言會賬房，並注明轉交魯南教區恩博仁神父。"

立意源於古詩〈遊蘇州平江古街〉："宵泛平江燈炫眸，每逢佳處便勾留。山風入闤無三里，溪水到門容一舟。"

恩博仁（Heinrich Erlemann, 1852─1917），德國人，1883 年入聖言會，光緒九年（1883）來華，光緒十年（1884）晉鐸；建築師，主持濟寧天主堂設計和建造。

EINE BITTE FÜR UNSERE KOMMUNIKANTENANSTALTEN IN CHINA

聖言會中國使命系列

編者	Missionsprokur Steyl
	聖言會
語言	德文
印製	1910s., Kaldenkirchen, Köln（德國科隆卡爾登基興）
尺寸	140mm×90mm

Kommunionkind in China

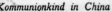

❶ 領聖餐的中國孩子
Kommunionkind in China

❷ 教書育人
Ein Patenkind in China

MUTTERHAUS DER MISSIONSSCHWESTERN, STYLE

聖言會修女之家系列

編者	Mutterhaus der Missionsschwestern, Style
	聖言會修女之家
語言	德文
印製	1910s., Style（荷蘭斯泰爾）
尺寸	140mm×90mm

Mission China. Schwesternhaus in Taikia. Noviziat.

◉ 戴家莊女子初學院

Mission China. Schwesternhaus in Taikia. Noviziat.

戴家莊女子初學院是赫德明神父 1903 年在兗州戴家莊創辦的女子傳道學校。赫德明（Joseph Hesser, 1867—1920），德國人，1889 年入聖言會，光緒十八年（1892）來華，次年晉鐸，到過上海和重慶，後任職兗州教區，創立戴家莊傳教士學校，任校長。赫德明中文著作豐富，代表作有《天堂永福》、《孝敬父母》、《真心愛仇》、《警怠神修篇》、《告明切要》、《大罪至重》、《光榮聖母》、《古經大略》、《新經略說》、《古經略說》、《耶穌苦難》、《漢語語法》等。

STEYLER MISSIONSMUSEUM

聖言會傳教博物館系列

編者　Steyler Missionsmuseum
　　　聖言會傳教博物館
語言　德文
印製　1930s., Steyler Missionsgesellschaft, Steyl（荷蘭斯泰爾聖
　　　言會）
尺寸　140mm×90mm

聖言會傳教博物館位於荷蘭斯泰爾，聖言會 1931 年修建，展品來自中國、日本、印度尼西亞、印度、菲律賓、巴布亞新幾內亞、加納、多哥、剛果和巴拉圭等地，主題為還原傳教所在地國家的民俗文化和自然歷史。展品有上萬件當地人日常用品、藝術精品和發明創造，以及其他宗教的物品和海外基督教藝術品。

❶ ❷

❶ 中國新娘
Chinesische Braut

❷ 中國官員
Chinesische Manderin

MISSIONSHAUS ST. GABRIEL, CHINA

聖加俾額爾神學院中國系列

編者	Missionshaus St. Gabriel 聖加俾額爾神學院
語言	德文
印製	1910s., Mödling, Nied.-Oest（奧地利默德林）
尺寸	140mm×90mm

1888 至 1904 年間阿諾德・楊生在歐洲創建五所神學院：羅馬聖來福神學院、默德林聖加俾額爾神學院、塞肋西亞聖十架神學院、薩爾聖文德神學院、畢紹夫豪芬聖魯伯特神學院。1889 年創辦的聖加俾額爾神學院（Missionshaus St. Gabriel）位於維也納默德林的瑪麗亞恩策斯多夫（Maria Enzersdorf, Mödling），以天使長聖加俾額爾為主保而得名，可以同時培訓六百五十名派往世界各地的傳教士。神學院有 1912 年修建的聖靈教堂（Heilig-Geistkirche）、1925 年建立的傳教會民族博物館（Missionsethnographisches Museum）、印刷廠和擁有十四萬冊藏書的圖書館。

❶｜❷

❶ 中國巫師
China: Teufelsbeschwörer

❷ 頑童戲西瓜
China: Kinder spielen mit einer Melone

聖言會特卡

◉ **幫助中國**

Voor giften en gaven "China Actie"

編者　S.V.D., Missionaris, P. C. de Graaff S.V.D.,
　　　Missionaris. Voorhelmstraat, Haarlem
　　　荷蘭哈勒姆聖言會格拉夫社區聖言會
語言　荷蘭文
印製　1900s., Haarlem（荷蘭哈勒姆）
尺寸　150mm×105mm

China, Süd-Schantung.

Heimkehr des hochwürdigsten Herrn Bischofs Aug. Henninghaus.

編者　聖言會
語言　德文
印製　1890s., Steyl（斯泰爾）
尺寸　140mm×90mm

◉ 韓寧鎬主教回到魯南駐地

China, Süd-Schantung

Heimkehr der hochwürdigsten Herrn Bischofs Aug. Henninghaus.

編者　聖言會
語言　德文
印製　1900s., A. G. Schöhhorn, Munich, Bavaria（巴伐利亞慕尼黑）
尺寸　140mm×90mm

◉ 濟寧曹家溝天主堂傳教學房

Die Katechistenschule in Tsaudjakoh in Tsining, Schantung

曹家溝現稱漕河鎮，屬濟寧市。光緒二十一年（1895）兗州教區主教座堂由陽穀縣遷至濟寧，在河宴門修建聖若瑟天主堂以及學校、醫院、女修院等；光緒二十五年兗州教區總堂由濟寧遷至滋陽。

兗州教區

聖言會在中國傳教的成就主要歸功於安治泰、福若瑟和韓寧鎬三位早期開拓者。安治泰白手起家，篳路藍縷，為聖言會在中國的第一個教區奠基。福若瑟開疆拓土，廣佈福音，艱難中聚攏萬千信眾，是兗州教區的實際建設者，大多數重要教堂、修道院以及醫院、孤兒院等慈善機構是這個時期建立的。韓寧鎬是聰慧的耕耘者，給聖言會的牧場帶來豐收。

韓寧鎬（Augustin Henninghaus, 1862—1939），字萬和，出生在德國北部門登（Menden）一個中產階級家庭，父母親都是傳統天主教徒。1879 年他感受"聖召的恩典"，由父親帶到斯泰爾，進入聖言會聖徒修道學院開始新的生活。1884 年他與其他神學修生被阿諾德·楊生選中，派往奧地利因斯布魯克大學深造，後回斯泰爾神學院教書，1885 年晉鐸。這年安治泰回歐洲述職，打算帶一些傳教士回中國，經阿諾德·楊生推薦，韓寧鎬加入安治泰團隊。

光緒十二年（1886）韓寧鎬乘船抵達芝罘，轉赴當時的教區中心陽穀縣坡裏村任職。他後來在回憶錄裏提到當年坡裏的"家"，房間內只有幾件像樣的東西，靠牆擺放一張由幾塊木板拼起來的木架床，鋪著草蓆、幾床被子，有一隻糠芯枕頭。同樣"款式"的桌子和椅子已被老鼠啃噬過，桌子上立著泥巴燭台和蠟燭，還有落滿灰塵的書架和歪歪斜斜的衣架。然而正面牆上掛著漂亮的十字架和聖像，使整個屋子"蓬蓽生輝"。

傳教士們吃的是"農家菜"，早上是黃米粥和饃饃，午飯和晚飯是有點肉星的蔬菜；沒有咖啡和黃油，這些東西只有在上海和天津才能買到，非常昂貴。即便如此，傳教士們每周還有齋戒日，弄得飢腸轆轆。坡裏的冬天很冷，韓寧鎬寬解道：

> 小耶穌也曾躺在破舊的馬槽裏，祂受苦為的是拯救我們的靈魂。傳教士的道路就是犧牲的道路……傳教士始終應該記住："他們且行且哭，出去播種耕耘；他們載歌載舞，回來背著禾捆"，《聖經·聖詠》裏的這些詩句飽含著十字架的精神。[1]

正是在這樣艱苦的環境中，二十四歲的韓寧鎬開始了自己在中國五十三個春秋的傳教生涯，他是嘉祥、巨野、鄆城、濟寧、青島等教區的開拓者，從一個見習傳教士逐步成為教區主教。論資格、論業績，福若瑟本應晉升主教，光緒二十九年（1903）安治泰去世後，德國政府以"保教"[2] 身份干涉教會內部事務，提出青島有大量德國駐軍，管轄範圍包括青島的魯南教區之主教，因此主教必須由德國人出任，博弈結果是韓寧鎬勝出，光緒三十年出任山東南境教區第二任主教。

1　〔德國〕赫爾曼·費希爾：《傳教士韓寧鎬與近代中國》，新星出版社，2015 年，第 72 頁。參考德文原著，譯文略作修改。

2　依歷史傳統和清末條約，法國一直是天主教修會在華的"保教國"，1891 年德國政府和梵蒂岡與清廷交涉，取得"保教國"地位，可以獨立處理德國在華傳教會事宜，聖言會是中國大陸第一個非法國保護的天主教傳教會。

撒開教務不多言，韓寧鎬在推進德國人對中國文化的了解中有著不可忘記的貢獻。他在給聖言會歐洲總部的報告中反覆說明他對中國文化與傳教事業關係的看法。"如果想與陌生的民族進行溝通，那就必須先熟悉他的風俗和習慣；如果要對人的靈魂產生影響，則必須先了解他的思想和觀念。這個原則是普遍適用的，而在中國人那裏更是如此，因為他們有著一種古老的、與土地不能分離的文化。"[1]

韓寧鎬晉升主教後幹了三件可圈可點的大事，第一件是與孔子家族建立和睦關係；第二件是推動聖言會傳教士對中國傳統文化的研究；第三件是接管天主教在華的第三所高等學府輔仁大學。

兗州教區的德國神父們自踏上鄒魯大地伊始，就對這塊蘊育過中華文明的土壤抱有難以割捨的興趣。據說安治泰主教在世時一直想結識衍聖公，不得要領，屢遭婉拒。韓寧鎬出任主教後，經中人斡旋，費盡周折，得於光緒三十三年（1907）趨赴曲阜拜見孔子第七十六代嫡孫孔令貽[2]。兗州聖言會神父以與孔子後人結好視為幸事榮耀，無疑表現出他們了解中國文化的衝動、為傳教事業而融合進中國人生活的欲望。他們明白，僅僅是宣教書籍不足以

吸引更多中國人，尤其不足以得到中國知識分子的認同。生於此，作於此，自然需要扎根於這片肥沃土地，汲取營養。傳教士們對這塊土地文化歷史的興趣，從兗州天主堂出版的幾部與中國文化有關的研究著作中可知其濃其厚。

身為教區主教，韓寧鎬每年都會親自主持"聖周四"[3]晚上的大彌撒儀式，1939年這一年也不例外，年逾七十五歲高齡的老主教從床上掙扎起身，在幾位修士的攙扶下，蹣跚地移步到隔壁的大教堂，主持此生最後一次彌撒禮。他說，耶穌為了拯救人們的靈魂做了那麼多事情，受苦受難，我們必須有感恩之心，要像耶穌一樣愛那些生靈，為他們犧牲，為他們忍受痛苦，"是啊，我們要愛中國，要愛中國人！"

彌撒儀式後，他從當地信徒裏選出十二位老翁，親自為他們洗腳，還以謙卑的態度親吻十二雙腳。"濯足禮"源於耶穌在受難前到耶路撒冷過逾越節，安排兩名門徒進城安排逾越節的晚餐。耶穌和十二門徒來到聚餐處，耶穌脫下外套，手巾束腰，盆中置水，逐一為門徒洗腳，用手巾擦乾。然後他穿上外套坐了下來，對門徒說："你們稱呼我夫子，稱呼我主，你們說的不錯，我本來就是。我

1　〔德國〕赫爾曼·費希爾：《傳教士韓寧鎬與近代中國》，新星出版社，2015年，第67頁。參考德文原著，譯文略作修改。

2　孔令貽（1872—1919），孔子第七十六代嫡孫；1877年襲衍聖公，1898年奉諭為翰林院侍講，並正式主持孔府府務。1914年中華民國封衍聖公；病逝於北京太僕寺街衍聖公府。

3　"聖周"是基督教重要節日之一，從復活節前那個周日開始，直到復活節的七天時間被稱為聖周。周日教徒們在教堂集會禱告，然後遊行，紀念耶穌在受難前進入耶路撒冷。聖周一，讀經；聖周二，做彌撒；聖周三，聖歡會；聖周四，懺悔日；聖周五，耶穌受難日，這晚舉行"聖葬"；聖周六，耶穌復活日，聖周節達到高潮。為了紀念耶穌和聖母重新會面，還舉行"會面遊行"。"聖周四"黃昏，舉行另一台彌撒紀念"主的晚餐"以及"濯足禮"。

是你們的主，你們的夫子，尚且幫你們洗腳，你們彼此也當如此。我以身作則，你們仿效我吧！”

“濯足禮”後，韓寧鎬留十二位老人吃晚飯，為不使老人們拘束，自己悄然離開。不多日，韓寧鎬追隨著他的同工和前輩泰然離去，下葬在濟寧戴莊塋園，靈魂歸主，俗身永遠伴守在信眾身邊。

輔助聖言會在華傳教的女修會主要有兩家：聖神婢女傳教會和聖家獻女會。早期在山東輔助聖言會傳教的修女會主要是聖神婢女傳教會（Servae Spiritus Sancti, SSpS），簡稱聖神會，亦稱斯泰爾傳教女修會（Steyler Missionsschwestern），1889 年由會祖阿諾德·楊生創辦於荷蘭斯泰爾，因著裝顏色稱為“藍衣修女”，光緒三十一年（1905）來華，活動範圍大致與聖言會管轄區域吻合，在戴家莊、滋陽、濟寧、臨城、棗莊、高密、坡裏、曹州、單縣、鄆城、沂州、費縣、蒙陰、駐馬店、信陽、潢川、上蔡、懷慶、新鄉、皋蘭、涼州、西鄉、天水、張掖、秦州、甘谷、清水、樂都、西寧等地建有女子修道院、孤兒院、老人院、醫院、麻瘋病中心、女校、婦女工場等。

韓寧鎬對女子皈依天主教格外重視，他對比中西文化，看到中國傳統與天主教信仰在女子守貞觀念上的差異。在中國，年輕的妻子在丈夫去世後必須守寡並照顧公婆，如此就被視為是貞潔女性，家族的成員為向她們表示感謝而修建幾百年都不會腐朽的牌樓。而基督精神的貞潔理念和守貞方式則完全不同，那些在外教文化環境裏長大的年輕女孩更願意接受基督教的貞潔。

韓寧鎬看到聖神會這類外來女修會的規矩不能滿足中國女子的修行需求，於宣統二年（1910）在曹州成立本土化的女修會“聖家獻女會”（Oblatinnen der Heiligen Familie），簡稱聖家會，由羅賽神父任會長。韓寧鎬為那些因家庭需要不能加入傳統女修會的女孩子重新設定修行規則，十八歲時開始初學，標記是披藍色頭紗；二十歲披黑紗，標記自己開始守貞，稱“黑衣修女”；二十五歲時宣發簡單的誓願，表明自己奉獻給天主。這些女孩加入聖家會並不需要脫離自己家庭到修道院去；她們可以在家裏禱告，忙活家務、照顧父母，但必須參加教區組織的服務工作，像正式修女一樣承擔傳教員的職責，輔導普通信徒祈禱。韓寧鎬對自己創立的聖家會很滿意，它是一個教區修會，修女們發的聖願是簡單的誓願，於是很多婦女加入了聖家會。她們在小堂口、在醫療方面、在學校和新信徒的教育方面努力工作並獲得傑出的成就。1930 年羅馬教廷批准聖家會的設立，聖家會將總部遷至臨沂，設立聖家會聖心院，並走出山東，陸續發展到河南信陽、汝南，甘肅蘭州、武威、張掖等地。

兗州教區傳教士系列

編者　S. V. D.
　　　聖言會
語言　英文
印製　1900s.
尺寸　135mm×85mm

Msgr. Augustinus Henninghaus, S. V. D.,
Vicar Apostolic of South Shantung, China.

Rev. Peter Dschang,
A Native Chinese Priest Accompanying the
Rt. Rev. Bishop Henninghaus.

❶ ❷

❶ 魯南代牧區韓寧鎬主教

Msgr. Augustinus Henninghaus, S. V. D., Vicar Apostolic of South Shantung, China

❷ 韓寧鎬主教的助手華籍神父張立貞

Rev. Peter Dschang. A Native Chinese Priest Accompanying the Rt. Rev. Bishop Henninghaus

張立貞（Petro Chang, 1879—1941），又記張志一，教名伯多祿，山東蒲州人，聖言會神父，在曹州、范縣教區傳教，1907 年晉鐸，後任寬城本堂神父，韓寧鎬主教助手；1907 年曾陪同韓寧鎬主教訪問歐洲，參觀了維也納附近的聖加俾額爾修道院，拜訪了斯泰爾的聖言會總部；主要著作有《司鐸默想寶書》、《聖教要理七言歌》、《聖會宣講》、《公教教理課本附圖》、《訪察真教》。

WAISENHAUSE IN YENCHOUWFU, CHINA

兗州教區孤兒院系列

編者　Societas Verbi Divini Word
　　　聖言會
語言　德文
印製　1910s.
尺寸　136mm×90mm

❶ | ❷

❶ 戴家莊的孤兒

Waisenknabe von Tätja

"戴家莊的孤兒"和"兗州府孤兒院的小繡工"這兩張明信片分別是 1913 年和 1914 年從青島寄往德國，寄信人白明德（Felix Beushausen）1859 年生於德國，1882 年晉鐸並來華，在坡裏兗州天主堂印書館負責印製宣教書籍，光緒二十四年（1898）受安治泰主教派遣到青島開教，在太平路天后宮後面建起了第一處傳教場所，光緒二十六年（1900）在曲阜路購地修建了第一座天主教堂；光緒三十一年創辦青島天主堂印書館，1928 年逝於青島。

❷ 兗州府孤兒院的小繡工

Kleine Stickerinnen im Waisenhause in Yenchouwfu

德國聖言會於光緒二十五年（1899）創辦兗州孤兒院，當時是天主教在山東最大的收留孤兒的慈善機構。聖言會還於宣統三年（1911）創辦膠州孤兒院。

China　　　　Waisenknabe von Tätia

China
Kleine Stickerinnen im Waisenhause in Yenchouwfu

Die ältesten und jüngsten Kinder im Waisenhause der Kathol. Mission in Yenchowfu (China)

Speisesaal
im Waisenhause
der Kathol. Mission
in Yenchowfu
(China)

❶ 孤寡院裏最老的和最小的

Die ältesten und jüngsten Kinder im Waisenhause der Kathol

光緒二十年（1894）聖言會總堂由濟寧遷至兗州滋陽，著手修建天
主聖神大教堂及會院，設有醫院、修道院、學校、麻瘋病院、孤兒
院、殘老院、印書局、園藝場、繡花作坊。

❷ 兗州孤兒院飯堂

Speisesaal im Waisenhause der Kathol

VERLAG KATHOLISCHE MISSION YENCHOWFU

編者　Societas Verbi Divini Word
　　　聖言會
語言　德文
印製　1910s.—1920s., Verlag Katholische Mission Yenchowfu (Süd-Schantung)（魯南兗州天主堂印書館）

兗州天主堂印書館 A 系列

尺寸　140mm×90mm

兗州天主堂印書館（Druck und Verlag der Katholischen Mission Yenchowfu），亦稱兗州府保祿印書局，成立於光緒二十九年（1903），為聖言會出版機構、兗州教區宣教資料印刷中心和圖書集散地。有些資料是自己編寫出版，有譯著也有原版外文書籍。印刷廠有外接業務。兗州天主堂印書館採購了當時最先進的印刷設備，據説年產能可達二十五萬冊。

兗州天主堂印書館相對土山灣印書館、北堂印書館、獻縣勝世堂印書館來説成立得比較晚，出版的高峰主要在民國前期。兗州天主堂印書館幾乎沒有出版過木刻雕板書籍，以鉛印為主。其圖書的印製品質還比較好，與兗州天主教會主要由德國傳教士行事的嚴謹風格有關。

Yenchowfu, Kath. Mission　　Die chines. Lehrer am Seminar

● 神學院的中國教師

Die chines. Lehrer am Seminar

這是聖言會佛爾白 [1] 神父發給美國密歇根州底特律友人的明信片。這張明信片記錄的是神學院的五位教師在反省會上。編者為"中華教習"的修身立節標記了中文題記"靜坐常思自己過，閒談莫論他人非"，此句源於明代羅洪先（1504—1564）所作的〈醒世詩〉："心至虛時能受益，事非經過不知難。靜坐常思自己過，閒談莫論他人非。"在沉靜下來的時候，要經常反省自己的過失，進而以是克非、以普祛器；與人閒談的時候，不要論別人的是非短長。嚴於自省、寬於待人的觀念，反映的是儒家道德修養。

1　佛爾白（Anton Volpert, 1863—1949），德國人，清光緒初年來華，在兗州教區任神職，1922 年被派到聖言會新開拓的甘肅教區傳教，直至去世。佛爾白的學術成果主要是編纂了 *Großes Deutsch—Chinesisches Wörterbuch*（《德華辭海》），未完稿，兗州天主堂印書館 1932 年出版上冊。

Yenchowfu Seminar, Kuo Peter, Lu Joseph u. Dung Andreas 3 Physiker

◉ 兗州神學院的三位物理教師

Yenchowfu Seminar, Kuo Peter, Lu Joseph u. Dung Andreas 3 Physiker

這張明信片記述的是兗州神學院的三位物理教師郭彼得、陸
約瑟和董安德，對應的中文名字已不可查。"但見花開落，不
言人是非"，語出晚明陳繼儒（1558—1639）的《小窗幽記》，
意為安靜地看著花開花落，不談論別人的是與非，形容人的
淡然心態和處事方式。莊子有言"君子不可以苛察"，寬以
待人，有容乃大。懷有寬容之心，人便可心平氣和，靈魂輕
盈。天主教徒須具此修養才能夠達到"天學載人"的境界。
此明信片 1916 年從兗州經北京、上海發往德國，雖然內容已
經被塗抹，但依稀可以辨認是韓寧鎬主教的筆跡。

Yenchowfu, Kathol. Mission
Mädchen-Waisenhaus

◉ 孤兒院的女孩子

Mädchen-Waisenhaus

題記"無欲心常靜，能謙氣自和"，體現中國哲學的無為則無心、無
心則無欲、無欲則無求，謙卑處世氣自消的思想。
1916 年兗州教區賬房經上海寄往德國的明信片。

VERLAG KATHOLISCHE MISSION YENCHOWFU

兗州天主堂印書館 B 系列

編者　Societas Verbi Divini Word
　　　聖言會
語言　德文
印製　1910s.—1920s., Verlag Katholische Mission Yenchowfu (Süd-Schantung)（魯南兗州天主堂印書館）
尺寸　140mm×90mm

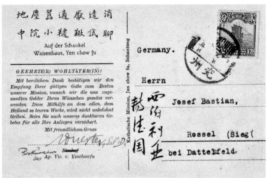

◉ 兗州府孤兒院孩子蕩鞦韆

Auf der Schaukel Waisenhaus, Yen chow fu

兗州孤兒院女孩子獨自蕩鞦韆。題注是兩句中文打油詩：“消遣厭適囂塵地，聊試鞦韆小院中。”為明信片寫稿的師爺喜愛蘇軾的詩歌詞賦，打油詩隱含東坡先生的節奏：小院朱闌幾曲，巷陌鞦韆，欲訴誰消遣。

“兗州府孤兒院的女孩子蕩鞦韆”和右頁的“兗州府孤兒院孩子在做操”這兩張明信片是 1928 年專門為教會某次籌款答謝德國捐款人印製的，正文寫道：“親愛的恩人：我們由衷地感謝您給我們教區的饋贈，按照您的意願把錢用在急需的地方。主會對您的高尚之舉給予回報的，敬請放心，我們對您的關注充滿感激之情。致以祝福！”落款：佛爾白和羅賽[1]，寄自兗州府教區。

1　羅賽（Peter Röser, 1862—1944），德國人，1877 年加入聖言會，1886 年晉鐸，同年來華，一直在兗州教區任職，擔任聖家獻女傳教會會長。他是一位多產的天主教作家，中文宣教書籍有《談論真假》、《善望彌撒》、《恭敬天主聖神》、《苦民大榮》、《童貞指南》、《新傳教士》、《聖類思主日敬禮》、《聖若瑟月》、《中華光榮》、《成婚新例》等，都是由兗州天主堂印書館出版。

❶ ❷

❶ **兗州府孤兒院孩子洗衣服**

Grobe Wäsch im Waisehause in Yen chow fu

"薄污我私,薄澣我衣,害澣害否,昭事上帝。"出典
《詩經·國風》,原文:"言告師氏,言告言歸。薄污我
私,薄澣我衣。害澣害否,歸寧父母。"某女告訴老師
師氏,已經漿洗好自己衣服,沒有其他要洗的衣服,可
以回家照看父母了。編者把"歸寧父母"改為"昭事
上帝"。

❷ **兗州府孤兒院的女孩子在做操**

Mädchen beim Turnen, Waisenhaus Yen chow fu

佛爾白神父和羅賽神父 1928 年從兗州府寄往德國的明
信片。

兗州孤兒院的孃孃帶著十七個女孩子做課間操。題注是
三句中文打油詩:"讀罷聖經試行體育,指揮合度步伐
整齊,優哉游哉活潑天機。"中西合璧,聖俗共賞。

MISSION IN YENCHOWFU (CHINA)

編者	Societas Verbi Divini Word 聖言會
語言	德文
印製	1900s., Verlag der Kathol. Mission, Yenchowfu（兗州天主堂印書館）
尺寸	136mm×90mm

兗州教區殉道者系列

Grab von P. Nies und P. Henle, ermordet in China im Jahre 1897.

◉ **1897 年在中國殉道的能方濟和韓理神父之墓**

Grab von P. Nies und P. Henle, ermordet in China im Jahre 1897

能方濟（Franz Xaver Nies, 1859—1897），德國人，1879 年加入聖言會，1884 年晉鐸，1885 年來華。韓理（Richard Henle, 1863—1897），德國人，1888 年加入聖言會，1889 年晉鐸，同年來華。

光緒二十三年（1897）十一月原本在陽穀和鄆城一帶傳教的能方濟和韓理到巨野張家莊參加 "諸聖瞻禮" 活動，當晚留宿，張家莊本堂神父薛田資將自己的宿舍讓給客人。大刀會是清末山東民間成立的秘密組織，宗旨先是 "反清復明"，後改 "興華滅洋"。是日晚大刀會手持紅纓槍破窗而入，致能方濟和韓理死於非命，薛田資躲過一劫。史稱 "巨野教案"。能方濟和韓理葬於戴莊蓋園。"巨野教案" 後，德國以保教為由出兵強佔膠州灣，強迫清政府簽訂《膠澳租界條約》，允許德國租借膠州灣，在山東享有修築膠濟鐵路和開採鐵路沿綫礦產等特權。此事在聖言會內部也形成兩種截然不同的態度，韓寧鎬神父支持德國政府的保教行動，要求德國政府保護教眾和僑民；福若瑟神父反對德國人借教案侵犯中國主權、破壞傳教士在中國人心中的形象，認為傳教士為耶穌基督殉難本來就是傳教事業的一部分，以德報怨才能贏得更多追隨者。

濟寧戴莊花園原為明末清初著名畫家戴鑒的別墅，後轉給了當地富豪李澍作花園，改稱為 "蓋園"。光緒五年（1879）李澍後裔把這座有著 "塵世蓬瀛" 雅稱的園子轉讓給聖言會。福若瑟廣募資金，在蓋園一隅修建戴莊聖家天主教堂，宣統三年（1911）竣工。教堂左邊是濟寧修道院、住院和主教府，右邊有修女樓、醫院、鐘樓和學校。教堂背後有佔地十餘畝的 "聖林"，蒼松翠柏，碑碣林立，墳冢羅列，福若瑟的墓碑居中，身邊是韓寧鎬等幾十位德國傳教士的墳冢。戴莊這組美侖美奐的西洋建築與奇石嶙峋、古木參森的蓋園融為一體，中西合璧，別具風采。

MISSION IN YENCHOWFU, CHINA

兗州天主堂印書館特卡

編者　Societas Verbi Divini Word
　　　聖言會
語言　德文
印製　1910s.—1920s., Verlag der Kathol. Mission,
　　　Yenchowfu（兗州天主堂印書館）
尺寸　138mm × 88mm

❶｜❷

❶ 貧困的母親賣兒鬻女
Von der Mutter wegen Armut verkaufte Chinesen-Kinder
牌子上寫著："無論誰領走一個孩子，都是耶穌基督對我們的憐憫！"

❷ 官員和他的孩子
Gruß Aus China
Chinesischer Beamter mit seinem Söhnchen
【原注】"來自中國的問候。"

❶　❷

❶ 來自魯南教區的問候

Grüße aus der Cathil. Mission Süd-Schantung (China)

【原注】"宣教士"（左），"修院學生"（中），"宣教女"（右）。

韓寧鎬主教 1912 年發自兗州的明信片。

❷ 三個中國孤兒的問候

Grussaus China: 3 Chinesische Waisenknaben

兗州天主堂印書館 1929 年印製的聖誕卡，寄件人佛爾白，1924 年 12 月由兗州府經上海寄往底特律。

青島教區

天主教青島教區即聖言會管轄的山東南境教區。光緒二十三年（1897）德國侵佔青島，翌年德國傳教士白明德神父受安治泰主教委派到青島拓展，在太平路天后宮租賃一座木屋作為傳教站，光緒二十六年（1900）在曲阜路購地修建教堂，附設機構青島天主堂印書館。1925年梵蒂岡准設青島監牧區，1928年升格為青島代牧區，維昌祿[1]出任青島代牧區主教，主教座堂在青島聖彌額爾教堂。

實施聖統制後青島升為教區，管轄膠縣、高密、即墨、諸城、日照、臨沂、郯城、費縣、蒙陰、沂水、莒縣十一縣，有十九座大教堂。與聖言會其他教區不同，青島教區還擔負著為在青島的德國駐軍提供聖事活動的責任。青島天主堂印書館是兗州印書館的分支機構，主要出版聖事用書，也有人文類書籍，如維昌祿的《公教考真闢妄》、商格理的《華德詞典》等。

1　維昌祿（Georg Weig, 1883—1941），德國人，聖言會士，在西里西亞大學學習文學，1906年加入聖言會，1907年晉鐸，自此來華在兗州神修院任教，1913年擔任兗州小修院院長，1915年任兗州大修院院長。1925年出任青島教區主教，1941年逝於青島，葬於聖彌額爾教堂西側庭院。

TSINGTAO CATHOLIC MISSION PRESS

青島天主堂印書館青島系列

編者	Catholic mission Press, Tsingtao
	青島天主堂印書館
語言	英文
印製	1920s., 青島天主堂印書館
尺寸	135mm×90mm

Tsingtao, View of the Christ Church.

◉ 遠眺青島教堂

Tsingtao, View of the Christ Church

1898 年膠澳總督府頒佈城市規劃方案，在安治泰主教與白明德神父的爭取下，聖言會在青島市區購買了至少七處土地，其中一處約三萬平方米的地塊位於一個山坡的頂部，處於歐人商住區與大鮑島華人區之間，周界為路易特波爾德街（Luitpoldstraße，今浙江路）、柏林街（Berliner Straße，今曲阜路）、阿爾貝特街（Albertstraße，今安徽路）與霍亨洛厄路（Hohenloheweg，今德縣路）。1899 年至 1902 年間，聖言會在該地塊上修建了作為青島傳教會機構的聖言會會院，設有辦公室、傳教士宿舍、小禮拜堂和印刷廠。會院內的小天主堂 1902 年正式啟用，可容納三四百人。整座建築為文藝復興風格，融有中式建築元素。外立面裝飾華麗繁複，一層外牆為中式灰磚，開拱券窗，二層為白色粉牆，窗戶為窄條窗，周邊以花崗岩條石和紅磚裝飾。

1932 年青島教區在會院修造青島聖彌額爾堂（St. Michael's Cathedral），歷時兩年落成，可同時容納一千餘教徒做事。教堂大門上方有一巨大玫瑰窗，兩側各聳立一座鐘塔，塔身高五十六米，紅瓦覆蓋的錐形塔尖上各豎立一個巨大十字架，塔內懸有四口大鐘，一旦鐘樂鳴奏，聲傳數里之外。

Tsingtao, Anwhei Road with Sunken Garden.

Tsingtao, The Chinese Temple.

❶ **青島安徽路下沉街心花園**

Tsingtao, Anwhei Road with Sunken Garden

舊時青島有六大公園，安徽路下沉街心花園就是其中的"第六公園"。這裏原本是觀海山通往青島灣的一條自然沖溝，北高南低。溝邊遍植薔薇，花開繁茂，老百姓稱"大花溝"。德國佔領青島時期始建綠地，稱"梯利華茲街心花園"；日本第一次侵佔時期，改稱"大村公園"；北洋政府統治時期，改稱"第六公園"。二十世紀三十年代填平溝壑，種植懸鈴木、銀杏、青朴及花灌木。

❷ **青島一座寺廟**

Tsingtao, The Chinese Temple

天后宮，始建於明成化三年（1467），青島現存最古老的明清磚木結構建築群，有正殿、配殿、前後兩廂、戲樓、鐘鼓樓。天后宮內古木成蔭，綠草茂盛。

信陽教區

　　明末清初，天主教在河南已經傳佈。近代河南教務基本由米蘭外方傳教會管理，1926 年米蘭外方傳教會與羅馬聖伯鐸與聖保祿外方傳教會重組合併為宗座外方傳教會後，有多家修會進入河南：意大利沙勿略外方傳教會管理的鄭州教區和洛陽教區，西班牙重整奧思丁會管理的歸德教區，中國籍神父管理的駐馬店教區。1916 年梵蒂岡傳信部將河南南境教區分拆為東境教區和西境教區，1927 年東境教區又分設德國聖言會管理的信陽監牧區，在信陽、明港、潢川、桃林鋪、固始、羅山、汝南、正陽、上蔡、蔡溝鎮、銅城集、沈丘、新安集設有堂口；1936 年又從原屬河南北境教區的衛輝教區分立出新鄉監牧區，交德國聖言會管理，設有新鄉、封丘、陽武、王村、修武、沁陽、喬廟、中和鎮堂口。輔助聖言會傳教的有聖神會和聖家會兩家女修會，建立學校、醫院、診所、孤兒院。

SÜDOST-HONAN, CHINA

河南南境教區系列

編者　Missionsprokuratur Steyl
　　　聖言會賬房
語言　德文
印製　1920s., Steyl（荷蘭斯泰爾）
尺寸　138mm × 90mm

● 汝寧府的地方戲

Günkenturm in Jüningfu und Katechisten

汝寧府地方戲主要流行大平調和
山東梆子，《趙燎》、《八寶珠》等
曲目膾炙人口。圖片表現一位信
徒演出地方戲，意在說明天主教
信仰與中國傳統文化並不衝突，
皈依基督不妨礙人們保持自己民
族的藝術欣賞特色。

❶
___
❷

❶ 河南聖家會修女

Chinesische Schwestern der Hl. Familie

聖家會即宣統二年（1910）在曹州成立本土化的
女修會"聖家獻女傳教會"，韓寧鎬主教為那些
因家庭需要不能加入傳統女修會的女孩子重新設
定修行規則，除參加教區組織服務工作外，她們
可以在家裏禱告，忙活家務，照顧父母。聖家會
聖心院在臨沂設立，並在聖言會管理河南信陽、
汝南等地設有分會。

❷ 汝寧府教堂和傳教士

Glockenturm in Jüningfu und Katechisten

汝寧府，古代行政區劃名，府治在今河
南省汝南縣，區域主要包括今河南駐馬
店大部分及信陽部分地區。汝寧教務屬
1927年成立的德國聖言會管理的信陽監
牧區。

甘肅教區

從青海省西寧到拉卜楞寺的中途，海東湟中縣平安鎮西南五十里有阿尼吉利山，藏語稱"鹿寨"，層巒疊嶂，林木濃鬱，山泉流水，山花爛漫，景色秀麗。山中有座夏宗寺，建於宋代，因曾有藏傳佛教高僧在此靜修而出名，有"夏宗珠代"之稱。元至正十九年（1359）西藏噶瑪噶舉派黑帽系第四世活佛乳必多杰（1340—1383）應元惠宗之召赴大都，途經平安鎮在夏宗寺小住，年僅三歲的藏傳佛教格魯派創始人宗喀巴被其父領來面見活佛受戒。湟中一帶是藏族、漢族和回族混居的地方，通行漢語青海方言，藏族也不大會説藏語。

在平安鎮與夏宗寺之間的祁家川有個叫作"當采"（Taktser）的村莊，藏語 སྟག་འཚེར，漢人稱為紅崖村。1939 年某日一位金髮碧眼的德國人騎馬來到當采村，在三十戶人家的小村莊中不難找到他此次的目的地：祁吉才仁的家。這是一座典型的藏族建築，主房坐北朝南，採用單層矩形平頂結構，圓石基座，外牆除了戶門沒有其他開口。屋頂上有三個煙囪和兩個氣孔，四周有流水的天溝。房子入門朝東，便於躲避冬天的西北風。四周用原石堆砌院牆，院子東側是廚房，西側是客人房和倉庫，南邊是馬廄、狗窩和羊圈。院子大門口有座小佛塔，還矗立著高十來米、掛滿經幡的旗杆。院子中央總是趴著一隻黑白色土狗和一隻藏獒，虎視眈眈瞧著來客。

這位來客中文名叫海貴春（Matthias Hermanns），1899 年生於德國科隆尼爾（Köln-Niehl），1914 年在荷蘭聖言會舉辦的高中讀書。第一次世界大戰期間，他於 1917 年應徵入伍，作為飛行員駐紮在呂貝克（Lübeck）。戰後他在斯泰爾（Steyl）繼續文化課學習，1921 年畢業後加入聖言會，後在默德林聖加俾額爾神學院（Missionshaus St. Gabriel Mödling）深造，1928 年晉鐸，次年奉遣來華，在山東聖言會初學院學習漢語，適應環境後被遠派涼州教區。

1922 年德國聖言會獲得隴西代牧區（涼州教區）管理權，招募傳教士陸陸續續到中國，深入甘肅、青海、新疆等地建立了三十個傳教站。他們都接受過醫療培訓，為當地民眾解危救難，以博得人心，換福音普及，尤其在當地婦女中口碑甚好。這些傳教士裏有民族學家和人類學家，如山道明[1]、費惠民[2]、佛爾白等。傳教只是他們工作的一小部分，這些人的興趣主要在藏區的人文地理和風土人情上。這項派遣活動持續到 1953 年，三十年間派遣團出了九十名傳教士，其中不乏國際知名藏學家，最有成就者就是海貴春。海貴春多年的研究重點放在青海藏族，1934 年他在當地一位回族教師幫助下掌握了藏語。

1　山道明（Dominik Schröder, 1910—1974），德國人，聖言會士，民族學家；1938 年來華，在青海任神職；1945 年獲輔仁大學碩士學位；後長期生活在青海互助土人（Huzhu Monguor）居住區；1949 年回國，在弗萊堡大學和法蘭克福大學攻讀博士學位，1951 年通過博士論文 *Zur Religion der Tujen des Sininggebietes (Kukunor)*；1960 年在名古屋南山大學從事日本和台灣原住民研究，著有《知本卑南族的出草儀式》等。

2　費惠民（Johann Frick, 1903—2003），生於奧地利，聖言會士；1931 年來華，在青海甘肅傳教；1952 年離開大陸赴台，後在維也納研習民族學，1955 年獲博士學位；著有 *Zwischen Himmel und Erde*（《天地之間》，1995）。

祁吉才仁家的男主和女主都是本地農民，有自己的土地，主要種青稞、蕎麥和馬鈴薯一類耐寒耐旱莊稼，靠天吃飯，養些牛羊，尚可溫飽，把盈餘的農牧產品運到西寧換回茶、糖、棉布等生活必需品。1935 年祁吉才仁家添了第五個兒子，乳名拉木登珠。1938 年拉木登珠被遴選為第十三世達賴喇嘛的轉世靈童。

海貴春特地來當采村見證西方人眼中神秘的拉木登珠。這時拉木登珠已經完成靈童轉世程序，尚未坐床。關於這次見面歷史記載不詳，這位德國傳教士後來的回憶錄簡單提到，這個孩子家庭條件不錯，全家人無論從飲食、語言還是文化認同上都與他們在青海見過的漢人沒有差別。海貴春很驚訝，他先用藏語與他們打招呼，居然沒有反應，不得不用改用漢語與這家人交談，"漢語是這個家庭使用的惟一語言"。這家人操著一口濃濃的青海方言，傳教士與其交流也沒有感覺到太大的語言障礙。在海貴春印象裏這位轉世靈童對西藏根本沒有概念，只知道他的家在 Chi（祁家川）。[1]

與拉木登珠的見面可能是海貴春後來在藏區做研究工作最便捷、最有效的"通行證"。他是德國戰後藏學領銜者，一生發表了十二部論著，多數是研究西藏問題的，主要論及方言、宗教、文化和遊牧生活等。海貴春 1947 年回國，整個五十年代在尼泊爾繼續藏學研究，1960 年到慕尼黑聖言會學院任教，1968 年退休，1972 年逝於波恩。他的主要論著有 *Von Urmenschen zur Hochkultur*（《漢族文明進化史》，兗州天主堂印書館，1935），*Schöpfungs und Abstammung Mythen der Tibeter*（《創世紀——西藏原始宗教思想》，1946）和 *Mythen und Mysterien, Magie und Religion der Tibeter*（《佛法和神師——藏傳佛教》，1956）。海貴春根據在青海搜集的手稿把藏族英雄史詩《格薩爾王傳》譯成德文 *Das National-Epos der Tibeter Gling König GeSar*, *Verlag Josef Habbel*（1965）。

1959 年之前，西方學界對藏傳佛教基本持負面看法，不論是進入西藏比較早的英國探險家，還是對西藏事物情有獨鍾的德國傳教士，均認為西藏的政教體制以及藏傳佛教某些非常規的祭祀方法與現代文明相悖。他們早年的著作對西藏的了解多陷於獵奇之心，卻很難找到正面評價。這種成見從海貴春開始略有改觀，他不喜歡其藏學前輩和同事全盤否定藏文化的態度，遇到爭論時總是提醒藏學研究德國後輩"藏傳佛教叢弊有善"，言外之意是不能只看到西藏傳統的負面。這居然成為他最常被引用的名言，個中隱喻，耐人尋味。

《漢族文明進化史》是海貴春的學術代表作，他坦誠地敘述了自己在觀察中國社會文化現象時的心路歷程。面對耳聞目睹的現實，海貴春神父閱讀了辜鴻銘等中國文人的著作，迫使自己潛心學習中國古典文獻，從歷史的角度看待和理解中國人。他對藏文化提出"藏傳佛教叢弊有善"，對漢文化的概括則是"由原人而高尚底文化"。

1　參見 Matthias Hermanns, *Mythen und Mysterien, Magie und Religion der Tibeter*, Cologne: B. Pick, 1956。

KANSU

甘肅教區系列

編者　S.V.D.
　　　聖言會
語言　德文
印製　1920s.
尺寸　140mm×90mm

Kansu　Bischof Buddenbrock im Kreise einiger Missionare

Kansu　Fantse-Mädchen in Nationaltracht

❶ 濮登博主教和傳教士

Bischof Buddenbrock im Kreise einiger Missionare, Kansu

圖片前排居中為濮登博主教。濮登博（Theodor Buddenbrock, 1878—1959）生於德國北萊茵州利普朗斯多夫（Lippramsdorf），1901 年加入聖言會，1905 年晉鐸，同年來華，初期在兗州教區任職。1922 年濮登博擔任甘肅聖言會會長，1924 年任甘肅西境代牧區（蘭州教區）主教，1946 年濮登博的名銜改稱蘭州教區總主教。1950 年濮登博及其副手趙承明被捕，1952 年被驅逐出境。

這張明信片的背面有鉛筆字：P. Volpert in Chingchow, Kansu（佛爾白神父於甘肅秦州）。秦州，今甘肅天水。前排右一大白鬍子者為佛爾白神父。

❶　❷

❷ 甘肅身著民族服裝的漂亮女孩

Kansu. Fantse-Mädchen in Nationaltracht

10

外方傳教會　帕爾馬沙勿略

　　那位明末東來渴望敲開中華傳教大門卻"出師未捷身先死"客歿上川島的聖人沙勿略，他的名字也成為後繼者開拓事業的旗號。1895 年帕爾馬大主教孔維鐸成立沙勿略外方傳教會，專致在中原腹地傳佈福音。孔維鐸（Guido Maria Conforti）1865 年生於意大利帕爾馬大區的卡薩羅拉（Casalora di Ravadese），他的姓氏康福蒂（Conforti）是當地一個歷史悠久的古老家族，文字記載可追溯到十三世紀，現存有十五世紀建造的家族產業托雷恰拉城堡（Torrechiara），十九世紀有家族成員出任帕爾馬公國財政大臣，積累了大量土地和財富，鼎盛一時。孔維鐸七歲進當地教會小學讀書，途中總是路過聖母平安堂（Santa Maria della Pace），據説他經常到教堂歇腳，在耶穌受難雕像下，"我望著祂，祂看著我，耶穌似乎對我説了許多話"。1876 年十一歲的孔維鐸進入帕爾馬神學院，1888 年畢業後晉鐸；1892 年擔任帕爾馬大教堂本堂神父。1893 年孔維鐸神父出任傳信會在帕爾馬的負責人，1895 年他向教區申請成立"艾米利亞外方傳教神學院"（Seminario Emiliano per le Missioni Estere）獲批。孔維鐸從小就讀過沙勿略的傳記，對這位聖人的事蹟記憶猶新，1896 年他在"艾米利亞神學院"基礎上成立修會"沙勿略外方傳教會"（Istituto di San Francesco Saverio per le Missioni Estere, SX），又稱為"帕爾馬外方傳教會"（Istituto Missioni Estere di Parma）。

　　1902 年孔維鐸受命擔任意大利北部拉文納（Ravenna）教區大主教，兩年後因身體原因辭職，1908 年被派往家鄉擔任帕爾馬主教，保留大主教職銜。孔維鐸在帕爾馬主教位上二十三年，走遍教區三百多個堂口。他拒絕施主送給的汽車，亞平寧山脈總能看到他騎馬騎騾的身影，牧靈行程數千公里，造訪千萬平民人家，口碑甚佳。在城市，孔維鐸出面化解了多次產業工人與工廠主的衝突，祈禱"和平與和諧"，呼籲工人以非暴力方式表達訴求，勸誡工廠主改善勞動條件，以仁愛精神建構和諧的勞資關係。

　　1916 年孔維鐸與米蘭外方傳教會神父保羅・曼納聯手成立"意大利司鐸聯合會"（Unione Missionaria del Clero in Italia, UMC），並擔任會長。

　　光緒三十年（1904）沙勿略外方傳教會派遣來華傳教士在河南建立教區，孔維鐸終於可以名副其實地稱自己為沙勿略事業的繼承人了。1928 年秋天他在馬賽登船，開始自己一生時間最長的"巡視"，目的地是中國。他經過蘇伊士運河，眺望黃沙籠罩的西奈山，默想耶穌基督的聖蹟，又經過破濤洶湧的印度洋和蔚藍色的南中國海。船從上川島岸邊駛過，他遠遠地矚目著安置著沙勿略衣冠冢的乳白色教堂，為自己最崇敬的聖人祈禱，了卻一件從少年時期就縈迴在心中的夙願。他登岸上海十六鋪碼頭，教廷駐中國大使剛恆毅和河南西境代牧區賈師誼主教率千人迎候。是年底，孔維鐸乘火車到達鄭州，視察自己創辦的傳教會在豫西地區的工作和成就，面見信眾，探望孤寡，更缺不了主持盛大的彌撒儀式。他感嘆道："來到中國第一印象，在如此遼闊的國度每個人能做的事情都非常渺小，吾儕共同努力，未來不可限量。"結束在中國一個月的訪問後，孔維鐸沿西伯利亞大鐵路返回歐洲。

回到帕爾馬後，老邁的孔維鐸"採菊東籬下，悠然見南山"，靜心於田園生活，1931 年逝於帕爾馬，葬於聖阿加塔大教堂（Sant' Ágata）。1942 年沙勿略外方傳教會根據他生前的願望，移柩聖馬丁教堂（Viale San Martino）他母親身旁。1996 年教皇約翰保羅二世為孔維鐸晉福，2011 年教皇本篤十六世為他封聖。

Istituto Missioni Estere, Parma, Cina

編者	Istituto Missioni Estere, Parma
	帕爾馬沙勿略外方傳教會
語言	意大利文
印製	1920s., Parma（帕爾馬）
尺寸	140mm×90mm
主題詞	"幫助傳教士是天主教徒和意大利人的天則"，"中國已經向基督教敞開大門，所有人在這個信仰和文化的事業上必須通力合作"。

帕爾馬沙勿略外方傳教會中國系列

"帕爾馬沙勿略外方傳教會中國系列"共有二十五個子系列，每個子系列大約二十五張。第一系列"景觀"，第二系列"裝飾藝術"，第三系列"藝術與自然"，第四系列"農業"，第五系列"駱駝和馬匹"，第六系列"手工藝"，第七系列"百姓"，第八系列"日常生活"，第九系列"生活場景"，第十系列"建築"，第十一系列"小商販"，第十二系列和十三系列"流商"，第十四系列"鄉村"，第十五系列"佛像"，第十六系列"神祇"，第十七系列"偶像"，第十八系列"喪葬"，第十九系列至二十一系列"北京"，第二十二系列"中國風光"，第二十三系列"寺廟生活"，第二十四系列"北京喇嘛廟"，第二十五系列"城景"。

每個子系列的主題詞不盡相同，也有一些是募捐的具體要求，比如"向帕爾馬外方傳教會教區的孤兒每年捐贈七十五里拉使他們擺脫困境"、"帕爾馬外方傳教會在中國河南西境設有教區，任何打算幫助他們的人請聯繫傳教會"、"參與我們工作的簡單方法請看《信德與文化》雜誌有關內容"、"凡是每年捐贈一千里拉者可視為傳教士基金的發起人"等。

Colonna di pietra all'ingresso delle Tombe dei Ming.

◉ 明陵華表

Colonna di pietra all'ingresso delle Tombe dei Ming

華表是一種中國古代的傳統建築形式，屬古代宮殿、陵墓等大型建築物前面做裝飾用的巨大石柱，相傳華表是部落時代的一種圖騰標誌，古稱桓表，以一種望柱的形式出現，富有深厚的中國傳統文化內涵，散發出中國傳統文化的精神、氣質、神韻。此圖的華表位於北京明十三陵神道入口處，一共有四個，以漢白玉雕琢。

❶
❷
❸

❶ **蚌埠鐵路橋**

Viadotto della Ferrovia Pien-Tung

蚌埠淮河鐵路大橋 1911 年落成，是淮河上的第一座鐵路大橋，經此津浦鐵路得以貫穿中國南北，蚌埠這個淮河岸邊荒涼古老的小村古渡躍然成為江淮地區行政、文化、商貿和軍事重鎮。

❷ **新年舞龍**

Evoluzioni dei drago nel nuovo anno

春節舞龍又稱舞龍、龍燈舞，通常於春節到元宵燈節間表演，是中國獨具民族特色的習俗，傳說龍能行雲佈雨、消災降福，象徵祥瑞，人們以舞龍祈求平安和豐收。

❸ **龍門石窟三十米高佛像**

Grande statua di Budda a Lung-Men alta m. 30

洛陽龍門石窟是世界上造像最多、規模最大的石刻藝術寶庫，始鑿於北魏，盛於唐，終於清末，陸續營造長達一千四百餘年。圖為"大盧舍那像龕"，唐高宗初開鑿，咸亨三年（672）皇后武則天贊助脂粉錢兩萬貫，上元二年（675）功畢，長寬各三十餘米。主佛盧舍那是報身佛，意為光明遍照。佛像面部豐滿圓潤，頭頂為波狀髮紋，雙眉彎如新月，一雙秀目微微凝視下方，露出祥和的笑意，宛若睿智而慈祥的中年女性，令人敬而不懼。

Serie I.ᵃ – CINA – Paesaggi e Vedute

8. *Viadotto della Ferrovia Pien-Tung.*

Serie II.ᵃ – CINA – Divertimenti

8. *Evoluzioni del drago nel nuovo anno.*

Serie III.ᵃ – CINA – Culto

8. *Grande statua di Budda a Lung-Men alta m. 30.*

CINA - Fabbricatore di case e animali di carta da bruciare sulle tombe

CINA - Sull'aia

Serie V.ᵃ - CINA - TRASPORTI

7. Carico di canapa.

❶ 紙紮

Fabbricatore di case e animali di carta da bruciare sulle tombe

紙紮是紙冥器，起初是生活日用品，自宋代起流行於祭祀及喪俗活動。人們用竹篾、蘆葦、高粱秸紮成紙人紙馬、金山銀山、家具器皿、搖錢樹、牌坊、門樓、宅院、家禽，糊以色紙，飾以剪紙，為死者焚燒。

❷ 打穀場

Sull'aia

❸ 駄運黃麻

Carico di canapa

❹ 閨蜜

Fanciulle

Fumatore.

Serie X. - CINA - ARCHITETTURA

6. Monumento Funerario.

Serie XII.ª - CINA - PICCOLO COMMERCIO

7. Venditore di acqua potabile.

❶ 老煙槍

Fumatore

❷ 老農

Vecchio contadino

❸ 墓坊

Monumento Funerario

❹ 賣水夫

Venditore di acqua

Dhritarasta, guardiano dell'oriente - Suona la chitarra.

Divinità con otto braccia.

CINA - Kuan-yun multibraccia

❶ 手持琵琶的東方持國天王

Dhritarasta, guardiano dell'oriente—Suona la chitarra

四天王為東方持國天王（Dhṛtarāṣṭra）、南方增長天王（Virūḍhaka）、北方多聞天王（Vaiśravaṇa）、西方廣目天王（Virūpākṣa）。東方持國天王，"持國"意為慈悲為懷，保護眾生，護持國土，故名持國天王。住須彌山白銀埵，負責守護東勝神洲，身為白色，穿甲冑，手持琵琶或阮琴。弦樂器鬆緊要適中，太緊則易斷，太鬆則聲不響，表行中道之法。主樂神，用音樂來使眾生皈依佛教。

❷ 八臂文殊

Divinità con otto braccia

八臂文殊即文殊菩薩，梵名全稱文殊師利，意為妙德、妙吉祥，藏名姜巴樣，因出生時家中出現吉瑞祥光而得名。文殊為輔佐佛祖弘法的上首菩薩，充當任左協侍，專掌管智慧門，表示大智，乃集諸佛智慧於一身的菩薩。據《文殊師利涅槃經》所記載，文殊出生於古天竺舍衛國的一個婆羅門家庭，後來跟釋迦牟尼佛出家學法。佛滅後，文殊曾為五百仙人講解十二部佛經。以後回到家鄉，在尼拘陀樹下結跏趺靜思，入於靜涅槃。

❸ 千手觀音

Kuan-yun multibraccia

千手觀音又稱千手千眼觀世音、千眼千臂觀世音等，是大慈悲的象徵，能夠默默地保佑信眾度過各種難關、消除各種病痛。千手觀音為觀音部果德之尊，"千"為無量及圓滿之義，以"千手"表示大慈悲的無量廣大，以"千眼"代表智慧的圓滿無礙，千手千眼觀世音能利益安樂一切眾生，隨眾生之機，相應五部五種法，而滿足一切願求。

❶
❷
❸

CINA - Cena di contadini

Serie XVI.ª - CINA - PICCOLI MESTIERI

4. Pastaio.

Serie XVII.ª - CINA - LA FUSIONE DEL FERRO

6. Il mantice azionato da dieci uomini.

❶ 農家飯

Cena di contadini

❷ 拉麵

Pastaio

❸ 十人風箱

Il mantice azionato da dieci uomini

中國人很早就把居家灶間的風箱原理用
於冶煉。古人將風箱稱為"橐龠",山
東滕縣出土的漢代冶鐵畫像石中有橐的
場景,橐龠由三個木環、兩塊圓板、外
敷皮革而成,拉開皮橐,空氣通過進氣
閥而入橐;壓縮皮橐,橐內空氣通過排
氣閥而進入輸風管,再入冶煉爐中。戰
國時期出現了多橐並聯或串聯的裝置,
稱為"排橐"。

CINA - Tombe Imperiali di Yen-she-hsien

CINA - Il trasporto del cadavere di un povero

Serie XVIII.ᵃ - CINA - FUNERALI E TOMBE

5. Cimitero di bonzi.

❶ 偃師縣的皇陵

Tombe Imperiali di Yen-she-hsien

洛陽的偃師和鞏義一帶有東漢和北宋兩大皇陵群，留有望柱、馴象人、瑞禽、甪端、仗馬、馬官、虎羊、客使、武將、文臣、門獅、武士等石刻，此圖為北宋仁宗趙禎永昭陵的石刻"瑞禽"和"甪端"，馬首、禽身、鷹爪、鳳尾的瑞禽翱翔在三米多高的大石屏上，雄姿下雲水翻捲，展翅處風雷激蕩。瑞禽象徵吉祥之鳥，甪端是中國神話傳説中的神獸。

❷ 窮人蓆草薄葬

Il trasporto del cadavere di un povero

葬之厚薄主要取決於家境，家貧者生時身無長物，死後蓆薪枕塊。遠古人們沒有葬的概念，人死了挖坑埋掉，裹草蓆，蓋雜草。至周代喪葬開始成為"五禮"之一，漸顯人之高貴低賤。古賢反對厚葬，墨子曰："綴民之事，庸民之則"，王充批評厚葬："重死不顧生，竭財以事神，空家以送絡"。

❸ 塔林

Tombeau de Bonze

在許多歷史悠久的寺院旁邊，有成群的古塔，密集如林，被稱為塔林。這些古塔是寺院中歷代高僧和尚們的墓塔，有的幾座，有的幾十座，甚至多達幾百座。寺院的歷史越久，規模越大，墓塔數量越多，塔林也越大。圖中這座塔林是登封市少林寺塔林，是少林寺祖塋，由唐、宋、元、明、清歷代高僧的墓塔組成，有磚石塔二百四十八座，是中國現存最大的塔林。

Serie XVIII.ª - CINA - Funerali e tombe

3. *Sepoltura provvisoria.*

CINA - Incensiere in ferro fuso

❶ **浮厝**

Sepoltura provvisoria

浮厝，俗稱丘子，中國葬制。用磚石將棺木四角墊高，離地三寸，暫不入土歸葬，稱為浮厝，採用這樣的殯葬方式便於遷葬。死者遠離故土，一時難以正式下葬，作浮厝暫寄，待條件允許可運回故里殯葬或奔喪。或妻先亡者，得將妻棺浮厝於新擇塋地地面，待夫故時同時下葬。

❷ **鑄鐵香爐**

Incensiere in ferro fuso

這是一所道觀，鑄鐵香爐後上懸掛匾額"順天休命"，語出《周易·大有·象》："君子以遏惡揚善。順天休命。""休"為美。此語意即：順奉天的美命，去遏惡揚善。大有卦象為火在天上，光明普照，似乎表示天命的"美"或"善"。君子順應之就要遏惡揚善，道家講究"以順天之道、不行妄為之事；以逆天之修、趨利避害得福"，以"順天休命"為真理。

Lama.

PECHINO - Una sezione dell' Osservatorio astronomico

Han-chow-fu - Un chiosco sul Lago.

❶ ｜ ❷

❸

❶ 喇嘛

Lama

此圖背景為北京雍和宮。雍和宮建於康熙三十三年（1694），康熙將之賜予四子胤禛，稱雍親王府，雍正三年（1725）改稱雍和宮。雍正和乾隆二帝都生於此，此地被視為"龍潛福地"。乾隆九年（1744）雍和宮改為喇嘛廟，成為清政府掌管全國藏傳佛教事務的中心。

❷ 觀象台

Une sezione dell'Osservatorio astronomico

北京觀象台建於明正統七年（1442），是世界上已存最古老的天文台，也是中國明清兩代的皇家天文台。觀象台原稱觀星台，位於元大都城牆東南角樓，放置了渾儀、簡儀、渾象等天文儀器，在城牆下建紫微殿等房屋，後增修晷影堂。滿清入關，順治元年（1644）世宗聽從欽天監監正湯若望神父的建議，將觀星台改為觀象台；湯若望去世後，接任欽天監監正之職的南懷仁神父於康熙八年（1669）設計和監造了赤道經緯儀、黃道經緯儀、地平經儀、象限儀、紀限儀和天體儀。康熙五十四年（1715）欽天監監正紀理安神父設計和製造了地平經緯儀。

❸ 杭州府湖心亭

Han-chow-fu, Un chiosco sul Lago

西湖中央的湖心亭，與三潭印月、阮公墩合稱湖中三島，湖心亭為"蓬萊"，三潭印月是"瀛洲"，阮公墩是"方丈"。宋、元時曾有湖心寺，後傾圮；明代此處為"清喜閣"；清杜撰"錢塘十八景"中有"湖心平眺"名分。

CINA CRISTIANA—SERIE I

編者	Istituto Missioni Estere, Parma
	帕爾馬沙勿略外方傳教會
語言	意大利文
印製	1920s., Parma（帕爾馬）
尺寸	140mm×90mm
主題詞	"幫助傳教士是天主教徒和意大利人的天則。"

帕爾馬沙勿略外方傳教會傳教系列共有五個系列，第一系列"河南西境代牧區"，第二系列"傳教士"，第三系列"河南西境教區的男孤"，第四系列"河南西境教區的女孤"，第五系列"傳教歷程"。

帕爾馬沙勿略外方傳教會傳教系列

6. - La Cattedrale del Sacro Cuore a Chengchow.

La S. Infanzia salute I Padri neo arrivati.

❶ 鄭州耶穌聖心大教堂

La Cattedrale del Sacro Cuoro a Chengchow

這座位於鄭州市銘功路的天主教耶穌聖心堂建於 1924 年，1938 年被日軍炸毀。

❷ 孤兒院新來的神父

La S. Infanzia salute I Padri neo arrivati

Visita a una famiglia cristiana.

L'automobile del Vicario Apostolico.

Il Padre in mezzo ai suoi frugoli.

❶	❷
❸	❹

❶ 拯救棄嬰

L'infanticidio continua nella Cina. Le Madri Canossiane vanno alla ricerca delle innocenti vittime della superstizione.

【原注】"中國一直存在殺害嬰兒現象，嘉諾撒仁愛會修女尋找無辜的迷信受害者。"

兩位嘉諾撒仁愛會修女在高高的草垛和一堆雜木材旁邊，一個修女打手勢招呼另一個修女查看剛發現的棄兒。

❷ 走訪教友家

Visita a una famiglia cristiana

❸ 主教的座駕

L'automobile del Vicatio Apostolico

❹ 謙卑和藹的神父

Il Padre in mezzo ai suoi frugoli

Due orfanelle della S. Infanzia nel giorno del battesimo.

Bambina della S. Infanzia al tombolo.

❶ | ❷
---
❸

❶ 孤兒院兩個孩子的受洗日

Due orfanelle della S. Infanzia nel giorno del battesimo

❷ 孤兒院裏製作花邊的孩子

Bambina della S. Infanzia al tombolo

❸ 許昌女學生

Souchow (Cina) —Scolarette

帕爾馬沙勿略外方傳教會信德系列

編者　Istituto Saveriano. Missioni Estere, Parma
　　　帕爾馬沙勿略外方傳教會
語言　意大利文
印製　1940s., Giuntoli—Milano（米蘭）
尺寸　150mm×105mm

❶ ❷
　　——
　　❸

❶ 敬畏神靈
❷ 以煙結友
❸ 屑榆為粥

河南西境教區

光緒二十五年（1899）孔維鐸委派兩位傳教士到中國，適逢義和團運動如火如荼，鑒於環境險惡，尤其是得知太原主教艾士傑遇害後，孔維鐸再三考慮不得不召回傳教士，第一次派遣之人與他們敬奉的聖人一樣無功而返。鍥而不捨的孔維鐸1904年再次組建遣華使團，這次他選中的是他的得意門生——二十一歲的賈師誼神父。賈師誼（Luigi Calza）1879年生於意大利北部帕爾馬附近的小山村羅卡波巴爾匝（Roccaprebalza），在帕爾馬完成基礎教育，1892年就讀柏柴托修道院的中學，這個修道院不乏孔維鐸熱心崇拜者，賈師誼深受周圍氛圍感染，1897年轉學到孔維鐸神父剛建立的艾米利亞神學院繼續高中學業，1899年進修神學課程。就在孔維鐸第一次遣華使命受挫的那年，賈師誼畢業後發願，1902年晉鐸。孔維鐸擔任拉文納大主教後謀劃第二次派遣傳教士到中國，經傳信部與米蘭外方傳教會協調，後者同意接納來自帕爾馬的傳教士。1904年孔維鐸在修會小教堂內舉行了隆重的感恩聖祭，為賈師誼和另外三位神父赴中國送行。孔維鐸叮囑自己的弟子：「傳教士應當將自己視為歸化外教人的自願犧牲品，與基督一起拯救整個人類，這是一種最高的榮譽。衷心祝願有朝一日，（你們）能夠犧牲一切前往工作的園地，隨時準備好承行天主在合法長上的命令中所彰顯的旨意。」[1]

四位神父經過六十一天的長途旅行到達了南陽附近的靳崗米蘭外方傳教會主教府。他們入鄉隨俗，都穿戴得像中國人，頭上要戴假辮子，在該地專心學習中文，隨後被派遣到襄縣。早在1882年梵蒂岡傳信部就從河南南境教區和河南北境教區分別劃出一部分區域組建河南西境教區，賈師誼到達教區後，1906年傳信部正式把河南西境教區的管理權從米蘭外方傳教會移交給沙勿略外方傳教會，主教座堂設在襄城縣，管理鄭州、洛陽、許昌、臨汝、郟縣、新鄭、密縣、禹縣，賈師誼出任宗座監牧，1912年升為主教。沙勿略外方傳教會管理下，河南西境教區的核心教區也從襄縣擴展到許昌和鄭州，在那裏修建了大教堂和醫院。1921年西境教區的主教府遷到鄭州，1924年將教區名稱改為鄭州教區。1928年賈師誼在鄭州接待了會祖的到訪，孔維鐸回國後逢人就講：「我看到了一片果實纍纍的園地。」

1929年鄭州教區又分立出洛陽教區。帕爾馬沙勿略外方傳教會在鄭州教區和洛陽教區建有大小教堂二十六座，四所孤兒院，兩座醫院，九所小學。輔助傳教的女修會是嘉諾撒仁愛女修會和若瑟女修會（Sisters of St. Joseph）。

1944年日軍發動了旨在打通中國大陸交通綫的豫湘桂戰役，河南成為正面戰場，鄭州教區大部分神父和修女躲到郟縣山區避難，仍有傳教士被日本兵殺害。劫後餘生的賈師誼回到鄭州主教府，身染重病不起，不日撒手人寰，告別在饑荒、戰爭、苦難中掙扎的河南父老鄉親。

---

1   Augusto Luca, *Luigi Calza Vescovo di Zhengzhou e le Suore Giuseppine Cinesi*, Parma: Centro Studi Confortiani Saveriani, 2013, p.9.

HONAN OCCID, CINA

河南西境教區見證系列

編者	Istituto Missioni Estere, Parma 帕爾馬沙勿略外方傳教會
語言	意大利文
印製	1910s., Zerbini-Fresching—Parma（帕爾馬）
尺寸	140mm×90mm

(Cina). HONAN OCCID. - Interno della Chiesa di Siang-hsien
Architetto il R. P. Armelloni.

(Cina) HONAN OCCID. - La Scuola maschile di Hsüchow.

❶ ｜ ❷

❶ 襄縣教堂內景

Interno della Chiesa di Siang-hsien

襄縣教堂即襄樊天主堂，位於樊城定中街、漢江之濱。1911 年意大利帕爾馬沙勿略會籌建，1919 年落成，敬奉聖母玫瑰為主保。

❷ 許州男校

La Scuola maschile di HsüChow

HONAN OCCIDENTALE

河南西境教區系列

編者	Istituto Missioni Estere, Parma 帕爾馬沙勿略外方傳教會
語言	意大利文
印製	1920s., Parma（帕爾馬）
尺寸	140mm × 90mm
主題詞	"傳播福音有賴於傳教士的奉獻和財務支持，二者缺一不可。""沙勿略外方傳教會出版的《信德與文化》（*Fete e Civiltà*）對傳教士在異國事蹟做了如實的跟蹤報道。"

"河南西境教區系列"分為四個子系列：第一系列"教堂"（Serie I, Cina—Chiese）；第二系列"會院"（Serie II, Cina—Residenze）；第三系列"孤兒"（Serie III, Cina—Infanzia Maschile）；第四系列"修女"（Serie IV, Cina—S. Infanzia Femminile）。

❶
___
❷

Serie I — CINA - CHIESE DEL HONAN OCCIDENTALE.

7. *Lato sinistro della Chiesa di Ling-Zu-Hien.*

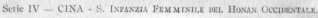

Serie IV — CINA - S. INFANZIA FEMMINILE DEL HONAN OCCIDENTALE.

1. *Gruppo di Suore indigene.*

❶ 臨汝縣教堂一隅

Lato sinistro della Chiesa di Ling-Zu-Hien

❷ 本地修女

Gruppo di Suore indigene

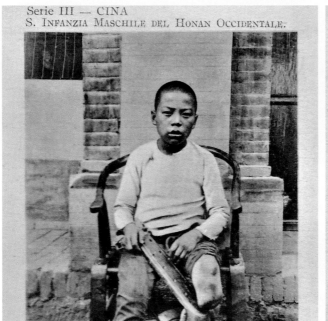

Serie III — CINA
S. Infanzia Maschile del Honan Occidentale:

6. Un mutilato.

Serie II — CINA
Residenze del Honan Occidentale.

7. Ingresso alla Missione di Hiang-Hien.

❶｜❷

❶ 殘疾男孩
Un mutilato

❷ 襄（城）縣會院大門
Ingresso alla Missione di Hiang-Hien

11

鮑思高撒勒爵會

　　民國十九年（1930）農曆正月二十七，還有四天就是中國人的新年了。一大早兩位法國神父匆匆來到韶州星子河碼頭，搭船去連州與那裏的信徒一起過年，同行的還有兩男三女共五名修道生。逆水行舟，船速不快，神父們完成早課，吃過午飯，稍事休息，準備開始誦唸日課。船行至犁頭咀（Li-Thau-Tseni），岸邊樹林裏衝出一隊武裝人員攔截，全船人被押上岸。神父用中文告訴武裝人員他們是法國人，在中國是受政府保護，然交涉無果，被槍殺。這兩位法國人是鮑思高慈幼會韶州主教雷鳴道神父和他的助手高惠黎[1]神父。這個發生在民國中期的教案曾轟動一時，廣東各界為殉道者舉辦隆重的葬禮。

編者　Salesianos
　　　鮑思高撒勒爵會
語言　西班牙文
印製　1931, Enrique Gimeno（西班牙恩里克吉梅諾）
尺寸　147mm×95mm

◉ 雷鳴道和高惠黎在犁頭咀殉難

Mons. Versialia y P. Caravario, Salesianos, 25-II-1930 en Li-Thau-Tseni, China

這是一張雷鳴道和高惠黎殉難的西班牙文紀念片。兩幅人像下面的紅色部位是紅綫縫上的小塊麻布，取自"聖者"遺物，背面粘布處有兩枚"撒勒爵會"封印。

1　高惠黎（Callistus Caravario, 1903—1930），生於意大利北部科爾納（Cuorgnè），1908 年就讀杜林一所公立學校，1911 年轉學至撒勒爵會的聖史若望學校，1919 年發願，1924 年到達香港和澳門後被派往上海管理楊樹浦聖類斯工藝學校，1927 年轉赴帝汶，1929 年晉鐸，再轉廣東連州任本堂神父，1930 年遇難；1983 年晉為真福，2000 年榮封聖品。

鮑思高撒勒爵會是意大利傳道修會，會祖鮑思高（Giovanni Melchiorre Bosco）1815 年生於意大利皮埃蒙特大區貝基村（Piedmontese, Becchi）一戶農民家庭，時逢拿破崙戰爭又連年旱災，時人窮困潦倒，餓殍載道。兩歲時其父親病故，母親節衣縮食撫養兄弟三人，放羊和種地是鮑思高童年惟一的記憶。他夢想成為教士，而那個時代神職人員屬特權階層，除非遇到特殊機遇，對於一個貧窮家孩子來說仿如登天。1830 年，當地來了一位年輕的本堂神父，他看到鮑思高的天賦和潛質，安排他在當地的教會學校讀書。1835 年二十歲的鮑思高有幸進入基耶里（Chieri）神學院深造，踏上他輝煌一生的第一台階。1841 年畢業後，鮑思高在都靈一所教養院（Rifugio）擔任神父，輔導被收容孩子的聖事活動。

十九世紀都靈是意大利工業化和城市化發展最為迅速的地區，農民撂荒耕地，進城謀生，人口的膨脹也帶來棘手的社會問題，貧民窟的孩子們無所依靠，流浪街頭，許多男孩子被收容進了教養院。目睹工業化進程造成的悲慘狀況，鮑思高認為僅僅依靠舊有的傳教方式於事無補，拯救靈魂的同時更需要濟民於水火。他從馬路邊、橋洞下召集流浪的孩子，給他們安排食宿，組織他們學習技藝，學作泥瓦工、石匠，或者賣魚賣菜，使他們自食其力。1847 年鮑思高的收容所正式成立，到 1861 年間，最多時曾有八百名孩子。鮑思高聯繫都靈的一些工廠主，給他的孩子們力所能及的工作，並監督工廠主保護孩子們的基本福利。鮑思高的事業遭到社會責難，甚至有人誹謗他的收容所是“革命的溫床”，然他的慈善工作卻得到教會的理解，意大利多地著名教會領袖出面支持他建立正式組織。

1859 年鮑思高創建“撒勒爵會”（Societas S. Francisci Salesii, SS.），以普及平民教育、救助失學青年為宣道宗旨。鮑思高把自己崇拜的聖人撒勒爵作為修會的主保。撒勒爵（François de Sales）1567 年生於法國上薩瓦省撒勒城堡（Châteaude Sales），薩伏依公爵（撒勒爵即薩伏依公爵的中文舊譯），1587 年加入方濟各第三規修會，1588 年畢業於巴黎克萊蒙學院（Collège de Clermont）後在帕多瓦大學學習，1592 年獲法律和神學博士學位，1593 年宣佈放棄家族資產，全身心投入教務，在日內瓦晉鐸。日內瓦是新教改革運動加爾文主義的大本營，撒勒爵冒著生命危險盡心履職，抵制加爾文派的衝擊，卓有成效。1599 年他出任日內瓦副主教，1602 年任主教，憑藉虔誠的信仰和儒雅的貴族氣質贏得神俗兩界的尊重，在錯綜複雜的日內瓦稍許緩和了宗教改革造成的社會分裂，贏得一些擁躉者，穩定了天主教在日內瓦的基本盤。撒勒爵從一個富可敵國的貴族演變成以“苦行僧”聞名的神父，他的座右銘是：“汝須有愛，愛以載道。”1622 年撒勒爵逝於里昂。1661 年和 1665 年撒勒爵分別獲得福品和聖品。

鮑思高敬重撒勒爵，讀過後者撰寫的許多神修書籍，也模仿尊者寫作，中文著作有《古史略》《新史略》《彌額爾馬爾高鼎》《青年袖珍》等。1871 年鮑思高創建“母佑女修會”（Filiae Mariae

Auxiliatricis, FMA.），1874 年又創建"撒勒爵合作會"（Salesian Cooperators）。1875 年撒勒爵會派出第一批志願者到阿根廷傳播鮑思高的理想。鮑思高 1888 年逝於都靈，他畢生致力於幫助和挽救流浪兒童、少年犯和弱勢群體青年，幫助和照料貧困女孩子，他的貢獻得到後世讚揚；他 1929 年晉福，1934 年封聖，庇護十一世封其為"青年導師"。

應澳門主教邀請，撒勒爵會派遣雷鳴道神父等人先遣來華。雷鳴道（Louis Versiglia）1873 年出生於意大利倫巴第大區的帕維亞奧利瓦傑西（Oliva Gessi in Pavia），1885 年在華道谷（Valdocco）讀書時結識鮑思高神父，他的勤奮深得鮑思高欣賞。他也被鮑思高的理想打動，加入撒勒爵會，1888 年發願，1893 年獲聖座額我略大學哲學博士學位，1895 年晉鐸。光緒三十二年（1906）雷鳴道率領

六名撒勒爵會傳教士到澳門，建立"鮑思高慈幼會"，在澳門開辦慈幼印書館，出版育教讀物，創辦孤兒院及其"聖母無原罪工藝學校"（Orfanato Salesiano Macau）。

1917 年梵蒂岡傳信部從巴黎外方傳教會管理的廣州教區分立韶州教區，交由鮑思高慈幼會管理，主教府設在曲江，轄粵北地區的韶關、曲江、南雄、連縣、英德、樂昌、陽山、翁源、仁化、始興等地。1920 年雷鳴道被擢升為韶州教區主教。1924 年他進入雲南昆明和上海，建有"聖類斯工藝學校"。1926 年鮑思高慈幼會到香港，在筲箕灣、西營盤、香港仔建有學校。母佑女修會 1921 年來華，在韶州曲江協助管理聖若瑟孤兒院、勵群工藝學校、幼稚園、養老院、診所和盲童培訓站等。雷鳴道後於 1930 年逝世。

MISSIONS SALÉSIENNES, CHINE

編者	Procure des Missions Salésiennes, Lyon 鮑思高撒勒爵會里昂賬房
語言	法文
印製	1920s., La Mulatière Rhône（法國羅訥省 拉穆拉提耶爾）
尺寸	140mm×90mm

"鮑思高撒勒爵會里昂賬房中國系列"內容豐富，發行的時間比較長，每次的出版信息不盡相同，有的有序號。

鮑思高撒勒爵會里昂賬房中國系列

◉ 珠江犁頭咀

Promontoire et bois, au bord du fleuve des Perles, où furent massacrés en Février 1930, Mgr. Versiglia et un missionaire salésien

【原注】"珠江兩岸茂密叢林，1930 年 2 月雷鳴道及其同工在這裏遇難"

MISSIONS SALÉSIENNES

CHINE　　　1*. Maisons flottantes

MISSIONS SALÉSIENNES

CHINE　　　Au petit séminaire indigène de Shiu-Chow, classe de chant

MISSIONS SALÉSIENNES

CHINE　　　Nouveaux mariés — Ils sont graves… mais ils savent rire

❶ 屋船

Maisons flottantes

❷ 韶州小修院唱詩班

Au petit séminaire indigène de Shiu-Chow, classe de chant

鮑思高慈幼會 1923 年在韶州河西成立小修院。在華還有三所小修院：上海備修院（1928），香港備修院（1930），北平備修院（1946）。

❸ 覥腆的新娘子

Nouveaux maries—Ils sont graves…mais ils savent rire

MISSIONS SALÉSIENNES, CHINE

編者	Missions Salésiennes, La Mulatière Rhône 鮑思高撒勒爵會（羅訥省拉穆拉提耶爾社區）
語言	法文
印製	1920s., Phototypie M Lescuyer, Lyon（法國里昂萊斯屈耶圖片社）
尺寸	140mm×90mm

"鮑思高撒勒爵會中國系列"有法文、意大利文、西班牙文、荷蘭文、波蘭文版，內容豐富，發行的年代比較長，每次的出版信息不盡相同，有的有序號。

鮑思高撒勒爵會法文中國系列

CHINE　Le R. P. Ricaldone, supérieur général des Salésiens en barque sur le Pek-Kong (Shiu-Chow)

◉ **鮑思高會李嘉堂會長乘船在韶州北江**

Le R.P. Ricaldone, supérieur général des Salésiens sur le Pek-Kong (Shiu-Chow)

李嘉堂（Peter Ricaldone, 1870—1951），生於意大利的米拉貝大區的洛蒙費拉多（Mirabello Monferrato），1889 年加入鮑思高會，1890 年受遣到西班牙塞維利亞神學院深造，1893 年成為該院院長；1932 年至 1951 年擔任鮑思高總會長；逝於都靈。

MISSIONS SALÉSIENNES

CHINE　HONG-KONG — Ecole professionnelle — Les typographes

MISSIONS SALÉSIENNES

CHINE　4. Amour fraternel

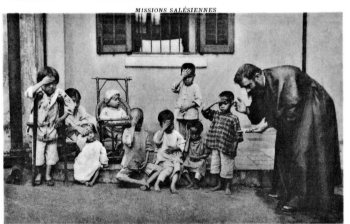

MISSIONS SALÉSIENNES

CHINE　7. Le premier signe de croix

MISSIONS SALÉSIENNES

CHINE　10. A la Sainte Enfance de Shiu-Chow, gentils bambins

❶	❷
❸	❹

❶ 香港聖類斯工藝學校排班車間

Hong-Kong—École professionnelle—Les typographes

1906 年慈幼會派遣第一批傳教士來華抵達澳門，建立慈幼會東亞區第一座會院，成立“無原罪工藝學校”，即現在的澳門慈幼中學。早在 1864 年天主教在香港建立男童教導所“養正院”，收容了六十多名需要學習手藝的男童，後來改名為“西環教導所”。1927 年鮑思高慈幼會接辦，改名“聖類斯工藝學校”，1935 年把皮革、裁縫、木工、機械等工藝科目轉移往香港仔工業學校（Aberdeen Trade School），只保留印刷科目，1936 年設中文中學部。

❷ 胞澤情篤

Amour fraternel

❸ 人生第一次畫十字

Le premier signe de croix

❹ 韶州孤兒院的乖孩子

A la Sainte Enfance de Shiu-Chow, gentils bambins

MISSIONI SALESIANE IN CINA

編者	Missioni Salesiane, Torino
	都靈鮑思高撒勒爵會
語言	意大利文
印製	1920s., Società Editrice Internazionale—
	Torino（意大利都靈國際出版公司）
尺寸	140mm×90mm
主題詞	"有賴您的解囊相助，我們的傳教士走遍天
	涯海角。—— 鮑思高"

鮑思高撒勒爵會意大利文中國系列

"鮑思高撒勒爵會意大利文中國系列"有兩個子系
列，發行年代不同，分有序號和無序號。

La famiglia Salesiana della Cina nel 1914

Chiesa di S. Francesco Zaverio a SAN CHANO
dove morì il Santo

13. - Missionari in escursioni apostoliche.

❶ 上川島沙勿略教堂

Chiesa di S. Francesco Zaverio a
San Chano dove morì Santo

❷ 1914 年鮑思高慈幼會中國團隊

La famiglia Salesiana della Cina nel 1914

❸ 搭舟行教

Missionari in escursioni
apostoliche

MISIONES SALESIANAS
SERIE III, CHINA

編者	Missioni Salesiane, Torino 都靈鮑思高撒勒爵會
語言	西班牙文
印製	1920s., Società Editrice Internazionale— Torino（意大利都靈國際出版公司）
尺寸	140mm×90mm
主題詞	"有賴您的解囊相助，我們的傳教士走遍天 涯海角。——鮑思高"

鮑思高撒勒爵會西班牙文中國系列

33. - *Shiu Chow* - Grupo gimnástico "Domingo Savio".

28. - Niños cristianos cortando flores para la Virgen.

❶ 韶州沙維豪隊員

Shiu Chow—Grupo gimnástico "Domingo Savio"

沙維豪（Domenico Savio, 1842—
1857），鮑思高神父最為喜歡的弟
子，修道期間患肺炎去世，年僅
十四歲，鮑思高惋惜之餘撰寫了《道
明·沙維豪傳》，使其揚名，1954年
被教宗庇護七世封為聖人。鮑思高
慈幼會的學生和青年都把沙維豪奉
為學習和行動的楷模。

❷ 信教的孩子向聖母獻花

Niños cristianos cortando flores para la Virgen

❶

❷

MISSIE DER SALESIANEN IN CHINA

編者	Salesiaanshe Missiën, Uitgave Procuur don Bosco
	鮑思高撒勒爵會賬房
語言	荷蘭文
印製	1920., Haag（海牙）
尺寸	140mm×90mm
主題詞	"有賴您的解囊相助，我們的傳教士走遍天涯海角。—— 鮑思高"

鮑思高撒勒爵會荷蘭文中國系列

❶

❷

5. Li Eu Hiaon - Kerk en woning der Missionarissen.

3. Shiu Chow - Het St. Joseph-Weeshuis van Ho Shi.

❶ 連縣傳教站

Li Eu Hiaon—Kerk en woning der Missionarissen

連縣，現為廣東清遠的連州市，小北江的上游，曾屬韶關市。1918年鮑思高會設立連縣傳教站。

❷ 韶州河西聖約瑟孤兒院

Shui Chow. Het St. Joseph-Weeshuis van Ho Shi

1917年鮑思高會從廣州代牧區獲得韶州教區的管理權，陸續在韶州等地開展教務活動。當時韶州教會資產只有利瑪竇時期留下的位於武江西岸的一所破舊會院，雷鳴道主教在這所會院加蓋一層，設立聖約瑟孤兒院，稍後在孤兒院旁修建聖若瑟堂。

MISJE SALEZJAŃSKIE—CHINY

鮑思高撒勒爵會波蘭文中國系列

編者	Misje Salezja skie, Pozna 波茲南鮑思高撒勒爵會
語言	波蘭文
印製	1920s., Rotograwura Drukarni SW. Wroniecka （波蘭波茲南沃尼斯卡印刷所）
尺寸	140mm×90mm

◉ 鮑思高慈幼會傳教士傍晚在傳教途中為孩子施洗

Ks. Wieczorek, misjonarz salezjański chrzci dziecko podczas swoich wycieczek misyjnych

MISSION SALÉSIENNE DE SHIU CHOW—CHINE

編者	Mission Salésienne 鮑思高撒勒爵會
語言	法文
印製	1920s., La Mulatière Rhône（法國羅訥省拉穆拉提耶爾）
尺寸	140mm×90mm
主題詞	"有賴您的解囊相助，我們的傳教士走遍天涯海角。——鮑思高"

鮑思高撒勒爵會法文韶州系列

MISSION SALÉSIENNE DE SHIU CHOW - CHINE.

1.

Mgr Versiglia et le P. Olive,
nos deux premiers Missionnaires en Chine.

◉ **最早來到中國的兩位傳教士——雷鳴道主教和賀道行神父**

Mgr. Versiglia et le P. Olive, nos deux premiers Missionnaires en Chine

鮑思高撒勒爵會 1905 年派遣第一批人員來華，雷鳴道神父、賀道行神父和四位助手 1906 年初經印度到達澳門。最初五年（1906—1910）鮑思高會傳教士僅僅是承擔澳門主教委託的照料五十名孤兒的工作，1910 年葡萄牙爆發資產階級革命，其間在澳門的宗教團體被驅離，雷鳴道和賀道行不得不轉移到廣東香山。局勢穩定後，1918 年他們重新恢復澳門孤兒院，並建立"聖母無原罪工藝學校"。

賀道行（Ludovico Olive, 1867—1919），意大利人，1888 年加入鮑思高撒勒爵會，1905 年晉鐸，光緒三十二年（1906）隨從雷鳴道神父等首批鮑思會傳教士踏足中國，1918 年轉到香山、韶州地區傳教；逝於廣州。

8. – *Le cathéchisme dans la chapelle de l'Orphelinat St-Joseph - Shiu Chow.*

11. – *Fon Tong - Un village complètement chrétien.*

❶ 韶州聖若瑟孤兒院小教堂的
一堂教理課

Le cathéchisme dans la chapelle de l'Orphelinat St. Joseph—Shiu Chow

1921 年雷鳴道主教在韶州曲江設
立聖若瑟孤兒院，收容被遺棄的兒
童，又開設老人院及興建勵群學
校。孤兒院旁邊建造了一座美侖美
奐的聖若瑟堂。

❷ 基督村──方洞村

Fon Tong—Un village complètement chrétien

基督村也稱教友村，天主教在中國有一些信教民眾比例非常高的傳教村落，
甚至全村男女老少全部皈依基督，如河北的東閭村，山西的六合村，察哈爾
的西灣子村，吉林的小八家子村，遼寧的三檯子村和松樹嘴子，廣西平樂的
板田村等。方洞村位於廣東省韶關市始興縣澄江鎮，地處贛粵交界，背靠峻
峭靈秀的雪峰山，倚傍澄碧鮮麗的澄江河。據《興始縣志》記載，早在康熙
六十一年（1722）天主教就進入澄江方洞村，設立教堂，許多當地客家人皈
依。民間說法有"先有方洞，後有石室"，即方洞天主堂的建立早於著名的
廣州石室聖心天主堂。

MISSIONI SALESIANE SHIU CHOW, CINA

編者	Missioni Salesiane, Torino
	都靈鮑思高撒勒爵會
語言	意大利文
印製	1920s., Società Editrice Internazionale—
	Torino（意大利都靈國際出版公司）
尺寸	140mm×90mm
主題詞	"有賴您的解囊相助，我們的傳教士走遍
	天涯海角。——鮑思高"

鮑思高撒勒爵會意大利文韶州系列

Orfanotrofio S. Giuseppe a Shiu Chow - La scuola di catechismo

Due bambini dell'orfanotrofio che portano fiori e pregano dinanzi alla tomba di Mons. L. Quennemor a Shiu Chow

❶ ❷
❸

La città di Yeng Tak distrutta dal fuoco dei pirati

❶ 韶州孤兒院一堂教理課

Orfanotrofio S. Giuseppe a Shiu Chow—La scuola di catechismo

❷ 韶州孤兒院的兩個孩子為昆內莫院長墓帶來鮮花和祝福

Due bambini dell'orfanofio che portano fiori e pregano dinanzi alla tomba di Mons. L. Quennemor a Shiu Chow

❸ 歷經戰爭的的英德縣城

La città di Yeng Tak distrutta dal fuoco dei pirati

此圖提到的戰爭是指 1927 年的"魚灣暴動"。1927 年廣州"四一五"事變後，粵北英德縣的魚灣、大鎮等地農民舉行了武裝暴動，攻佔英德縣城，在魚灣成立英德縣工農兵政府，是北江地區第一個蘇維埃政權，史稱"魚灣暴動"。

SALESIAN MISSIONS, SHIU CHOW—CHINA—SERIES C

編者	Salesian Missions 鮑思高撒勒爵會
語言	英文
印製	1920s., Società Editrice Internazionale—Torino（意大利都靈國際出版公司）
尺寸	140mm×90mm
主題詞	"有賴您的解囊相助，我們的傳教士走遍天涯海角。——鮑思高"

"鮑思高撒勒爵會英文韶州系列"有"C"和"D"兩個子系列，內容上與法文和意大利文系列有重疊。

鮑思高撒勒爵會英文韶州 C 系列

SALESIAN MISSIONS, SHIU CHOW - CHINA - SERIES C.

3. The first Chapel in Shiu Chow.

◉ 韶州第一座教堂

The first Chapel in Shiu Chow

利瑪竇神父萬曆十二年（1584）與羅明堅神父從澳門到廣東肇慶，建教堂"仙花寺"，萬曆十七年（1589）利瑪竇被新任廣東巡撫驅離肇慶，不得已乘船來到韶州，在韶州修建會院，居六年，得郭居敬等神父加持，又結識瞿太素[1]等中國士大夫，對其日後在南北兩京的拓展多有助益。利瑪竇還到南雄、英德等地四處活動，為基督教繼續北上籌謀，同時嘗試用拉丁文翻譯四書。利瑪竇在郭居敬等人的協助下，在武江西岸光孝寺附近修建了韶州第一座天主教堂，這也可以說是明季中國內地的第一座天主教堂。

1　瞿太素（1549—1612），常熟人，大宗伯文懿公長子，崇禎十三年（1640）經羅如望受洗，教名依納爵；利瑪竇在韶州傳教期間相識，跟利瑪竇學習歐洲算學、天象、數理；建議利瑪竇穿儒服，易結交中國士大夫。其姪瞿式耜（1590—1650）亦是明末著名天主教徒。

❶

❷

❶ 聖誕像邊的信徒和孤兒

The Catechist and some Orphans around the Crib

❷ 1921 年聖約瑟書院第一批孤童

The first Pupils of Joseph's Orphanage, 1921

鮑思高撒勒爵會在曲江創辦聖若瑟孤兒院，1919 年在
孤兒院基礎上設立鮑思高工藝學校，亦稱"聖約瑟書
院"，1926 年改為"勵群師範學校"，1933 年創設"私
立勵群初級中學"。

SALESIAN MISSIONS, SHIU CHOW—CHINA—SERIES D

編者	Salesian Missions 鮑思高撒勒爵會
語言	英文
印製	1920s., Società Editrice Internazionale—Torino（意大利都靈國際出版公司）
尺寸	140mm×90mm
主題詞	"有賴您的解囊相助，我們的傳教士走遍天涯海角。—— 鮑思高"

鮑思高撒勒爵會英文韶州 D 系列

6. Shiu Chow. The Mission of Sai Mun.

◉ 韶州曲江教區卓錫泉

Shiu Chow. The Mission of Sai Mun

南華寺是中國佛教名寺之一，是寫下"菩提本無樹，明鏡亦非台。本來無一物，何處惹塵埃"的禪宗六祖惠能宏揚"南宗禪法"的發源地、佛教禪宗的祖庭。南華寺面向曹溪，背靠象嶺，峰巒秀麗，古木蒼鬱。廟宇依山而建，殿堂在同一中軸綫上，結構嚴密，主次分明。從正門進入，依次是曹溪門、放生池、寶林門、天王殿、大雄寶殿、六祖殿。殿後是卓錫泉，泉前水松歷史悠久。南華寺內的珍貴藏品有六祖真身像、千佛袈裟、武則天聖旨等。

1. A Christian who left his family to become a Hermit.

8. A group of Postulants working for Salesian Orphans.

❶ 一位教徒離開家人去隱修   ❷ 幾位幫助撒勒爵會孤兒的志願者
A Christian who left his family to become a Hermit   *A group of Postulants working for Salesian Orphans*

MISSIONI SALESIANE NELL' HEONG SHAN—CINA

編者	Missioni Salesiane, Torino 都靈鮑思高撒勒爵會
語言	意大利文
印製	1920s., Società Editrice Internazionale— Torino（意大利都靈國際出版公司）
尺寸	140mm×90mm
主題詞	"有賴您的解囊相助，我們的傳教士走遍天 涯海角。── 鮑思高"

鮑思高撒勒爵會中山系列

Il P. Pedrazzini nelle sue escursioni apostoliche

◉ **楊春忱神父傳教途中**

Il P. Pedrazzini nelle sue escursioni apostoliche

同內容明信片也多次見於其他系列裏。楊春忱（John Pedrazzini, 1884—1939），瑞士人，1903
年加入鮑思高會，1911 年晉鐸，同年來華，在中山縣任神職；1927 年到澳門，任澳門聖母無
原罪工藝學校校長，1934 年到香港，任西營盤聖安多尼教堂本堂神父。

1911 年鮑思高慈幼會在中山（香山）開教，1928 年耶穌會接管教務。

鮑思高撒勒爵會在華殉難者系列

編者　Salesianos
　　　鮑思高撒勒爵會
語言　意大利文
印製　1930s., Fedetto, Torino（意大利都靈）
尺寸　150mm × 105mm

◉ 為羊捨生　雷主教鳴道（左）

Mons. Versialia

　　善牧者　高鐸司惠黎（右）

Sac Calysto Caravario

BENEFICI DELLA MISSIONE SALESIANA

鮑思高撒勒爵會特卡

編者　Missione Salesiana
　　　鮑思高撒勒爵會
語言　意大利文
印製　1910s.
尺寸　140mm×90mm

◉ **傳教士之墓**

La Tomba di un Missionarie

【原注】"籌資幫助中國韶州撒勒爵會的慈善事業。"

12

美國瑪利諾外方傳教會

　　歷史往往出自偶然，偶然的機緣成就了歷史上的諸多偉大事件，只有黑格爾主義者頑固地把歷史看成合乎理性的觀念之延展，其實生活逃脫不了歷史規律之宿命。1907 年哈佛大學所在地波士頓的劍橋鎮出刊一份新雜誌《遠方的田野》(*The Field Afar*)，這份月刊主要是介紹世界各地傳教士生活工作和所見所聞的信息交流平台。華爾實和浦禮士兩位神父通過這個雜誌偶識，道同氣合志相感，經過多年的磨礱淬礪，遠隔千里的他們創立了美國天主教歷史上著名的外方傳教會。

　　華爾實 (James Anthony Walsh) 1867 年出生於波士頓，在波士頓學院 (Boston College) 高中部畢業後升到大學部完成高等教育。口才出眾、擅於雄辯的華爾實以 "特長生" 身份中途轉學到哈佛大學聖約翰神學院 (St. John's Seminary in Brighton)，1892 年畢業後晉鐸，被任命為羅克斯伯里聖帕特里克教堂 (St. Patrick's Church in Roxbury) 本堂神父。華爾實神父把自己的主要精力用來組織社區青年人參加公益活動，1903 年他擔任傳信會 (Society for the Propagation of the Faith) 波士頓堂區分會負責人，受傳信會委託創辦《遠方的田野》雜誌。浦禮士 (Thomas Frederick Price) 1860 年出生於北卡羅來納威爾明頓 (Wilmington)，父母都是虔誠天主教徒，因而得到教區神父的特別關照，1876 年十六歲的浦禮士被保送到位於馬里蘭州卡頓斯維爾 (Catonsville) 的聖查爾斯學院 (St. Charles College) 讀書。據說赴學校途中輪船傾覆，他不斷祈禱聖母瑪利亞保佑而平安，由此堅振了自己的信仰。1881 年浦禮士畢業後進入巴爾的摩的聖瑪麗神學院 (St. Mary's Seminary)，1886 年業滿晉鐸，回到北卡羅來納州東部的阿什維爾鎮 (Asheville) 和新伯爾尼鎮 (New Bern) 擔任的本堂神父。在此期間浦禮士創辦過一所孤兒院，1897 年主編了教區雜誌《真理》(*Truth*)。

　　浦禮士經常給《遠方的田野》雜誌撰寫文章，一來二往與華爾實相識，他們找到一個共同感興趣的話題：創建一家海外傳教會。1910 年他們相約參加蒙特利爾舉辦的有關聖體儀式的會議 (Eucharistic Congress)，面對面研究籌備 "美國天主教外方傳教會" (Catholic Foreign Missions Society of America) 的計劃和行動方案，會後他們把計劃提交至美國天主教會組織並得到認同，

1911 年華爾實和浦禮士在紐約奧西寧創立"美國天主教外方傳教會神學院"（Catholic Foreign Mission Seminary），同年他們前往羅馬，説服教宗庇護十世批准"美國天主教外方傳教會"。回到美國後，他們在瑪利諾（Maryknoll）購買了一處地產作為總部辦公地。Maryknoll 意為"聖母山"，為便於記憶，人們習慣稱其"瑪利諾外方傳教會"（Societas de Maryknoll pro Missionibus Exteris, M.M.）。

1912 年華爾實還與多明我會修女羅潔絲創立瑪利諾女修會。羅潔絲（Mary Josephine Rogers, 1882—1955），生於馬薩諸塞州，就讀於美國最著名的女子大學史密斯學院（Smith College）。1905 年羅潔絲結識華爾實神父，1908 年她到波士頓師範學院（Boston Normal School）任教期間，在華爾實的鼓勵下開始謀劃成立一家女修會。1912 年新的修會瑪利諾女修會（Maryknoll Sisters of St. Dominic, M.M.）在紐約成立，1920 年獲得梵蒂岡批准。

在瑪利諾外方傳教會內部，華爾實和浦禮士配合默契，華爾實掌內，浦禮士主外。華爾實在紐約宣佈傳教會正式成立，為傳教會制訂會章並出任首任會長。浦禮士則為派遣第一批海外傳教士做準備，開始漫長的旅行，走遍美國各州，宣傳自己的理想和計劃。有三位年輕神父華理柱、福爾德、馬奕猷[1]加入這個團隊，整理行裝，待命出征。1918

年浦禮士等四人來華，邁出他們走向世界的第一步。梵蒂岡傳信部給瑪利諾會充分的信任和扶植，1924 年教廷從廣州教區劃出江門教區，1925 年從汕頭教區劃出嘉應教區，1930 年從廣西教區劃出梧州教區，1932 年從瀋陽教區劃出撫順教區，陸續交給瑪利諾會打理。

瑪利諾女修會 1921 年派遣第一批修女到香港，1922 年她們進入陽江，追隨瑪利諾男修會的腳步，在廣東的羅定、嘉應、東石、水寨、北斗寨、叟樂，廣西的梧州、荔浦，滿洲的撫順、大連建立傳教點，開展傳教輔助工作。

來華第二年（1919 年），浦禮士患急性闌尾炎，被同工從陽江送往香港，路途遙遠，延誤治療，闌尾穿孔致腹腔感染，不幾日逝於銅鑼灣聖保祿醫院。浦禮士初葬在紐約瑪利諾公墓。1936 年華爾實逝於紐約瑪利諾，1955 年人們把他和浦禮士移樞瑪利諾神學院教堂，為人憑弔。

浦禮士去世後，華理柱神父是瑪利諾會在中國的負責人。華理柱（James Edward Walsh）1891 年生於馬里蘭州巴爾的摩的坎伯蘭（Cumberland），1915 年晉鐸，1912 年加入瑪利諾會，1918 年跟隨浦禮士到廣東，1919 年接替浦禮士出任瑪利諾會中國區會長。1927 年三十六歲的華理柱出任江門教區主教，1936 年返回美國，臨危受命接替華爾實出任瑪利諾外方傳教會第二任會長，專注向非

---

[1] 馬奕猷（Bernard Francis Meyer, 1891—1976），美國人，1914 年加入瑪利諾外方傳教會，1916 年晉鐸；1918 年來華，1934 年出任梧州教區主教；1950 年回國。

洲和拉美地區拓展。1948 年華理柱受教廷駐華公使黎培里（Antonio Riberi, 1897—1967）主教之邀，二度來華在上海出任"天主教中華全國教務協進委員會"秘書長。1949 年後華理柱堅持不離開中國，組織"聖母軍"等活動，1958 年被逮捕，1960 年被判處有期徒刑二十年。1970 年因中美關係緩和，華理柱被提前釋放，經香港、梵蒂岡返回美國，1981 年逝於紐約瑪利諾。華理柱在中國天主教史上是個標誌性的人物，是最後一個離開中國大陸的西方傳教士。

Yeunkong, Maryknoll

美國瑪利諾外方傳教會陽江系列

編者　Catholic Foreign Missions Society of America, Maryknoll, N. Y.
美國瑪利諾外方傳教會

語言　英文

印製　1920s., The Albertype Co., Brooklyn, N. Y.（紐約布魯克林珂羅印刷公司）

尺寸　138mm×90mm

FIRST MARYKNOLL SISTERS AT YEUNGKONG.
These Sisters care for the orphans, the aged, and the sick, and instruct women and girls.
(Sister Gertrude Moore—at right, with hand on rail—died of typhoid fever, August, 1923.)

◉ 陽江的第一批瑪利諾會修女

First Maryknoll Sisters at Yeungkong

【原注】"修女們照料孤兒、老人和病人，教育婦女和女孩。右邊手扶欄杆的摩爾修女 1923 年 8 月死於傷寒。"

格特魯德·摩爾（Gertrude Sarah Moore），美國人，1886 年生於紐約，在紐約市文學院和亨特學院高中學習了一年後，進入澤西市醫院護士培訓學校，又就讀紐約格萊瑪學校（Grammar school）和亨特學院高中部（Hunter College high School），1919 年畢業於澤西市立醫院護士培訓學校（Jersey City Hospital Training School for Nurses），拿到註冊護士證書。
1920 年格特魯德·摩爾加入瑪利諾女修會，1922 年被派往中國，從香港到陽江，在當地"聖心藥房"工作，每天診治五十至一百病人，在華只工作了十個月，1923 年因感染傷寒病逝。

ONE DAY'S INCOME AT THE MARYKNOLL ORPHANAGE, YEUNGKONG.
These infants will be bought and cared for by the Maryknoll Sisters.

YEUNGKONG CITY FROM THE RIVER.
Here the first American Catholic Mission in China was established in 1918. Maryknoll priests attend the city and its outlying stations, and Maryknoll Sisters minister to the women and children within its walls.

FR. FORD'S GRANDMOTHERS' HOME, MARYKNOLL MISSION.　YEUNGKONG, CHINA.
$2 a month supports one.

❶ ｜ ❷
　　 ｜
　　 ❸

❶ 陽江孤兒院一天的收穫

One Day's Income at the Maryknoll Orphanage, Yeungkong

【原注】"馬利諾會修女收留照料這些孤兒。"

❷ 半城半水的陽江

Yeungkong City from the River

【原注】"1918 年美國在華第一家天主教教區在這裏成立。瑪利諾外方傳教會傳教士在這座城市和周邊地區拓展傳教點，瑪利諾女修會則負責照料教區內婦女和兒童。"

❸ 福爾德神父建立的陽江祖母之家

Fr. Ford's Grandmothers' Home. Maryknoll Mission. Yeungkong, China.

【原注】"每月資助只需兩美金。"

福爾德（Francis Xavier Ford），1892 生於紐約布魯克林，1912 年加入瑪利諾外方傳教會，1917年晉鐸，是瑪利諾外方傳教會 1918 年第一批來華的拓荒者之一，1929 年出任嘉應教區監牧，1935 年升為主教。1950 年涉嫌間諜罪被捕，1952 年逝於廣州監獄。

THE FIELD AFAR, CHINA

編者　Catholic Foreign Mission Seminary, Maryknoll, N. Y.
　　　美國瑪利諾外方傳教會神學院
　　　The Field Afar
　　　《遠方的田野》雜誌社

語言　英文
印製　1920s., Ossining, P.O., N.Y.（紐約奧西寧）
尺寸　138mm×90mm

1911 年華爾實神父和浦禮士神父在紐約奧西寧創辦 "美國天主教外方傳教會神學院"（Catholic Foreign Mission Seminary），並把《遠方的田野》和《真理》雜誌社遷到紐約。

《遠方的田野》中國系列

YELLOW ANGELS WINGED BY THE SISTERS OF THE IMMACULATE CONCEPTION
AT CANTON, CHINA.

Catholic Foreign Mission Seminary, Maryknoll, Ossining P. O., N. Y.　　　　　Field Afar P. C. (China—No. 10.)

◉ 廣州聖母無原罪會修女呵護的黃色小天使

Yellow Angels Winged by the Sisters of the Immaculate Conception, at Canton, China

編者　Propagation of the Faith Office, Cathedral Precincts, Boston, Mass.
　　　傳信會波士頓堂區分會
語言　英文
印製　1910s., Boston, Mass（美國馬薩諸塞州波士頓）
尺寸　140mm×90mm

美國瑪利諾外方傳教會特卡

◉ 廣州神學院學生討論孔夫子的著作

Catholic Students Discussing a of Confucius in Canton, China

【原注】"準備成為教士。在廣州神學院有越來越多的中國男生為晉級神職做準備。他們在這裏學習與世界各地神學院同樣的課程，課外他們用拉丁文交流。"

這張明信片是華爾實神父管理的傳信會波士頓堂區分會為瑪利諾外方傳教會發行的。

13

司鐸會　比德郎耶穌聖心

　　法國與西班牙邊境的比利牛斯山中有一條小路被國際旅遊雜誌推崇為徒步愛好者的天堂。這條神秘的"加利古小道"開拓於法國大革命時期，是當年天主教教士的救命之道。法國比德郎郡聖依巴爾村（Betharram Saint-Just-Ibarre）阿諾・加利古（Arnaud Garicoïts）農民夫婦，在"紅色恐怖"令人對天主教教士避之若浼、以求自保的艱難時代，恪守信念，勇敢接待法國各地流亡至此的教士，伸以援手，食宿襄濟，日復一日地引導他們穿過山林"偷渡"到西班牙避難。1797 年阿諾・加利古夫婦的第一個孩子米切爾・加利古（Michel Garicoïts）來到世上，因家境貧寒，米切爾自小放牛，直到九歲才有機會在鄉村小學讀書，還得在附近農莊打工。十四歲那年農莊主帶他到教堂第一次參加領聖餐儀式，據說他當天回家後就告訴父親自己的理想是成為一名教士，父親贊同他的志願，但坦誠家中拮据，承擔不起他的學費。米切爾的祖母為了滿足孫子的願望，拜見當地教堂神父波達（Jean Baptiste Borda）請求幫助，好心的波達神父設法介紹米切爾到一家無需繳納學費的小修院學習拉丁語和法語，進而在神學院深造，研習神學和哲學，還在學院兼授課程，聊補生活費用。1823 年品學兼優的米切爾畢業後晉鐸，被派往家鄉附近的岡波鎮（Cambo）任本堂神父。

　　曾經在歐洲日漸衰微的"詹森主義"（Jansenism）在法國與西班牙交界的山區似有死灰復燃跡象。詹森主義是天主教內部的改革運動，荷蘭人詹森[1]主張，神在創世之前就已經揀選預定得救的人，如果沒有神的恩典與揀選，僅憑人的努力永遠不可能得到救贖，因為人的本性在墮落後已經敗壞了，罪人無法自救，人的意志不是自由的，若無特殊恩典，人被肉體挾制，無法行善也無法避惡。梵蒂岡認為詹森主義把耶穌的救贖弄成廉價的恩典，宣佈詹森主義為異端運動加以譴責。米切爾・加利古是那個年代法國反對詹森主義的旗手，寫過許多文章駁斥詹森，勸說教民聽從教宗的判斷，與梵蒂岡保持一致。米切爾・加利古的行為招致詹森信徒的攻訐，他們稱他是魔鬼，甚至揚

1　詹森（Cornelius Otto Jansen, 1585—1638），荷蘭人，1602 年在荷蘭魯汶大學讀書時創立詹森主義，1643 年教宗烏爾班八世發佈通諭譴責詹森主義；至十八世紀詹森主義影響式微。

言威脅他的生命。

1838 年米切爾·加利古得到十字架孝女會的畢切兒孃孃的幫助，在法國比利牛斯—大西洋省的比德郎發起成立"耶穌聖心司鐸會"（Societas Presbyterorum Sacratissimi Cordis Jesu de Betharram, SCJ），總部設在羅馬，以重視聖體聖事和熱愛聖心為團結新修會信眾的宗旨。1863 年米切爾·加利古患中風去世，1947 年教宗庇護十二世冊封他聖品，法國和西班牙許多人的洗名 Garikoitz 就源於他的姓氏。

1922 年比德郎耶穌聖心司鐸會（中文舊稱伯大郎聖心會）的第一批傳教士抵達雲南大理。1929 年梵蒂岡傳信部從巴黎外方傳教會管理的昆明教區分立出大理監牧區，交比德郎耶穌聖心司鐸會管理，法國神父葉美璋任主教。他們沒有忘記合作夥伴，1933 年邀請十字架孝女會來大理，攜手拓展共同的事業，在大理、保山、漾濞、瀾滄、騰越等地修建大大小小六十座教堂、一座女修院、十八所中小學、六家診所、三家孤兒院、兩家養老院等。

MISSION DE BETHARRAM EN CHINE

比德郎耶穌聖心司鐸會中國系列

編者	Mission de Betharram
	比德郎耶穌聖心司鐸會
語言	法文
印製	1930s., 洗印
尺寸	140mm×90mm

◉ 大理天主堂

Cathédrale de Tali (Yun-Nan)

大理天主堂正式名稱為"聖三堂",滇西
大理教區主教座堂,教堂由比德郎耶穌
聖心司鐸會法籍神父葉美璋[1]於 1927 年
至 1932 年間主持修建。教堂坐東朝西,
由大門、通道、二門和禮拜堂組成。主
體建築為台樑式結構,外面雙層皆偷
心,頂飾彩繪藻井,大門斗拱挑檐歇山
頂,二門與教堂相連。堂前為門樓,雙
層,中間高兩頭低,採用白族實木結構
建築形式,由獅、象、龍、鳳等瑞獸斗
拱挑檐,門樓上建有四方攢實頂亭,融
合了漢白文化和西方建築藝術的精粹。

---

1 葉美璋(Pierre Erdozaincy Etchard, 1889—
　1931),法國人,比德郎耶穌聖心司鐸會會士,
　1927 年來華,1929 年任大理監牧區主教。

14

斯卡波羅外方傳教會

"您要去斯卡波羅集市嗎？那裏有香芹、鼠尾草、迷迭香、百里香，代我向那兒的一位姑娘問好，她曾是我的摯愛。"吾國人知道 Scarboro 這個地名大多來自西蒙和加芬克爾組合根據英格蘭中世紀古老民歌為電影《畢業生》編作的主題曲 Scarborough Fair（《斯卡波羅集市》）。Scarboro 是英格蘭北約克郡的一座濱海小鎮，公元九世紀北歐丹麥人入侵大不列顛島，965 年修建斯卡濟城堡（Skardhaborg），斯卡濟在丹麥語是"缺唇"的意思，為一位丹麥勇士的綽號。十三世紀後該城堡名稱演化成 Scarborough。維京人常常南下在此與當地人進行易貨貿易，每年召開四十五天的露天集會，逐步形成西歐與北歐交往的定期集市，一直延續到十三世紀。作為海盜代名詞的維京人並沒有因其身份遭到鄙視，歷史上歐洲各民族對精神上的維京人非常尊崇，維京人的商業頭腦、技術和藝術以及宗教信仰在歐洲各國發展史上打下深深的烙印。《斯卡波羅集市》這首歌謠裏，女主訴說要給思念的情人做一件沒有接縫且不需要針綫活的襯衫，還要在乾枯的井裏清洗髒衣，用香芹、鼠尾草、迷迭香、百里香驅逐瘟疫，實現不可能完成的任務，其中體現著維京人的精神力量，成為歐洲幾十代人詠唱的膾炙人口的民歌。有人認為無論十字軍東征還是移民新大陸，背井離鄉的人們多多少少帶有維京人所體現的那種理想、那種無畏、那種悲壯。"風蕭蕭兮易水寒，壯士一去不復還。"在走遍世界各地的傳教士心目中，斯卡波羅是他們的精神聖地。

　　然而，這裏所要說的斯卡波羅不在英格蘭，所述之事也不是發生在中世紀。哥倫布發現新大陸，歐洲人移民美洲，他們思念故鄉的山山水水，紛紛把腦海中記憶的地名移植在新的家園，如 London, Oxford, Cambridge 等，或把舊地名加上前綴"新"，如 New York, New Jersey 等。十八世紀末十九世紀初，英國殖民者在安大略湖南岸定居，此地逐步形成村鎮，加拿大首任總督約翰·格雷夫斯·閃高（John Graves Simcoe, 1752—1806）的夫人伊利沙伯·閃高（Elizabeth Posthuma Simcoe, 1762—1850）路過此地，在習習秋風中眺望煙波浩渺的安大略湖，陡崖峭壁、驚濤拍岸的景色間，彷彿置身故鄉斯卡波羅，便把 Scarboro 這個充滿詩意名字授予了新的定居點。

　　西班牙傳教士梅子和（Roy Miguel de Sanctis Caralt）1887 年生於巴塞羅

那教區的維什（Vich），1914 年加入米蘭外方傳教會，同年晉鐸，被遣赴香港教區傳教，1917 年到廣東惠陽，先後任塗村和黃家塘本堂神父。1918 年梅子和在加拿大結識弗雷澤[1] 神父，脫離米蘭外方傳教會，在安大略湖畔的阿爾蒙特鎮共同創建以中國為目的地的傳教會，1921 年將總部遷至斯卡波羅鎮，把這個富有傳奇色彩名稱用在自己的宗會"斯卡波羅外方傳教會"（Societas Scarborensis pro Missionibus ad Externas Gentes, SFM）中。

渴望親歷東方神秘的國度，斯卡波羅外方傳教會迫不及待地派出傳教士來華，1926 年第一批神父抵達浙江處州，1931 年經梵蒂岡傳信部協調，從原屬遣使會管轄的寧波教區分立出麗水監牧區，交由斯卡波羅外方傳教會管理，馬善達[2] 神父出任主教；總堂設在麗水聖心堂，堂口覆蓋麗水、青田、縉雲、雲和、遂昌、龍泉、松陽、慶元、景寧、宣平十縣；曾有三十七座大小教堂，一所中學，七所小學，一所加拿大聖母無原罪傳教女修會（Missionary Sisters of the Immaculate Conception, MIC）管理的女子修道院。

斯卡波羅外方傳教會成立後，1919 年梅子和神父前往西班牙，籌措資金，招募傳教士，按照教宗本篤十五世的建議，成立了"巴塞羅那中國傳教院"（Instituto Misionai para la China, Barcelona）。梅子和神父為赴中國工作的傳教士講授中文和英文，現身說法介紹在中國傳教的經驗以及中國的民俗習慣、風土人情。參加課程的主要是西班牙人和愛爾蘭人，有些人已經在中國教區工作多年。梅子和後來去了美國，餘跡不詳，不知所蹤。"彼山之陰，深林荒址……癡而不覺，寒箛悲嘶。"[3]

---

1 弗雷澤（John Andrew Mary Fraser, 1877—1962），生於加拿大的蘇格蘭移民家庭，1902 年來華，在寧波教區任職，1918 年創辦斯加波羅外方傳教會，後一直在中國和菲律賓傳教；二戰期間被日軍囚禁在馬尼拉，戰後在金華傳教，1952 年轉赴日本傳教；葬於大阪。

2 馬善達（William Cecil McGrath, 1891—1970），加拿大人，1921 年加入斯加波羅外方傳教會，同年晉鐸，1941 年卸任回加拿大；著有 *The Dragon At Close Range*（《親歷龍之國》，A.B.C., Shanghai, 1938）。

3 蓮波譯：《斯卡波羅集市》（詩經體）。

INSTITUTO MISIONAI PARA LA CHINA, BARCELONA, SERIE A

巴塞羅那中國傳教院系列

編者	Instituto Misionai para la China, Barcelona 巴塞羅那中國傳教院
語言	西班牙文
印製	1910s., Templarios, Barcelona（巴塞羅那 聖殿騎士團）
尺寸	140mm×90mm

"巴塞羅那中國傳教院"的譯名是根據"巴塞羅那中國傳教院系列之九"圖片上教室後黑板寫的中文。

Instituto Misional para la China, Templarios, 12.–Barcelona.
Serie A, N.º 1.

Uno de los catequistas chinos que suplen al

Instituto Misional para la China, Templarios, 12 –Barcelona.
Serie A, N.º 4.

Un pueblo chino convertido al cristianismo
preparando los materiales para la construcción

❶ ❷

❶ **中國神父**

Uno de los catequistas chinos que suplen al P. Misionero en su ministerio, menos en confesar y celebrar el santo Sacrificio de la M.sa.

【原注】"中國神父可以承擔除了彌撒祭禮以外傳教士的全部職責。"

❷ **中國教堂**

Un pueblo chino convertido al cristianismo preparando los materiales para la construcción de su Iglesia, donde apenas podrán oir dos p tres Misas al año.

【原注】"一位皈依基督教的信徒正在準備建造教堂，每年只舉辦幾場彌撒活動。"

Instituto Misional para la China, Templarios, 12.—Barcelona. Serie A, N.° 3.

Niño chino abondonado en un rincón de una

Instituto Misional para la China, Templarios, 12.—Barcelona. Serie A, N.° 10.

Niños chinos de una escuela católica. Estas escuelas derrumbarían al paganismo por momentos,

❶ 中國棄嬰

Niño chino abondonado en un rincón de una casa caide. Las causa de esta miseria son el pagenismo y el hambre a la vez.

【原注】"被遺棄在房子角落的孩子，造成這種苦難的原因是風俗和貧困。"

❷ 教會學校的學童

Niños chinos de una escuela católica. Estas escuelas derrumbarían al paganismo por momentos, si no lo impidiera el ateismo moderno enseñado por europeos.

【原注】"即使歐洲的無神論不能戰勝異教，這些天主教的學校也會改變人們的異端信仰。"

Instituto Misional para la China Templarios, 12.—Barcelona.
Serie A, N.º 6.

Es costumbre de los chinos enviar a sus hi-

Instituto Misional para la China, Templarios, 12.—Barcelona.
Serie A, N.º 7.

Joven seminarista que usando del latín como

El Rvdo. P. Carait enseñando chino a sus alumnos

Instituto Misional para la China, Templarios, 12.—Barcelona.
Serie A, N.º 9.

❶ 中國孩子

Es costumbre de los chinos enviar a sus hijos al otro mundo bien vestidos para que nazcan otra nez mejores condiciones.

【原注】"中國人習慣把孩子打扮漂亮送往另一個世界，相信來生幸運。"

❷ 中國年輕人

Joven seminarista que usando del latin como llave de casi todos los idiomas europeos ha ad quirido una cultura verdaderamente envidiab'e.

【原注】"年輕人在神學院學習拉丁文是掌握任何歐洲語言的基礎，因而得到令人尊敬的文化修養。"

❸ 中國傳教院

Seminarista chino. En China todavía no hay un Seminairio bien montado por falta de profesores. Su Santidad espera que irán muchos del clero secular español.

【原注】"中國傳教院，缺乏師資而沒有良好教育，盼望西班牙世俗和神職人員到那裏去。"

15

本篤會

　　了解中國近代史的中國人都不該也不會疏忽陸徵祥這個名字。陸徵祥（1871－1949），字子欣，號慎獨主人，1871 出生於上海；父親陸雲峰是一位基督新教教徒，曾經在倫敦會工作。1884 年十三歲的陸徵祥進入了由總理衙門主辦的"廣方言館"主修法文。1892 年陸徵祥考入相當於今日外交學院的北京同文館主修俄文，次年畢業後被總理衙門選中放洋，派駐俄羅斯使館為四等秘書兼譯員，深得駐俄公使許景澄 [1] 賞識，1906 年受推薦晉為駐荷蘭公使。1911 年陸徵祥受洗入教。

　　民國元年陸徵祥出任中華民國首任外交總長，同年被袁世凱委任為在位僅十幾天的國務總理。1915 年袁世凱要求在野的陸徵祥再次出任外交總長，代表中國與日本簽署"二十一條"。第一次世界大戰結束後，1918 年底陸徵祥率中國代表團參加巴黎和會。英法帝國將原先德國佔領的山東半島劃歸日本，陸徵祥和顧維鈞率中國代表團頂住北洋政府壓力，拒絕在"對德和約"上簽字。北洋政府在巴黎和會的優柔態度是引發"五四運動"的導火索。

　　陸徵祥的夫人培德·比夫（Berthe Bovy, 1855－1923）長他十六歲，其祖父和父親均係比利時的高級軍官。據說她本人舉止嫻雅，又有幾分家傳的剛毅性格。陸徵祥對培德一見鍾情，一生都對她敬愛有加。1899 年陸徵祥與培德小姐在聖彼得堡的聖卡特琳天主教堂結為伉儷。民國初年陸徵祥任民國外交總長時，袁世凱曾任命培德夫人為"女禮官長"，袁世凱脅迫陸徵祥簽訂"二十一條"，培德夫人憤然辭職，拂袖而去。陸徵祥簽訂"二十一條"也是夫婦倆一生的芥蒂。1922 年培德夫人患重病，陸徵祥申請外任駐瑞士公使，陪夫人到瑞士休養，1925 年特地前往梵蒂岡，恭請教宗庇護十一世為夫人祈禱。1926 年七十一歲的培德夫人病逝，陸徵祥辭職為夫人守喪，次年送夫人靈柩回到比利時布魯塞爾下葬。陸徵祥在《回憶及隨想》裏說道："我們給予了對方上帝給予我們的一切：身相依、心相印、靈魂相伴、信仰相隨。是

1　許景澄（1845－1900），字竹筠，生於浙江嘉興，同治年間進士；1880 年開始外交生涯，曾被清政府任命為駐法、德、意、荷、奧公使；1897 年出任總理各國事務衙門大臣兼工部左侍郎，兼任中東鐵路公司督辦；1900 年極力反對義和團運動，被慈禧太后處死。

的，死亡將我們分隔，但教士的生活將再次讓我們團聚，並永不分離。"[1]

　　1927 年心灰意冷的陸徵祥進了本篤會的比利時聖安德魯修道院，教名"天士比德"（Petrus Coelestinus），從此翻開他的生命新的一頁，顯赫的社會地位、優渥的富足生活已然成為過眼煙雲。1929 年陸徵祥發願絕財、絕色、絕意；1935 年晉鐸，1946 年被教廷封為聖安德魯修道院名譽院長。"潮來潮往，捲走多少紅塵記憶"，塵世的一切似乎都離他遠去了。1940 年納粹德國佔領了比利時，聖安德魯修道院被強徵充作德軍軍營，修士們被掃地出門。惦念祖國的陸徵祥主編《益世報海外通訊》，向歐洲各界介紹中國人民浴血反抗侵略者的情況，呼籲世界人民支持中國的抗日戰爭。

　　1948 年年底陸徵祥患重病住院，次年初布魯塞爾主教來院探望。主教跟他聊起中國，說中國佔據了陸徵祥的半個心。陸徵祥伸出三個指頭，主教明白他的意思，說："中國佔了院長之心四分之三。"陸徵祥含笑頷首。據說 1949 年正月十三陸徵祥彌留之際，喃喃地對護士說："整個地為中國！整個地整個地！"[2] 按本篤會規定，修士死後不得擺放花圈輓聯，陸徵祥的追思禮拜上靈前無他物，修道院只是破例收下比利時國王利奧波德三世送的一束鮮花。

編者　Nels, 尼爾斯圖片社
語言　法文
印製　1940s., Bruxelles（比利時布魯塞爾）
尺寸　138m × 88mm

Le 28 avril 1943. - Visite au monument de Ferdinand Verbiest, à Pithem. - « Il est trois grands missionnaires, que la Chine doit à la Belgique : Ferdinand Verbiest (XVIIᵉ s.), Théophile Verbist (XIXᵉ s.), Vincent LEBBE (XXᵉ s.). »

Dom P.C. Lou Tseng-Tsiang, O.S.B.

● 陸徵祥拜謁南懷仁紀念碑

Dom P.C. Lou Tseng-Tsiang, O.S.B., Le 28 avril 1943, Visite au monument de Ferdinand Verbiest, à Pithem

【原注】"本篤會修士陸徵祥 1943 年 4 月 28 日在南懷仁故鄉皮特姆拜謁其紀念碑。比利時有三位在中國做出傑出貢獻的傳教士：南懷仁、南懷義、雷鳴遠。"

據記，1945 年 8 月，兩位中國記者由一位比利時王族小姐引路，探訪這位已經"出家"十七年的"洋和尚"。由於聖安德魯修道院不允許女性進入，他們就在火車站附近的咖啡店裏會面。出現在記者面前的是一個頭上有兩條受戒疤痕、鬢髮斑白、嘴扁腰彎、瘦骨嶙峋的老人，他戴著金絲眼鏡，身著寬鬆的黑色袍子。

1　陸徵祥：《回憶及隨想》，上海遠東出版社，2016 年，第 87 頁。
2　羅光：《陸徵祥傳》，台灣商務印書館，1967 年，第 270—272 頁。

本篤會（Congregatio Belgica Ordinis Sancti Benedicti ab Annunciatione, OSB），由意大利人本尼狄克於公元529年創立。本尼狄克[1]（Benedetto da Norcia, 480—547），基督教世界的聖徒，被羅馬天主教尊為聖人，東正教、英國聖公會視其為歐洲主保。本尼狄克生活在羅馬帝國的衰落時期，公元410年日耳曼的西哥特人在阿拉里克率領下進入意大利，建立西哥特王國，476年廢黜西羅馬帝國最後一個皇帝，西羅馬遂告滅亡。本尼狄克生活在這樣動盪的時代，傳說他是意大利斯波萊托翁布里亞（Spoleto Umbria）貴族家的兒子，成年後到羅馬讀文學，目睹民族和宗教衝突，選擇隱居鄉間，潛修聖典，祈禱勞動，克苦修身，頗有聖德。他陸續在意大利拉齊奧地區建立了十二座修道院，後將十二座修道院搬遷集中至意大利南部山區，在阿波羅神廟舊址創辦卡西諾山（Monte Cassino）修道院，廣納修僧。1220年本尼狄克被天主教封為聖徒。

本尼狄克盛名流傳百世，並不來自他創辦了多少座修道院，也非他有多少門徒，而是源於他於公元529年為創辦本篤會制訂的《聖本篤會規》（Regula Sancti Benedicti），核心是強調修行的平衡、節制和理性，並規定入會者必須發三願：絕財、絕色、絕意。《會規》有五十九章七十四條，"當全心，全靈，全力愛上主天主"、"愛鄰人如愛自己"、"己所不欲者亦勿施於人"、"救濟窮人"、"寧願捨棄一切為愛基督"、"不蓄詭詐之心"、"不准發怒"、"不准發牢騷"、"不准説笑"、"不准貪吃貪睡"、"杜絕私心一閃念"等，《會規》要求修道士每日八小時禱告、八小時勞作、八小時睡覺；闡述了修道院管理之規、修道士順從之責；規定須保持神修、智力、體力上的平衡，通過十二級謙遜之道，洗心革面，達到至善境界。《聖本篤會規》被視為基督教修道院制度的開山之作，後世不論天主教還是東正教，其修道院的規章都是以《聖本篤會規》為藍本制訂的。在天主教裏，本尼狄克的形象通常是侍候使徒聖保羅身邊，左手持十字架，右手持《聖本篤會規》，神情悲憫。

本篤會有許多分支，十世紀法國克呂尼修院發起改革運動，革除本篤會累年的積習詬病，稱為"重整本篤會"（Ordo Recollectorum Sancti Benedicti），十一世紀熙篤會和十七世紀嚴規熙篤會都與本篤會有淵源，他們在不同時期以本尼狄克的思想重修日益鬆懈的修道院體制，代代承襲。十五世紀至十六世紀本篤會隨著移民來到世界各地，淡化了隱修性，與創始者的作法漸行漸遠。

早在宣統元年（1909）本篤會就進入中國，但沒有顯著作為，直到1926年屬比利時本篤會的聖安德魯修道院在四川建立西山本篤會修道院。1928年德國本篤會在吉林省建立延吉教區和延吉本篤修道院，後陸續在重慶、開封、北京等地建立修道院。1925年美國本篤會奉梵蒂岡旨意，在北京創辦輔仁大學。

---

[1] 本尼狄克與本篤是新舊不同譯名。

"修道院"一詞在中國人認知裏是有歧義的。從天主教各類統計資料如《中國傳教會》、《中華全國教務統計》來看,往往把在中國的神學教育機構稱為修道院,外文是 Séminaire 或其派生詞,嚴格講應稱"神學院"為妥,其內部根據神學生的等級分為初學院、大修院,其中還包括神學院、哲學院等。另外一種"修道院"是指歐洲傳統意義上的"隱修院",外文是 Monastère,不論男院還是女院都嚴格規定修道士在修院內隱修,燭紅鐘息,侍奉恩主。為了避免歧義,本作在第一種意義上稱為"神學院"或相關詞語,如神修院、神哲學院等,在第二種意義上稱為"修道院"及其派生詞,如隱修院、苦修院等。當然,由於歷史習慣用法難以生硬改變,事實上無法嚴格加以區分。

天主教在中國辦過多家第二類意義的修道院,比較著名的有四家。其中三家分別為:加爾默羅跣足聖衣女修會在上海徐家匯建立的"聖衣會隱修院"、熙篤會在直隸涿鹿縣建立的"楊家坪聖母神慰院"、德國本篤會建立的"延吉聖十架隱修院"。

光緒二十三年(1897)巴黎外方傳教會派遣傳教士到琿春、寧安一帶開教,教務歸屬奉天(瀋陽)總教區下轄的北滿代牧區,北滿代牧區主教座堂位於吉林市,亦稱吉林教區。1920 年教廷調整堂口的隸屬關係,吉林省的延吉道(今吉林省延邊以及黑龍江省的寧安、牡丹江一帶)、依蘭道(今黑龍江省依蘭、同江、密山、虎林、綏遠、樺川、富錦、饒河、方正、穆棱等)的堂口劃給巴黎外方傳教會管理的跨境教區元山代牧區。二十世紀二十年代中期,德國聖奧迪利安(St. Ottilien)本篤會會士抵達吉林延吉,1922 年創辦延吉聖十字隱修院(Abbaye de la Sainte-Croix de Yenki),這個時期修道士也常常走出隱修院,承擔傳教士的職責。1928 年梵蒂岡傳信部將延吉道和依蘭道從元山教區分立,成立延吉監牧區,由德國本篤會(O.S.B.)管理,白化東任領銜主教,主教座堂設在延吉聖十字教堂,1937 年升格為延吉代牧區,1946 年實施聖統制後稱為延吉教區。新中國成立後,延吉聖十架隱修院的修道士去了朝鮮半島南部。由於延吉教區歷史上有著跨境管理的背景,其發行的明信片反映了鴨綠江兩岸朝鮮族和朝鮮國人的文化生活。天主教設立跨境教區在世界各地的類似情況並不少見,通常跨境兩側同為一家宗會傳教區域,出於管理方便和權力平衡,在教會內部設立傳教區域的統籌分配,與政治、地理無關。

第四家較著名的第二類意義的修道院是比利時本篤會在四川南充順慶建立的"西山本篤會修道院"。聖安德魯修道院(Sint Andriesabdij, Zevenkerken)1898 年由傑拉德·范卡倫(Gerard van Caloen, 1853—1932)創建於比利時布魯日(Bruges)。陸徵祥寫於比利時聖安德魯修道院的《本篤會史略》裏提到自己一直有個把比利時聖安德魯修道院引進到中國的願望:

> 我們要創立一座事主學校:在這學校裏,我們希望沒有嚴屬而繁重的規定。可是,為改正惡習,為保持愛德,按理該有稍

微嚴格的紀律，切勿因此沮喪，逃離得救之路，而此路的入口處必須是窄狹的。但當我們在修道生活和信德上有了進步時，我們將會心曠神怡，具有愛情的不可言傳的歡樂，在天主誡命的道路上奔跑。這樣決不致離棄他的領導，卻在隱院中遵守他的教訓，至死不變，以忍耐分擔基督的苦難，將來得以共享他的天國。[1]

陸徵祥還大膽設想用《本篤會會規》取代佛經，一旦本篤會理想改變了中國，中國人的命運則大不一樣。本篤會修道院不是墳墓，不是簡單的隱修之地，而是一個活生生的家庭，是上帝大家庭中最古老、最具代表性的機構。"本篤會最有資格為中國教區機構和神職人員、為中國社會提供積極的、家庭式的宗教支持，一種兄弟情義式的合作。"[2]

1928 年比利時本篤會在四川南充順慶籌辦"西山本篤會修道院"（Monastère de Si'shan Shunking），次年得到梵蒂岡傳信部批准，舉行營造聖典，1930 年修道院落成，為此印製《西山睞本篤會修院創立記》，陸徵祥題簽。這本小冊子對那裏的環境打了滿分："面東南向，平原在望，並可覽城之一部。有不竭之泉水及小溪，山田層級而上，達山巔。其間雜樹叢生，雖無參天之木，然今日之青葱者，可望他日盡成喬木也。更上，山石突起，氣愈清，景愈勝。可把山腰而接旁起之二峰，景幽地僻，天生為建修院之佳所也。"[3]

聖安德魯修道院還委託尼爾斯圖片社發行了一套紀念明信片 *Monastère de Si'shan Shunking, Sze Chwan, Chine*（《四川順慶西山院》），一套十二張，直觀地介紹了這座修道院隱秘幽靜的庭院和山清水秀的環境。

1　陸徵祥：《本篤會史略》，徐家匯聖教雜誌社，1935 年，第 1—2 頁。

2　陸徵祥：《回憶與隨想》，上海遠東出版社，2016 年，第 116 頁。

3　《西山睞本篤會修院創立記》，上海土山灣印書館，1930 年，第 8—9 頁。

Monastère de Si'shan Shunking, Sze Chwan, Chine

編者	Sint-Andriesabdij Brugge
	比利時聖安德魯修道院
語言	法文 中文
印製	1930, Thill-Nels（特希爾—尼爾斯圖片社）
尺寸	150mm × 105mm

"比利時本篤會四川順慶西山院系列"全套十二張，內容包括：西山修道院、南望修道院、北望修道院、修道院周邊、遠眺修道院、修道院一角、西山與山口、山谷中梯田、修道院大門、祈禱堂庭院、祈禱堂內景、客房和西山。

比利時本篤會四川順慶西山院系列

❶ ❷

❶ 北望修道院
Le Monastère vu du Nord

❷ 祈禱堂庭院
Cour intérieure devant l'Oratoire

APOSTOLISCHE PRAEFECTUR YENKI
CHINA—MANCHURIA

德國本篤會延吉教區系列

編者	Ordinis Sancti Benedicti（O. S. B.） 德國本篤會
語言	德文
印製	1920s., J. B. Obernetter München（德國慕尼黑）
尺寸	140mm×90mm

Dr. Theodor Breher O.S.B.
Apostolischer Präfekt
Yenki
China - Manchuria.

Auf der Firmungsreise.

◉ 延吉代牧區白化東主教旅途中為信徒祝福

Auf der Firmungsreise

Dr. Theodor Breher O.S.B. Apostolischer Präfekt Yenki China—Manchuria

白化東（Theodor Breher, 1889—1950），生於德國奧托博伊倫（Ottobeuren）一個名畫家家庭，本篤會會士，1915 年晉鐸，1921 年到朝鮮半島南部，1924 年到中國東北地區傳教，1929 年任延吉監牧區主教，1934 年任聖十隱修院院長，1946 年任延吉教區主教；1949 年因病回國，逝於溫達赫（Windach）。

Alter Bonze (Buddhist. Mönch)

Apostolische Präfectur. Yenki
China Manchuria
Catholic Mission Yenki, Province of Kirin, China.
Manchuria.

Reverend and dear Father,

　　　　Please remember our poor mission in
Yenki and send us kindly mass-intentions which
you may be able to spare from your parish. By
this you will help us powerfully in the propa=
gation of faith in our prefecture which as a
new missionary district has to face great
difficulties in these hard times.

Yours very sincerely

Prefect Apostolic.

P. Dr. Theodor Breher O.S.B.

◉ 老和尚

Alter Bonse (Buddhist Mönch)

這是白化東主教實寄明信片，寄自中國滿洲吉林省延吉監牧區，

鈐印：Praefectura Apostolica de Yenki, Manciuria（滿洲延吉監牧

區）；簽字：Theodor Breher, O.S.B.（本篤會白化東）。

◉ 一位最早基督徒（1784 年）的後裔

Nachkomme eines der ersten Christen (1784)

這張明信片介紹天主教在朝鮮半島的發端。朝鮮最早正式受洗成為天主教信徒的是李承薰。李承薰（1756－1801），字子述，號蔓川，在故鄉時接觸到朝鮮遣華使帶回的《天主實義》等天主教書籍。乾隆四十八年（1783）李承薰隨擔任冬至使書狀官的父親李東郁前往清國，翌年在北京北堂拜訪了耶穌會會士梁棟才[1]，皈依基督，聖名為伯多祿。李承薰攜帶天主教文物、書籍、聖像回國，與李檗[2]、丁若鍾[3]等人成立"明禮坊"傳教，次年被政府解散；1787 年又成立明道會，1801 年被處死，史稱"辛酉教獄"。韓國電影《茲山魚譜》講的就是丁氏五兄弟的這段經歷。

1　梁棟才（Jean-Joseph de Grammont, 1736—1812），法國人，生於法國奧什，1750 年進入圖盧茲耶穌會初學院，1764 年晉鐸，1768 年來華，在宮廷擔任數學家和音樂師，乾隆四十九年（1784）為遣華學者李承薰洗禮；逝於北京。

2　李檗（1754—1785），生於京畿道軍人家庭，曾祖父十七世紀上半葉陪朝鮮王儲在中國生活，帶回國一些基督教書籍。李檗成年後放棄科舉，專注學習中國儒家經典。1784 年受李承薰影響皈依天主教，參加"明禮坊"。1785 年李檗等人在明洞教堂聚會時被捕，死於獄中；編有《天主恭敬歌》。

3　丁若鍾（1760—1801），出生於京畿道廣州府貴族家庭，政治上屬朝鮮南人黨，其兄丁若銓（1758—1816）和丁若鏞（1762—1836）是朝鮮著名學者和思想家。丁若鍾受姻戚李檗影響皈依天主教，因黨爭累及，陷"辛酉教獄"被捕斬首。編有《主教要旨》、《十誡命歌》等。

16

印五傷傳教會

1789 年的法國大革命不僅推翻了波旁王朝，把國王路易十六送上斷頭台，也給歐洲舊勢力敲響了喪鐘，王族、貴胄、教士為了應對共同的敵人結成神聖同盟。1793 年普魯士、奧地利、西班牙、荷蘭、薩丁尼亞、漢諾威、英國成立了反法同盟，企圖用武裝干涉撲滅燎原之火。1796 年拿破崙率領法國軍隊在意大利北部米萊西莫擊敗奧地利，大獲全勝。

就在這一年，有位名叫伯托尼的年輕人進入神學院學習，立誓成為一位牧靈人。加斯帕雷·伯托尼（Gaspare Luigi Bertoni）1777 年生於意大利維羅納（Verona），律師家庭的父母給他以啟蒙教育，漸大後就讀耶穌聖母會在家鄉辦的聖塞巴斯蒂安學校（Saint Sebastian's School），十八歲初領聖餐。拿破崙來了，戰爭來了，伯托尼放下課本，參加醫療福音會（Gospel Fraternity for Hospitals），親臨戰場救治傷病員。伯托尼體驗到戰爭的殘酷，接觸到大量流離失所的百姓，飢寒交迫的場景深深地打動了這位神學生敏感的心靈，改變了他對人生、對世界的看法。1800 年伯托尼從神學院畢業後晉鐸，被派到嘉諾撒仁愛女修會修道院擔任駐院神父和修女們的神師。

1804 年拿破崙修改憲法，法蘭西共和國改為法蘭西帝國。為向歐洲各國彰示自己皇權的合法性，他在巴黎聖母院舉行加冕儀式。拿破崙拒絕跪下接受教宗庇護七世給他戴上皇冠，竟自戴在頭上。1809 年拿破崙大軍進攻維也納，併吞教皇國屬下各邦，庇護七世大發雷霆，宣佈將拿破崙革除教門。睚眥必報的拿破崙派屬下闖入梵蒂岡，逮捕教宗，押解回法國，囚於楓丹白露。拿破崙的傲慢行徑在意大利教牧界引起軒然大波，伯托尼挑頭發起成立反對拿破崙的組織，要求釋放教宗，秉燭為教宗祈禱。伯托尼和同伴們一直堅持到 1814 年拿破崙戰敗退位，迎接庇護七世返回梵蒂岡。

1816 年伯托尼在維羅納創建印五傷傳教會（Congregazione delle Sacre Stimmate, C.S.S., Stimmatini），以窮人教育為主要工作方向。1853 年伯托尼因腿部頑疾去世。1966 年教廷冊封伯托尼為聖人。

1925 年印五傷傳教會由馬迪懦神父帶隊來華，稱"印五傷司鐸會"（Missioni dei P.P. Stimmatini），暫居北京，學習漢語。次年經與遣使會協商，他們被派到保定教區協助滿德貽[1]主教開拓保定北部、北京南部區域的教務，主要在河北易縣活動。1929 年梵蒂岡傳信部從保定教區劃出易縣、淶水、淶源，從北京教區劃出京西南三坡地區，交予印五傷司鐸會管理；1935 年成立易縣教區，次年馬迪懦出任主教。

1　滿德貽（Paul Leon Cornelius Montaigne, 1883—1962），法國人，1901 年加入遣使會，1904 年來華，在直隸北部教區傳教，1924 年任保定教區主教，1933 年出任北京教區主教。

Missioni dei P.P. Stimmatini in Cina

印五傷司鐸會中國系列

編者　Missioni dei P.P. Stimmatini, Roma
　　　　印五傷司鐸會（羅馬）

語言　意大利文

印製　1930s., Stab. Pezzini—Milano（意大利
　　　　米蘭佩齊尼圖片社）

尺寸　150mm × 105mm

Missionari Stimatini della Prefettura Apostolica di Yihsien con Mons. Tarcisio Martina.

❶ 易縣代牧區馬迪懦主教與印五傷會傳教士

Missionari Stimmatini della Prefettura Apostolica di Yihsien con Mons. Tarcisio Martina.

馬迪懦（Tarcisio Martina, 1887—1961），意大利人，畢業於羅馬梵蒂岡修道院，1925 年來華，1936 年任易縣監牧區主教，1947 年任羅馬教廷駐華公使黎培里駐北京代表；1951 年因涉嫌參與"炮轟天安門"事件被驅逐出境。

Sorpresa e fermezza nel suo limpido sguardo.

Piatto pulito e bramosa attesa.

❶　❷

❶ 清澈的目光中透著堅毅
Sorpresa e fermezza nel suo limpido sguardo

❷ 飽餐的喜悅
Piatto pulito e bramosa attesa

17

阿姆斯特丹七苦聖母兄弟會

阿姆斯特丹七苦聖母弟兄會（Broedercongregatie Onze Lieve Vrouw van Zeven Smarten, Broeders van Amsterdam, Broeders）是荷蘭一家規模比較小的慈善傳教組織，1851 年由黑塞維爾德（Petrus Johannes Hesseveld, 1806—1859）和弗倫特羅普（Arnoldus Frentrop, 1802—1865）在阿姆斯特丹附近的福爾豪特（Voorhout）創建。七苦聖母弟兄會成員佩戴藍色繩子串起七苦聖母唸珠，被稱為"藍繩兄弟"。黑塞維爾德為這家新的眾會定位為給予"弱勢男孩"以關愛，所謂的"弱勢男孩"包括孤兒和仍生活在父母身邊但缺少照料的"半孤兒"。黑塞維爾德提出，七苦聖母弟兄會照顧弱勢兒童，不僅是要虔誠地撫養他們長大，最重要的是培養他們的生存技能，以便其能夠獨立地走向社會。七苦聖母弟兄會把辦教育放在優先位置，在阿姆斯特丹辦有寄宿學校，還在荷蘭東南部林堡省的海杜森（Heythuysen）為孩子們建有"花山農場"（De Heibloem）。二十世紀二十年代七苦聖母弟兄會開始海外佈局，在中國、肯尼亞、新幾內亞、印度尼西亞和加拿大開展兒童教育，尤其是職業教育工作。七苦聖母弟兄會的成員還另辦有為"弱勢女孩"服務的眾會"仁慈聖母姐妹會"（Arme Zusters van het Goddelijk Kind）。

天主教在河北永平地區的活動可追溯至康熙四十九年（1710）法國耶穌會傳教士巴多明[1]神父到唐山、永平一代開教，以及乾隆五十年（1785）葡萄牙遣使會傳教士高慎思[2]神父到永平府沙河街傳教。近代永平教務歸直隸北境（北京）教區管理，覆蓋臨榆、盧龍、撫寧、昌黎等地，遣使會的荷蘭籍神父大多集聚於此。光緒二十五年（1899）梵蒂岡傳信部從直隸北境教區分立直隸東境教區，主教座堂設在永平府盧龍縣，荷蘭遣使會代牧，武致中[3]任主教，在府城北大街修建永平大教堂，主管西起玉田縣、東至山海關、北起長

1　巴多明（Dominicus Parrenin, 1665—1741），字克安，法國人，1685 年入耶穌會，1698 年來華，在京城受康熙重視，"帝出巡塞，他亦扈從"；1729 年雍正在京創設譯學館，選滿漢聰穎子弟入館習拉丁文，頒旨巴多明主管；乾隆即位，各地排教事件加劇，巴多明和郎世寧面呈乾隆疏通，各地禁教遂疏解；逝於北京，葬正福寺。

2　高慎思（Joseph d'Espinha, 1722—1788），字若瑟，葡萄牙人，1739 年加入耶穌會，1751 年來華，1759 年奉旨繪製《準噶爾部和厄魯特部地圖》，賜予四品頂戴，1770 年任欽天監監副；歿於北京。

3　武致中（Ernest-François Geurts, 1862—1940），荷蘭人，1882 年加入遣使會，1886 年來華，1887 年晉鐸，1899 年任直隸東境代牧區主教。

城、南至渤海的教務，轄盧龍、豐潤、唐山三個總堂。《辛丑條約》簽訂後，遣使會索賠三萬五千兩白銀，在盧龍重建冀東最大、最豪華的教堂和修道院，以及聖母女修院、小學中學、育嬰堂等。1927年應荷蘭遣使會邀請，阿姆斯特丹七苦聖母弟兄會來華，在永平府接管當地一家寄宿學校開辦了唐山貧民教養院，前後派遣六位修士和兩位修女到唐山。1938年七苦聖母弟兄會還捐資修建聖若瑟教堂。日軍佔領唐山期間，七苦聖母弟兄會成員被關進濰坊集中營。

七苦聖母弟兄會在華不是傳教差會，是受福爾豪特一家叫作"中國基金"（China-Fonds）的機構託付開展慈善活動，輔助荷蘭遣使會傳教。唐山貧民教養院與其母會在荷蘭扶助"弱勢男童"的形式也不完全一樣，前者更接近貧民習藝所，收容男女孤兒、社會流民以及開灤礦工家屬中的鰥寡孤獨，主要開展各種職業培訓課程。被譽為唐山陶瓷一代宗師的楊蔭齋（1913—1976）先生家境貧困，十歲起進入這家貧民教養院，學習地毯紋樣和陶瓷彩繪，從這裏邁出了藝術生涯的第一步。

BROEDERS VAN AMSTERDAM, CHINA

阿姆斯特丹七苦聖母弟兄會系列

編者	Broeders van Amsterdam
	阿姆斯特丹七苦聖母弟兄會
語言	荷蘭文
印製	1920s., China-Fonds, Leidsevaart Voorhout
	（荷蘭萊頓運河福爾豪特"中國基金"）
尺寸	140mm×90mm

ZES BROEDERS
VERTREKKEN NAAR CHINA

Van links naar rechts: Broeder
Overste Bernulphus, Broeder
Robertus, Broeder Longinus,
Broeder Canisius, Broeder
Liborius Broeder Cajetanus.

◉ 前往中國的六個弟兄

Zes Broeders Vertrekken Naar China

【原注】"從左至右：長上伯努弗弟兄（Broeder Overste Bernulphus），羅伯特弟兄（Broeder Robertus），浪哥努斯弟兄（Broeder Longinus），卡尼修斯弟兄（Broeder Canisius），利伯留斯弟兄（Broeder Liborius），卡傑坦努斯弟兄（Broeder Cajetanus）。"

18

沙爾德聖保祿女修會

　　風光旖旎的阿爾卑斯山脈法國一側，目及神奇的韋爾東大峽谷（Gorges du Verdon）與聖十字湖（Lac de Sté-Croix）的盡處，隱約可見綠水青山間一處聚落佩爾蒂村（Pertuis）。十六世紀末葉傑漢·肖維（Jehan Chauvet）不知道從哪兒來到這裏定居，娶當地姑娘為妻，生下兩個兒子格雷古瓦（Grégoire）和諾米（Noé）；諾米·肖維成年後開了一家羊毛梳理和織布廠，娶了鎮裏小吏家女兒，生下九個孩子，其中第七個孩子路易·肖維（Louis Chauvet）1664 年呱呱落地，教堂名冊登記有這個嬰兒於出生次日受洗。路易·肖維的前半生為人所知的只有這麼一點。

　　1685 年二十一歲的路易·肖維立誓終身獻給基督，離開佩爾蒂村到外地神學院讀書，1688 年在阿維尼翁某教區擔任神父，1690 年至 1694 年在巴黎附近教區任神職。從 1694 年起他在沙爾德（Chartres）的一個小鎮勒韋斯維爾（Levesville）堂區擔任神父十六年。那個年代沙爾德貧窮落後、暴力肆虐，諾米·肖維在堂區幾位修女的幫助下，組織教會學校的女生幫助農村窮苦孩子和孤寡老人，普及教育，護理病人。得到沙爾德教區主教認同後，1696 年他們組建了自己的團體“沙爾德聖保祿女修會”（Sœurs de Saint-Paul de Chartres, SPC）。諾米·肖維 1710 年去世，葬在他為信眾服務一生的勒韋斯維爾教堂。他並沒有多大野心和抱負，也沒有預見到自己創建的修會未來的蓬勃發展，臨終前告訴追隨他的姐妹：“我只是想為幫助窮人盡己微薄之力。”

　　法國大革命時期，沙爾德聖保祿女修會的修道院被沒收，修女遭驅離，1894 年重組後目光投向法國以外，英國、德國、東亞、印度支那都不難看到沙爾德聖保祿會修女的身影。1848 年沙爾德聖保祿女修會進入香港，在銅鑼灣建有聖保祿修道院和聖保祿寄宿學校。該會很晚才進入中國內地，在海南、福寧、昆明等地開展中小學教育。

HONGKONG, CHINE

沙爾德聖保祿女修會香港系列

編者　Congrégation des Sœurs de Saint-Paul
　　　沙爾德聖保祿女修會
語言　法文
印製　1920s., Chartres（法國沙爾德）
尺寸　140mm×90mm

Congrégation des Sœurs de Saint-Paul, 5, rue Saint-Jacques, Chartres (E.-et-L.)

1. - CHINE. — SAINTE-ENFANCE DE HONG-KONG : En revenant de la messe.

◉ 香港孤兒院的孩子走向社會

Saint-Enfance de Hong-Kong: En revenant de la messe

1851 年沙爾德聖保祿女修會在香港灣仔開辦“聖童之家”收養女孤兒，教導她們閱讀寫字、宗教知識、縫紉等，規模最大時收容的孤兒超過百人。

Congrégation des Sœurs de Saint-Paul, 5, rue Saint-Jacques, Chartres (E.-et-L.)

5. - CHINE. — HONG-KONG : A chacun son travail.

Congrégation des Sœurs de Saint-Paul, 5, rue Saint-Jacques, Chartres (E.-et-L.)

2. - CHINE. — HONG-KONG : Départ pour la promenade.

Congrégation des Sœurs de Saint-Paul, 5, rue Saint-Jacques, Chartres (E.-et-L.)

3. CHINE. — HONG-KONG : Les plus choyées de la grande famille.

❶ 各盡所能

Hong-Kong: A chacun son travail

1879 年沙爾德聖保祿女修會已經在香港灣仔和跑馬地為貧弱社群提供醫療服務，收養棄嬰及照顧老弱婦人；1908 年在跑馬地興建"加爾瓦略山會院"，主要為年老病弱者的庇護所；1916 年在銅鑼灣修建"聖保祿醫院"，擴大設施收養更多孤寡老人。

❷ 輪上漫步

Hongkong: Départ pour la promenade

1916 年沙爾德聖保祿女修會把在港基地從灣仔遷往銅鑼灣，修建會院，有女子初學院、孤兒院、福利院以及"聖保祿學校"、"聖保祿醫院"、"香港基督君王小堂"。聖保祿醫院設有專門為殘疾人服務的救濟所。

❸ 大家庭裏最受關愛的人

Hongkong: Les plus choyées de la grande famille

19

嘉諾撒仁愛女修會

　　1789年的法國大革命是人類社會發展史上無可比擬的重大事件，不僅摧枯拉朽般毀滅了封建王朝，還衝擊著為這些君主戴上王冠的教會。刻板一生的德國哲學家黑格爾說過一段極具浪漫色彩的話，謳歌偉大時代的精神："這是一個光輝燦爛的黎明，一切有思想的存在，都分享到了這個新紀元的歡欣。一種性質崇高的情緒激動著當時的人心，一種精神的熱誠震撼著整個世界，彷彿'神聖的東西'和'世界'的調和現在首次完成。"[1]革命改變一切，發酵的廢墟上總會長出新的果實。歐洲天主教新的修會在法國大革命後如雨後春筍勃發，如同拿破崙戰車的轍痕上成長出新的民族國家。

　　1774年意大利維羅納的嘉諾撒貴族家庭誕生一個女孩瑪格達倫（Maddalena di Canossa），幼時父親早亡，母親另嫁，寄人籬下的孤獨和無助迫使她參加教會活動以排解心中的苦悶。瑪格達倫‧嘉諾撒十七歲那年繼承了父母留下的嘉諾撒宮和巨額家族遺產，此時法國大革命的紅色浪潮感染著這位年輕的女富豪，身居豪華宮殿、過著錦衣玉食生活的瑪格達倫，關注的是貧窮和飢餓的民眾對舊制度的憤怒火焰，舊秩序的崩塌和社會動盪又使人民落入更加悲慘的境地。瑪格達倫幡然醒悟，窮人對麵包的渴望讓自己似乎聽到上帝的聲音，召喚她以基督和聖母之愛幫助無依無靠的窮人，向悲傷的母親們施以援手。1808年瑪格達倫在維羅納組建以其家族命名的慈善組織嘉諾撒仁愛女修會（Figlie della Carità Canossiane, FDCC），以己滿腔熱忱和殷實財力，她的女修會在意大利乃至歐洲影響廣佈。1828年修會得到教廷正式批准。1835年瑪格達倫去世。

　　咸豐十年（1860）六位嘉諾撒仁愛會修女第一次走出歐洲到達香港傳教，以此為據點，把她們的事業延伸至中國大陸和東南亞地區；在大陸服務區域有廣東的南頭、汕尾、海南，福建的廈門，湖北的漢口、武昌，河南的靳崗、南陽、洛陽、鄭縣、城固、南鄭等地。她們收養孤兒、開辦醫院、照料鰥寡、舉辦義學，例如漢口鄱陽街的聖若瑟女子中學就是漢口嘉諾撒女子修道院於宣統元年（1909）創辦的。

　　有關嘉諾撒仁愛女修會的明信片多數是其輔助傳教的其他修會編發的，相關的內容還可見"帕爾馬沙勿略外方傳教會傳教系列"、"意大利傳教士全國後援會中國系列"、"宗座聖嬰會聖洗系列"。

1　〔德國〕黑格爾：《歷史哲學》，王造時譯，上海書店出版社，2001年，第144頁。

Istituto Canossiano, Cina

編者	Istituto Canossiano, Vimercate Milano 嘉諾撒仁愛女修會（米蘭維梅爾卡泰）
語言	意大利文
印製	1910s., Stab. Pezzini—Milano（米蘭佩齊尼圖片社）
尺寸	138mm×98mm
主題詞	"實現基督的救贖、普世信仰及文明，需要人人從自身做起。"

嘉諾撒仁愛女修會中國系列

● 陝西的皮奇奧尼嬤嬤以德報怨

Shensi (Cina)—Madre Natalina Piccioni perseguitata va in cerca di asilo che la difenda dai briganti. Le sono compagni il fida servo e il fedele cane.

【原注】"皮奇奧尼嬤嬤在陝西以德報怨，曾為傷害她的土匪辯護。敦厚的僕人和忠實的狗與她相依相隨。"

SHENSI (Cina) - Madre Natalina Piccioni perseguitata va in cerca di asilo che la difenda dai briganti. Le sono compagni il fido servo e il fedele cane.

La S. Infanzia delle Suore Canossiane nella Missione di Hong-Kong (Cina) Pia Opera della E. Infanzia

嘉諾撒仁愛女修會香港教區救助孤兒系列

編者	Istituto Missioni Estere, Milano 米蘭外方傳教會
語言	意大利文
印製	1910s., Milano（米蘭）
尺寸	140mm×90mm

這個系列明信片是米蘭外方傳教會為其輔助傳教嘉諾撒仁愛女修會發行的。

LA S. INFANZIA DELLE SUORE CANOSSIANE NELLA MISSIONE DI HONG- KONG (Cina)

27. Fanciulle della S. I. che vanno a ricevere la S. Comunione.

◉ 孤兒院的女孩領聖餐

Fanciulle della S.I. che vanno a ricevere la S.Comunione

九個女孩在教堂側門，規規矩矩等待領取聖餐，或許幼小的心靈並不懂麵餅和葡萄酒的含義，但儀式感讓她們敬畏。

La S. Infanzia delle Suore Canossiane nell' Ho-Nan Meridionale (Cina) Pia Opera della E. Infanzia

嘉諾撒仁愛女修會河南南境教區救助孤兒系列

編者	Istituto Missioni Estere—Milano 米蘭外方傳教會
語言	意大利文
印製	1910s., Milano（米蘭）
尺寸	140mm×88mm

這個系列明信片是米蘭外方傳教會為其輔助傳教仁愛女修會發行的。

❶

❷

30. Nutrici della S. Infanzia che studiano il catechismo.

40. Fanciulle della S. I. che ricamano e fanno fiori artificiali.

❶ 照料孤兒、學習教義二者兼顧

Nutrici della S. Infanzia che studiano il catechismo

修女們需要學習教理，又要在育嬰堂照料孤兒，這本身也是修行方式的一種，是悟道的體驗。

❷ 孤兒院女孩子在做刺繡和絹花

Fanciulle della S. I. Che ricamano e fanno fiori artificiali

一位意大利嬤嬤管理大孩子學習刺繡和做絹花的技能，薄技在身，以利社會。

嘉諾撒仁愛女修會特卡

編者　Saveria Bolognesi
　　　博洛尼亞救世會
語言　意大利文
印製　1920s., Bologna（博洛尼亞）
尺寸　140mm×90mm

"La cara piccina stà bene, cresce buona, sa quasi tutte le preghiere a memoria.... si comunica ogni giorno e attirerà sul benemerito Comitato e su ciascun benefattore la copia dei celesti Carismi.....
(27-3-1928; da una lettera della Superiora di Han Kow).

SAVERIA BOLOGNESI
NEL SETTEMBRE 1926

nel settembre 1927 - raccolta nell' Istituto Canossiane di Han Kow (Cina) adottata dal Comitato di Soccorso per le Missioni (Opera Apostolica) Bologna, Via Riva Reno 118

◉ 1926 年 9 月博洛尼亞救世會援助漢口嘉諾撒仁愛女修會

Saveria Bolognesi nel Settembre 1926

【原注】"1927 年 9 月博洛尼亞救世會的慈善組織還要給漢口嘉諾撒仁愛女修會捐贈物品。"

這是意大利"博洛尼亞救世會"援助嘉諾撒仁愛女修會發行的慈善募捐明信片。

20

拯亡女修會

　　納匝肋仁愛會和拯亡會是最早進入中國內地的女子修道會，在此之前來
華的沙爾德聖保祿女修會和嘉諾撒仁愛女修會初期只是在香港活動。

　　早在耶穌會傳教士咸豐年間重返江南傳教時南格祿神父就認識到："上海
這個城市似乎注定是開放中國的一扇大門，在這裏將舉辦種種慈善事業，在
這遼闊的皇朝國土上，它將成為其他城市的一個典範……教會需要一批滿腔
熱情能吃苦耐勞的修女，她們要始終不渝地堅持工作，尤其在初創時期，必
須經受種種艱難困苦的考驗，而且還要有在本地的女青年中物色選拔許多助
手的能力。"[1] 南格祿神父迫切希望歐洲女修會來中國輔助傳教，便著手與歐
洲天主教女修會聯繫，介紹她們來中國發展。百年間在上海比較活躍的有納
匝肋女修會、拯亡女修會、聖衣女修會、安老女修會、方濟各瑪利亞傳教女
修會等。

　　太平軍佔據上海周遭，唐墓橋孤兒院的女童在神父的攜領下逃亡張家
樓、董家渡、王家堂等地避難。局勢平定後女童被安頓在新成立的徐家匯
聖母院。徐家匯聖母院（Jardin de la Sainte Mére）管理者主要是拯亡女修會
和聖母獻堂女修會。拯亡女修會由安珍妮・司麥特（Eugénie Smet, 1825—
1871）創建，她出生於法國里爾，在里爾聖心修院修道，1856 年前往巴黎創
立"專注於藉祈禱來援助煉獄中的靈魂"的女子修會"拯亡女修會"（Sœurs
Auxiliatrices, S.A.），又稱"拯靈女修會"，最初有五名修女發願，耶穌會為
修會指派了神師，活動擴散到南特、布魯塞爾等地。同治六年（1867）第一
批拯亡會修女應郎懷仁主教之邀來到上海，參與管理徐家匯聖母院，同治
九年開辦拯亡會初學院，1922 年把同樣事業拓展到獻縣。聖母獻堂女修會
（Congrégation de la Présentation, B.M.V.）是咸豐五年（1855）薛孔昭神父為
了照料青浦橫塘育嬰堂創辦的本土女修會，後隨孤兒院避難董家渡，進駐徐
家匯。同治八年（1869）成立獻堂會初學院。獻堂會總會長姆姆曾説："要
使中國人皈依，獻堂會的工作是最重要之舉，要竭盡全力從靈魂深處拯救人

1　J.De La Servière, *Histoire De La Mission Du Kiang-Nan,* Imprimerie de L'Orphelinat de T'ou-sè-wè, Zi-ka-wei
　　près Chang-hai, Chine, 1914, tome II, par II, chp II, iii, p.280.

們……以誠相待、慈愛有加、審慎矜持、持之以恆，如此這般才能心心相印。"[1] 初學修女除常規的靈修生活外，還要學習一些有關仁愛和傳教的工作，照料孤女，給孩子們傳授要理等。此後，獻堂會修女作為本堂神父的助手，陸續被分配到江南傳教區的各主要天主堂從事傳教工作。

徐家匯聖母院後來又有了安老女修會管理的"安老院"。安老女修會，本意是"安貧小姊妹會"，也稱"十字架瑪麗女修會"，由余剛貞（Jeanne Jugan）修女創建於法國聖塞爾旺（St. Servan），是以老年人為照顧對象的慈善組織，因而在中國稱為安老會。余剛貞生活在法國大革命時代，1792 年出生在法國布列塔尼一個港口小鎮的漁民家庭，四歲時父親出海失聯，她在母親身邊長大，成年後當過羊毛工、家庭女傭和醫院護士。1839 年一個冬日她路遇一位雙目失明的癱瘓老嫗，將其留家照料，後陸續又收留幾十位體柔多病的老婦人，1840 年她組織志願相同的姐妹成立"安貧小姊妹會"（Petites Sœurs des Pauvres, PSdP）。她們提出："假使救世主要將一眾靈魂拉到自己身邊，他一定先揀著貧苦無告的老人們。""在貧苦老人垂暮之年，給他們衣食，給他們平安和幸福；免除他危險的機會與物質的尋求；使他們有工夫顧到他的神業，照顧他的靈魂，好預備一個最好的善終。"[2] 她們購置廢棄修道院，擴大規模，四十年間她們的事業名聞遐邇，擁有穩定捐贈者和後援基金的支持，到英國、美國等地建立老年社區。光緒三十年（1904）安老會來到上海，在徐家匯建立安老院，1914 年和 1923 年將這項慈善事業擴展到廣州和香港。一生在低調中默默奉獻的余剛貞於 1879 年去世，去世時本會許多修女甚至仍不認識她。

徐家匯聖母院管理的機構有女子修道院、育嬰堂、啟明女校、安老院、幼稚園、聾啞學堂。與堂團情況相似，考慮女童未來生計，聖母院設立女童工作的刺繡、裁縫、洗衣等工場，還安排她們讀書識字。聖母院自始就成為徐家匯及周圍地區女教友宗教生活的中心。

在天主教會聖理中，守貞與母職是"女性人格完滿的兩大特別範疇"。守貞是對婦女的一種聖召，是對婦女尊嚴的肯定，也是"以不同於結婚的方式來實現女性職位"的一條途徑。同時，守貞意味著放棄結婚和生理上的母職，使她獲得另一種不同的母職："屬靈"的母職。修女也未必一定進入修道院，可以在俗潛修。上海教區惠濟良[3] 主教 1941 年撰寫的《貞女潛修綱要》（*Marie A Nazareth, Petit code de Perfection pour les Vierges de Dtrict*），對不

1　J.De La Servière, *Histoire De La Mission Du Kiang-Nan,* Imprimerie de L'Orphelinat de T'ou-sè-wè, Zi-ka-wei près Chang-hai, Chine, 1914, tome II, par II, chp II, iii, p.285.

2　《安老會修女的生活及其工作》，上海土山灣印書館，1930 年，第 3 頁。

3　惠濟良（Auguste Alphonse Pierre Haouisée, 1877—1948），字偉人，法國人，1896 年入耶穌會，1903 年來華，在上海震旦學院以及海關公學擔任教師，時習漢語；1907 年進入徐家匯母心修院研讀神學哲學，1915 年晉鐸，1946 年任上海教區主教；1948 年病逝上海，葬於董家渡聖方濟各・沙勿略堂。

進修道院的"貞女潛修"作了具體規範，說明她們生活當有的宗旨："進會修道的貞女，固然有切實高尚的利益，但是不進會的貞女，卻也很能成己成人。這等貞女們，有的照料聖堂，有的教育鄉村的兒童。她們盡心竭力，畢生為天主工作，確是很寶貴的。我們固然極需要獻堂會貞女，但是不進會的貞女，能'照料堂口'、'教育兒童'，並如聖保祿宗徒所説的'襄助傳教'。所以我們也同樣需要她們。"[1] 惠濟良主教所説這類修女的特點：一、她們的工作是可以有酬薪的，但是"吾主耶穌所預許的天上百倍的恩賜，那才是貞女們正真的、永久的賞報哩！"二、在不忘記服事天主外，可以做一些世上愛人的工作，比如服事父母、照顧病人。三、有試練期，過後再發願守貞。"天主，因爾聖神之恩寵，懇賜貞女輩：明睿之端肅，智慧之慈祥，莊重之溫和，貞潔之曠達。能炙熱於愛德之火，專心愛主，不戀世物。有可以稱揚之言行，而無貪圖讚頌之心思。形潔神清，顯揚爾天主。能以聖愛之情敬畏爾，又以聖愛之情事奉爾。"[2]

1920 年德高望重的沈錦標[3]神父為沈愛姑沈姆姆入會五十載彰表而作《修道説》，"略述修道之幸福，並勵後進之志趣"。宰熙先生首先陳言"修道之義"："華言修道，有超塵之意，包羅頗廣。凡有志離家修身事主者，不論男女，皆稱修道。然而有發願與不發願之分別。所謂修道者，厥宗向不一，有省身默道、獨善其身者，有成己而兼淑人者。獨善者絶不與世相周旋，惟借祈禱之工，救人靈魂而已。成己而兼淑人者，自修以外，兼行濟世之工，如傳揚聖教，施行聖事，安老、啟蒙、顧病、濟困等善工。但不論在何等修塗，須先有天主之默感，本人之趨向，性情之合宜。而與世周旋之修士，更須報濟世之才學及身軀之康健。"[4]宰熙先生例舉六項益處：修道妥救己靈，修道易成聖德，修道加增功德，修道可比致命，修道減少犯罪之危機，修道之意來自天主。

1　〔法國〕惠濟良：《貞女潛修綱要 —— 納匝勒聖母潛修德表》，上海土山灣印書館，1941 年，第 II 頁。

2　〔法國〕惠濟良：《貞女潛修綱要 —— 納匝勒聖母潛修德表》，上海土山灣印書館，1941 年，第 77 頁。

3　沈錦標（1845—1929），字宰熙，教名斐爾米諾，江蘇青浦人，諸巷會人；十四歲就讀徐匯公學，1867 年加入耶穌會，1882 年晉鐸；在洙涇、蘇州、常熟等地傳教，任本堂神父等；著有《造屋三知》、《中西齊家譜》、《益壽談》、《正心編》、《諸巷會記》、《聖召經言》、《修道説》。

4　沈錦標：《修道説》，自印本，1920 年，第 1-2 頁。

Orphelinat du Seng-Mou-Yeu, Zi-Ka-Wei près Shanghai, Chine

編者	Auxiliatrices des Âmes du Purgatoire
	拯亡女修會
語言	法文
印製	1910s.
尺寸	140mm×90mm

徐家匯聖母院系列

AUXILIATRICES DES AMES DU PURGATOIRE

ORPHELINAT DU SENG-MOU-YEU. ZI-KA-WEI.

près SHANG-HAI, CHINE

◉ 上海徐家匯聖母院收養的孤兒

Orphelinat du Seng-Mou-Yeu, Zi-Ka-Wei près Shanghai, Chine

同治六年（1867）應江南代牧區郎懷仁主教邀請，法國拯亡女修會的兩位修女們懷揣著對神秘中國的嚮往來到上海。同治八年（1869）徐家匯會院落成，成立由獻堂會和拯亡女修會管理的聖母院（Jardin de la Sainte Mére）育嬰堂，耶穌會將分散於上海各地育嬰堂和孤兒院的孩子集中於此，身體健康的"小毛頭"往往送到堂外，交予熱心教友"貼奶"寄養，三四歲時仍無人認領再回到育嬰堂。育嬰堂存續的七十餘年時間裏共收留嬰兒幾千名。

◉ 上海徐家匯聖母院的孤兒玩耍

Orphelinat du Seng-Mou-Yeu, Zi-Ka-Wei près Shanghai, Chine

【原注】"孺子自娛樂，善者何饋贈？"

隨著聖母院育嬰堂的孩子們長大，男孩被送到土山灣孤兒院，女孩留在聖母院的孤女院。女孩到了啟蒙年齡，聖母院為她們開設女子小學和女子中學，由聖母獻堂女修會負責孩子的教育，比較著名的有同治六年（1867）建立的"崇德女校"（TsungTe Girl's School）和光緒三十年（1904）建立的"啟明女校"（Morning Star Girl's School），不僅為孤女們提供了工場做工之外的讀書選擇，也是著名的公共女校，楊絳姐妹都畢業於啟明女校。

MISSION DES AUXILIATRICES DU PURGATOIRE—CHINE

編者　Mission des Auxiliatrices du Purgatoire
　　　拯亡女修會
語言　法文
印製　1910s.
尺寸　140mm × 90mm

拯亡女修會中國系列

◉ 育嬰堂的小毛頭

Petites orphelines

徐家匯育嬰堂正式成立於同治八年（1869），由拯亡女修會管理，位於聖母院會院內，設有小毛頭間、大毛頭間、小班、大班；女嬰為多，六七歲時男童轉寄土山灣孤兒院，女童在堂內學習文化和各種家務事，如餵養嬰兒、打掃和收拾房間、飯堂幫務等。十二歲開始學習紡紗、織布、裁剪、洗衣、燒飯、園藝等。

❶ 聾啞學堂

Elèves sourdes-muettes

徐家匯聖母院成立初期，育嬰堂收養聾啞孩子交由嬤嬤們特別護養，光緒二十年（1894）聖母院正式創立聾啞學堂，對育嬰堂的學齡聾啞兒童施以小學教育，同時招收社會上的聾啞兒童，初為男女混班，後分別編班。在學堂裏姆姆用法文字母以手勢教聾啞兒童發音，再逐漸教他們識字、讀書、寫作，幾年後聾啞孩子可以與他人交流。聾啞學堂的課程有法文、國語、算術、歷史、地理、珠算、手工、運動、讀經等。

❷ 刺繡車間

Atelier de broderie

聖母院成立後不久，仿效土山灣工藝工場設立刺繡車間和花邊車間，幫助歲數大一些的女孩掌握未來走向社會的生活技能。當年教會需要大量裝飾品，如神職人員的聖袍、披肩、聖巾帽，祭台的蓋布，教堂的飾品和堂旗等，聖母院刺繡車間和花邊車間的產品不僅滿足江南教區的需求，還接受其他教區的訂單。光緒十九年（1893），隨著業務量擴大，聖母院正式成立女工工場，並有意留下更多自養女工為本會工作。

21

孚日普照女修會

我們在維克多·雨果（Victor Marie Hugo, 1802—1885）浪漫主義文學作品裏總能讀到一些心地善良、垂憐窮眾的教士，如《悲慘世界》裏的米利艾神父、《巴黎聖母院》裏的克洛德神父、《九三年》裏的西穆爾丹神父，雨果從不同角度刻畫了良心未泯、救民水火的理想化人物，歷史學家和文學評論家總是能在現實社會中找到這些角色的影子。法國傳教士梅慕稚就是一個可以作為文學家塑造人物的原型。梅慕稚（Jean-Martin Moye）1730 年生於法國東北部摩澤爾河畔的迪約茲的富裕家庭，同胞十三孩子裏有兩三個成為神父。他在阿穆松公學院和斯特拉斯堡耶穌會公學完成基礎教育，1751 年進入了梅茨的聖西門神學院，1754 年晉鐸後在一個鄉村教區擔任本堂神父，接觸到的教徒大多是窮人。他尤其同情社會地位更為低下的女人，她們未受教育，貧窮潦倒，甚至自暴自棄。為了改變現實，1762 年梅慕稚創辦了普照女修會，在當地募捐，為女教友辦學校、辦診所，解困救難。他的熱心招到各種非議，上級教會以他浪費教會資源之辭將其調離教區，派到另一家修道院。失望之餘，1768 年梅慕稚進入巴黎外方傳教會神學院，畢業後繼續組織普照女修會活動。1769 年他

立誓放棄家庭財產，乾隆三十六年（1771）動身來華，在川東和貴州署理副本堂，1773 年曾被官府羈押。1784 年梅慕稚回國後專致經營普照修女會。法國大革命時期他帶領本會修女如驚弓之鳥，流亡他鄉，1793 年感染傷寒在特里爾去世。1954 年被教宗封為聖人。

普照女修會（Sœurs de l'Instruction Chrétienne Dites de la Divine Providence de Portieux, CP），創建於法國孚日省的波爾蒂約（Portieux Vosges），Divine Providence 意思是"聖意"，因名稱相同的修會非常多，來華後通常在修會名前加上創建地名稱"孚日普照女修會"，又稱"包底歐上智女修會"。梅慕稚神父歸主後，孚日普照女修會在他生前同工的管理下繼續運行，多為巴黎外方傳教會做輔助傳教工作。光緒元年（1875）修會正式組隊來華，在瀋陽等地建立女修院、老人院、孤兒院、醫院、診所，其中瀋陽建有大西關熱鬧街女修院、南關玉皇廟胡同育嬰堂、南關惠華醫院，還有遼陽天主堂育嬰堂、營口育嬰堂、鐵嶺育嬰堂。1913 年創建本土女修會"奉天聖母聖心女修會"（Religieuses du Saint Cœur de Marie），傳教工作覆蓋到吉林長春、伊通，黑龍江呼蘭等地，踐行著梅慕稚的理想。

MISSION DE MOUKDEN
(MANDCHOURIE)

編者	Sœurs de la Providence De Portieux, Vosges 孚日普照女修會
語言	法文
印製	1920s., Imp. G. Kadar, Paris（法國巴黎柯達印務）
尺寸	140mm×90mm

孚日普照女修會滿洲奉天教區系列

❶ ❷

❶ 瀋陽孤兒院身穿婚服的女孩

Orphelines en costume de noces. Orphelinat de Moukden.

咸豐十一年（1861）巴黎外方傳教會滿洲教區首任主教方若望從營口到瀋陽開教，1875 年修建教堂，附設有孤兒院和學堂。庚子之亂時期教堂設施被義和團燒毀，堂內一百多名男女被燒死。1909 年用庚子賠款重建教堂 "耶穌聖心主教座堂" 以及孤兒院、學校、養老院、修道院等會院設施。

❷ 瀋陽養老院準備取暖柴火

Hospice de Moukden. Quelques vieux préparant le chauffage.

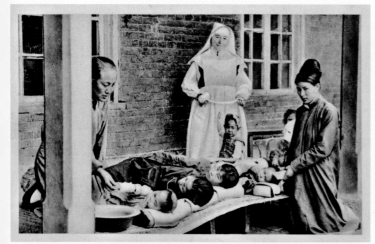

❶ | ❷
❸ | ❹

❶ 營口兒童醫院

Ing-K'ou, L'Infirmerie des petits.

❷ 營口孤兒院孩子們在上課

Orphelinat d'ing-Koou, Enfants à l'étude.

光緒元年（1875）巴黎外方傳教會滿洲教區首任主教方若望在營口八田地設立天主堂、孤兒院和養老院，孤兒院交由孚日普照女修會管理。

❸ 鐵嶺孤兒院孩子們在禱告

Tiei-Ling, En prière.

光緒元年（1875）巴黎外方傳教士到鐵嶺開教，修建了天主教堂，義和團時期被毀，光緒三十二年（1906）重建教堂和住院，有神父住宅、修女院、學校、孤兒院、醫院等。

❹ 遼陽發放過冬棉衣

Leao-Yang, Distribution de vêtements pour l'hiver.

道光三十年（1850）方若望派遣傳教士到遼陽開教，義和團運動後，1903年重建教堂"耶穌聖心堂"以及會院，包括神父住宅、修女住宅、醫院、養老院、育嬰堂、學校等。

22

方濟各瑪利亞傳教女修會

在家中老人的記憶裏，天主教修女往往與白色衣袍、白色頭巾聯繫在一起。來華規模最大、人數最多、分佈區域最廣的天主教女修會是法國海倫·瑪麗·夏波登嬤嬤創建的方濟各瑪利亞傳教會，修女身著白色衣袍，俗稱"白衣會修女"或"白衣修女"。

海倫·瑪麗·夏波登（Hélène Marie Philippine de Chappotin de Neuville）1839 年出生在法國布列塔尼地區大西洋盧瓦爾省（Loire Inférieure），早年同胞姐妹相繼離世，在她幼小心靈上留下陰影，十七歲時她聽從母親的勸告第一次嘗試靜修，體驗與上帝的精神溝通。二十歲那年母親離世，她承擔起家庭全部責任。1860 年得到南特主教的許可，她邁進當地的克拉爾苦修院（Monastery of the Poor Clares）大門修道，時日不長因病歸家。1864 年夏波登聽從神父的建議，又躋身耶穌瑪利亞嬤嬤（Mother Mary of Jesus）1857 年在圖盧茲創建的聖母補辱會（Sisters of Mary Reparatrix）的修道院，教名為 Passion Marie（激情瑪麗）。這年夏波登和一批姐妹被派往印度馬杜賴教區（Madurai）幫助建立當地的修女組織，1866 年正式發願，她的出色工作成績深得耶穌瑪利亞嬤嬤好感，成為聖母補辱會的教區主管。不久她因與耶穌瑪利亞嬤嬤鬧意見被遣往尼爾吉利（Nilgiri）山區的巴黎外方傳教會管理的哥印拜陀教區（Coimbatore）的烏塔卡蒙德（Udhagamandalam）修道院。

1876 年夏波登與耶穌瑪利亞嬤嬤再次發生矛盾而被解職，她與二十多位姐妹離開聖母補辱會。她前往羅馬向教宗解釋誤會，教宗認為一分兩寬，解釋誤會不如重新創辦一家新的修會。聽從教宗建議，她於 1877 年和姐妹們成立"瑪利亞女修會"（Institutum Missionariarum Mariae），得到教宗恩准，夏波登擔任會長。她為瑪利亞女修會傳教工作選擇新的路徑，不強調"隱修"，鼓勵本會修女修行的同時更積極主動到民間去，深入家庭，訪貧問苦，集中精力為印度婦女提供醫療服務，在社會上得到良好反映。鑒於自己的修會弱小，財力拮据，1880 年夏波登返回羅馬，把自己的組織掛靠到羅馬的方濟各第三規阿拉科埃利聖母會（Third Order of St. Francis at the Franciscan Church of Ara Coeli），更名為"方濟各瑪利亞傳教女修會"（Institutum Franciscalium Missionariarum Mariae, FMM）。1885 年方濟各瑪利亞傳教女修會得到教宗的核准。有了強大的後盾，"激情瑪麗"帶領她的方濟各瑪利亞傳教女修會走出印度，走遍世界各地，在歐、美、亞、非四大洲有八十六個機構，共有兩千多名修女。1904年夏波登嬤嬤逝於意大利聖雷莫（Sanremo）。

　　光緒十二年（1886）方濟各瑪利亞傳教女修會登陸中國，大半個中國都可見她們活躍的身影，先後開闢的傳教區域有山東的芝罘、坊子、濟南、青島、威海衛、青州，湖北的漢口、宜昌、蒲圻、沙市，內蒙古的西灣子、南壕塹、集寧，山西的太原，陝西的三原、西安，四川的重慶、成都、敘州、萬縣、達縣、梁山、西昌、會理、樂山，雲南的昆明，西康的打箭爐，湖南的長沙，江蘇的南京、上海，直隸的北京、天津、保定，東北的吉林、撫順、長春、哈爾濱。她們管理的比較著名的機構有上海公濟醫院和楊樹浦聖心醫院，西安殘障博愛園，漢中麻瘋病醫院，長安北堂醫院，北京聖心女校，煙台西山麻瘋病院，重慶仁愛醫院等。方濟各瑪利亞傳教女修會不論在中國還是在國際上都是天主教王國最大的女子傳教會之一，"激情瑪麗"實至名歸。

MISSIONS DES SŒURS FRANCISCAINES MISSIONNAIRES DE MARIE, CHINE

編者　Missions des Sœurs Franciscaines
　　　Missionnaires de Marie
　　　方濟各瑪利亞傳教女修會
語言　法文 德文 英文 意大利文 葡萄牙文
印製　1920s.
尺寸　135mm×90mm

"方濟各瑪利亞傳教女修會中國系列"同時
標記五種文字。

方濟各瑪利亞傳教女修會中國系列

❶ 華人一家

*Famille chinoise/Chinese familie/Chinese family/
Famiglia cinese/Família chinesa*

❷ 領取聖餐的少年

*Jeune mandarin à Vanves/Jonge mandarjinte Vanves/
Young mandarin at Vanves/Giovane mandarino a
Vanves/Joven Mandarín en Vanvesw*

❸ 荊州府初領聖餐的孩子

*Chine.—King-Chou-Fou. Petites 1ers Communiantes/
Eerste Communiçantjes/First Little Communicants/
Fanciulle della prima Comunione/Frimeras
communiantes*

L'Apostolato delle Suore Francescane Missionarie di Maria in Cina

編者	Le Francescane Missionarie di Maria
	方濟各瑪利亞傳教女修會
語言	意大利文（另有其他多種文字版）
印製	1920s., Roma（羅馬）
尺寸	140mm×90mm
原注	"方濟各瑪利亞傳教女修會遍佈全球五個國家的一百二十七個教區，照顧棄嬰，關心教育，拯救病患，收留無家可歸者和麻瘋病人。倘若您愛心萌發，願意為傳教事業添磚加瓦，請聯繫當地的方濟各瑪利亞傳教女修會賬房。"

"方濟各瑪利亞傳教女修會中國五彩系列"分別用英文、法文、意大利文、德文等多種文字發行。

方濟各瑪利亞傳教女修會 中國五彩系列

● 護理病人

Care of the Sick

LES FRANCISCAINES MISSIONNAIRES DE MARIE, CHINE

方濟各瑪利亞傳教女修會 1924 年中國系列

編者	Les Franciscaines Missionnaires de Marie 方濟各瑪利亞傳教女修會
語言	法文 德文
印製	1924, Rome（羅馬）
尺寸	140mm×90mm
原注	"方濟各瑪利亞傳教女修會在中國擁有一百四十個機構，其中有一百一十所學校，還有三百七十五個與兒童有關的事業，救助孩子四萬零三百三十二人；擁有每年可診治七萬一千八百零四位患者的四十八家醫院，七家麻瘋病醫院，以及診治了六百四十二個病患的五家診所，九十一所藥房；至 1924 年總共為一百七十六萬零五百四十五位病患服務。"

"方濟各瑪利亞傳教女修會 1924 年中國系列" 有法文和德文兩種。

STAB.L.SALOMONE ROMA

Les 7 Franciscaines Missionnaires de Marie
martyrisées à Tai-yuan-fou (Chine) le 9 Juillet 1900.

◉ **1900 年 7 月 9 日七位瑪利亞方濟各傳教修會在太原府遭受酷刑**

Les 7 Franciscaines Missionnaires de Marie martyrisées à Tai-yuan-fou (Vhine) le 9 Juillet 1900

1900 年義和團運動時期，山西巡撫毓賢受到慈禧太后旨意，控制在晉外國傳教士，先後在壽陽、太原等地乃至山西全境殺害傳教士和基督教徒，包括基督新教的中華內地會、美國公理會、英國浸禮會傳道士，天主教太原教區艾士傑主教和富格辣副主教，七位瑪利亞方濟各傳教修會修女等二十六人被斬首。

LES FRANCISCAINES MISSIONNAIRES DE MARIE EN MISSION

方濟各瑪利亞傳教女修會 1926 年中國系列

編者　Les Franciscaines Missionnaires de Marie
　　　方濟各瑪利亞傳教女修會
語言　法文
印製　1926, Paris（巴黎）
尺寸　140mm×90mm
原注　"方濟各瑪利亞傳教女修會在中國擁有一百四十五個機構，其中一百五十六所學校，還有三百八十九個與兒童有關的事業，救助孩子五萬六千人；擁有每年可診治七萬一千位患者的四十七家醫院，收治了一千五百零七人的七所麻瘋病醫院，以及診治了一千八百七十三個病患的七家診所，一百零七所藥房；至 1926 年總共為兩百一十萬病患服務。"

Les Franciscaines Missionnaires de Marie en tournée missionnaire.

◉ 重慶：方濟各瑪利亞傳教女修會修女傳教途中

Les Franciscaines Missionnaires de Marie en Tournée Missionnaire—ChungKing (Chine)

巴黎外方傳教會管理的重慶教區始建於咸豐六年（1856），為四川代牧區的二級教區，下轄重慶、永川、榮昌、合川、南川、涪陵、酉陽、奉節八個堂區，輔助傳教的女修會有三家，最先進入的是方濟各瑪利亞傳教女修會，光緒二十八年（1902）接管 "巴縣仁愛醫院"（Notre-Dame de la Paix, Pahsien）；宣統二年（1911）主母會（Institut des Petits Frère de Marie）在曾家岩開辦 "明城中學"（Collège Saint Paul），1920 年加爾默羅跣足女修會（Religieuses Carmélites）建立 "巴縣曾家岩聖衣院"（Carmel Pahsien）。

L'arrivée des missionnaires dans un village.

Petits enfants chinois apportés au dispensaire.

❶ ｜ ❷

❶ 山東：村裏來了傳教士

L'arrivée des missionnaires dans un village, Chantong

方濟各瑪利亞傳教女修會於十九世紀八十年代進入山東，輔助方濟各會和聖言會傳教，山東是該會在華傳教事業最廣泛的省份，其管理的機構有：光緒十三年（1887）建立的煙台聖方濟各會院（Couvent St. François）；光緒十五年（1889）建立的煙台聖徒會院（Maison St. Sébastien），設有孤兒院、幼兒園、學校、診所和醫院；光緒二十八年（1902）建立的青島方濟各會院（Couvent du St. Esprit），辦有"聖功女子中學"（Ecole St. Joseph）以及診所等；光緒三十二年（1906）建立的煙台聖安東尼會院（Maison St. Antoine），設有"崇正學校"（Ecole de l'immaculée-Conception）、"崇德女子師範學校"（Ecole du Sacre-Cœ）以及診所、醫院、麻瘋病醫院；1924 年建立的益都聖母之家會院（Maison N.D.du Mont Carmel）；還有濟南的聖母升天會院（Couvent de l'Assomption），設有孤兒院、幼兒園、診所；膠州聖靈會院（Holy Trinity Convent），設有孤兒院、學校、診所；威海聖母歡喜會院（N-D. des VII Allégresses），設立"海星學校"（Ecole Stella Matutina）以及診所等。

❷ 坊子：診所前的嬰兒

Petits enfants chinois apportés au dispensaire, Fangtse

法國方濟各傳教士光緒二十年（1894）建立煙台教區，管理著煙台和濰坊兩個堂區，輔助傳教的方濟各瑪利亞傳教女修會在濰坊管理著"無玷聖母會院"（Maison de Marie Immaculée），兩地有診所二十四所。

MISSIONS ET ŒUVRES DES FRANCISCAINES DE MARIE

方濟各瑪利亞傳教女修會 1928 年中國系列

編者　Franciscaines Missionnaires de Marie, Woluwe—Bruxelles
　　　方濟各瑪利亞傳教女修會布魯塞爾禾路維社區
語言　法文
印製　1928, Nels（尼爾斯圖片社）
尺寸　140mm×90mm
原注　"方濟各瑪利亞傳教女修會在中國擁有一百五十二個機構，其中一百二十九所學校；還有四百三十多個與兒童有關的事業，救助孩子五萬六千人；擁有每年可診治八萬一千四百七十六位患者的四十五家醫院，收治了一千六百二十七人的八所麻瘋病醫院，以及診治了兩千一百七十八個病患的七家診所，一百零七所藥房；至 1928 年總共為兩百五十二萬九千一百二十一位病患服務。方濟各瑪利亞傳教女修會在中國擁有二十五家收容所，為一千五百一十六名男女老少提供庇護；開辦三十三次初學班，有八百四十五人聆聽教理；建立了八十三個巡視站，走訪了八萬五千八百三十名患者、一萬九千九百九十三個貧困家庭和七百四十四個犯人。在這一年她們做了三萬兩千八百三十四次終傅。"

Leçon de musique en Chine.

◉ 音樂課

Leçon de musique en Chine

背板寫著："膠縣愛德女學校音樂合班攝影，時民國九年五月。"
膠州愛德女學校（Couvent de la Trinité, Kiaochow），方濟各瑪利亞傳教女修會舉辦的全日制學校，建於二十世紀初，學生兩百人左右。

LES FRANCISCAINES MISSIONNAIRES DE MARIE EN MISSION

方濟各瑪利亞傳教女修會法文系列

編者　Les Franciscaines Missionnaires de Marie
　　　方濟各瑪利亞傳教女修會
語言　法文
印製　1920s., Vanves Seine（法國塞納旺夫）
尺寸　140mm×90mm

LES FRANCISCAINES MISSIONNAIRES DE MARIE EN MISSION - Shiu-Hing (Chine)

SCÈNES D'ENFANTS - Aux pieds de Marie.

◉ 兒童生活：肇慶聖母像下的孩子

Scènes d'Enfants, Aux pieds de Marie, Shiu-Hing

LES FRANCISCAINES MISSIONNAIRES DE MARIE EN MISSION - Chunking (Sutchuen - Chine)

OEUVRES POUR LES MALADES - Si nombreuses sont les misères à secourir dans les quartiers pauvres !

LES FRANCISCAINES MISSIONNAIRES DE MARIE EN MISSION - Tai-uien-fou (Chine)

加辣女學校

LES OEUVRES POUR LA JEUNESSE - Les jeunes Chinoises aussi se préparent au brevet.

❶

—

❷

❶ 醫療事業：在重慶扶貧救難

Œuvres pour les malades, Si nombreuses sont les misères à secourir dans les quatiers pauvres

光緒二十八年（1902）方濟各瑪利亞傳教女修會進入重慶代牧區，接管巴縣仁愛醫院（N-D. De la Paix），1933 年創建巴縣磁器口天主堂育嬰堂（Orphelinat Pahsien），還辦有幼兒園和診所三家。

❷ 教育事業：太原府加辣女校開學了

Œuvres pour la Jeunesse, Les jeunes Chinoises aussi se préparent au brevet, Tai-uien-fou

同治五年（1866）意大利籍方濟各會主教江類思主持修建太原主教座堂"聖母無染原罪主教座堂"，同治九年（1870）落成，曾毀於義和團運動，光緒三十一年（1905）重建。此後陸陸續續修建了完整的教區會院，有主教座堂、神父宿舍、大修院、女子修道院、聖若瑟修院、明原堂印書館、明原男校和 1925 年成立的加辣女校（Collège St. Claire）等。

LE FRANCISCAINE MISSIONNAIRE DI MARIE IN MISSIONE

編者　Les Franciscaine Missionnaire de Marie
　　　方濟各瑪利亞傳教女修會
語言　意大利文
印製　1920s., Rome（羅馬）
尺寸　140mm×90mm

方濟各瑪利亞傳教女修會意大利文系列

LE FRANCESCANE MISSIONARIE DI MARIA IN MISSIONE - Tchenfou (Cina)

OPERE PER I MALATI - L'ospedale e un gruppo di malati.

◉ 醫療事業：成都照顧眾患

Opere per I Malati, L'ospedale e un gruppo di malati, Tchenfou

圖為光緒三十二年（1906）天主教成都教區在馬道街修建的"聖修醫院"，因臨近平安橋主教座堂亦稱為"平安醫院"。醫院採用當地風格的木構建築，高低錯落，翠色掩映，階無纖塵，庭院環境清雅可人。次年方濟各瑪利亞傳教女修會全面接手醫院管理，初期多照顧貧困人群，亦稱孤貧醫院，成都人俗稱"乾瘠子醫院"，意謂專事收容貧病無靠者的醫院。因主其事者為法國修女，又稱"法國醫院"。後來聖修醫院正規化，分為門診部和住院部，有完備的就診住院制度，是成都最早的西醫醫院。新中國成立後改為成都鐵路中心醫院。

LE FRANCESCANE MISSIONARIE DI MARIA IN MISSIONE

CINA - *Il collegio di Tien-tsin.*

LES FRANCISCAINES MISSIONNAIRES DE MARIE EN MISSION - Chefoo (Chine)

LES LÉPREUX - Le petit pavillon S. Antoine, réservé aux lépreux.

❶ **教育事業：天津教會學校**

Il collegio di Tien-tsin

1912 年梵蒂岡傳信部決意從直隸北境代牧區分設直隸海濱代牧區，1913 年海濱代牧區修建聖若瑟主教座堂，又稱天津老西開教堂，以老西開教堂為中心建有規模宏大的會院，有西開小學、聖功小學、若瑟會修女院、法漢學校以及天主教醫院等，其中包括圖中方濟各瑪利亞傳教女修會管理的若瑟學校。

❷ **救治麻瘋：芝罘兒童麻瘋病醫院**

Les Lépreux, Il piccolo padiglione S. Antonio, riservato ai lebbrosi—Tce-Fu (Cina)

咸豐十年（1860）方濟各會在芝罘（煙台）崇實街開設一小型天主教堂施醫院，後經法國多次撥款資助，至 1937 年成為有六十五張病床、司藥室、化驗室、手術室、X 光室、助產室等設備的較齊全的醫院，人稱法國醫院或公濟醫院。1918年公濟醫院設立麻瘋病院設病床四十五張，收病人四十人左右。

方濟各瑪利亞傳教女修會英文系列

編者　The Franciscan Missionaries of Mary in the Missions
方濟各瑪利亞傳教女修會
語言　英文
印製　1920s., London（倫敦）
尺寸　140mm×90mm

SCENES FROM CHILD-LIFE - Chinese children in summer costume.

● **兒童生活：坊子孩子的夏裝**

Scenes from Child-Life—Chinese children in summer costume—Fantze (China)

光緒三十二年（1906）方濟各會在坊子（濰坊）建立"無玷聖母會院"（Maison de Marie Immaculée），包括孤兒院、幼兒園、寄宿學校、學校和工藝工場，由方濟各瑪利亞傳教女修會管理。

DIE FRANZISKANERINNEN MISSIONARINNEN MARIENS IN MISSION

方濟各瑪利亞傳教女修會 德文系列

編者　Die Franziskanerinnen Missionarinnen Mariens in Mission
　　　方濟各瑪利亞傳教修會
語言　德文
印製　1920s., Rome（羅馬）
尺寸　140mm×90mm

"方濟各瑪利亞傳教女修會德文系列" 還有另一個版本，編者署 "方濟各瑪利亞傳教修會，Niederösterreich, Wien（奧地利維也納），Deutsch-Oberschlesien. Katscher, Dreikönigskloster（德國上西里西亞凱奇主顯修道院）"，內容一樣。

❶

❷

❶ 醫療事業：上海公濟醫院兒童病房

Werke fur Kranke, Auch die Babys haben ihren Saal im General Spital—Shanghai

1913 年方濟各瑪利亞傳教女修會進入上海，陸續接收了公濟醫院、楊樹浦聖心醫院和中比鐳錠醫院的管理。"公濟醫院"（General Hospital）由天主教江南教區修建於同治三年（1864），位於外灘洋涇浜附近科爾貝爾路，專為居滬外僑服務；光緒三年（1877）遷至北蘇州路乍浦路，逐年擴建，受眾漸寬。早期公濟醫院的醫生以及醫務人員均由外國教會機構委派，護理人員全部為修女，醫院經費由公共租界工部局和法租界公董局津貼。1949 年新政府接管了公濟醫院，改名為上海市第一人民醫院。

❷ 方濟各傳教士在重慶照料難民

Die Franziskanerinnen pflegen die Kranken unter den Flüchtlingen—Chungking

四川 "巴縣仁愛醫院"（Notre-Dame de la Paix, Pahsien）方濟各瑪利亞傳教修會醫護人員的工作場景。文字說明是照顧難民，從畫面來看，救助的應該是傷兵。

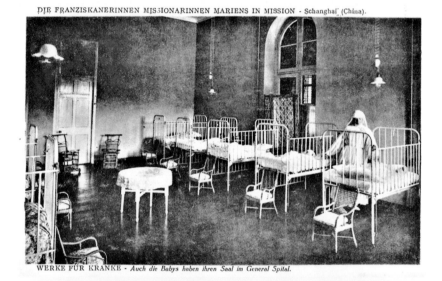

DIE FRANZISKANERINNEN MISSIONARINNEN MARIENS IN MISSION - Schanghai (China).

WERKE FÜR KRANKE - *Auch die Babys haben ihren Saal im General Spital.*

DIE FRANZISKANERINNEN MISSIONARINNEN MARIENS IN DEN MISSIONEN

CHUNGKING (China) - *Die Missionärinnen pflegen die Kranken unter den Flüchtlingen.*

Tai-Uien-Fou

編者	Le Francescane Missionarie di Maria 方濟各瑪利亞傳教女修會
語言	意大利文
印製	1900s., Rome（羅馬）
尺寸	140mm×90mm

方濟各瑪利亞傳教女修會太原教難系列

TAI-UIEN-FOU. — Luogo dove furono suppliziati i Vescovi e le Francescane Missionarie di Maria, nel 1900.

TAI-UIEN-FOU. — Luogo dove furono sepolti i Vescovi e le Francescane Missionarie di Maria, uccisi il 9 Luglio 1900.

❶ 太原府：1900 年方濟各瑪利亞傳教女修會的主教和傳教士在此遭受酷刑

Tai-Uien-Fou. Luogo dove furono suppliziati i Vescovi e le Francescane Missionarie Di Maria, nel 1900

❷ 太原府：1900 年 7 月 9 日殉難的方濟各瑪利亞傳教女修會的主教和傳教士埋葬於此

Tai-Uien-Fou. Luogo dove furono sepolti i Vescovi e le Francescane Missionariedi Maria, uccisi il 9 Luglio 1900

編者　Le Franciscaine Missionnaire de Marie
　　　方濟各瑪利亞女傳教修會
語言　法文
印製　1910s., Pigna, Rome（羅馬皮尼亞）
尺寸　140mm×90mm

方濟各瑪利亞傳教女修會殉道者系列

Serraz. pinxit.

LEUR DERNIERE PRIERE

*Les sept Franciscaines Missionnaires de Marie
martyrisées le 9 Iuillet 1900, à Tai-uien-fou (Chine).*

◉ **最後的祈禱**

Leur Derniere Priere

【原注】"1900 年 7 月 9 日方濟各瑪利
亞傳教女修會七位修女在太原府罹難"
光緒二十年（1900）在太原教案中
罹難的瑪利亞方濟各傳教修會修女有
七人：法國籍那達理修女（Giovanna
Maria Kerguin, 1864—1900），荷蘭
籍雅都斐修女（Anna Dierk, Maria
Adolfina, 1866—1900），法國籍菊
斯德修女（Anna Moreau, 1866—
1900），意大利籍嘉納修女（Clelia
Nanetti, 1872—1900），盧森堡籍雅芒
定修女（Paola Jeuris, 1872—1900），
意大利籍巴溪修女（Maria Anna
Giuliani, 1875—1900），法國籍艾明
納修女（Irma Grivot, 1876—1900）。

美國方濟各瑪利亞傳教女修會特卡

編者　Franciscan Missionaries of Mary, U.S.A.
　　　美國方濟各瑪利亞傳教女修會
語言　英文
印製　1920s.
尺寸　158mm×90mm

LEAVING FOR CHINA!
*We will celebrate our First Christmas with the poor
little Orphans in Tsinanfu-Hungkialou.*

◉ 到中國去！

Leaving for China!

【原注】"我們去中國與濟南洪家樓的可憐孤兒共度第一個聖誕節。"

這是美國方濟各瑪利亞傳教女修會來華前發行的明信片。1903 年來自加拿大、愛爾蘭和法國的七位修女抵達馬薩諸塞州伍斯特（Worcester）成立美國方濟各瑪利亞傳教女修會，主要從事拯救孤兒等慈善工作。1922 年美國方濟各瑪利亞傳教女修會派遣修女來華，在山東濟南教區協助方濟各會管理洪家樓女子修道院以及收留孤兒的仁慈堂，1936 年創辦著名的濟南私立懿範女子中學，修建教學樓、學生宿舍和修女院，灰磚紅瓦，古樸美觀，是天主教洪家樓建築群的重要組成部分。

23

聖母無原罪傳教女修會

聖母無原罪傳教女修會聖母之家系列 468

　　從小病病殃殃的小迪利婭多情善感，又在一個虔誠的天主教家庭裏生活，幼稚的心靈常常產生幻象。據說某晚，十三歲的小迪利婭獨自在臥室裏恍惚看到一片金色麥田，麥穗是世界各地孩子的腦袋。她確信這是耶穌基督的召喚，要她去為地球上千千萬萬人民服務，把主之福音傳給芸芸大眾。迪利婭十五歲那年發願終身貞潔、侍奉天主。

　　迪利婭・泰特里（Délia Tétreault）1865 年生於加拿大魁北克瑪麗維爾（Marieville）農民家庭，母親早亡，由姨媽撫養。迪利婭十八歲申請進入蒙特利爾加爾默羅跣足女修會修道院，因健康原因被拒。1891 年進入伯大尼女修會（Bethany），在蒙特利爾窮人社區做了十年義工。1902 年她在教區神父幫助下結合自己的工作欲籌建一家女修會，得到蒙特利爾主教的支持，1904 年前往梵蒂岡覲見教宗庇護十世，陳明自己籌建女修會的宗旨和目標，教宗為其起名“聖母無原罪傳教女修會”（Sorores Missionariae Immaculatae Conceptionis, MIC），“去吧，追尋你們的理想吧，天堂給予你們修會滿滿的祝福！”1905 年迪利婭獲得“聖靈之母”（Mother Marie of the Holy Spirit）聖銜，1941 年逝於蒙特利爾，葬於母親墓旁。作為外方傳教女修會會長的她從來沒有離開過加拿大。

　　宣統元年（1909）應廣州代牧區梅致遠主教之邀，聖母無原罪會派遣五名修女到達廣州，服務於石龍麻瘋病醫院；1917 年進入滿洲的遼源、八面城、法庫、洮南、四平街、通遼、白城子、公主嶺等地，1927 年到香港，1928 年應海門教區華籍主教朱開敏邀請到崇明島，每到一地都留下孤兒院、孤寡院、殘疾福利院、醫院、學校等。

La Maison Mère des Sœurs Missionnaires de l'Immaculée-Conception / Mother-House of the Missionary Sisters of the Immaculate Conception

聖母無原罪傳教女修會聖母之家系列

編者 Sœurs Missionnaires de l'Immaculée-Conception
Missionary Sisters of the Immaculate Conception
聖母無原罪傳教女修會
語言 法文 英文
印製 1930s., Outremont, Montréal（蒙特利爾烏特蒙）
尺寸 140mm × 90mm

"聖母無原罪傳教女修會聖母之家系列"用法文和英文兩種語言分別印製，內容大體相當。

Petites orphelines de Tsungming et leur « mère adoptive. »

◉ 崇明的孤兒和他們的教母

Petites orphelines de Tsungming et leur <mère adoptive>

江蘇崇明是天主教傳入較早的地區，康熙十六年（1677）比利時籍耶穌會士柏應理修建大公所耶穌聖心堂，道光二十三年（1843）重建，為崇明堂區所在地，1926年崇明教務劃歸海門教區管轄，1928年朱開敏主教邀請加拿大聖母無原罪傳教女修會到當時的崇明堡鎮大公所開辦福利機構"聖母之家"參與管理，包括幼兒園、孤兒院和診所。

ATELIER DE TISSAGE A CANTON, CHINE
chez les Soeurs Missionnaires de l'Immaculée-Conception.

HOW HAPPY WE ARE IN THE HOLY CHILDHOOD HOME OF CANTON, CHINA!

Nos Benjamines de Tong Shan au jeu
La Maison Mère des Soeurs Missionnaires de l'Immaculée-Conception est située à :
314 Chemin Ste-Catherine, Outremont, Montréal

❶ 廣州織布作坊

Atelier de Tissage a Canton, Chine

1927 年加拿大聖母無原罪傳教女修會
到香港和廣州，派遣了五名加拿大修
女：拉斐爾（Raphael）姑娘、芙拉
希絲（Fracis）姑娘、克萊拉（Clara）
姑娘、芭娜德（Barnard）姑娘、戴米
安（Damian）姑娘到石龍麻瘋病醫院
（Léproserie de Shek-Lung）照料病人
的治療和生活起居，更重要的責任是
輔導聖事。她們常年甚至可以說終身
生活在島上，寸步不離。夜深人靜，
惟見生來死去的麻瘋病患，陪伴她們
的只有教堂上空迴響的鐘聲和穹頂下
慈祥的聖母像。

❷ 我們在廣州孤兒院多麼幸福！

How happy we are in the Holy Childhood Home of Canton, China!

加拿大聖母無原罪傳教女修會在廣州
建立番禺聖母之家會院（Maison de
Punyu），設立"明德學校"（École
Meng tak）和"東山孤兒院"（École
du St. Thérèse de l'Enfant Jésus）。

❸ 東山聖母之家孤兒做遊戲

Nos Benjamines de Tong Shan au jeu

聖母無原罪傳教女修會在華舉辦的孤
兒院通常稱為"聖母之家"（Maison
Mère），明信片上的 Benjamines（本
傑明）是西人對孩子的昵稱。

24

方濟各第三規耶穌聖心女修會

"我就要靜靜地走啦，如同上帝往日對我的呼喚。坦然面對死亡，不愧對聖心對我的終極考驗。生命誠可貴，死亡價更高。我最後一次禱告，祈望基督之王國降臨人間。"患延髓麻痺症癱瘓多年的巴雷莉修女，彌留之際對特地從米蘭前來探望並為她做臨終彌撒的老友格梅利神父斷斷續續地說完人生最後幾句話。

阿爾米達·巴雷莉（Armida Barelli）1882 年出生在米蘭一個殷實的資產階級家庭，兄弟姊妹有六個，他們像那個時代大多數上流社會的子女一樣在最好的學校完成基礎教育。巴雷莉在米蘭烏蘇拉女校畢業後，十三歲被父母送到瑞士南部門青根（Menzingen）的方濟各聖十字修女會寄宿學校讀書。八年濃厚的宗教氛圍促使她一再表示一生要投身教會組織，父母苦口婆心勸阻，她依然我行我素，畢業後投身幫助窮人和孤兒的慈善工作。1910年她在米蘭結識方濟各神父阿戈斯蒂諾·格梅利（Agostino Gemelli, 1878—1959），經其介紹加入方濟各女修會。1917 年巴雷莉和格梅利創辦《新經院哲學雜誌》（*Journal of Philosophy Neoscholasticism*）而嶄露頭角，米蘭紅衣主教非常賞識她潑辣的做事風格和凝聚力，任命她在自己擔任會長的"米蘭天主教女青年進行會"（Gioventù Femminile Cattolica Milano, GF）出任副會長，並把教區雜誌《生活與思考》（*Life and Thought*）交給她主理。1918 年教宗本篤十五世單獨接見巴雷莉，表示對她能力的充分認可和信任，提議她擔任"意大利全國女青年進行會"（Gioventù Femminile Cattolica Italiana, GFCI）

會長。教宗本希望她把精力用於組織本地天主教女青年的工作，巴雷莉卻仍然堅持把目光投向海外傳教，1919 年她與格梅利以意大利全國女青年進行會為基礎，在方濟各會創始地阿西西城（Assisi）籌建"方濟各第三規耶穌聖心女修會"（Terziarie Francescane del S. Cuore, GFCI），得到本篤十五世的支持。1920 年巴雷莉在教宗授意下與他人聯手舉辦天主教聖心大學（Istituto Giuseppe Toniolo di Studi Superiori），1936 年又創辦瑪麗安娜女子學院（Marianum College）。第二次世界大戰結束後，巴雷莉作為意大利右翼運動的成員極力反對和阻止陶里亞蒂領導的意大利共產黨執政。1952 年她逝於馬茲奧（Marzio），葬於米蘭。

方濟各第三規耶穌聖心女修會成立比較晚，比起其他女修會在國際上影響力較弱，在東歐、美國、南美、澳洲等地有分支機構。1920 年方濟各第三規耶穌聖心女修會來華，1922 年在北京成立分會，亦稱為"本篤十五世女修會"（Istituto Benedetto XV），同時也藉助意大利全國女青年進行會的名義進行活動，一套班子兩個牌子，主要通過基礎教育和醫療救治幫助中國婦女和兒童改善生活狀況。1922 年曾有六位本篤十五世女修會修女未經教區允許擅自到陝西工作，1923 年陝西教區希賢主教不得已最終認可其在本教區的活動，她們在西安、三原、同州、鳳翔、盩厔教區的東指揮、汧陽、大荔、蒲城、通遠坊、武官坊、絳帳鎮大營里等地建有女子學校、孤兒院、診所等慈善機構。

APOSTOLATO MISSIONARIO DELLA GIOVENTÙ FEMMINILE IN CINA ISTITUTO MISSIONARIO BENEDETTO XV

本篤十五世女修會中國系列

編者	Gioventù femminile cattolica italiana, G.F.C.I. 意大利全國女青年進行會
語言	意大利文
印製	1920s., Stab. Pezzini—Milano（意大利米蘭佩齊尼圖片社）
尺寸	150mm×105mm

ISTITUTO MISSIONARIO BENEDETTO XV - Noviziato

◉ 本篤十五世傳教會的女子初學院

Istituto Missionario Benedetto XV—Noviziato

APOSTOLATO MISSIONARIO DELLA GIOVENTÙ FEMMINILE CATTOLICA ITALIANA NELLO SHEN-SI-CENTRALE, AIUTATE LE MISSIONI

方濟各第三規耶穌聖心女修會
陝西中部教區協力傳教系列

編者	Gioventù femminile cattolica italiana, G.F.C.I.
	意大利全國女青年進行會
語言	意大利文
印製	1920s., Milano（米蘭）
尺寸	140mm×90mm
主題詞	"為意大利全國女青年進行會陝西中部教區募捐，服務傳教！"

Una Chiesa costruita dai cristiani e residenza di un Missionario nello Chen-Si Centrale

◉ 陝西中部教區基督教堂和傳教士住所

Una Chiesa costruita dai cristiani e residenza di un Missionario nello Chen-Si Centrale

方濟各第三規耶穌聖心女修會在西安府代牧區設有三個工作站：長安南堂聖方濟各會院（Maison St. François d'Assise, Nantang），舉辦了聖若瑟公學（Collège St. Joseph）；長安北堂無玷聖母會院（Maison de Imm. Conception, Peitang），辦有女子孤院、幼兒園、學校等；商縣耶穌聖心會院（Maison du S-Cœur de Jésus, Shanghsien），辦有女校和診所。

Orfanelle di Siam Fu, nella Missione della Gioventù Femminile Cattolica Italiana dello Chen-Si Centrale, che preparano la tela cotone

Orfanelle cinesi della Missione dello Chen-Si Centrale, riscattate dalla Gioventù Femminile Cattolica Italiana negli anni 1923 e 1924

❶ 西安府孤兒院女孩子編織帆布

Orfanelle di Siam Fu, nella Missione della Gioventù Femminile Cattolica Italiana dello Chen-Si Centrale, che preparano la tela cotone

❷ 1923 年至 1924 年意大利全國女青年進行會在陝西中部拯救的孤兒

Orfanelle cinesi della Missione dello Chen-Si Centrale, riscattate della Gioventù Femminile Cattolica Italiana negli anni 1923 e 1924

Apostolato Missionario della Gioventù Femminile Cattolica Italiana nello Shen-Si-Centrale

方濟各第三規耶穌聖心女修會
陝西中部教區 A 系列

編者　Gioventù femminile cattolica italiana, G.F.C.I.
　　　意大利全國女青年進行會
語言　意大利文
印製　1920s., Milano（米蘭）
尺寸　140mm×90mm

Contratto mensile di bimbi abbandonati, riscattati dalla G. F. C. I. e affidati alle balie

● 修女把拯救的棄嬰交給護工照料

Contratto mensile di bimbi abbandonati, riscattati dalla G.F.C.I. e affidati alle balie

方濟各第三規耶穌聖心女修會在陝西盩厔代牧區設有一個工作站：扶風絳帳鎮大營里會院
（Maison de Tayingli），辦有孤兒院、幼兒園、診所、女校等；在三原代牧區設有兩個工作站：
通遠坊會院（Maison de Tungyüanfang）和三原武官坊會院（Maison de Wukwanfeng），辦有
孤兒院和小學；在同州代牧區設有兩個工作站：大荔會院（Maison de Tali），辦有孤兒院、幼
兒園、女子學校；蒲城會院（Maison de Pucheng），辦有女子學校。

Gruppo di orfanelli riscattati dalla G. F. C. I. a lieto pranzo

Gruppo di orfanelle riscattate che presentano tiori alla Gioventù Femminile Cattolica Italiana

❶ 新孤兒到來充滿喜悅

Gruppo di orfanelli riscottati dalla G.F.C.I. a lieto prozon

❷ 被解救的孤兒向耶穌聖心會修女致謝

Gruppo di orfanelle riscattate che presentano tiori alla Gioventù Femminile Cattolica Italiana

MISSIONARIO DELLA G.F.C.I. NELLO CHEN-SI CENTRALE IN CINA

編者	Consiglio Superiore G.F.C.I. 意大利全國女青年進行會高級委員會
語言	意大利文
印製	1920s., Milano（米蘭）
尺寸	140mm×90mm

方濟各第三規耶穌聖心女修會 陝西中部教區 B 系列

Il capo dei 10.000 rivoluzionari che infestano lo CHEN-SI centrale, vestito con la divisa d'un generale inglese ucciso.

S. E. Mons. MASSI, Vicario Apostolico dello CHEN-SI centrale e Missionario della G. F. C. I. che ha pacificato i rivoluzionari

Le sei moglie del capo rivoluzionario, salvate da S. E. Mons. Massi

◉ 革命黨人與希賢主教

【原注】"這位在陝西中部得到一萬多名革命黨擁護的領袖，身著英式軍服被刺殺"（上左），"陝西中部教區主教和意大利耶穌聖心女修會的代表希賢"（上右），"在革命平息之後那位革命領袖的六個妻妾，希賢主教勸誡她們入教"（下）。

這裏說的陝西革命黨人是錢鼎。錢鼎（1884—1911），陝西白河縣人，辛亥革命陝西地區最主要的領導人之一；1907 年進入保定陸軍速成學堂深造，加入中國同盟會，1910 年任陝西新軍一標三營督隊官。辛亥革命陝西起義爆發，錢鼎被公舉為陝西起義軍副統領，同年底在渭南遭受敵對勢力反撲不幸遇難。陝西省軍政府在八仙庵舉行了萬人公祭，以副大統領之禮請他入祀"忠義祠"。錢鼎有〈送林孕熙七古〉一詩："中原逐鹿何紛紛，自顧一腔多熱血。談兵紙上志縱橫，劍作龍吟眦欲裂。會當投筆事戎軒，慷慨澄清羨雄傑。"

希賢（Eugenio Massi, 1875—1944），意大利人，方濟各會會士，1910 年任山西北境代牧區主教，1916年改任陝西中境（西安）代牧區主教，1927 年任漢口代牧區主教，成立了漢口兩湖總修院、上智中學和柏泉方濟各初學院；1944 年死於美軍飛機轟炸。希賢在中國天主教內部是與雷鳴遠、馬相伯堪比的自由派和改革派。

25

烏蘇拉女修會

Ursulines（烏蘇拉）一詞源於天主教一個歷史久遠的傳說，也是基於同一位女聖徒的理想而成立的眾多慈善組織的代名詞。傳說聖烏蘇拉（Saint Ursula）是公元四世紀英國南部德文郡郡王的女兒，父王安排她帶領一萬一千名仕女搭船遠嫁他鄉，風暴把她們颳到高盧海岸，她們被官軍逮捕關在科隆。烏蘇拉提出要帶姐妹們去羅馬朝聖後再赴父命，公元 383 年她們出發前夕被異教徒全數殺害。這個故事口口相傳，但沒有確切的文字記載，科隆聖烏蘇拉大教堂（Ursulaplatz）有一塊公元四五世紀的銘牌，據說是為紀念烏蘇拉姐妹遇難鐫刻的。銘文上說教堂石棺藏有用金銀箔和天鵝絨包裹的烏蘇拉姐妹們的遺骨，但十二世紀開棺檢驗時只發現一位少女和幾個幼童的骨骸。不論歷史學家怎麼看，也不管天主教聖史中是否提及，一千多年來，在天主教信徒心中，烏蘇拉是作為死於無辜的女聖徒受到敬仰。

日曆翻到十五世紀，在意大利倫巴第大區加爾達湖西南岸的代森扎諾（Desenzano del Garda），1474 年某日一戶農民家裏出生了個女嬰，起名叫安吉拉·梅里奇（Angela Merici），她尚未成年即父母雙亡，她和姐姐被接到叔叔家，不久姐姐也病故。失去惟一至親給梅里奇以深深的打擊，她終日禱告，撫慰姐姐靈魂安息，一日她彷彿看到在天堂與聖徒在一起的姐姐。受此幻想的啟發，梅里奇申請加入方濟各第三規女修會，把自己的一頭美麗金髮染成煙灰色，要讓主知道她可以遠離俗人的目光。

1524 年梅里奇去羅馬朝聖，路徑克里特島時突然雙目失明，她沒日沒夜跪在十字架前禱告，幾周後復明。教宗克萊門特七世想把她作為“奇蹟聖女”留在羅馬，被她婉拒。1535 年梅里奇在布雷西亞（Brescia）聖阿夫拉（St. Afra）教堂的一間房子裏，聚集志同道合的十二位姐妹成立以烏蘇拉為主保的女修會“烏蘇拉女修會”（Sanctae Ursulae）。她們希望通過自己的努力，使未來終歸會成為妻子和母親的那些女孩受到更好的教育，希望她們有文化而不再貧窮。新修會簡單樸實，沒有特殊生活習性，也不需要發誓。梅里奇只是寫了一份規則，只要求入會修女做到三條：獨身、簡樸、服從。1537 年她被姐妹們推選為會長。1540 年梅里奇逝於布雷西亞，葬於聖阿夫拉教堂。

1546 年梅里奇寫的規則作為會規被教宗批准。然而烏蘇拉女修會在梅里奇去世後失去主心骨，雖發展迅速，但組織渙散，各自為政，分蘗出許多系統。十六世紀後期到十七世紀初期，在梵蒂岡干涉下烏蘇拉女修會重新建規立制，再組合後形成兩大主要系統：成立於 1900 年的烏蘇拉羅馬聯合女修會（Missions des Ursulines de l'Union Romaine）和獨立於羅馬聯合會的烏蘇拉女修會（Ursuline Nuns, Angelines）。在修會宗旨、目標和行動上，二者都恪守梅里奇制訂的會規。前者在教宗支持下接受聖奧古斯丁會指導，後者得到方濟各第三規會支持，比較遵循梅里奇的原初做法；二者的差別在於前者的修女仍要在修道院過集體隱居生活，後者不講究修女隱修。

十八世紀以後，烏蘇拉女修會是歐洲影響最大的女修會之一，並把修道院和學校建到北美大陸的加拿大和美國。烏蘇拉修女總是穿著一件黑色連衣裙，腰繫皮帶，身披黑色無袖斗篷，裹著頭巾，白色面紗外面再罩黑色長面紗。

烏蘇拉女修會有三個分支來華：

魁北克烏蘇拉女修會（Unio Romana Ordinis Sanctae Ursulae, Quebec, OSU），1639 年成立於加拿大魁北克，後加入烏蘇拉羅馬聯合會（Ursulines de l'Union Romaine），1884 年在美加邊境地區建立斯坦斯特德（Stanstead）烏蘇拉女子修道院，1922 年烏蘇拉羅馬聯合會派遣三位加拿大修女到廣東，在汕頭、潮安、河婆辦學，陸續有美國、英國、意大利、奧地利等國修女加入這個團體。

帕爾馬耶穌聖心烏蘇拉傳教會（Orsoline del Sacro Cuore di Parma, OMSC），1575 年創立於意大利帕爾馬，有獨立的會規，1899 年得到梵蒂岡認可，1926 年來華，在耶穌會管理的蚌埠教區做輔助傳教工作（見"意大利耶穌會蚌埠教區系列"）。

波蘭烏蘇拉女修會（Polish Province Urszulanki Unii Rzymskiej, OSU），成立於 1857 年，1936 年加入烏蘇拉羅馬聯合會。1928 年抵達哈爾濱，1930 年建立兩個稱為東斯拉夫（Obrzadek Bizantyjsko-Slowianski）的社區，為逃亡於哈爾濱的俄羅斯家庭子女開辦學校。

CHINE—
PROVINCE DE SWATOW

編者　Missions des Ursulines de l'Union Romaine
　　　烏蘇拉羅馬聯合會
語言　法文
印製　1920s., Nels, Prucure, Tournai（尼爾斯圖
　　　片社賬房，比利時圖爾奈）
尺寸　140mm×90mm

烏蘇拉女修會汕頭系列

❶ ❷

❶ 聖十字女修會的嬤嬤和四個孤兒在孤兒院建設工地

La Sainte Enfance en construction

Mère Marie de Ste. Croix et quatre orphelines

聖十字女修會（Sœurs de Sainte-Croix）是 1847 年成立的一家專
注教育的加拿大女修會，在魁北克北部、加拿大西部和美國的勞
倫山脈地區開辦幾所著名的寄宿學校、日間學校和師範學校等，
1889 年修會獲得教宗正式批准。聖十字女修會修女曾以專業人士
身份配合烏蘇拉女修會在汕頭辦學。

❷ 汕頭晨星女校孩子們課後玩耍

Fillettes de l'Ecole Ste-Angèle à l'heure de la récréation

烏蘇拉羅馬聯合會來華舊稱 "聖吳蘇樂羅馬
聯合會"，在汕頭建有 "聖家會院"（Maison
de la Sainte Famille, Swatow），設有孤兒院
等，先後管理晨星女校和若瑟中學。

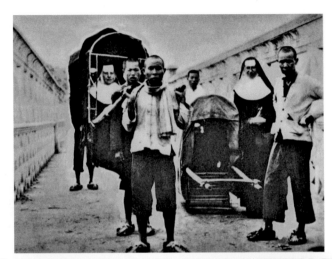

❶ 河婆皈依天主教的一家客家人

Une famille Hac-ka de Hopo. Convertie au Catholicisme

河婆隸屬於廣東省揭西縣，為客家人聚集區。1911年巴黎外方傳教會設立河婆堂區，1915年劃歸汕頭代牧區。

❷ 修女在河婆爬山越嶺視察工作

En tournée dans les montagnes de Hopo pour visiter les Vierges en poste

1922年烏蘇拉羅馬聯合會在河婆建立"聖母寶血會院"（Maison de N-D. Reine des Cœurs, Hopo），設有孤兒院、學校和診所。

❸ 飯點

L'heure du repas

❹ 池塘邊的中國人

Chinois, au bord de l'étang

Hopo and Chao-Chow-Fu

<table>
<tr><td>編者</td><td>The Ursuline Service, Missouri
美國密蘇里烏蘇拉女修會</td></tr>
<tr><td>語言</td><td>英文</td></tr>
<tr><td>印製</td><td>1920s., The Albertype Co., Brooklyn, N.Y.（紐約布魯克林珂羅印刷公司）</td></tr>
<tr><td>尺寸</td><td>140mm×90mm</td></tr>
<tr><td>主題詞</td><td>"烏蘇拉女修會傳教地遍佈阿拉斯加、蒙大拿、泰國、南非、巴西、印度、英屬圭亞那、中國、日本、爪哇、希臘等。'烏蘇拉女修會的太陽永不落。'"</td></tr>
</table>

美國烏蘇拉女修會潮汕系列

The Ursuline Nuns work among the Chinese of Swatow, Hopo and Chao-Chow-Fu

You'd cry too, if the Sister at Chao-Chow-Fu's orphanage told you there's no more milk.
Five Dollars will provide a supply of canned milk for a month.

❶ ｜ ❷

❶ 烏蘇拉修女與潮州府汕頭河婆的中國人在一起

The Ursuline Nuns work among the Chinese of Swatow. Hopo and Chao-Chow-Fu

烏蘇拉女修會在潮安建立"聖心會院"（Maison du Sacré-Cœur, Chaoan），主要管理孤兒院和樟林敬德學校、真原女子學堂等學校十六所。

❷ 潮州府孤兒院的姐妹們告訴你牛奶沒有了，你也會落淚

You'd cry too, if the Sister at Chao-Chow-Fu's orphanage told you there's no more milk

【原注】"瓶裝牛奶一個月只需五美元。"

26

伊蘭茨多明我玫瑰會

　　來華的多明我女修會主要有兩家，一個是西班牙的多明我至聖玫瑰傳教女修會（Misioneras Dominicas del Santísimo Rosario, OP），一個是瑞士的伊蘭茨多明我女修會。

　　瑞士的伊蘭茨多明我玫瑰女修會創始人有兩位：迪普茲和蓋斯泰爾。迪普茲（Johann Fidel Depuoz, 1817—1875）生於瑞士格勞賓登州（Graubünden）的農民家庭，1840 年加入耶穌會，1844 年在神學院深造，1847 年晉鐸，此後在丹麥、瑞士、德國、巴爾幹、美國等地行教。由於在經濟利益上的矛盾，瑞士和德國世俗政府取締耶穌會，1850 年迪普茲回到家鄉蘇爾賽瓦（Surselva）從事救助貧苦民眾的慈善和教育工作，於 1865 年在瑞士的伊蘭茨創辦聖愛會（Société de l'amour divin）和聖若瑟會（Heiligen Josef Institut）。蓋斯泰爾（Babette Gasteyer, 1835—1892）是德國威斯巴登人，曾在德國、奧地利等地做過家庭教師和護士，1866 年來到伊蘭茨聖愛會擔任教師，與迪普茲相熟，組織一批志願者投入女子教育，1894 年他們二人正式成立“伊蘭茨多明我女修會”（Ilanzer Dominikanerinnen, ILANZ），蓋斯泰爾出任會長，她還是多明我會擔任神父這一聖職的第一位女性。

　　伊蘭茨多明我女修會活動區域不大，在歐洲主要活躍在瑞士、德國和奧地利，從事與婦女、兒童和老年人相關的事業，如女子學校、幼兒園、醫院、老年護理中心等。伊蘭茨多明我女修會在海外的拓展很少，1920 年跟隨德國多明我會來華，稱為“多明我玫瑰會”（Rosenkranzmission der Dominikaner, RD），居福建汀州傳教，在武平、岩前鎮、上杭、壩頭、永定、長汀、連城設有站點，建有孤兒院、診所、藥房、學校、幼兒園等。1951 年後在台灣建有傳教區。

ROSENKRANZMISSION DER DOMINIKANER IN CHINA

多明我玫瑰會中國系列

編者	Missionsprokuratur der Dominikaner, Düsseldorf, Herzogstrasse 德國杜塞爾多夫赫爾佐格社區多明我會賬房
語言	德文
印製	1910s, M. Gladbach（德國門興格拉德巴赫）
尺寸	140mm × 90mm
原注	"我們每年收留四千個當地孩子，其中有一半瀕臨死亡；此外還有一些等待救治的盲孩子和殘疾人。伸出援手，請聯繫：杜塞爾多夫多明我會賬房。"

◉ 福建北境教區宋金鈴主教

Der hochwürdigste Bischof. P. Franziskus Aguirre, Apostolischer Vikar von Nord-Fokien in China

宋金鈴（Francisco Aguirre Murga），西班牙人，1863 年生於西班牙吉普斯格瓦省的艾奎巴爾（Elgoibar, Guipúzcoa），1879 年加入多明我會，1887 年晉鐸，同年來華駐福州，1911 年任福州代牧區主教，1932 年募集十萬銀元重建泛船浦天主教堂；1941 年逝於福州。

泛船浦天主教堂坐落於福州倉山泛船浦菖蒲墩，始建於同治三年（1864），原為木構單層建築，宣統三年（1911）改作福州教區主教座堂，1932 年重建，為鋼筋水泥磚木混合結構，單塔樓仿哥特式建築，塔尖距地面三十米，塔樓上裝有報時大鐘。堂身呈十字形，面積為一千三百平方米，可容兩千餘人。堂內頂部作拱形穹窿，綴以星辰；四周裝有彩色玻璃窗。泛船浦天主教堂面對閩江，氣勢宏偉，乃福建最大的天主教堂。

❶ 信教苦力脖子上戴著唸珠

Chinesische katholische Arbeiter mit dem Rosenkranz um den Hals

天主教教士和信徒有每日誦念五十首聖詠的習慣，主要獻給聖母，稱聖詠玫瑰經。一般教友不諳拉丁文聖詠，遂以串珠計數默讀，唸珠每串五十三小珠和六大珠，默讀一小珠相當唸聖母經，一大珠相當默唸天主經、聖三光榮頌、耶穌及聖母之事蹟等。

❷ 多明我女修會孤兒院的孩子

Kindergruppe aus einem "Hause der hl. Kindheit", geleitet von Dominikanerinnen

多明我會在中國設立過多家孤兒院：1845 年的漳州後阪仁慈堂、1868 年的高雄孤兒院、1875 年的高雄羅厝仁慈堂、1889 年的福州馬尾營盤仁慈堂、1889 年的福州澳尾巷仁慈堂、1893 年的漳州港尾梅市仁慈堂等。

❸ 瞽目和殘疾孩子

Blinde und verkrüppelte chinesische Kinder

二十世紀二十年代多伊蘭茨多明我玫瑰會來華後接管了多明我會在華已經開辦的孤兒院，並陸續開辦更多孤兒院、育嬰堂和學校，開始收留瞽目和殘疾孩子。

ROSENKRANZMISSION DER DEUTSCHEN DOMINIKANER IN CHINA-FUKIEN

多明我玫瑰會福建 A 系列

編者	Generalprokuratur Vechta I O., Hannover 多明我會漢諾威費希塔社區總賬房
語言	德文
印製	1910s., Hannover（德國漢諾威）
尺寸	140mm×90mm

Rosenkranzmission der deutschen Dominikaner in China-Fukien.
Hochw. Pater Egbertus O.P., Oberer der Mission.

Generalprokuratur VECHTA i. O., Postcheckkonto: Hannover 52708

Rosenkranzmission der deutschen Dominikaner in China-Fukien.
Schwestern im Garten zu Wuping während d. Erholungszeit.

Generalprokuratur VECHTA i. O., Postcheckkonto: Hannover 52708

❶ ❷

❶ 多明我會教區會長埃格伯特神父
Hochw. Pater Egbertus O.P., Oberer der Mission

❷ 武平的護士們在花園裏休息
Schwestern im Garten zu Wuping während d. Erholungszeit

DOMINIKANER-ROSENKRANZMISSION IN CHINA-FUKIEN

多明我玫瑰會福建 B 系列

編者	Mission der Dominikaner, Vechta I O., Hannover
	德國漢諾威費希塔社區多明我會
語言	德文
印製	1920s., Hannover（德國漢諾威）
尺寸	148mm × 105mm

❶

❷

Dominikaner-Rosenkranzmission in China-Fukien.
Schwestern auf einem Missionsgang

Haus der hl. Kindheit zu Wuping (China-Fukien).
Die dankbaren Chineslein bringen ihren treuen Wohltätern in der Ferne ein Ständchen

❶ **修女在田間地頭**

Schwestern auf einem Missionsgang

【原注】"卡爾·鮑布賴特（Karl M. Boblet）神父在《鏡觀中國婦女》（*Chinesischen Frauen-spiegel*）一書中如實記述了中國婦女社會狀況。"

❷ **武平孤兒院的孩子為遙遠的恩人們唱小夜曲**

Haus der hl. Kindheit zu Wuping (China-Fukien)

Die dankbaren Chineslein bringen ihren treuen Wohltätern in der Ferne ein Ständchen

【原注】"多明我玫瑰會救助孤兒的事業，可以使參與者獲得精神上的進步。"

Rosenkranzmission der Dominikaner zu Shanghang (China)

編者	Prokuratur der Dominikaner, Ilanz, Graubd., Schweiz 瑞士伊蘭茨多明我會賬房
語言	德文
印製	1920s., Ilanz（瑞士伊蘭茨）
尺寸	140mm×90mm

多明我玫瑰會上杭系列

❶
――
❷

Haus der hl. Kindheit, Rosenkranzmission der Dominikaner zu Shanghang (China).
Schwestern inmitten chinesischer Frauen, Mädchen und Waisenkinder.
Prokuratur der Rosenkranzmission, ILANZ, Graubd., Schweiz.

❶ 孤兒院的孩子與修女和事工

Haus der Kindheit, Schwestern inmitten chinesischer Frauen, Mädchen und Waisenkinder

1917 年多明我玫瑰會在上杭西街孔巷創辦崇真初級小學，有學生兩百餘人，1921年瑞士籍修女蒙大孃孃等人到上杭建立收容遺棄女嬰的"仁慈女堂"，先後有女嬰七十餘人，並推及至汀州；還開設貧民診所，懸壺濟世。

❷ 感恩懷德

Obige Aufschrift lautet in deutscher Sprache: Den Wohltaten der Mission sagen Dank die Madchen des Hauses der hl. Kindheit von Shanghang, Fukien-China

【原注】"黑板上用德文寫著：感謝傳教會的恩人，中國福建上杭孤兒院的孩子們。"

BILD AUS DER ROSENKRANZ-MISSION
Obige Aufschrift lautet in deutscher Sprache:
Den Wohltätern der Mission sagen Dank die Mädchen des Hauses der hl. Kindheit von Shanghang, Fukien-China

Dominikaner-Rosenkranzmission, APost. Präfektur Tingchow (China-Fukien)

編者	Mission der Dominikaner, Vechta I O., Hannover
	德國漢諾威費希塔社區多明我會
語言	德文
印製	1920s., Hannover（德國漢諾威）
尺寸	148mm×105mm

多明我玫瑰會汀州系列

❶

❷

Dominikaner-Rosenkranzmission, Apost. Präfektur Tingchow (China-Fukien).
Mutter Emerentiana im Kreise der letztjährigen Erstkommunikanten.

Dominikaner-Rosenkranzmission, Apost. Präfektur Tingchow (China-Fukien)
Den Han-Fluß hinauf zur Station Engteng.

❶ 蒙大孃孃收養的第一批孤女

Mutter Emerentiana im Kreise der Letztjährigen Erstkommunikanten

蒙大孃孃（Mutter Emerentiana），又稱愛美蘭霞，瑞士人，伊蘭茨多明我玫瑰會修女，上杭和汀州"仁慈女堂"創辦人。

❷ 傳教士沿汀江到達永定傳教站

Den Han-Flub hinauf zur Station Engteng

永定隸屬福建龍岩。同治十一年（1872）多明我會傳教士到永定開教，先後在奧杳、城關、圭竹、羅坡、黃沙、大溪、合溪、峰市、金砂、下洋、陳東、調河、湖雷、高頭等地設立堂口。永定傳教站教務歸屬天主教汀州教區，先後修建奧杳天主堂（1874）、圭竹天主堂（1924）、永定天主堂（1943），興辦過奧杳小學和圭竹學堂。

Dominikaner-Rosenkranzmission, Apost. Präfektur Tingchow (China-Fukien)
Station Zacha: Der Missionar mit seinen Christen nach der Sonntagsmesse.

◉ 汀州教區漈下堂口主日彌撒後傳教士和教徒在一起

Dominikaner-Rosenkranzmission, A post. Präfektur Tingchow (China-Fukien), Station Zacha: Der Missionar mit seinen
Christen nach der Sonntagsmesse.

漈下村位於上杭縣太拔鎮，有溪水自東而西匯入汀江支流黃潭河的儒溪，在丁子寨有瀑布飛落而
下，跌平為溪，故稱 "漈下"。宣統二年（1910）多明我會在漈下村（彩霞村）設立天主教堂。漈
下天主堂舊址原為當地富商陳氏家族乾隆年所建的 "元亨公房" 的一部分，教堂今存。門楣 "長寧
躋祿"，典出《後漢書·孝桓帝紀》，意為通過努力躋身福祿之境。[1]

---

1 參見鄒文清：〈尋找 Zacha——"多明我會" 傳教客家的回溯之旅〉，載《老照片》第一三九輯，山東畫報出版社，2021 年，
　第 1—23 頁。

伊蘭茨多明我玫瑰會特卡

編者	Prokuratur der Dominikaner, Ilanz, Graubd., Schweiz
	瑞士伊蘭茨多明我會賑房
語言	德文
印製	1920s., Ilanz（瑞士伊蘭茨）
尺寸	140mm×90mm

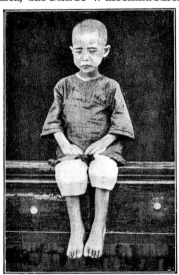

Zia, das blinde Waisenmädchen.

Ich bin ein armes Chineslelit,
Ein Mägdelein, krank und blind.
Wir tragen in China nur Höslein.
Die Röckchen nicht Mode sind.

Man fand uns in China verlassen,
Dreihundertsiebzig an Zahl,
An Flüssen, Wegen und Gassen
In Elend, Not und Qual.

Ach, Trauriges man erzählte!
Viel hundert gestorben sind!
Der bittere Hunger uns quälte, —
Im Auge die Träne mir rinnt. —

Doch sind wir jetzt zufrieden.
Es geht uns in Shanghang gut,
Seitdem die Schwestern von Jlanz
Uns nahmen in treueste Hut.

Und Ach, viel hundert noch kämen
Zu uns ins Waisenhaus.
Wir können sie leider nicht nehmen.
Es reichen die Mittel nicht aus!

Ich bitte um eine Gabe.
Inzwischen bete ich mild:
Tzai=Tien=Ngo=teng=Fou=Tschä:
O, Vater im Himmel, vergilt!

Prokuratur der Rosenkranzmission, ILANZ, Graubd., Schweiz.

◉ 蔡女，一個失明中國孤兒

Zia, das blinde Waisenmädchen

【原文】"我是個貧病交加的中國盲女孩，被人收養又遭遺棄，無家可歸，四處流浪，溝邊、路旁、街頭、巷尾……無不是棲身之所。苦難撕扯著破碎的心靈，死神帶走在身邊的夥伴。飢寒交迫折磨著我，晶瑩淚水盈滿眼窩。一百多孩子來到這裏，上杭孤兒院善待我們。從那以後，來自伊蘭茨的修女們，給我們細心呵護。我並不貪圖錢財，只期待一份禮物。我真誠地祈禱：哦，天父，永福！"

27

海爾倫聖若瑟小姐妹會

　　“主幫助過你，主正在幫助你，主還將幫助你！”這是海爾倫聖若瑟小姐妹會創始人薩維爾伯格為該會制訂的座右銘。彼得·約瑟夫·薩維爾伯格（Petrus Joseph Savelberg）1827年生於荷蘭的海爾倫（Heerlen），讀書不多，十六歲輟學投奔在布魯塞爾經營玻璃廠的哥哥作學徒，興味索然，告解回鄉。1849年他在魯爾蒙德神學院（Seminarist in Roermond）深造三年，1852年晉鐸，1856年在林堡海圖森（Heythuysen）女子寄宿學校擔任校長，後在波恩附近的萊茵河農門威特島（Nonnenwerth）方濟各女子修道院執教。1863年海爾倫主教把薩維爾伯格召回家鄉，1865年任命他擔任聖潘卡里托斯教堂（Heilige Pancratiuskerk）神父。

　　那個時代，海爾倫所在的荷蘭林堡地區受到兩個鄰國德國和比利時現代工業的影響，經濟凋敝，失業嚴重，貧困人口增加，酗酒、自殺等社會問題困擾當地教會。薩維爾伯在聖潘卡里托斯教堂接觸到許多不大受教會重視的鄉村信眾，深切感到這些陷入困境的貧苦民眾才是最迫切需要幫助的人，他提出“給無助的人們以幫助”，1867年在海爾倫設立孤兒和老人收容所，召集方濟各第三規會的志願者一起工作；1872年創辦“聖若瑟小姐妹會”（Congregatie van de Kleine Zusters van de Heilige Joseph）；1875年又建立“聖若瑟兄弟會”（Congregatie van de Broeders van de Heilige Joseph），把自己的慈善事業組織化和制度化，修會成員多來自荷蘭、德國、比利時，工作重點放在兒童教育、照料孤兒、老人護理、幫助殘疾；1904年在海爾倫建立聖若瑟醫院（Sint-Jozefziekenhuis）。1907年薩維爾伯格在八十歲生日的第二天，終於完成他來到這個世界的使命，逝於荷蘭阿爾達（Aldaar），葬於聖潘卡里托斯教堂。

　　薩維爾伯格創辦的兩家修會在他去世後開始國際化發展，在荷蘭、爪哇和東非設有分支機構。二十世紀二十年代海爾倫聖若瑟小姐妹會來華，先後開闢山西潞安府（1922）、運城（1929）、絳州（1932）、潞城的張莊和羌城村、屯留老軍莊五個工作站，深入鄉村舉辦義學、創建孤兒院、設立診所，並進行救濟災民等輔助傳教工作。

ZUSTERS FRANCISCANESSEN (S. JOZEF, HEERLEN) IN Z. CHANSI. S. 3008

海爾倫聖若瑟小姐妹會在山西南部教區
第一系列

編者	Zusters Franciscanessen
	海爾倫聖若瑟小姐妹會
語言	荷蘭文
印製	1920s., J. Beinsberger & Zonen, Heijthutjsen
	(荷蘭海圖森拜恩斯伯格父子公司)
尺寸	140mm×90mm

◉ 來自坎普特的貝蒂拉嬤嬤與乞丐在一起

Moeder Bertilla a Campo uit Bingelrate met eene heidensche bedelares

海爾倫聖若瑟小姐妹會在山西的主要工作區在絳州監牧區，管理有“新絳會院”（Maison de Sinkiang）和“運城會院”（Maison de Yüncheng）兩個工作站，設有孤兒院兩所、幼兒園兩所、養老院兩所、醫院兩所、藥房兩所。

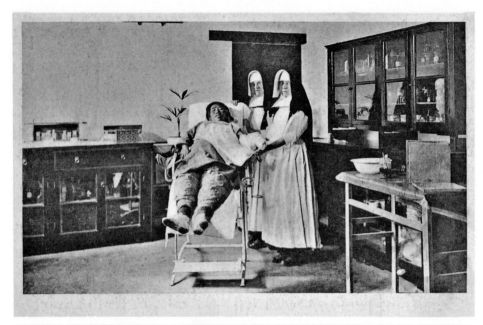

❶ 來自林堡的包哈夫嬤嬤和來自韋爾特
的德里森嬤嬤正在照顧病人

*Zr. Timothea Borghave uit Rimburgen Zr. Ivonne
Driessen uit Weert behandelen een zieke*

❷ 來自默克爾貝克的庫芒嬤嬤與
修女們縫衣服

*Zr. Elisabeth Coumans uit Merkelbeek met hare
medewerksters (maagden) in de naaikamer*

Onze Zusters in Z. Chansi, II

海爾倫聖若瑟小姐妹會在山西南部教區第二系列

編者	Missiegiften te zenden aan het Moederhuis der Zusters, Sanatorium, Heerlen; of aan de Procure F.B.M. Minderbroeders, Weert 海爾倫聖若瑟小姐妹會（韋爾特賑房）
語言	荷蘭文
印製	1920s., Weert（荷蘭韋爾特）
尺寸	140mm×90mm

II. ONZE ZUSTERS IN Z. CHANSI
Moeder Bertilla met eene Chineesche maagd, na den doop van een "heidensch„ kindje.

● 貝蒂拉嬤嬤給中國嬰兒施洗

Moeder Bertilla met Chineesche maagd, na den doop van een "heidensch„ kindje

ZUSTERS FRANCISCANESSEN VAN HEERLEN. VIC. LUANFU— Z. CHANSI, CHINA. S. 3009/3050

編者	Zusters Franciscanessen
	海爾倫聖若瑟小姐妹會
語言	荷蘭文
印製	1920s., Brinio, Rotterdam（荷蘭鹿特丹布里尼奧圖片社）
尺寸	140mm×90mm
原注	"1922 年 4 月 25 日庇護十一世批准的方濟會，總部設在韋爾特的聖嬰會在山西南部的潞安府開展工作。"

海爾倫聖若瑟小姐妹會潞安教區系列

海爾倫聖若瑟小姐妹會發行明信片中有兩個系列與中國有關，系列編號分別為 S3009 和 S3050。

❶
___
❷

❶ 潞安新教堂

De nieuwe Kapel.　Zusters Franciscanessen van Heerlen.　Vic. Luanfu - Z. Shansi, China.

De nieuwe Kapel

根據王瑛和康峰撰寫的《建築裏的信仰——歐洲傳教士管理期間的山西天主教建築》（*Keeping Faith in Architecture: Catholic Church Architecture in Shanxi During the Period of Missionary Domination*, American Academic Press, 2009）一書所繪的教堂平面圖，此明信片的潞安新教堂是指 1916 年翟守仁主教主持修建的位於長治韓店鎮的"柳林天主堂"，是山西惟一中式四阿頂教堂。

❷ 海爾倫聖若瑟小姐妹會修女

Eenige Zusters Franciscanessen van Heerlen.　Vic. Luanfu - Z. Shansi, China.

Eenige Zuster Franciscanessen van Heerlen

海爾倫聖若瑟小姐妹會在潞安監牧區管理"長治會院"（Maison de Changchi）、"潞城張莊會院"（Maison de Tchangchwang）、"潞城羌城村會院"（Maison de Kangcheng）和"屯留老軍莊會院"（Maison de Laokunchwang, Tunliu）四個工作站，有小學五十所、孤兒院一所、女孤院兩所、醫院三家、養老院兩家、診所九家，比較知名的有"羌城聖安東尼女校"（Collège St. Antoine Kangcheng）。

Oude Mannen- en Vrouwenhuizen. Zusters Franciscanessen van Heerlen.
Vic. Luanfu - Z. Shansi, China.

Gewikkeld in stroo werd het kindje gevonden.
Zusters Franciscanessen van Heerlen. Vic. Luanfu - Z. Shansi, China.

Het blinde kindje houdt de Doopeling.
Zusters Franciscanessen van Heerlen. Vic. Luanfu - Z. Shansi, China.

Helpster met twee zieke kindertjes.
Zusters Franciscanessen van Heerlen. Vic. Luanfu - Z. Shansi, China.

❶

❷ ❸ ❹

❶ 潞安孤寡院

Oude mannen—en Vrouwenhuizen

❷ 稻草裹著一個剛剛撿到的孩子

Gewikkeld in stroo werd het kindje gevonden

❸ 盲童受洗

Het blinde kindje houdt de Doopeling

❹ 照料兩個生病的孩子

Helpsier met twee ziwee zieke kindertjes

Zusters Franciscanessen van Heerlen. Vic. Luanfu-Z. Shansi, China

編者	Zusters Franciscanessen van Heerlen 海爾倫聖若瑟小姐妹會
語言	荷蘭文
印製	1920s., Brinio, Rotterdam（荷蘭鹿特丹布里尼奧圖片社）
尺寸	140mm×190mm
原注	"1922年4月25日教皇庇護十一世批准韋爾特方濟各會在中國山西南境潞安府教區設立孤兒救助機構。"

海爾倫聖若瑟小姐妹會潞安五彩系列

Zuster Yvonne Driessen. Zusters Franciscanessen van Heerlen. Vic. Luanfu - Z. Shansi, China.
4 blinde en 4 doofstomme Kindsheidkinderen.

Wij zijn gered!
Zusters Franciscanessen van Heerlen. Vic. Luanfu - Z. Shansi, China.

Wie wil onze kindertjes verzorgen?
Zusters Franciscanessen van Heerlen. Vic. Luanfu - Z. Shansi, China.

❶

❷ ❸

❶ 四個盲童和四個聾啞孩子
4 blinde en 4 doofstomme Kindsheidkinderen

❷ 我們得救了！
Wij zijn gered!

❸ 誰想照顧我們的孩子？
Wie wil onze kindertjes verzorgen?

28

聖母聖心傳教女修會

聖母聖心傳教女修會的建立需要追溯到比利時女傳教士德·梅斯特在印度的實踐和奉獻。瑪麗·路易絲·德·梅斯特（Marie-Louise De Meester）1857 年生於比利時西部城市曼德爾河畔魯瑟拉勒（Roeselare），年輕時擔任學校教師，1881 年為實現幫助窮人的理想離開學校，加入聖奧古斯丁詠禮會（Canonesses Regular）管轄的位於比利時伊普爾（Ypres）的聖母聖枝修道院（Notre Dame de la Nouvelle Plante），自願要求到印度穆拉古穆都（Mulagumudu）管理孤兒院。1897 年德·梅斯特脫離比利時母會，在比利時魯汶海弗萊鎮（Heverlee）創建自己的眾會"聖母聖心傳教女修會"（Kanunnikessen–Missionarissen van Sint Augustinus, Canonissae Missionariae a Sancto Augustino, MCSA），宗旨是通過教育和慈善事業傳播福音。1910 年教宗庇護十世批准該會章程，並准許她們從比利時前往菲律賓設立傳教區。德·梅斯特帶領姐妹們當年在菲律賓南伊羅戈省（Ilocos Sur）開設了聖奧古斯丁學校，1915 年在聖馬塞利諾（San Marcelino）創立了聖特蕾莎學院，隨後在奎松、碧瑤和宿霧設有分院。1923 年老邁的德·梅斯特返回比利時，1928 年逝於魯汶海弗萊鎮。聖母聖心傳教女修會 1923 年來華輔助聖母聖心會傳教，活躍在綏遠三盛公、西灣子、高家營子、巴拉蓋、呼和浩特等地，辦有聖家寄宿學校、聖家女學校、診所、護士培訓學校。

光緒三十四年（1908）何、姚、楊、趙四位當地修女在察哈爾建立張家口高家營子醫院，西灣子萬濟眾主教以此為契機批准成立本土教區性的"聖心婢女會"（Servantes du Sacré-Cœur）。1909 年西南蒙古教區藍玉田[1]主教邀請聖心婢女會到甘肅和青海拓展。除了高家營子醫院外，女修會還開辦了孤兒院、養老院和學校，最多時修會有五十餘名中國修女。明信片上聖心婢女會的外文是荷蘭文 Mariadienst in de Missiën van Scheut。1924 年藍玉田出任西灣子主教後，將聖心婢女會併入比利時聖母聖心傳教女修會。

在當地與聖心婢女會經歷類似的還有"聖母院"和"學校姐妹會"。聖母院（Congrégation de Marie）是聖母聖心會建立的本土教區性修道會，活動在寧夏教區和綏遠三盛公、陝西小橋畔，主要經營當地孤兒院，後納入聖母聖心傳教女修會管理。學校姐妹會（Vierges Institutrices）1909 年由閔玉清[2]主教創建於綏遠教區巴拉蓋，主要吸納中國本土修女管理當地孤兒院，並設立學校接受蒙漢民眾讀書識字。1930 年學校姐妹會歸入聖母聖心傳教女修會。

聖母聖心傳教女修會 1963 年正式納入聖母聖心會，更名為"聖母聖心女修會"（Immaculati Cordis Mariae, IMC）。

1　藍玉田（Everard Ter Laak, 1868—1931），又名蘭克複，荷蘭人，1889 年加入聖母聖心會，1892 年畢業於魯汶神學院並晉鐸，同年來華，歷任南壕塹、西灣子本堂；1905 年任西南蒙古教區主教，1914 年任中蒙古教區副主教，1924 年接替萬濟眾出任主教。

2　閔玉清（Alfonso Bermyn, 1853—1915），比利時人，1876 年畢業於魯汶聖神學院，1876 年晉鐸，1877 年加入聖母聖心會，1878 年來華，1879 年至 1880 年任城川、寧條梁、三道河副本堂，1886 年任小橋畔神修院院長，1900 年任西南蒙古教區主教；逝於缸房營子。

編者　Kanunnikessen—Missiezusters van den H. Augustinus, Heverlee-bij-Leuven

Chanoinesses—Missionnaires de Saint-Augustin, Héverlé-lez-Louvain

魯汶海弗萊社區聖母聖心傳教女修會

語言　荷蘭文　法文

印製　1920s., Ern. Thill Nels, Bruxelles（布魯塞爾特希爾—尼爾斯圖片社）

尺寸　150mm×105mm

聖母聖心傳教女修會系列

"聖母聖心傳教女修會系列"是尼爾斯圖片社發行的一套雙語明信片，內容含括該修會活動的中國和菲律賓等地。

◉ 信教女眷

中國信奉基督教的蒙古族女人和孩子，身著民族服裝，頭戴裝飾滿滿的皮帽。

Noviciat et Procure—Mongolie

聖母聖心傳教女修會蒙古系列

編者 *Noviciat et Procure*
《初學院與賬房》雜誌社
語言 法文
印製 1920s., Louvain（比利時魯汶）
尺寸 135mm×90mm

28. Ecolières mongoles. — San-Sheng-Kung.

◉ 三盛公蒙古女學生

Ecolières mongoles—San-Sheng-Kung

三盛公，位於綏遠隆興長，屬聖母聖心會的寧夏教區管理。

29. Mioches mongols.

◉ 蒙古族孩子

Mioches mongoles

MARIADIENST IN DE MISSIËN VAN SCHEUT

編者　Mariadienst in de Missiën van Scheut
　　　聖心婢女會
語言　荷蘭文 法文
印製　1910s., GOB 圖片社
尺寸　140mm×90mm

聖心婢女會系列

"聖心婢女會系列"有的只用荷蘭文，有的是荷蘭文和法文並用，內容和種類相當。

◉ 中蒙古一處朝聖地

Bedevaartplaats in Midden-Mongolië

此處是"磨子山朝聖地"。磨子山位於烏蘭察布市集寧玫瑰營鎮北十公里處，形如石磨，故名磨子山。相傳牧羊人在此遇到聖母顯現，招致四鄉民眾朝拜。1902 年玫瑰營子本堂神父鳳各德[1] 確立磨子山為敬禮聖母之聖山，1906 年聖母聖心會向羅馬教廷報備，教廷頒佈"博俊古辣大赦"（Portiun Cula），規定每年的 8 月 2 日為朝聖日。同年聖母聖心會修建磨子山聖母堂，聖堂長二十五米，寬八米，山上的小泉為聖泉，山下的村子叫望愛村。

1　鳳各德（Gerard Vonke, 1862—1906），荷蘭人，1890 年加入聖母聖心會，1896 年畢業於魯汶耶穌會學院並晉鐸，同年來華，先後任中蒙古教區西灣子、平定腦包副本堂，1902 年至 1906 年任玫瑰營子本堂。

❶
—
❷
—
❸

❶ 聖心婢女會管理人員

Bestuur van een Congregatie van O.-L.-Vrouw

❷ 甘北孤兒院：聖母庇護下的孩子們

St-Enfance de Kansou-Nord. Enfants recueillis sous l'égide de Marie
Kindsheid van Noord-Kansou Kinderen under Maria's bescherming opgenomen

孤兒院的房子磚牆瓦片，標準不低，孩子們簇擁在聖母像下合影，中間坐著聖心婢女會修女。最前面擺著一塊黑板，寫著孩子們對關心他們的人之謝意。

❸ 供奉聖母瑪利亞的中國家庭

Mariavereering in een chineesche familie

Mariadienst in de Missiën van Scheut

編者	De Kanunnikessen-Missionarissen van den H. Augustinus Moederhuis, Noviciaat en Procuur te Heverlee, <De Jacht> Bij Leuven 聖母聖心傳教女修會，魯汶海弗萊《初學院與賑房》雜誌社
語言	荷蘭文
印製	1933, Drukk. De Bièvre, Brasschaat（比利時布拉斯哈特比耶夫爾印刷所）
尺寸	140mm×90mm
主題詞	"茲會完全致力於傳教工作，如今（1933 年）在世界各地擁有五十二棟建築，傳教方式和形式多種多樣，每一個有意體驗傳教士生活的人都可以在這裏實現其理想。偉大的事業呼喚那些為基督、為教會虔誠獻身的人們。"

聖母聖心傳教女修會特卡

ARM KINDJE !... ZONDER MEDELIJDEN LANGS DE BAAN NEERGELEGD... EN TOCH GELUKKIG, ZOO HET DOOR EEN LIEFDERIJKE HAND WORDT OPGENOMEN EN NAAR DE MISSIE GEBRACHT. **DAAR** VINDT HET, MET EEN REIN KINDERLEVEN, IN 'N DEGELIJKE KATHOLIEKE OPVOEDING, DEN WEG NAAR 'T **WAAR GELUK.**

◉ 可憐的寶貝！

Arm Kindje!

【原注】"可憐的寶貝！……躺在那裏無人關愛，無憂無慮。仁慈之手把他交給傳教士，他會在天主教的哺育下享受純潔的童年，過上真正幸福的生活。"

29

科多尼奧耶穌聖心女修會

芝加哥林肯公園綠樹蔭蔭間有一幢白色卡拉拉大理石建造的聖堂，莊嚴的大堂裏裝飾著金色馬賽克圖案和聖蹟壁畫，從四周鑲嵌佛羅倫薩釉色玻璃的窗上灑進五彩斑斕的光芒。這座美侖美奐的聖堂建於 1955 年，原是芝加哥哥倫布醫院的一部分，2002 年哥倫布醫院拆除，改建林肯公園，只在草坪和湖泊間保留了這座聖堂。紐約曼哈頓上城區特里昂堡公園也有建於 1957 年、為紀念同一位聖徒的聖堂。它們的共同名字叫 "聖加布里尼國家聖堂"（National Shrine of Saint Frances Xavier Cabrini）。

如此受人尊敬和崇拜的加布里尼是歷史上第一位被梵蒂岡封為女聖徒的美國人。法蘭契斯卡‧沙勿略‧加布里尼（Francesca Saverio Cabrini）1850 年生於意大利的聖安傑洛—洛迪賈諾（Sant'Angelo Lodigiano），她是這個種植園主家庭十三個孩子中的老么，據說小時候她在河邊玩耍，摺疊一隻紙船，插上紫羅蘭，放入湍急的水中，快樂地稱之 "鮮花傳教士"，要飄向印度和中國。加布里尼十三歲在當地聖心女校讀書，五年後畢業。1870 年父母雙亡後，她在科多尼奧普照孤兒院（House of Providence Orphanage in Codogno）當教師，後來擔任院長。1877 年加布里尼召集身邊閨蜜共同發願，組建修女團體，並將自己名字前面加上聖徒 Saverio（沙勿略）的稱呼。1880 年加布里尼以這個修女團體為基礎，和另外六位姐妹正式組建 "耶穌聖心女修會"（Sorores Missionales a Sacro Corde Jesu），意大利文稱為 "聖加布里尼耶穌聖心女修會"（Missionarie del Sacro Cuore di Gesù Santa Francesca Saverio Cabrini），英文以其發起地稱之為 "科多尼奧耶穌聖心女修會"（Missionary Sisters of the Sacred Heart of Jesus, Codogno, M.S.C.），加布里尼擔任會長，制訂了規章，與姐妹們一起收養和照料孤兒、開辦學校等。1877 年教宗利奧十三世召見加布里尼到梵蒂岡，她向教宗提出實現兒時的夢想，想要搭乘 "鮮花傳教士" 之船去中國服務。教宗勸說她當下最需要的不是去東方而要回到美國，那裏有大批意大利人需要幫助。1889 年加布里尼帶領她的團隊到達紐約，在那裏為意大利移民創建孤兒院、學校，還有哥倫布醫院和意大利醫院；又先後在芝加哥、西雅圖、新奧爾良、丹佛、費城多地開辦了近七十所醫院、學校。1917 年聖誕節前兩天加布里尼在芝加哥為當地孩子準備聖誕糖果時突患急症，逝於哥倫布醫院，最初葬於紐約她創辦的一所孤兒院的花園裏，後來部分遺骨移至 "聖加布里尼國家聖堂"。

"落紅不是無情物，化作春泥更護花。" 耶穌聖心女修會在加布里尼身後蓬勃生長，後繼者讓紫羅蘭盛開到世界五大洲。1926 年科多尼奧耶穌聖心女修會悉心呵護著加布里尼的兒時夢想來到中國，在浙江杭州教區的嘉興和河南衛輝教區的汲縣、安陽、武安等地開展教育等輔助傳教工作，比較著名的有 1927 年創辦的嘉興明德女子中學。

MISSIONI SACERDOTI DEL S.CUORE, CINA

科多尼奧耶穌聖心女修會中國系列

編者	Procura delle Missioni Sacerdoti del S.Cuore
	科多尼奧耶穌聖心女修會賬房
語言	意大利文
印製	1940s., Bolona（意大利博洛尼亞）
尺寸	140mm×90mm

◉ **終於成為基督徒**

Finalmente Cristiani

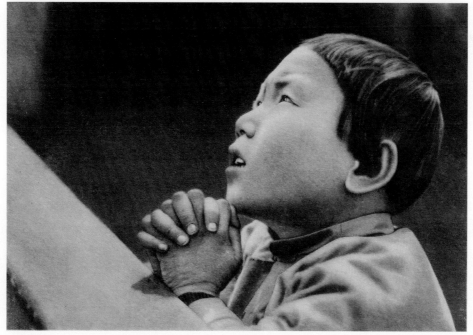

❶
—
❷

❶ 你有善心，請施大米　　　❷ 敬畏神靈

La carità dei buoni è…riso per I bimbi di Cina

30

拉普耶十字架孝女會

　　富爾涅和畢切兒於 1804 年創立的十字架孝女會與嘉諾撒仁愛女修會一樣，也是經歷了法國大革命洗禮的女修會。富爾涅（André-Hubert Fournet）1752 年生於法國維埃納（Vienne）一個虔誠的天主教家庭，在濃厚的宗教氛圍下，壓抑的富爾涅厭倦父母的說教，叛逆地把祈禱、聖餐、彌撒等聖事視為愚蠢可笑的舉動，認為它們遏制了自己的童趣。成年後父母把他送到普瓦捷（Poitiers）一所學校學習法律和哲學，他從學校逃出。母親從附近軍營把他找回，不得已把他交給在鄉村教區擔任神父的叔叔監管和調教，他在叔叔影響下浪子回頭，潛修神學，1776 年晉升神父，1781 年接替年老退休的叔叔，獨立主持教區工作。但他的神牧生活並未長久，法國大革命的風暴毀滅了舊王朝的同時也無情地衝擊著被視為舊王朝幫兇的教會。富爾涅拒絕宣誓服從革命政權，私下為教友的聖事活動服務。1792 年他被關進監獄，卻神奇地藏在棺材裏逃出，遁形於“加利古小道”，流亡西班牙。

　　1797 年是個非凡年份，不僅誕生了偉人舒伯特和海涅，還有拿破崙戰勝反法同盟，確保了法國大革命的勝利果實。富爾涅從比利牛斯半島回到法蘭西，仿徨中結識了畢切兒。畢切兒（Joan Elizabeth Lucy Bichier des Âges）1773 年生於法國中西部以盛產葡萄酒聞名的普瓦圖（Poitevin）一個信奉天主教的傳統家庭，她二十四歲時結識四處漂泊的富爾涅神父，尊其神師，將其收留在自己的村莊，二人一起從事救助窮人和普及教育的善工。1804 年富爾涅和畢切兒召集同工姐妹在法國中部維埃納省拉普耶鎮的豐特伏羅修道院（Maison-mère de Fontevraud à La Puye）成立“拉普耶十字架女修會”（Mission des Filles de la Croix, La Puye）。

　　富爾涅神父 1834 年去世，畢切兒 1838 年去世。他們二人歸主時，十字架女修會已經建有六十餘座大小修道院和學校，主要是畢切兒帶領姐妹們完成的。畢切兒臨終時緬懷道：“富爾涅神父給我的一生帶來改變，我們對他為我們做的一切感激不盡，我們只是他的思想之忠實執行者。”

　　二十世紀富爾涅和畢切兒的遺產逐步發展成國際組織，機構蔓延到歐洲各國以及南美、非洲和亞洲。修女們 1933 年來華，在蒼山洱海間的大理和保山辦有醫療站、孤兒院、女子學校和修女院，她們為自己起了個非常本土化的名字：“大理十字架孝女會”。

MISSION DES FILLES DE LA CROIX À TALI (CHINE)

十字架孝女會大理系列

編者　Mission des Filles de la Croix
　　　拉普耶十字架女修會
語言　法文
印製　1930s.
尺寸　140mm×95mm

MISSION DES FILLES DE LA CROIX A TALI (CHINE) — DISPENSAIRE

◉ 大理十字架孝女會的診所

Dispensaire

Mission des Filles de la Croix à Tali (Chine). – Groupe de Vierges ou Catéchistes

Mission des Filles de la Croix à Tali (Chine). – Ecole des Filles

❶ 大理十字架孝女會的修女

Groupe de Vierges ou Catéchistes

❷ 大理十字架孝女會女校

École des Filles

大理十字架孝女會女校全稱"無玷聖母學校"（École des Filles de Immaculée Conception），是二十世紀三十年代在大理開辦的女校，初期只有小學，招收一些當地少數民族家庭的女孩讀書，五十年代由地方政府接管。

31

姐妹會格拉茨公教學校

　　巴爾幹半島歷史上是歐洲列強的魚肉之地，複雜的民族性格和宗教信仰使其被視為歐洲的火藥桶。艱苦而守道，這裏誕生過許多羅馬天主教的著名聖徒，比如 1979 年諾貝爾和平獎獲得者特蕾莎[1]修女。

　　1843 年奧匈帝國統治下的斯洛文尼亞人蘭佩爾[2]修女和贊格勒[3]神父，在離斯洛文尼亞四十公里的奧地利格拉茨（Graz）創辦了一家修會，名為"格拉茨公教學校姐妹會"（Grazer Schulschwestern, FIC）。他們回家鄉辦義學，勵志通過普及貧困家庭女孩子們的教育而改善她們的生活狀況。1904 年格拉茨公教學校姐妹會掛靠方濟各會，全稱"方濟各第三規格拉茨公教學校姐妹會"（Grazer Schulschwestern vom III. Orden des hl. Franziskus, FIC, Congregatio Sororum Scholarum Graecensium a Tertio Ordine Sancti Francisci, OSF）。

　　1936 年鮑思高撒勒爵會斯洛文尼亞籍傳教士紀勵志[4]在中國主教陳達明[5]訪問歐洲的日程表裏刻意安排了斯洛文尼亞的行程。陳達明與格拉茨公教學校姐妹會達成積極的合作意向，邀請姐妹會來自己的教區發展。當年羅絲（Mihaela Rous）、喜樂（Virginia Schiller）、馬兒茜（Immakulata Marušič）和薩佳思（Konstantine Sarjaš）四位修女從斯洛文尼亞啟程經河內、昆明到達昭通。1939 年教廷任命紀勵志神父代理昭通監牧區主教，在他的規劃下，格拉茨公教學校姐妹會於 1940 年成立羅絲負責的全部由斯洛文尼亞人組成的中國女修會，重點開展醫療輔助傳教工作，在昭通修建了一所歐洲標準的醫院，當年主要接收醫治中緬地區抗擊日軍的傷病員。

1　特蕾莎（Teresa of Calcutta, 1910—1997），生於科索沃斯科普里，天主教修女，長期在印度加爾各答救助窮人，1979 年得到諾貝爾和平獎，2003 年梵蒂岡授予福品。

2　蘭佩爾（Madre Francisca Lampel, 1807—1851），生於奧地利的菲爾斯滕費爾德（Fürstenfeld），幼年喪父，家境貧寒，曾在格拉茨參與一家慈善女校工作，1841 年向贊格勒主教建議設立格拉茨公教學校姐妹會，1843 年獲教宗批准正式成立。

3　贊格勒（Roman Sebastian Zängerle, 1771—1848），生於伊萊爾基爾希貝格（Ober-Kirchberg），先後在薩爾茨堡、克拉科夫、布拉格、維也納等大學學習，1824 年晉升塞考（Seckau）教區主教，1843 年創建格拉茨公教學校姐妹會。

4　紀勵志（Jožef Keréc, 1892—1974），生於奧匈帝國斯洛文尼亞 Prosecká，鮑思高撒勒爵會會士，1921 年來華，1939 年代理昭通監牧區主教，1952 年回國，逝於南斯拉夫斯洛文尼亞韋爾澤（Verže）。

5　陳達明（1880—1945），生於四川寧遠府，1911 年晉鐸，在宜賓教區傳教。1935 年羅馬教廷從雲南府代牧區分設國籍神父管理的昭通監牧區，陳達明神父出任主教，1938 年退休回鄉。

Misijonske Razglednice, Kitajska

編者	Grazer Schulschwestern vom III. Orden des hl. Franziskus 格拉茨公教學校姐妹會
語言	斯洛文尼亞文
印製	1940s., Založilo Misijoniš e, Domžale （斯洛文尼亞多姆扎爾傳教印書局）
尺寸	140mm×90mm

格拉茨公教學校姐妹會中國系列

◉ 綏江孤兒院收留的棄嬰

Otroke, ki so jih zavrgli starši, so sprejeli v sirotišče v Tsinghaj

這是一張畫面構思非常有特點的明信片，孤兒們圍坐嬤嬤身邊，聽她講很久很久以前⋯⋯耶穌基督關愛孩子的故事。

綏江屬雲南昭通，道光二十年（1840）雲南代牧區成立時主教座堂曾設在昭通鹽津。1935 年設立華籍神父管理的昭通監牧區，陳達明出任主教，轄宣威、綏江、鹽津等堂口。

32

聖
嘉
彌
祿
靈
醫
會

火紅的十字是人類歷史上最為醒目的徽標，洋溢著人道和博愛之普世精神。紅十字標誌的最早使用者是十六世紀意大利天主教傳教組織靈醫會。當代國際紅十字和紅新月會的標誌與靈醫會沒有直接的承繼關係，靈醫會的紅十字要早於後來者三百五十年。

1550 年靈醫會創始人嘉彌祿‧德萊里斯（Camillus de Lellis）生於意大利那不勒斯王國的布基亞尼科（Bucchianico），父親是常年在外征戰的職業軍人，老蚌生珠，五十多歲有了孩子嘉彌祿。嘉彌祿十三歲喪母，寄居親戚家不受待見，養成暴戾性格；1566 年隨父從軍，參加法國軍團與奧斯曼帝國的戰爭，一條腿傷殘。1575 年法國軍團解散，嘉彌祿落腳在意大利南部曼弗雷多尼亞（Manfredonia）一所方濟各會的修道院，他把在軍隊的不良習氣帶到這裏，逞強鬥毆，嗜賭成性。經修道士們苦口婆心的勸誠和無微不至的照顧，被感化的嘉彌祿迷途知返，皈依基督。沒過多久，他前往羅馬聖賈科莫醫院（San Giacomo）治療傷腿，效果不佳，落疾終殘。肉體的不幸沒有影響其勵志精神，他自覺遵守發過的誓願，禁欲、禁賭、幫助病患，更留在聖賈科莫醫院作護理人員，他的熱心和付出有目共睹，最後被選為院長。1582 年嘉彌祿到神學院進修，畢業後晉鐸。

在聖賈科莫醫院工作的經歷使嘉彌祿認識到對醫院病人的心靈撫慰比肉體治療更重要，如同自己依賴信仰的力量克服殘疾帶來的消極情緒那樣，他們需要精神導師和懺悔師。1584 年嘉彌祿辭去院長職務，邀請志同道合者籌組一家致力於這個目的的修會"靈醫會"（Chierici Regolari Ministri degli Infermi di S. Camillo, MI），其成員必須是神父和輔理修士，除了他們已經立誓的絕財、絕色、絕意三願外，還需要發第四個誓言"救死扶傷，殞身不恤"，佩戴表達基督博愛精神的紅十字徽標，象徵著耶穌基督在十字架上為拯救人類而滴淌著鮮血。1586 年教宗西克斯圖斯五世批准嘉彌祿建立靈醫會，指定聖瑪利亞抹大拉教堂（Santa Maria Maddalena）為靈醫會的總部，1591 年修會拿到批准正式成立的文件。嘉彌祿率隊直接參加歐洲此後發生的一系列戰爭，在刀光血影的戰場上出生入死，搶救敵對雙方士兵的生命。歐洲多地瘟疫流行的城市裏，總能夠見到紅十字標誌出沒在死寂的街道，許多靈醫會成員赴湯蹈火，取義捨生。

嘉彌祿身體每況日下，無法站立，常常爬著去看望自己的病人，1607 年他把靈醫會會長職責託付給後繼者，做一些力所能及的輔助工作。1614 年嘉彌祿逝於羅馬，結束了自己身匱神盈的一生，死後葬於聖瑪利亞抹大拉教堂。1746 年教宗本篤十四世冊封嘉彌祿為聖人。天主教世界中，嘉彌祿是病人、醫護人員和醫院的主保。在聖嘉彌祿旗號下世界各地成立了許多組織，如"聖嘉彌祿靈醫忠僕會"（Congregation of the Servants of the Sick of St Camillus）、"聖嘉彌祿修女會"（Kamillianische Schwestern）、"靈醫世俗會"（Secular Institutes of Missionaries of the Sick Christ Our Hope）等。聖瑪利亞抹大拉教堂嘉彌祿祭壇上有一座十字架，刻著聖人的座右銘："面對病人你恐懼嗎？恐懼說明你把其視為工作而不是天責。"

靈醫會來華非常晚，1946 年兩位神父到達雲南昭通教區，斯洛文尼亞籍主教紀勵志安排他們到格拉茲公教姐妹會創辦的會澤聖若瑟醫院（St. Joseph Hospital）工作。

YUNNAN SERIE

編者　　*Missioni Camilliane*
　　　　《聖嘉彌祿靈醫會》雜誌社
語言　　意大利文
印製　　1940s., Milano（米蘭）
尺寸　　140mm×90mm
主題詞　"施救死扶傷，播信德文明。"

《聖嘉彌祿靈醫會》雜誌為 1946 年創辦於米蘭的
聖嘉彌祿靈醫會年刊，其編輯的"聖嘉彌祿靈醫
會雲南系列"先後發行了四個子系列。

聖嘉彌祿靈醫會雲南系列

YUNNAN (Cina) - Serie I - 4. Davanti alla tomba di un grande personaggio.

◉ 名人墓前

Davanti alla tomba di un grande personaggio

YUNNAN (Cina) - Serie IV - 5. In giro di missione.

YUNNAN (Cina) - Serie I - 1. Kunming - Paesaggio.

YUNNAN (Cina) - Serie I - 3. Kunming, il lago.

❶ 傳教行腳
In giro di missione

❷ 昆明風景
Kunming—Paesaggio

❸ 昆明滇池
Kunming il lago

33

維羅納傳教會

　　這是一家在中國沒有留下足跡的傳教會。他們大量印發有關中國的明信片，目的是以在華傳教士為榜樣，篳路藍縷、砥節礪行，用福音改變非洲大陸冥頑愚昧的面貌。

　　維羅納傳教會帶頭人丹尼爾·孔波尼（Daniele Comboni）1831年出生在奧匈帝國統治下的意大利北部布雷西亞（Brescia）檸檬加達鎮（Limone sul Garda），父親是地地道道的莊戶人，小孔波尼十二歲進維羅納教會學校讀書，掌握了拉丁文、法文、阿拉伯文和醫學知識，六年後畢業，申請赴非洲傳教。1854年孔波尼在特倫托（Trento）晉鐸，1857年與四位年輕同伴動身赴非洲執行傳教使命，次年抵達蘇丹的喀土穆。他們在那裏面臨的最大困難不是傳教任務本身，而是疾病，不到兩年，五人中有三人患瘧疾病故，1859年孔波尼幸運地返回維羅納治病，其間構想一個稱為"復興非洲"的計劃。痊癒後，他上至羅馬教廷，下至歐洲各地，四處路演，展示自己的抱負，其拯救非洲的願景贏得廣泛的民意基礎和充足的資金支持。

　　1867年孔波尼在維羅納創建以"向非洲大陸傳佈福音"為宗旨的"非洲傳教會"（Istituto delle Missioni per la Nigrizia, MCCJ）。他汲取從前的教訓，認真開展傳教前期培訓工作，傳授非洲地理文化，學習非洲土著語言，重點是要求人人掌握醫學防護知識。1869年新的修會開始前往開羅、喀土穆，修建教堂、醫院、救濟站、孤兒院和學校，培養當地傳教士。1872年他還創建了女修會"虔誠聖母會"（Istituto delle Pie Madri）。1877年孔波尼出任中非洲教區主教，他當年最核心的兩項工作，一是救濟飢餓難民，二是制止拐賣黑奴，這些艱巨的任務似乎今天仍在繼續。

　　1881年孔波尼感染霍亂逝於喀土穆，他臨終的最後一句話是："生命誠將完結，事業會當不朽。"在孔波尼身後，維羅納非洲傳教會走出中非洲，去往埃及、厄立特里亞、喀麥隆、莫桑比克、哥斯達黎加、厄瓜多爾、巴西、哥倫比亞、約旦、菲律賓……足跡遍佈世界各地。為了便於被非洲以外的人們認知，1885年"維羅納非洲傳教會"更名為"耶穌聖心傳教會"（Figli del Sacro Cuore di Gesù），1892年"虔誠聖母會"更名為"維羅納聖母之家"（Casa Madre di Verona）。人們通常仍分別稱其為"維羅納傳教會"、"維羅納傳教女修會"，或"孔波尼傳教會"、"孔波尼女修會"。

CINA

編者	Istituto Missioni Africane di Verona 維羅納傳教會
語言	意大利文
印製	1910s.—1940s, Arti Grafiche, Bergamo （意大利貝加莫藝術圖片社）
尺寸	138mm×90mm
主題詞	"維羅納偶傳教會在非洲中部和東部的廣袤 區域傳播福音，誠邀加盟。"

維羅納傳教會中國系列

"維羅納傳教會中國系列"的內容均選自在華傳教會
拍攝的照片，在其他修會發行的系列裏亦可看到。

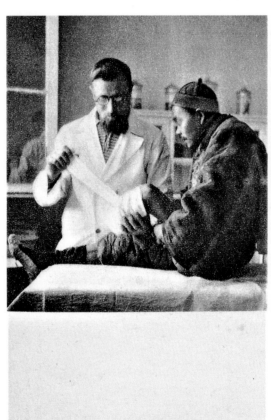 

❶ 洛陽傳教士救治改邪歸正的土匪

Loyang (Cina) —Missionario che medica un brigante convertito

❷ 郴州教區的難民收容所

Profughi rifugiatisi alla Missione di Cheng-Chow (Cina) per essere ricoverati e soccorsi

❶ ❷

❶ 戰爭和匪患使中國窮人
倍增

*La Guerra e il brigantaggio hanno
moltiplicato i poveri anche in Cina*

❷ 洛陽神學院學生從教堂
走出遊行

*Loyang (Cina)—Seminaristi
in processione che escono dalla
Cattedrale*

❸ 漢口的女孩子初領聖餐

*Hankow (Cina)—La Prima
Comunione trasforma le piccole cinesi*

❶ ❷
❸

34

宗座傳信會

　　天主教傳教士本著"往訓萬民"的聖意走向世界各個角落,開疆擴土,尋找福音受眾,建立屬靈的社團。支撐著這些千千萬萬背井離鄉、漂泊各地的傳教修會和傳教士的除了聖經和信仰力量之外,輔助傳教的基金、慈善組織、服務團體、專業機構也是不可或缺的。這些機構大多數屬民間自發組織,鄉親父老為本地外出傳教修會提供財務、人員、物質等力所能及的服務和幫助;也有跨地區的全國性組織,以較強的號召力為本國或某特定地區的傳教士提供後援,比如法國宗徒會、意大利傳教士全國後援會、中國教區服務團等。直屬梵蒂岡教宗管理的主要有四個輔助傳教團體:宗座傳信會、宗座聖嬰會、宗座聖伯多祿宗徒會、宗座司鐸聯合會。

　　雅麗高(Pauline-Marie Jaricot, 1799—1862)生於法國里昂,其父親有一家絲綢工廠,哥哥在越南廣南省當傳教士。十七歲時母親去世,傷心過度的雅麗高默默為母親祈禱整整一年,盼望耶穌基督保佑她在天堂喜樂安康,隨後加入多明我女修會。她組織身邊志趣相投的女孩子成立"重現基督聖心祈禱會"(Réparatrices du Sacré-Coeur de Jésus-Christ),訂立同盟,立誓童貞,潔身侍主,互相監督。雅麗高說服絲綢工廠的女職員和女工人參加她們的祈禱會,並捐出個人部分收入扶危拯溺。春華秋實,雅麗高播下的種子開花結果,擁戴者散佈法國各地。1822 年雅麗高在法國里昂創立"傳信會"(Propagation de de la Foi, PF[1]),籌集資金用於支援世界各地傳教會。雅麗高初期動用的是自己家族紡織廠的資產,法國傳信會的第一個項目是援助美國新奧爾良教會,後陸續在社會募集善款,在法國、意大利、奧地利、西班牙和葡萄牙等國開展工作,1823 年該組織得到教宗庇護七世的批准,1840 年教宗格里高利十六世將該組織列為梵蒂岡一級團體,1904 年教宗庇護十世頒諭給予該組織在籌募資金上的一些特權。雅麗高創辦的這個團體事業遍佈世界各地,影響日盛。

　　1826 年雅麗高創辦"詠誦玫瑰經會"(Living Rosary Association),十五

1　"傳信會"的外文 Propagation de de la Foi 容易與梵蒂岡"傳信部"混淆。"傳信部"拉丁文是 Sacra Congregatio de Propaganda Fide,成立於 1622 年,羅馬教廷的聖部之一,為天主教會的最高宣教機構,1982 年改稱"萬民福音部"(Congregatio pro Gentium Evangelizazione)。

個會員為一組，把《玫瑰經》分成十五個部分派給每個人，十年中必須每天詠誦和祈禱，然後交換，周而復始。簡單易解的祈禱方法使這個活動在法國的虔誠女教徒中深受歡迎，並迅速傳播到其他國度。

1843 年從美國回來的約瑟夫·福爾班—冉森有意成立幫助在華傳教士拯救棄嬰的慈善組織，找到雅麗高想與法國傳信會合作，兩位垂暮之年的理想者最終創辦了至今仍活躍在全世界的天主教救助兒童組織"聖嬰會"。

雅麗高也有過基督教烏托邦的夢想，1845 年她購買了一座鋼鐵廠，安排教徒及其家人就業，並在附近為他們修建住宅、學校、教堂，管吃管住，就像聖經描述的伊甸園。但烏托邦就是烏托邦，在市場經濟環境下很難有生存空間，工廠管理者的貪污腐敗更使她的美好設想難以為繼，該廠在 1862 年宣告破產。身無分文的雅麗高在里昂淒涼去世，葬於當地聖尼濟耶教堂（Église Saint-Nizier）。雅麗高是近代天主教世界最為重要的女性之一，被視為奉獻、高德、賢良的模範，1963 年被教宗冊封聖品，名字前面冠以"可敬者"（Venerable）。

二十世紀以來，兩任教宗本篤十五世和庇護十一世都著力削弱歐洲各國對修會的控制，收緊各修會自身的權力，加強教宗的權威和話語權，逐步在全世界推行聖統制，把更多的修會納入梵蒂岡傳信部直管。1922 年藉法國傳信會成立百年之際，梵蒂岡將傳信會列為教宗直管，冠以"宗座傳信會"（Pontificia Opera della Propagazione della Fede, POPF）之名，總部從里昂遷至羅馬。1956 年教宗庇護十二世把包括宗座司鐸聯合會、宗座聖伯多祿宗徒會等多家教宗直屬的基金機構納入宗座傳信會體系。

宗座傳信會辦有會刊 *Les Missions Catholiques: Bulletin Hebdomadaire Illustré de l'Œuvre de la Propagation de la Foi*（《傳信會插圖周刊》），1868 年創刊於巴黎和里昂，1964 年歇業，曾出版多種歐洲語言版本，如意大利文的 *Le Missioni Cattoliche: Bullettino Illustrato dell'Opera la Propagazione della Fede*（米蘭）和德文的 *Die Katholischen Missionen: Illustrierte Monatsschrift des Vereins der Glaubensverbreitung in den Ländern Deutscher*（慕尼黑、維也納、弗萊堡）以及聖言會版 *De Katholieke Missiën*（斯泰爾）。

CHINE

編者	L'Œuvre de la Propagation de la Foi 《傳信會周刊》雜誌社
語言	法文
印製	1910s., Hélio Braun, Lyon, Paris（法國里昂和巴黎赫利奧—博朗印製社）
尺寸	140mm×90mm
主題詞	"傳信會是是世界各地天主教傳教士的後盾。"

"《傳信會周刊》中國系列"是歸為宗座直管之前發行的，發行時間不同，印製地不同。

《傳信會周刊》中國系列

77. CHINE — SPECTACLE DE FAMINE
UN MISSIONNAIRE DISTRIBUE DU RIZ AUX ENFANTS AFFAMÉS

Fides Photo　　　Hélio Braun, Paris

78. CHINE (Hankéou)
INFIRMIÈRES CATHOLIQUES SE DÉVOUANT AU SERVICE DE LA POPULATION

Fides Photo　　　Hélio Braun, Paris

❶❷

❶ 傳教士給饑荒地區的孩子分發米飯

Un missionnaire distribue du riz aux enfants affamés, Spectacle de famine

❷ 漢口天主教護士為民眾服務

Hankéou: Infirmières catholiques se dévouant au service de la population

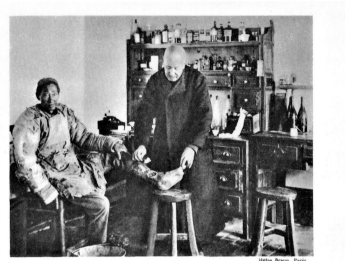

❶

❷

❸

❶ **南京法國耶穌會神父在教區診所診治病人**

Un Pére Jesuite Français soigne un malade dans son dispensaire a la campagne, Nankin

49. ASIE (Chine-Nankin) — UN PÈRE JESUITE FRANÇAIS SOIGNE UN MALADE DANS SON DISPENSAIRE A LA CAMPAGNE

Helio Braun, Paris

❷ **聖伯納會修士去西藏途中**

Un moine du Saint-Bernard en route vers le Thibet

聖伯納（San Bernardo di Mentone）1020年生於意大利薩沃伊郡貴族家庭，創建了遵循聖奧斯定教規的"聖奧斯定詠禮會"。奧斯塔鄰近阿爾比斯山著名的"羅馬之路"上的海拔兩千五百米的蒙若隘口（Mont-Joux Pass），聖伯納修士為了幫助往來商旅，造福萬民，在蒙若隘口修建了著名的養老院和修道院。聖伯納1081年逝於諾瓦拉（Novara），安葬在聖勞倫斯修道院。為紀念聖伯納修士蒙若隘口改名聖伯納隘口，他創辦的修會亦被稱為"聖伯納詠禮會"（Congrégation des Chanoines du Grand-Saint-Bernard, CRB）。聖伯納詠禮會曾試圖在四川打箭爐和西藏鹽井開拓傳教區，遭喇嘛抵制，1931年應巴黎外方傳教會邀請，正式派遣三位神父前往中國雲南維西地區傳教，設立維西天主堂，之後陸續有九位神父加入這個團隊。

29. Un moine du Saint-Bernard en route vers le THIBET

Fides-Photo

❸ **孤兒院的晚餐**

L'heure du souper à l'orphelinat

21. L'heure du souper à l'orphelinat

Fides-Photo

24. Sourires

22. KOUANG-TONG. — Métier familial

88. ASIE (Ile de Formose évangélisée par les Pères Dominicains) — CLASSE DANS UN ORPHELINAT

Hélio Braun, Paris

❶ 相視而笑

Sourires

❷ 廣東的家庭作坊

Kouang-Tong— Métier familial

❸ 多明我會神父在台灣孤兒院講授福音

Classe dans un orphelinat. Ile de Formose évangélisées par Pères Dominicains

多明我會傳教士早在天啟六年（1626）隨西班牙遠征軍自菲律賓
來到台灣基隆和平島建立第一座教堂，隨後在淡水、宜蘭也建有教
堂，1642 年撤離後偶有零星活動。《天津條約》議定開放台灣為通商
口岸，咸豐九年（1859）多明我會第二次來台，以打狗港（今高雄）
為中心由南至北建立前金、萬金、台南、羅厝莊、沙崙傳教站，在
台中、台北、基隆建有教堂，各傳教站均設有孤兒院和學校。

JAPON ET CHINE

編者	L'Œuvre de la Propagation de la Foi 《傳信會周刊》雜誌社
語言	法文
印製	1920s., Mélio Lescuyer, Lyon（法國里昂萊斯庫耶圖片社）
尺寸	138mm×88mm
主題詞	"傳信會是世界各地天主教傳教士的後盾。"

《傳信會周刊》日本和中國系列

❶ 中國難民
Un réfugié chinois

❷ 上課時光
L'heure des enfants

❸ 同窗姐妹
Dans cette École de Kiangsu, fondée par les Jésuites, une <grande> apprend à lire aux <nouvelles>

【原注】"在江蘇耶穌會創辦的這所學校裏，大孩子帶小孩子讀書看報。"

MISSIONS D'ASIE

《傳信會周刊》 亞洲系列

編者　*La Propagation de la Foi*
　　　《傳信會周刊》雜誌社
語言　法文
印製　1920s., Paris, Lyon（法國巴黎和里昂）
尺寸　140mm × 90mm

❶ ❷
❸

❶ **在中國施洗**
Baptêmes en Chine

❷ **中國煙民**
Fumeur chinois

❸ **中國醫生和歐洲修女**
Médecin chinois et religieuse européenne

MISSIONS D'ASIE

編者　*La Propagation de la Foi*
　　　《傳信會周刊》雜誌社
語言　法文
印製　1920s, Ch.Plessard, Paris（巴黎普萊薩德圖
　　　片社）
尺寸　140mm×90mm
主題詞　"傳信會是是世界各地天主教傳教士的後盾。"

"《傳信會周刊》亞洲五彩系列"是一套跨修會、跨地域明
信片，不僅反映天主教在中國的傳播，也包括亞洲多地人
們的奉教生活。

《傳信會周刊》亞洲五彩系列

❶
❷

LE TAXI A NANKIN. — SŒUR AUXILIATRICE EN BROUETTE.

Ch. PLESSARD 31

LE BAPTÊME D'UN PETIT CHINOIS. — MISSION DES SŒURS
DE SAINT-VINCENT DE PAUL ET DES P.P. LAZARISTES.

Ch. PLESSARD 31

❶ 南京信徒推獨輪車助人為樂

Le Taxi a Nankin—Sœur Auxiliatrice en brouette

❷ 納匝肋女修會修女為中國嬰兒洗禮

Le Baptême d'un Petit Chinois—Mission des Sœurs de Saint-Vincent de Paul et P.P. Lazaristes

編者　Pontificia Opera della Propagazione della Fede
　　　宗座傳信會
語言　意大利文
印製　1930s.
尺寸　140mm×90mm

宗座傳信會中國系列

Pechino · Orfanelle.

La tinozza del buon umore.

I BUONI AMICI DELLA SUORA MISSIONARIA

❶ 北京的孤兒

Pechino—Orfanelle

【原注】"在新媽媽的照料下他
們不再哭泣,人們怎能忘記傳
教姐妹的恩澤。"

❷ 快樂的浴桶

La tinozza del buon umore

【原注】"這些中國孩子被請到
教區作客,體驗宗座傳信會的
盛情。"

❸ 修女的好友

I buoni Amici della Suora Missionaria

【原注】"通過向傳教機構捐贈
100英鎊,你將獲得永生。"

PECHINO

宗座傳信會北京系列

編者	Pontificia Opera della Propagazione della Fede
	宗座傳信會
語言	意大利文
印製	1930s.
尺寸	140mm×90mm

Pechino - Tempio degli antenati.

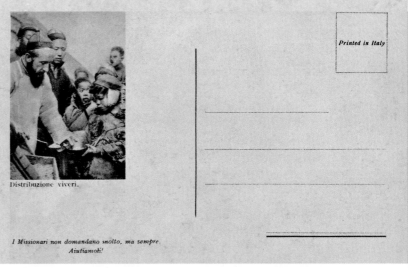

Distribuzione viveri.

I Missionari non domandano molto, ma sempre.
Aiutiamoli!

Printed in Italy

❶　❷

❶ 北京太廟（正面）

Pechino—Tempio degli antenati

❷ 分發食物（背面）

Distribuzione viveri

【原注】"千里之行，始於足下。"

Pechino - Ponte in marmo che separa il Parco del Nord da quello del Sud.

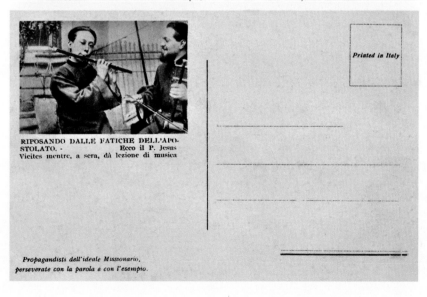

RIPOSANDO DALLE FATICHE DELL'APO-
STOLATO. -　　　　　Ecco il P. Jesus
Vicites mentre, a sera, dà lezione di musica

Printed in Italy

Propagandisti dell'ideale Missionario,
perseverate con la parola e con l'esempio.

❶ 北京十七孔橋（正面）

Pechino—Ponte in marmo che separa il Parco del Nord de quello del Sud

❷ 晚間切磋樂器（背面）

Vieites mentre, a sera, dà lezione di musica

【原注】"精心傳教，勞逸結合。"

35

宗座聖嬰會

　　雨果在《悲慘世界》裏有段讓人痛徹心扉的話："光看過男人的悲慘,等於什麼也沒看見,應該看一看女人的悲慘;光看過女人的悲慘,也等於什麼也沒看見,應該看一看孩子的悲慘。"拯救嬰兒的生命在正直的基督門徒眼裏是天字第一號善行,無論哪一家修會都會把這項事業寫入自己的憲章。

　　宗座聖嬰會是梵蒂岡教宗直管的輔助傳教組織之一,是法國伯爵約瑟夫·福爾班—冉森為幫助在華傳教士關注棄嬰、拯救孤兒發起成立的慈善組織。約瑟夫·福爾班—冉森（Charles-Auguste-Marie-Joseph, Count de Forbin-Janson）1785 年出生於巴黎落魄的貴族家庭,是冉森伯爵的繼承人。他的家人在法國大革命爆發後流亡普魯士巴伐利亞,1799 年拿破崙發動霧月政變,建立執政府,擬改共和國為帝國,冉森伯爵家族擁護拿破崙而得以返回法國。約瑟夫·福爾班—冉森年輕時秉承貴族傳統在軍隊服役,1805 年受家族委託接受拿破崙任命的官職,對政治事務興趣寡淡的他把精力投入到法國耶穌會創立的聖母會（Congrégation de la Sainte-Vierge）。他不滿拿破崙對庇護七世的蔑視和羞辱,掛冠而去,遠離政治角鬥場,投身聖教事業。1808 年約瑟夫·福爾班—冉森進入聖蘇比神學院（Saint-Sulpice）讀書,在這裏他結識了一批與他趣味相投的年輕修道士,共同切磋未來的發展願景。1811 年他被任命為法國中東部尚貝里（Chambéry）教區神父兼任教區神學院院長,1814 年在羅馬覲見教宗庇護七世,表達自己成為傳教士的願望,教宗沒有同意,他回到巴黎與朋友成立"慈父會"（Fathers of Mercy）。1823 年約瑟夫·福爾班—冉森出任在法國地位顯赫的南錫大主教。1830 年七月革命爆發,波旁王朝復辟,國王查理十世被趕下王座,代表資產階級利益的奧爾良公爵路易·菲利浦戴上王冠,拉開了歐洲革命新浪潮的序幕。堅持君主主義政治立場的約瑟夫·福爾班—冉森被免去南錫大主教職務。他在法國各地巡視,結交高低各界朋友,一時聲望倍增。他還熱心幫助雅麗高的法國傳信會做了許多工作。1839 年得到教宗格雷戈里十六世默許,約瑟夫·福爾班—冉森遠赴美國和加拿大傳教,在紐約、新奧爾良、費城、阿拉巴馬、魁北克等地建立"慈父會"組織。1841 年五十六歲的約瑟夫·福爾班—冉森回到法國,赴羅馬向教宗彙報在美國傳教的活動,希望教宗干預法國事務,恢復自己南錫大主教的職務，未果，1844 年逝於家族的艾加拉德城堡（Les Aygalades），葬於巴黎畢卡普貴族公墓（Picpus Cemetery）。

　　自明末清初西方傳教士來華後，他們在與歐洲信件往來裏談論比較多的話題包括中國溺嬰和棄嬰的現象，法國民間一直有人自發地資助在華傳教士解救棄嬰，然而杯水車薪，成效有限。約瑟夫·福爾班—冉森創辦的"聖嬰會"（Opus a Sancta Infanti）是他晚年的最大成就。最初他是想與雅麗高的法國傳信會合作，幫助在華傳教士開展對中國棄嬰的拯救活動，後來他和雅麗高還是於 1843 年在巴黎成立了獨立組織"聖嬰會"。1856 年教宗庇護九世頒佈聖諭，要求世界各地傳教組織推廣這項慈善事業，幫助各國兒童。1922 年聖嬰會被列入教宗直管，名為"宗座聖嬰會"（Pontificium Opus a Sancta Infantia, POSI），總部由巴黎遷至羅馬，設有國際性管理機構，負責募集資金、調配和發放善款。聖嬰會的成立源於中國棄嬰問題，後來也擴展到其他國家，不過還是在中國的影響最大。

　　光緒四年（1878）耶穌會徐家匯大修院院長柏立德[1]在彌留之際終於看到自己多年調查研究完成的著作 L'Infanticide et L'Œuvre de la Sainte-Enfance en Chine（《中國溺嬰與聖嬰會》），這是古今中外第一部系統研究中國溺嬰現象的專著。柏立德首先採信了從明亡（1644）到清光緒元年（1875）官方公佈的溺嬰情況；又從佛教、道教書籍裏找出有關溺嬰的記述，說明佛道兩家堅決反對溺嬰；還列出儒學書籍有關溺嬰的記載，以及新聞媒體報道的溺嬰情況和"民俗畫裏的溺嬰"。柏立德繼而整理了傳教士在中國拯救棄嬰的情況，比如十七世紀以來為外教嬰孩做臨終洗禮，收養外教嬰孩的慈善活動，以及教會辦的育嬰堂和孤兒院。柏立德闡述了自己對溺嬰產生原因的分析，以及他認為從中國舊風俗舊傳統桎梏下拯救溺嬰的必要性和信德基礎。

　　聖教會是耶穌基督耕耘的王國，耶穌說"愛人勝己"，受到苦難深重的人們之崇戴。他恩寵窮人免受蹂躪，以自己的行動挽救窮人不至淪落於被羞辱、被欺負的境地。然而，設立育嬰堂這種善舉絲毫沒有消除窮人的抱怨，卻被說成是施以小恩小惠、收買人心而受到惡語中傷。

　　一些傳教士曾經嚴肅指出過，中國的溺嬰現象是非常普遍的，中國人對此前傳教士嘗試為他們設立的育嬰堂極為反感，筆者所在的城市確然如此。不論走到哪裏，尤其是鄉村，溺嬰事件比比皆是，人們司空見慣。官員們睜一眼閉一眼，熟視無睹，禁止溺嬰的法令只是紙面文章，無人遵守、無人監督，由傳教士建議而設立的補充法律規定也沒有得到人們尊重。[2]

　　柏立德的結論是，對於溺嬰這種現象，有必要

1　柏立德（Gabriel Palatre, 1830—1878），字介于，法國人，1853 年入耶穌會，1863 年來華，1866 年晉鐸，主持徐家匯大修院；逝於徐家匯。

2　Gabrirl Palatre, *L'Infanticide et L'Œuvre de la Sainte-Enfance en Chine*, Chang-hai: Autograpjie de la Misssion Catholique, L'Orphelinat de Tou-sè-wè, 1878, pp.iii-v.

從中國歷史文化傳統著手剖析，貫之以基督精神長久深入之影響，才能有效地改變中國人這種非人道的陋習。

　　過往聖嬰會的募捐活動都是把棄嬰現象描述成中國人因生活所迫不得已發生偶然的、被動的事件。光緒十年（1884）法國傳教士范世熙[1]發表畫論 *Mélanges sur La China*（《中國論札》）介紹了《二十四孝全圖》，使中國棄嬰問題在歐洲吹起一襲波瀾。法國媒體刊文指出，溺嬰不是棄嬰，"鬻兒葬母"是一種常見的、主動的、被中國人視為"善行"的現象，是一種在中國代代相傳的惡俗，西方人不應該為這種非人道的陋習埋單。他們把柏立德的《中國溺嬰與聖嬰會》找出來佐證，質疑聖嬰會將從歐洲募集的資金用於在中國開設育嬰堂是否妥當。這場爭論使聖嬰會倍感壓力。

　　鴉片戰爭以後，清政府逐漸開放教禁，天主教會獲得了前所未有的傳教便利。特別是道光二十四年（1844）的《黃埔條約》和咸豐十年（1860）的《北京條約》，為天主教傳教活動提供了條約保護，這些條款的規定有利於天主教會在中國開辦育嬰堂、醫院、救濟院等各種社會慈善事業組織。聖嬰會在中國的活動與中國傳統風俗時常碰撞出火花，近代不少教案的發生均與聖嬰會有關，譬如天津"望海樓教案"。

1　范世熙（Adulpgus Vasseur, 1828—1899），字俊卿，法國人，1847 年入耶穌會，1862 年晉鐸，1865 年來華；先是在海門、崇明、昆山教區任職，1870 年調至土山灣畫館教授版畫和素描；1872 年離職，改赴加拿大等地傳教，終逝於巴黎。

COLLECTION DE L'ŒUVRE DE LA SAINTE ENFANCE

編者	Œuvre de la Sainte Enfance 聖嬰會
語言	法文
印製	1910s.—1920s., Cherche-Midi—Paris（巴黎）
尺寸	140mm×90mm
主題詞	"聖嬰會每年為近五十萬嬰兒施洗，目標是達到七十萬。"

聖嬰會中國系列

"聖嬰會中國系列"是 1922 年聖嬰會更名"宗座聖嬰會"之前發行的。

❶
——
❷

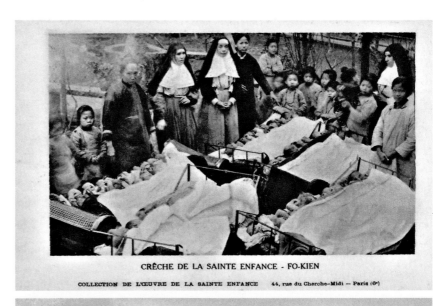

CRÊCHE DE LA SAINTE ENFANCE - FO-KIEN

COLLECTION DE L'ŒUVRE DE LA SAINTE ENFANCE　44, rue du Cherche-Midi — Paris (6ᵉ)

ORPHELINES DE LA SAINTE ENFANCE : PÉKIN

COLLECTION DE L'ŒUVRE DE LA SAINTE ENFANCE　44, rue du Cherche-Midi — Paris (6ᵉ)

❶ 福建育嬰堂
Crêche de la Sainte Enfance—Fo-Kien

❷ 北京育嬰堂孤兒
Orphelines de la Sainte Enfance—Pékin

Bon pour un ou plusieurs baptêmes d'Enfants Païens

聖嬰會聖洗系列

編者	Œuvre de la Sainte-Enfance
	聖嬰會
語言	法文
印製	1910s.—1920s., Cherche-Midi—Paris（巴黎）
尺寸	140mm×95mm
主題詞	"聖嬰會每年為超過五百五十萬嬰兒施洗，目標是達到每年七十萬至一百萬。"
原注	"這些事你們既作在我這弟兄中一個最小的身上，就是作在我身上。"（《馬太福音》第 25 章第 40 節）

這套明信片是聖嬰會沒有列入教宗直管之前發行的。卡片背面注明施主認捐的項目和金額，為孤兒"洗禮"需要捐五個法郎，"贖罪"需要捐二十五個法郎。

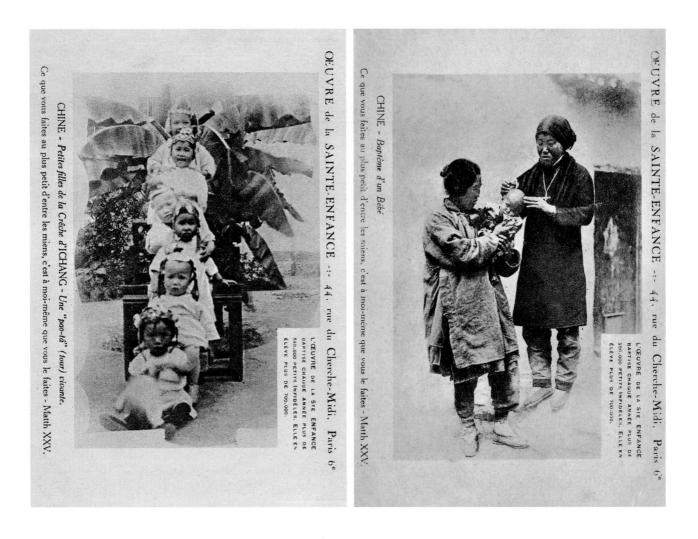

❶ 宜昌育嬰堂的小女孩搭起人體"寶塔"
Petites filles de la Crèche d'Ichang—"pao-tâ"(tour) vivante

❷ 嬰兒施洗
Chine—Baptême d'un Bébé

❶ ❷

COLLECTION DE L'ŒUVRE PONTIFICALE DE LA SAINTE ENFANCE

編者	Œuvre Pontificale de la Sainte Enfance 宗座聖嬰會
語言	法文
印製	1930s., Cherche-Midi—Paris（巴黎）
尺寸	140mm×90mm
主題詞	"宗座聖嬰會每年為近六十萬嬰兒施洗，目標是達到一百萬孩子。從 1845 年到 1930 年，宗座聖嬰會為兩千五百萬兒童施洗，向教區撥款三億五千萬法郎。"

宗座聖嬰會中國系列

❶ ❷

❶ **送到海門教區的嬰兒**

Haimen (Chine)—Enfants apportés à la Mission

崇禎十二年（1639）意大利潘國光神父到海門開教，康熙十四年（1675）歸南京教區管理；咸豐五年（1855）南京教區撥款重修崇明大公所教堂，創建上智孤兒院。1926 年梵蒂岡設立海門宗座代牧區，朱開敏任主教。

❷ **寧波仁慈堂的兩個孤兒**

Deux petites protégées de la Sainte-Enfance, Maison Jesus Enfant. Ning-Po (Chine)

COLLECTION DE L'ŒUVRE PONTIFICALE DE LA SAINTE-ENFANCE
44, rue du Cherche-Midi. — Paris (6ᵉ)

PEKIN. — Un brave coolie apporte au Jenn T'se T'ang, deux petites jumelles

COLLECTION DE L'ŒUVRE PONTIFICALE DE LA SAINTE ENFANCE
44, rue du Cherche-Midi. — Paris 6ᵉ

Sœurs de Saint-Paul-de-Chartres. — TAIKOU KESEN.
Enfants apportés à la Crèche.

YUNGPINGFU. — Orphelines au travail.

❶❷❸

❶ **一位勇敢的苦力給北京仁慈堂送來雙胞胎孤兒**

Pekin—Un brave coolie apporte au Jenn T'se T'ang, deux petites jumelles

北京仁慈堂全稱"西什庫仁慈堂孤兒院"（Orphelinat du Jenzetang），同治元年（1862）建於西什庫教堂隔壁，義和團運動時期被毀後重建。

❷ **香港太谷沙爾德聖保祿女修會育嬰堂**

Sœurs de Saint-de-Chartres—Taikou Kesen. Enfants apportés à la Crêche.

沙爾德聖保祿女修會道光二十八年（1848）在香港銅鑼灣設立一所育嬰堂，由此陸續擴展至開辦學校及醫院，1916年建立聖保祿會院（St. Paul's Convent Church），先後興建了女修道院、聖保祿學校、聖保祿醫院、基督君王小堂及護士宿舍等。

❸ **永平府孤兒在幹活**

Orphelines au travail, YungPingFu

1927年荷蘭阿姆斯特丹七苦聖母弟兄會來華，在永平府開辦了唐山貧民教養院，前後派遣六位修士和兩位修女到唐山。唐山貧民教養院收容男女孤兒、社會流民以及開灤礦工家屬中的鰥寡孤獨，開展各種職業培訓課程。

La S.Infanzia Cina

宗座聖嬰會中國孤兒院系列

編者	Pont. Opera della Santa Infanzia, Direzione Generale per L'Italia, Roma 宗座聖嬰會（羅馬意大利總會）
語言	意大利文
印製	1930s., Zincografica-Firenze（佛羅倫薩印刷公司）
尺寸	150mm×105mm

❶
___
❷

❶ **歸德府孤兒院的嬰兒受洗**

Kweitehfu (Cina)—La S. Infanzia Saladino, Bimbi battezzati

歸德府，歷史地名，中國六朝古都，治所位於現在商丘。

❷ **歸德府孤兒院給照料孤兒的事工支付薪酬**

Kweitehfu (Cina)—Il pagamento delle nutrici del bambini salvati dalla S.Infanzia

中國育嬰堂的嬰兒通常有三種情況，或在育嬰堂裏由修女和有薪事工照料；或為比較小的孩子在社會上招募奶媽照管，給予她們一定費用，叫作"貼奶"；更多的是為他們尋找領養人，在衙門備案，領取領養文書。

BAPTÊME D'ENFANT PAÏEN

宗座聖嬰會聖洗系列

編者	Œuvre Pontificale de la Sainte-Enfance 宗座聖嬰會
語言	法文
印製	1930s.—1940s., Cherche-Midi—Paris（巴黎）
尺寸	140mm×95mm
主題詞	"宗座聖嬰會每年為超過六十萬孩子施洗，目標 是達到每年一百萬。"

"宗座聖嬰會聖洗系列"是一套為中國嬰兒洗禮募捐的明信片，卡片背面注明施主認捐的項目和金額，為孤兒"洗禮"需要捐五個法郎，"贖罪"需要捐二十五個法郎。

◉ 普照會修女在南滿營口

Mandchourie méridionale—Ing-K'oou, Sœurs de la Providence de Portieux

ŒUVRE PONTIFICALE DE LA SAINTE-ENFANCE
44, Rue du Cherche-Midi - PARIS (6ᵉ)
L'Œuvre de la Sainte-Enfance baptise chaque année plus de 600.000
petits infidèles. Elle en élève plus de un million

CHINE - Sœurs Canossiennes

ŒUVRE PONTIFICALE DE LA SAINTE-ENFANCE
44, Rue du Cherche-Midi - PARIS (6ᵉ)
L'Œuvre de la Sainte-Enfance baptise chaque année plus de 600.000
petits infidèles. Elle en élève plus de un million

CHINE - Sœurs Ursulines

❶ 嘉諾撒仁愛女修會在中國　　❷ 烏蘇拉女修會在中國

Chine—Sœurs Canossiennes　　*Chine—Sœurs Ursulines*

BENEFICIO

聖嬰會特卡

編者　Opera della S. Infanzia.
　　　聖嬰會
語言　意大利文
印製　1890s., Rome（羅馬）
尺寸　145mm×90mm

OPERA DELLA S. INFANZIA

SALVATI DAI CANI!
Dei due bambini in piedi, il maggiore, gettato in pasto ai cani dai
suoi genitori fu salvato dalle suore. La sua faccia è in parte mangiata.
Questa fotografia fu mandata da Mons. Merel di Canton.

◉ 拯救棄嬰

Salvati dai Cani! Dei due bambini in piedi, il maggiore, gettato in pasto ai cani dai suoi genitori fu salvato dalle suore. La sua faccia è in parte mangiata. Questo fotografia fu mandata da Mons. Merel di Canton.

【原注】"中間站立兩個棄嬰，大一點的孩子被父母丟棄，被野狗啃掉半張臉，由修女拯救。照片來自廣州梅致遠主教。"

36

宗座聖伯多祿宗徒會

　　天主教傳行在日本早於中國。方濟各·沙勿略天文十八年（1549）登陸鹿兒島，開啟了日本天主教的歷史，而他隨後卻無法進入中國大陸，客死廣東上川島。在范禮安組織下天主教在日本發展迅速，他歡欣地稱讚日本是"天主的燦爛花園"。天正十五年（1587）豐臣秀吉頒佈《伴天連追放令》，禁止天主教在日本活動，慶長二年（1597）在長崎處決二十六名天主教徒，史稱"二十六聖人殉教"，此後日本天主教轉入地下活動近三百年。日本近代開教後，巴黎外方傳教會掌管傳教事務，在長崎大浦修建二十六聖殉教者天主堂，俗稱"法國寺"。十九世紀後期，長崎教區的傳教經費非常拮据，難以為繼，1888 年時任長崎主教的庫贊[1] 神父在法國募捐，通過友人介紹結識非常虔誠的教徒、法國富商的女兒讓娜·比加爾（Jeanne Bigard, 1859—1934），後者變賣了自家房屋和其他資產，用於支持庫贊在長崎修建教堂、培訓神職人員。

　　庫贊神父所募資金對長崎教區的生存是一場及時雨，派上了大用場。受此鼓舞，讓娜·比加爾說服母親斯蒂芬妮·比加爾（Stéphanie Bigard），次年在法國卡昂（Caen）發起成立傳教基金會"聖伯多祿宗徒會"（Œuvre de Saint-Pierre Apôtre, OSPA），主要是為幫助海外傳教會神職人員的培訓和派遣，重點是幫助女修會。比加爾母女倆捐出自己的全部家當，還走遍法國、意大利周邊國家，募集更多資金。

　　1920 年聖伯多祿宗徒會總部從法國遷至羅馬，1922 年教宗庇護十一世將比加爾的基金會置於梵蒂岡直管，稱為"宗座聖伯多祿宗徒會"（Œuvre Pontificale de Saint-Pierre Apôtre, POSPA），是冠有"宗座"的四大善會之一，成立當年就為近三千神職人員提供資助。聖伯多祿宗徒會初期主要為日本、印度、斯里蘭卡、越南、韓國和中國的神學院募款。現在全世界近九百餘所神學院裏，每年有七萬多名各類進修學生在宗座聖伯多祿宗徒會基金支取名單上，絕大部分是來自亞洲和非洲貧困家庭的學生。

　　"宗座本土司鐸會"（Pontificia Opera del Clero Indigeno delle Missioni, POCM）是宗座聖伯多祿宗徒會的一個分支，側重於傳教組織內部本土神職人員的聯繫和溝通。

1　庫贊（Jules-Alphonse Cousin, 1891—1911），法國人，巴黎外方傳教會會士，1865 年晉鐸，1885 年出任日本南緯（長崎）教區主教；逝於長崎。

ŒUVRE DE SAINT-PIERRE-APÔTRE

編者	Œuvre de Saint-Pierre-Apôtre 聖伯多祿宗徒會
語言	法文
印製	1910s., Lyon, Paris（法國里昂和巴黎）
尺寸	140mm×95mm
主題詞	"聖伯多祿宗徒會的工作是在傳教地建立 神學院。"

"聖伯多祿宗徒會系列"是該會列入教宗直管之前發行的一套跨地域明信片，介紹聖伯多祿宗徒會資助的中國及亞洲其他國家神學院的情況。

聖伯多祿宗徒會系列

❶
——
❷

2. NANNING (Chine) — SÉMINARISTES EN PROMENADE

❶ 南寧神學院學生出行

Nanning (Chine) — Séminaristes en promenade

南寧代牧區成立於同治十二年（1873），由巴黎外方傳教會管理，下轄邕寧、龍州、貴縣和柳州四個堂區，有小修院稱"辣丁書院"（Petit séminaire），八年制，施法文、中文和科學課程，每年畢業生十幾個。

❷ 老河口神學院在上課

Laohokow (Chine) — Seminariste en étude

同治九年（1870）教廷決定從湖北代牧區分設湖北西北代牧區，1924年更名為老河口代牧區，由意大利方濟各會負責，本地有小修院一家，大修院課程在漢口神學院完成。

8. LAOHOKOW (Chine) — SÉMINARISTES EN ÉTUDE

PONTIFICIA OPERA DEL CLERO
INDIGENO DELLE MISSIONI

編者　Pontificia Opera del Clero Indigeno delle
　　　Missioni
　　　宗座本土司鐸會
語言　意大利文
印製　1930s., Stab. Pezzini—Milano（意大利
　　　米蘭佩齊尼圖片社）
尺寸　140mm×90mm

宗座本土司鐸會系列

IN CERCA DI ANIME nella Cina sconfinata

◉ 捉鬼

In Cerca di Anime nella Cina scontinata

【原注】"本土神職人員在傳教士指導下把魔法一一揭穿。"

西方傳教士來中國，自明季始十分重視中國民俗文化，一方面反映了他們對儒家文化的喜愛和尊重，另一方面是為了甄別那些與天主教信仰相悖的"有害"習俗和觀念，便利耶穌福音的傳播。歷史上天主教機構出版過許多這方面書籍，最具代表性的有馮秉正[1]的《盛世芻蕘》、白德旺的《聖教理證》、黃伯祿的《集說詮真》和《酬真辨妄》、祿是遒的《中國迷信研究》。在這些著作裏，傳教士把中國民間的各種鬼魅斥為"迷信"，比如《聖教理證》裏有一節〈論魔鬼害人之故〉。同時天主教入鄉隨俗，也不定期為信眾驅逐惡魔，祈求平安，如同治癸酉年（1873）閏六月江南教區主教郎懷仁發佈過驅魔《公禱佈告》："曉諭事照得羅瑪縉紳大夫跪奏，教宗事際艱難，請諭率土教友公行三日，祈求大禮，懇天主福綏，教宗光榮，聖教等語。蒙批云，際此聖會艱屯、四方擾亂、魔力奮攻之候，祈禱神工非特理之，當然亦宜視為急務，凡屬信友均須努力籲求，上主俾其聖會長破奸，謀求永摧凶劍，仰惟上主宏庥信眾，賜以聖寵及祈求神味，昔者怒浪狂風，聞聲恬靜；今者聖會鼎沸，望啟宏聲重睹化日。"

1　馮秉正（Joseph-Francois–Marie-Anne de Moyriac de Mailla, 1669—1748），字端友，法國人；1686年加入耶穌會里昂初學院，1702年獲准啟程束來，1703年抵澳門，1710年奉旨測繪中國地圖，1718年完成《皇輿全覽圖》；先後為康、雍、乾三位皇帝效勞，1730年完成法文本《通鑒綱目——中華帝國編年史》；逝於北京，葬正福寺；代表作有《盛世芻蕘》、《聖經廣益》、《聖年廣益》。

37

宗座司鐸聯合會

　　作為教宗直管四大善會之一的"宗座司鐸聯合會"，創始人是米蘭外方傳教會的保羅‧曼納和帕爾馬沙勿略外方傳教會的孔維鐸。保羅‧曼納（Paolo Manna）1872 出生在意大利阿韋利諾（Avellino），兩歲時母親去世，十四歲初領聖餐。他在家鄉阿韋利諾和那不勒斯接受了基礎教育，1889 年進入位於羅馬的宗座格列高利大學學習哲學和神學，1894 年晉鐸。1895 年保羅‧曼納作為米蘭外方傳教會傳教士赴緬甸東籲（Toungoo）教區傳教，1907 年患嚴重結核病，被迫回國。他先後主編發行量非常大的《天主教傳教會》（*Le Missioni Cattoliche*）和《信仰傳播者》（*Propaganda Missionaria*）雜誌。1924 年至 1934 年保羅‧曼納出任宗座外方傳教會會長，1952 年逝於那不勒斯，葬於特倫托拉—杜琴塔（Trentola-Ducenta）。

　　保羅‧曼納在從事《天主教傳教會》的編輯工作時與各地教會組織交往密切，發現傳教會之間相互配合和援助不足的問題，個人的傳教熱情與專業技藝嚴重不相配，常常把組織和宗派利益置於基督精神之上。為改變意大利傳教會各自為政的鬆散狀況，1908 年曼納萌發成立一家教區和傳教宗會之間的協調機構的想法，1915 年他著手起草"意大利司鐸聯合會"（Unione Missionaria del Clero in Italia, UMC）的計劃和章程。當時他人微言輕，便慕名求助帕爾馬大主教孔維鐸，兩人達成默契。1916 年孔維鐸前往羅馬，私面教宗本篤十五世，一番陳情後得到首肯。1917 年司鐸聯合會的組織章程得到教宗批准。入盟成員限於意大利宗教組織和傳教機構，孔維鐸擔任會長。1919 年教宗本篤十五世發佈聖諭，指明這個聯盟的宗旨是要加強教會組織間的溝通和協作，以更有效地完成神聖使命。1956 年教宗庇護十二世將"意大利傳司鐸聯合會"列為直管，稱為"宗座司鐸聯合會"（Pontificia Unione Missionaria, P.U.M.），同時將其納入宗座傳信會管理系統。

UNIONE MISSIONARIA DEL CLERO, CINA

意大利司鐸聯合會系列

編者　Unione Missionaria del Clero
　　　意大利司鐸聯合會
語言　意大利文
印製　1950s., Grafiche A.L.M.A.—Milano（米蘭）
郵路　via Propaganda, Roma（經羅馬傳信部）
尺寸　150mm×105mm

"意大利司鐸聯合會系列"是一套跨國內容明信片，內容覆蓋亞洲和非洲。

◉ 睡在門口的
中國孩子

❶
——
❷

❶ 習字的中國孩子
❷ 十字架下的男孩

38

法國宗徒會

與聖伯多祿宗徒會類似，"法國宗徒會"（Œuvre Apostolique）是一家規模非常小的傳教基金會。法國宗徒會最早出現在奧爾良，創始人是法國姑娘杜切訥（Marie-Zoé du Chesne），人們沒有記住她的生卒年月。1838 年杜切訥為了"幫助傳播福音的修女"，發動自己的姐妹募集用於修行和聖事的用品，比如祭壇飾物、燭台、蠟燭、十字架、唸珠、祭服，甚至藥品以及個人生活必需品，捐給各地傳教組織。成立之初，杜塞納和姐妹們的活動僅僅局限於盧瓦爾河谷地區，1843 年為非洲傳教會籌集聖事用品，受到當地教會的關注，被納入南特教區管理。

1856 年法國宗徒會在巴黎設立管理機構，成為法國天主教內部跨地域、跨修會的慈善基金，法國各地教區和法籍傳教會都是這家基金的成員，其提出的口號是"使徒會為全世界天主教傳教士，特別是為法國傳教士提供所必需的幫助"。這是這家基金會發展的一個重要轉機，成員開始有機會接觸到法國富裕階層，舉辦慈善募捐，組織會員沙龍，在法國各地設立工作站，與貴族家庭和社會精英的女眷建立良好的工作關係，滿足她們的慈善意願，還試圖得到法國大基金會的資助。

雖然如此，一百多年來法國宗徒會一直尊奉

自杜切訥創辦基金的兩個基本原則，一是強調組織成員的參與性，二是強調自己的職責是為各個教區的祭祀活動提供幫助。基金會募集的主要還是微不足道的聖事實用器皿和物料，物不在價，有則心誠。有一份巴黎外方傳教會亞洲總部 1919 年有關法國宗徒會工作報告，後附當年收募清單，主要是中國、日本、朝鮮、印度支那等地為基金會做出貢獻的情況，捐獻者包括漢城主教閔德孝[1]、汕頭主教竇茂芳[2]、重慶主教舒福隆[3]、函館主教柏遼茲[4]、緬甸南境教區主教卡多特[5]、廣西主教劉志忠[6]、河內主教雷蒙德[7]等三十二位主教和神父，共捐出無袖長袍一百一十五件，白色長袍二十七件，長短披肩三十五件，祭祀用法衣四件，短裙十一件，斗篷十四件，面紗六件，上衣十四件，襯衫五件，領巾四條，領帶六條，絲帶六條，祭巾帽三頂，內褲一條，手帕三條，襟帶三條，絲襪九雙；大小桌布六十一塊，聖體匣五隻，聖體匣蓋布六條，聖體龕兩座，聖體匣簾子五條，聖油盒子八隻，灑水壺一隻，聖爵蓋子一隻，聖爵淨布四塊，聖杯十二隻，祭台兩隻，祭台蓋毯五條，跪墊一塊，十字架四個，唸珠七串，茨冠一個，各種飾品三十五件，屍布一條，聖母和聖人雕像八個，聖卡三張，以及針綫包、錢袋、藥盒若干。

1　閔德孝（Gustave-Charles-Marie Mutel, 1854—1933），法國人，巴黎外方傳教會會士，1877 年晉鐸，1881 年到漢城，1890 年任漢城主教。

2　竇茂芳（Adolphe Rayssac, 1866－1941），法國人，1886 年加入巴黎外方傳教會，1889 年晉鐸，同年來華，1914 年任汕頭代牧區主教。

3　舒福隆（Célestin-Félix-Joseph Chouvellon, 1849—1924），法國人，1871 年加入巴黎外方傳教會，1873 年晉鐸，同年來華，1891 年任四川東境代牧區主教。

4　柏遼茲（Alexandre Berlioz, 1852—1929），法國人，1872 年加入巴黎外方傳教會，1875 年晉鐸，1891 年到日本，任函館代牧區主教。

5　卡多特（Alexandre Cardot, 1857—1925），法國人，1879 年加入巴黎外方傳教會，1893 年到緬甸，任緬甸南境教區主教。

6　劉志忠（Maurice Francois Ducoeur, 1878—1929），法國人，1895 年加入巴黎外方傳教會，1901 年晉鐸，同年來華，1910 年任廣西代牧區主教。

7　雷蒙德（Paul-Marie Ramond, 1855—1944），法國人，1879 年加入巴黎外方傳教會，1880 年晉鐸，1881 年到越南，任越南高境代牧區主教，1938 年任興化代牧區主教。

編者	L'Œuvre Apostolique
	法國宗徒會
語言	法文
印製	1930s., Aulard et Cie, Paris（法國巴黎）
尺寸	140mm×90mm
主題詞	"宗徒會為全世界天主教傳教士，特別是為法國傳教士提供所必需的物質幫助。"

法國宗徒會系列

"法國宗徒會系列"涵括的內容涉及世界多國，中國只是其中一部分。

❷
❶
❸

❶ 陶器小販
Marchand de poteries (Chine)

❷ 露天飯攤
Restaurant en plein air (Chine)

❸ 蒙古草原上的傳教士
Missionnaire dans les Steppes de la Mongolie

CHINE

法國宗徒會中國系列

編者	Œuvre Apostolique
	法國宗徒會
語言	法文
印製	1930s., Paris（法國巴黎）
尺寸	140mm × 90mm
主題詞	"宗徒會為全世界天主教傳教士，特別是
	為法國傳教士提供所必需的物質幫助。"

LA CHINE PAIENNE
« Procession de Bonzes dans leur Pagode »

● 和尚在廟裏做法事

La Chine Païenne, Procession de Bonzes dans leur Pagode

39

意大利傳教士全國後援會

一位德高望重的意大利考古學家創建了一家天主教重要的基金會。他發現過"哈托爾女神"奈菲爾塔利的恢弘陵墓，與他在援助傳教士活動時所闡發的博愛精神同為後人尊敬。這位考古學家名叫厄內斯托·夏帕雷利（Ernesto Schiaparelli），1856 年生於意大利皮埃蒙特（Piedmont）的學者家庭，父親是都靈大學歷史學教授，他的家族裏還有化學家、東方學家、天文學家等。在家鄉完成基礎教育後，夏帕雷利先是在都靈大學師從考古學家羅西（Francesco Rossi）教授學習埃及學，後轉赴巴黎索爾邦大學，投帖國際著名漢學家和東方學家馬伯樂[1]研究古埃及文化。1881 年他回到意大利出任佛羅倫薩考古博物館（Museo Archeologico Nazionale di Firenze）埃及館館長，多次舉隊到埃及考古發掘。1894 年夏帕雷利的學術生涯達到巔峰，受聘為都靈埃及博物館（Museo Egizio di Torino）館長，這是一座埃及考古學和人類學專業的、世界聲望僅次於開羅的埃及國家博物館，收藏埃及文物近三萬件，記載了古埃及由舊石器時代到科普特時代的文化和歷史。1902 年埃及文物管理所決定開放吉薩西部供文物發掘，夏帕雷利領導的都靈埃及博物館團隊中標其中一個區塊，1903 年至 1920 年間他率領考古隊來此地開展十二次系統發掘，手鏟挖遍吉薩（Giza）、赫里奧波里斯（Heliopolis）、阿休（Assiut）、基波林（Gebelein）、阿斯旺（Aswan）

砂岩石地，成果豐碩。他們最引為自豪的成果是 1904 年在帝王谷發現奈菲爾塔利（Nefertari）的陵墓。奈菲爾塔利是埃及法老拉美西斯二世的第一個妻子，以美艷著稱，最受法老寵愛，死後被奉為哈托爾女神，人們在阿布辛貝見到的拉美西斯二世修建的兩座石窟神廟中的一座就是敬奉給這位女神的。奈菲爾塔利陵墓已經被盜，木乃伊和隨葬品缺失，但展現在夏帕雷利眼前的壁畫仍然栩栩如生，這項發現在世界考古史上留下濃重的一筆。1910 年夏帕雷利擔任都靈大學埃及學學會會長和都靈科學院（Accademia delle scienze in Turin）院士，1912 年成為意大利科學院通訊院士。1928 年德高望重的夏帕雷利逝於都靈。

早在 1884 年夏帕雷利初到盧克索野外探查時，遇到在當地的意大利方濟各會傳教士，他們的經濟窘境讓這位考古學家動了惻隱之心。回國後夏帕雷利利用自己的社會地位和影響力組織募捐幫助貧困拮据的海外傳教士，1886 年他正式發起成立"意大利傳教士全國後援會"（Associazione Nazionale per Soccorrere i Missionari Italiani, A.N.S.M.I.），基金會初期善款主要投向北非幾國，後逐步擴展到其他地區，援助意大利天主教傳教士的海外機構，修建學校、醫院、孤兒院等設施。

1　馬伯樂（Gaston Maspero, 1883—1945），法國人，東方學家、漢學家，1928 年獲儒蓮獎，1936 年當選法蘭西銘文與美文學院院士，逝於納粹布痕瓦爾德集中營。

CIUMATIEN (CINA) SERIE XI-XII

編者	Associazione Nazionale per Soccorrere i Missionari Italiani (A.N.S.M.I.) Segretariato Generale, Torino 意大利傳教士全國後援會總會
語言	意大利文
印製	1910s., Torino（意大利都靈）
尺寸	140mm×90mm
主題詞	"全國後援會在全世界傳播意大利人的博愛精神。"

意大利傳教士全國後援會中國系列

"意大利傳教士全國後援會系列"有多國內容，其中第十一系列和第十二系列是介紹中國的。

Serie XI —
Ciumatien (Cina) — Una sala dell' ospedale dell' *Associazione*

◉ 後援會醫院

Ciumatien (Cina) —Una Sala dell'Ospedale dell'Associazione

這家後援會醫院是指漢口"天主堂醫院"（Hôpital Catholique），同治七年（1868）嘉諾撒仁愛會進入漢口教區，在明位篤主教的支持下，光緒六年（1880）在阜昌街鄱陽街口創辦天主堂醫院；1944年天主堂醫院毀於戰火。

① 漢口嘉諾撒仁愛會修女教孤兒做手工

Han-kow — Il "Convento Italiano" delle Missionarie Canossiane: a unne al lavoro

嘉諾撒仁愛會在漢口管理的慈善事業除了天主堂醫院外主要有七項：一、建於光緒元年
（1875）的"橋口十六段小堂"（Sacré Cœur Kiaokow），設有醫院、孤兒院、託兒所和貧孤
學校等；二、建於光緒十四年（1888）的鄱陽街"嘉諾撒會院"（Maison Centrale），也稱
"仁慈堂"；三、辦於光緒三十二年（1906）的湖南路"聖瑪利亞學校"（École St. Marie）；
四、辦於宣統三年（1911）的鄱陽街仁慈堂內"聖若瑟女學校"（École St. Joseph）；五、辦
於1919年的鄱陽街仁慈堂內"聖安多尼學校"（École St. Antoine）；六、"聖依搦斯女學校"
（École Ste. Agnès）；七、法租界巴黎街的"濟良所"（Refuge du Bon Pasteur）。

② 中國運河

Cina Un canale

③ 中國衙門

Burocrazia cinese

40

瑞士弗里堡聖查斯丁會

弗里堡聖查斯丁會中國系列　　572

　　弗里堡聖查斯丁會是瑞士神學家沙里爾創建的一家輔助傳教機構。弗朗索瓦·沙里爾（François Charrière）1893 年生於瑞士弗萊堡州瑟尼亞（Cerniat）的殷實家庭，在家鄉完成基礎教育，繼而在弗里堡聖米歇爾學院（University Saint-Michel）和斯坦斯學院（Collège de Stans）學習哲學，1913 年在弗里堡大修院進修，1917 年畢業後晉鐸，1921 年至 1923 年在羅馬天使學院（Collège Angélique）深造獲博士學位。1924 年後執教弗里堡大學，1941 年擔任當地《自由報》（La Liberté）主編，1945 年至 1970 年先後擔任洛桑、日內瓦和弗里堡教區的主教，1976 年逝於弗里堡。

　　1927 年沙里爾在弗里堡大學執教期間創立基金會“弗里堡聖查斯丁會”（Œuvre de Saint Justin à Fribourg）。聖查斯丁，納布盧斯的查斯丁（Justin de Naplouse），又稱殉教者查斯丁（Justinus Martyr），公元 100 年生於約旦河西岸的納布盧斯（Flavia Neapolis），先後接受過斯多葛主義、亞里士多德哲學、畢達哥拉斯主義和柏拉圖哲學，公元 130 年在該撒利亞皈依基督教，曾在多地講授基督教教理。公元 152 年查斯丁向羅馬皇帝安東尼·庇烏呈遞為基督教辯護的《護教文》，165 年在羅馬被處死。查斯丁最早試圖使基督教擺脫猶太教傳統，把基督教信仰納入希臘羅馬的歐洲文明主流，被視為基督教哲學的創始人、哲學家的守護神，天主教、東正教、聖公會、路德會都將其作為聖徒。

　　沙里爾把自己的基金會以聖查斯丁冠名顯然帶有濃厚的基督教神學學術性，突出他個人的哲學思辨性。沙里爾為聖查斯丁會設定的目標是幫助各國各地的高層神職人員提高神學理論修養，鼓勵這些精英熟悉各種文明形態，跨越民族和國度的界限，促進與所在地人民之對話和溝通。沙里爾引用《加拉太書》的話鼓勵該會成員：“你們因信基督耶穌，都是神的兒子。你們受洗歸入基督的，都是披戴基督了。並不分猶太人、希臘人，自主的、為奴的，或男或女。”（第 3 章第 26 節至 28 節）。沙里爾後繼者宣揚以民主精神實踐寬容和平等權利，對所有民族、所有宗教和所有文化開放，實現一個更加和平、公正的世界。就這點而言，沙里爾的思想比較開放、比較現代。

　　弗里堡聖查斯丁會沒有向中國派遣傳教士，但在華多家修會的傳教士曾接受其進修和培訓的資助。

Saint Justin à Fribourg, Série I-Chine

弗里堡聖查斯丁會中國系列

編者　Œuvre de Saint Justin à Fribourg, Suisse
　　　瑞士弗里堡聖賈斯丁會
語言　法文
印製　1930s., Fribourg（瑞士弗萊堡）
尺寸　140mm×85mm

"弗里堡聖查斯丁會系列"的內容跨國、跨地域、跨宗派，其中第一系列介紹中國。

Série I - Chine - 6. - Un pont pittoresque.

◉ **風景如畫的橋**

Un pont pittoresque

Série I - CHINE - 9. - Le funiculaire de Hong-Kong.

◉ 香港纜車

Le funiculaire de Hong-Kong

41

中國教區服務團

　　比利時人談到與中國的交往歷史時，常常熱情地提到他們的三位做出重要貢獻的同胞：清初來華的耶穌會傳教士南懷仁、聖母聖心會會祖南懷義、耀漢小兄弟會和德來小妹妹會創始人雷鳴遠。

　　雷鳴遠（Frédéric-Vincent Lebbe），字振聲，1887 年生於比利時根特郡天主教家庭，1895 年加入遣使會，光緒二十七年（1901）隨樊國梁主教同舟來華，光緒二十八年（1902）晉鐸，讀中國書，學中國禮，能說一口流利漢語官話，用毛筆寫漂亮的行書。光緒二十九年（1903）以後他一直在京東和天津一帶傳教，做過涿州總堂神父和天津總堂神父，1912 年教廷傳信部從直隸北境代牧區分立出直隸濱海代牧區（天津代牧區），雷鳴遠出任副主教。

　　雷鳴遠是中國天主教中少有的公開地、不加掩飾地對中國人抱有同情態度的洋人。雷鳴遠對自己親眼目睹的洋人欺壓華人的種種劣行深惡痛絕，曾向北京主教抱怨："北京城內有兩塊病，兩塊白色疤癩：東邊一塊是東交民巷，白晃晃的一片洋樓；西邊一塊就是北堂，也是白晃晃的一片洋樓。這兩塊東西與城內一切景致完全不同，完全不配。這兩個東西的性質，本來彼此完全不同：東交民巷是帝國主義的司令台，用武力來侵略中國，是他的專門手藝。我們北堂呢？本來是講平等博愛的，與帝國主義水火不相容。誰想到這兩個東西，現在竟發生了極密切的關係，天主教與帝國主義的聯手，活活生生地表現出來了。"

　　雷鳴遠調任天津教區後做的最重要的事情是創辦了《益世報》。1915 年羅馬教廷批准雷鳴遠和中國教徒劉守榮、杜竹萱在天津籌辦《益世報》，雷鳴遠任董事長，劉守榮出任總經理。《益世報》曾與《大公報》、《申報》和《民國日報》並稱為民國四大報刊。1916 年雷鳴遠又創辦了《益世報》（北京版）。五四運動期間《益世報》對京津兩地的學生運動及時追蹤報道，如"火燒趙家樓"等，還轉載了周恩來在《天津學生聯合會報》發表的文章〈天津學生聯合會報發刊旨趣〉、〈黑暗勢力〉等，《益世報》北京館也成了"五四"時期第一家遭封禁的新聞媒體。1925 年至 1928 年《益世報》被奉系軍閥強行接管，二十世紀三十年代《益世報》成為反日的輿論先鋒。1937 年全面抗戰爆發後《益世報》停刊，次年在雲南昆明復刊。抗戰勝利之後《益世報》回到天津。

　　1915 年前後雷鳴遠在天津辦了一個 "救國演說會" 系列講座，邀請英斂之和馬相伯同台，後整理成冊《救國》。《救國》收錄了雷鳴遠的三篇講演和英斂之的一篇講演。雷鳴遠這位洋神父纏綿悱惻： "一個寶藏富厚、開化最早的老文明國，如今百病叢生、沉痾莫起。凡亡國的兆頭，無不一一全備。這話聽著，叫人十分難過。" 中國之現狀究於兩類人，一派是奴隸成性的奸賊，一派是忍耐成性的袖手旁觀者。 "孔教自名為宗教，道佛回耶，更名為宗教。至於貼門神，祭灶王，拜死人，拜木偶的，亦都自名宗教。究竟是倚哪一個理，宗哪一個教，可以救國呢？" [1] 他毫不掩飾自己願為改變中國鞠躬盡瘁，死而不已： "不佞寄居中土十餘年矣。憶自棄國來華主前矢志之際，已將此身此命獻為中國之犧牲…… 與中國邦人君子遊，親愛日深，感情日厚，獻身中國之志為之彌堅。故雖籍隸比國，而自分此身已為中國人矣。" [2]

　　天津教區設立後決意把主教座堂老西開聖若瑟教堂修建在法租界旁邊，1916 年教堂竣工，為了

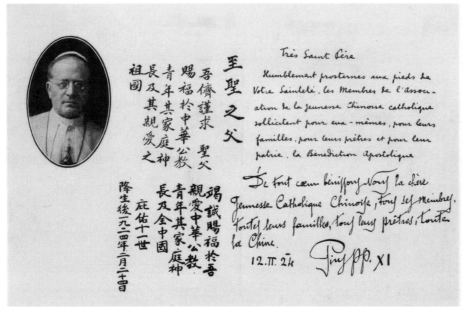

編者　Associatio Catholici
　　　Juvenis Sinensis
　　　中國天主教青年會
語言　法文 中文
印製　1924，洗印
尺寸　140mm×90mm

◉ 教宗庇護十一世致賀中國天主教青年會

Pope Pius XI to Chinese Catholic Youth Association

1924 年 2 月 12 日教宗庇護十一世致信祝賀中國天主教青年會成立。庇護十一世（Pope Pius XI, 1857—1939）生於意大利米蘭，1879 年受神職，曾任梵蒂岡圖書館館長，1922 年任第二百五十七任教宗。

1　〔比利時〕雷鳴遠，英斂之：《救國》，普愛堂，1915 年，第 5—6 頁。

2　〔比利時〕雷鳴遠，英斂之：《救國》，普愛堂，1915 年，第 1 頁。

安全管理，把教堂及周圍地塊併入租界，引起天津市民強烈抗議，史稱"老西開事件"。雷鳴遠和《益世報》編輯部同仁站在中國人一邊，反對法租界擴界，招致天津教區主教杜保祿[1]的憤怒。雷鳴遠遭解職，調往寧波，1920 年又被遣發回歐洲。

雷鳴遠身材高大魁梧，精力旺盛，不甘寂寞的他在家鄉也不肯歇息，做了與中國有關的兩件大事，第一件事是為了組織和幫助在歐中國留學生學習和回國效力祖國，1923 年在巴黎成立"中國天主教青年會"（Associatio Catholica Juventutis Sinensis）。比利時一家修道院院長安德烈·博蘭（André Boland, 1891—1955）深受雷鳴遠鼓動宣傳的感染，對他佩服得五體投地，得到雷鳴遠的授權後，他以中國天主教青年會為基礎，於 1925 年在魯汶組建非傳教性質的女子後援組織"中國教區服務團"（Auxiliaires Laïques des Missions, ALM），也稱"雷鳴遠國際服務團"。服務團出版刊物有 Associatio Catholici Juvenis Sinensis（《中國天主教青年會》）和 Jeunesse Chinoise: Bulletin de la jeunesse catholique chinoise（《中國青年——中國天主教青年年報》）。1937 年中國教區服務團得到教宗批准，1947 年派遣第一批志願者來華，成員主要是護士和助產士等。第二件事是推動中國天主教本土化。他始終稟持"中國歸中國人，中國人歸基督"的信念，要求根除各個傳教會為所屬國家利益服務的痼疾，實現天主教本土化。他面見教宗陳情，推薦了六位主教人選。1926 年六位中國籍主教前往梵蒂岡接受祝聖，雷鳴遠在祝聖典禮上喜極而泣達兩小時之久，真是一個性情中人。

1927 年雷鳴遠申請中國國籍獲准，以獨立身份再次來華，在孫德楨任主教管理的安國教區任神職，1928 年在這裏創立了耀漢小兄弟會（Congrégation des Petits Frères de Saint-Jean Baptiste, CSJB）和德來小姊妹會（Petites Sœurs de Ste Thérèse de l'Enfant-Jésus, CST），總部設在安國真福院。雷鳴遠提出耀漢小兄弟會和德來小姊妹會的成員要具備"全、真、常"三字精神，即"全犧牲"、"真愛人"、"常喜樂"。深諳中國文化的雷鳴遠還提出，復興中國定要先建設新農村，會員必須上山下鄉，勇於到鄉村基層了解農民、救濟農民、發動農民，以期改變中國。

已然是"中國人"的雷鳴遠堅定地支持抗擊日本侵略，1933 年熱河長城抗戰就有他的身影，1937 年抗戰全面爆發後，真福院組織六百人的戰地服務隊，他親自領隊，身先士卒，出生入死在太行山和中條山戰場。他還為英勇抗日的二十九軍創辦了"殘廢軍人教養院"。

1940 年雷鳴遠逝於重慶歌樂山，蔣介石祭獻的輓聯寫著："博愛之謂仁救世精神無愧基督，威武不能屈畢生事業盡瘁中華。"他的牌位至今仍擺在台北忠烈祠。

---

[1] 杜保祿（Paul-Marie Dumond, 1864—1944），法國人，1884 年加入遣使會，1888 年晉鐸，同年來華，先後在北京、保定任神職；1912 年任直隸濱海代牧區主教，1925 年調任贛州主教，1931 年任南昌主教。

ICHEPAS. SOCIAL WELFARE

編者   *Ichepas. Social Welfare*
      天津北京《益世報》館

語言   法文 英文 中文

印製   1910s.—1920s., Phototypie J. Bienaimé,
      Reims（法國蘭斯仁愛圖片社）

尺寸   140mm×90mm

《益世報》系列

"《益世報》系列" 數量比較多，內容大致可以分為 "時政"、"教理"、"風景"。

❶
❷

❶ 天津：消息窮通立論正大

Tientsin—Dernières Nouvelles/Latest News

《益世報》1915 年創刊於天津。早期李問漁等人在上海創辦的天主教報刊《益聞錄》、《格致益聞彙報》等偏重於宣傳福音，間或介紹西方政治、文化、科技知識，極少奢言時政。雷鳴遠按西方新聞標準策劃《益世報》，以針砭時政為辦報宗旨，言辭銳利，鋒芒畢露，名噪一時，不愧自詡的 "消息窮通，立論正大"。

❷ 天津學生演講

Tientsin—Etudiant haranguant la foule/Students addressing the people

"五四運動" 爆發後天津最先響應和聲援，各校學生紛紛發通電、集會、遊行示威，成立了 "天津學生聯合會"、"女界愛國同志會"、"天津救國十人團聯合會"，發動學生、教師、教徒、店員、工人開展罷課、集會、講演、撒傳單、遊行示威等活動，揭露日本帝國主義的侵略和北洋政府的賣國罪行。雖然雷鳴遠已經離職，但《益世報》始終抱著同情中國人民的態度支持學運。

TIENTSIN — Dernières nouvelles — Latest News

TIENTSIN — Étudiant haranguant la foule — Students addressing the people

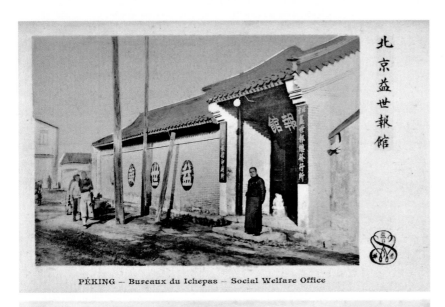

PÉKING — Bureaux du Ichepas — Social Welfare Office

TCHOUO TCHO — Catéchisme — Catechism

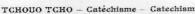

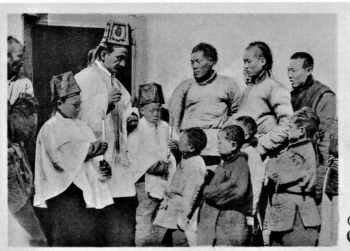

Baptême dans un village — About to become chistians

❶ 北京益世報館

Péking—Bureaux de Ichepas/Social Welfare Office

《益世報》1916年設立北京版，社址在順治門（宣武門）外南柳巷四十六號，1919年五四運動時期曾被北洋政府查封。

❷ 涿州：問答教理

Tchouo Tcho—Catéchisme/Catechism

雷鳴遠神父坐在教徒中間，講解天主教教義。

❸ 鄉村聖洗

Baptême dans un village/About to become christians

"聖洗"也稱"洗禮"，天主教重要聖事，意為"藉著聖神所施行的重生和更新的洗禮"，俗人經過"聖洗"脫胎換骨成為新的造物，是天主賞的最美麗堂皇的一個恩惠，是恩典、寵愛、傅油、照耀、穿上不朽身軀、重生的洗禮、蓋上印鑒，自此就有了護身符。

CHEKIANG — Pont de pierre — Stone bridge in Cheklang

CHEKIANG — Paysage - A landscape

TIENTSIN — Marchand de sucreries — Sweets

❶ 紹興柯橋

Chejiang—Pont de pierre/Stone bridge in Chejiang

柯橋在紹興古運河上，周圍有柯岩、蘭亭風、安昌古鎮等，現在已收入世界文化遺產名錄。

❷ 浙江閘口

Chejiang—Paysage/A landscape

蘇軾在〈請開河奏狀〉曰："茆山河，南抵龍山浙江閘口。"閘口位於杭州市錢塘江大橋東，有建於五代吳越的仿木構白塔一座，與六和塔相望。

❸ 天津糖攤

Tientsin—Marchand de sucreries/Sweets

A.C.J.S., Chine
Belles Vues Série

編者	*Associatio Catholici Juvenis Sinensis* 《中國天主教青年會》雜誌社
語言	法文
印製	1920s., Nels, Ern. Thill, Bruxelles（布魯 塞爾特希爾─尼爾斯圖片社）
尺寸	140mm × 90mm

《中國天主教青年會》系列

"《中國天主教青年會》中國風景系列"有兩套，每套十二張，共二十四張，除第一張是人物外，其他都是介紹中國景觀，以北京古建築為主。

◉ 天安門前甬道

Allée de la porte du T'ian gnan men (Péking)

天安門前的華表和長安左門。長安左門與長安右門相對，三闕券門，漢白玉石門檻，單層歇山黃琉璃瓦頂，紅牆，基礎為漢白玉石須彌座，又叫青龍門。在明清時，每期恩科中進士的皇榜都是張掛在長安左門外的龍棚內。中進士的舉子從此門進入紫禁城，觀見皇帝，加封官職。各地趕考舉子如能進入此門，猶如鯉魚躍龍門。1952年城市擴建時長安左右門被拆除。

❶
——
❷

❶ 天安門

Une des portes de Péking (T'ien gnan men)

❷ 中國孩子

Les enfants chinois

Auxiliaires Laïques des Missions, Chine

中國教區服務團中國系列

編者　Auxiliaires Laïques des Missions
　　　中國教區服務團
語言　法文
印製　1930s., Bruxelles Belgique（布魯塞爾）
尺寸　140mm×90mm

❶｜❷

❶ 庭院深深

Un coin de Chine

❷ 霏韻曼妙

Symphonie...Schangai—Chine

42

國籍主教祝聖

　　"五四運動"後，從北京和上海肇始、波及全國的"非基督教運動"給天主教和基督新教在華傳播造成很大負面影響。1922年世界基督教學生同盟借清華大學校召開年會時，上海學生成立"非基督教學生同盟"與之對抗，得到陳獨秀、李大釗、汪精衛、蔡元培[1]、戴季陶[2]、吳稚暉[3]等社會名流的支持，"非基督教運動"提出要為人類社會掃除宗教的毒害，宗教之流毒於人類社會十倍於洪水猛獸，有宗教可無人類，有人類便無宗教，宗教與人類不能兩立。周作人、錢玄同[4]、沈兼士[5]等教授發表《信仰自由宣言》附議學生主張。席捲中國的"非基督教運動"在知識界衝擊最大，隨之影響到動盪時局下政府的政治取向。

　　"非基督教運動"的發生大致有三個原因：其一，中國民族主義思潮的再抬頭。中國在第一次世界大戰中付出一定的犧牲卻沒有得到世界大國的公平對待，自鴉片戰爭、甲午戰爭、八國聯軍侵華以來蘊育已久的民族情緒再次迸發，矛頭對準與民眾接觸最多的基督教不足為奇。其二，義和團運動後，各地基督教尤其是羅馬公教拿到大筆賠償，某些傳教士的傲慢情緒惡意膨脹，丟棄利瑪竇路綫，恣意虐待中國教徒，張揚跋扈，深受國人詬病。其三，第一次世界大戰後歐洲經濟凋敝，各國傳教會把籌集傳教資金的目光轉向中國，打著侍主名義各種攤派，自持不平等條約賦予傳教士的特權截留政府稅收等等，激發教會與各地政府的矛盾。英國學者沈艾娣[6]2013年撰寫過 *The Missionary's Curse and Other Tales from a Chinese Catholic Village*（《傳教士的

1　蔡元培（1868—1940），字子民，紹興人；教育家、政治家；曾任北京大學校長、中華民國首任教育總長、國民政府委員兼監察院院長。

2　戴季陶（1891—1949），名傳賢，字季陶，原籍吳興，生於四川廣漢，中華民國和中國國民黨元老，中國近代史上重要的思想家、理論家和政治活動家。

3　吳稚暉（1865—1953），名敬恆，字稚暉，武進人；前清舉人，1902年加入上海愛國學社，曾參與《蘇報》工作，1905年在法國參加中國同盟會，出版《新世紀》報，鼓吹無政府主義，1924年起任國民黨中央監察委員、國民政府委員等職。

4　錢玄同（1887－1939），字德潛，吳興人；新文化運動的倡導者，現代思想家、文學家。

5　沈兼士（1887—1947），又名堅士，吳興人；北京大學教授，語言文字學家、文獻檔案學家、教育學家。

6　沈艾娣（Henrietta Katherine Harrison, 1967—　），英國歷史學家、漢學家和學者；就讀於聖保羅女子學校、哈默史密斯、紐納姆學院、劍橋大學、哈佛大學和牛津大學，曾任教牛津大學聖安妮學院、利茲大學、哈佛大學、2012年後擔任牛津大學現代中國研究教授。

詛咒——一個華北村莊的全球史》），她以山西太原附近的圪僚溝村作為典型案例，對"非基督教運動"的歷史背景有比較客觀的記述，簡擇幾段：

　　大量教眾的生計都掌握在傳教士手裏，因為有庚子賠款帶來的財富，教會可以僱更多人，也有更多依附者。

　　傳教士也利用外國人的身份干涉政府對天主教徒的徵稅。在清朝最後幾年，天主教徒還一直要求免繳當地稅收，理由是這些錢被用來辦寺廟慶典。

　　教區的新財富可以供養更多的傳教士。從 1903 年開始，也是自 1770 年代以來，歐洲神職人員數量超過了中籍人員。[1]

　　面對洶湧澎湃的"非基督教運動"，中國天主教內部以雷鳴遠、馬相伯為代表的改革勢力提出天主教中國化的折中方案，試圖把基督教與帝國主義切割。遠在比利時的陸徵祥審時度勢，及時提出兩項"傳教革新事業"的主張，一是在聖事儀式和佈道活動時用漢語取代拉丁文和希臘文；二是用中國儒家孝道思想表述耶穌基督的普世價值，讓中國人在感情上與上帝更親近。

　　恰在這一年新教宗庇護十一世登基，梵蒂岡派遣全權代表剛恆毅來華，欲解釋梵蒂岡對華政策，改善天主教在中國人眼中的形象。剛恆毅（Celso Benigno Luigi Costantini, 1876—1958），字高偉，

意大利人，1899 年晉鐸，1921 年任主教，1922 年以宗座駐華代表身份來華，領總主教銜。剛恆毅初來中國，即走訪各地教區，拜會政府官吏，回見教友，了解天主教教會在中國面臨的問題。為改變所面對的窘境，剛恆毅大刀闊斧地對中國天主教管理機構進行全方位改革：一是把中國教區重新劃分為十七個大主教區，二是成立新的全國性協調機構，三是推動歐洲各國政府廢除不平等條約強加於中國的"保教權"、"治外法權"，四是設立"國籍教區"，也就是劃出一些教區由中國籍神父擔任主教，推進神職人員本土化。

　　1926 年梵蒂岡任命了六位中國籍主教：海門教區朱開敏、宣化教區趙懷義、台州教區胡若山、安國教區孫德楨、汾陽教區陳國砥、蒲圻教區成和德。同年十月，這六位主教前往羅馬接受教宗庇護十一世親自祝聖。

　　朱開敏（1868—1960），字志剛，又字銘德，號季球，教名西滿，生於董家渡，諸巷會人，光緒八年（1882）入上海董家渡小修院學習拉丁文；後入徐家匯大修院學習神哲學，為晁德蒞的門生。光緒十四年（1888）加入耶穌會，光緒二十九年（1903）晉鐸，因其在修院成績優異，深得長上信任和器重，破格將其分派在浦東的金家巷擔任本堂神父。1926 年在剛恆毅總主教關於教會本地化的建議下，教廷將原屬南京代牧區的崇明、海門、啟東、南通、如皋、泰興、靖江等七縣劃出，成立海門代牧區，任命朱開敏為天主教海門代牧區主教，

1　〔英國〕沈愛娣：《傳教士的詛咒——一個華北村莊的全球史》，郭偉全譯，香港中文大學出版社，2021 年，第 132—137 頁。

編者　*Le Grenier des Missions*
　　　《傳教會的閣樓》
語言　法文
印製　1940s., Paris（巴黎）
尺寸　140mm×90mm

1946 年朱開敏躍升為海門教區正權主教，這是聖統制後第一個由華人擔任的正權主教。

趙懷義（1880—1927），教名斐理伯，北京人；光緒十九年（1893）入北京北堂小修院，光緒三十年（1904）晉鐸，在宣化、新安傳教，又任北京毓英中學校長；1923 年任剛恆毅總主教的華文秘書，1926 年任宣化代牧教區主教，逝於任上。

胡若山（1881—1962），教名若瑟，浙江定海人，天主教育嬰堂孤兒，先後進入定海小修院、寧波大修院、嘉興文生總修院；光緒三十二年（1906）入遣使會，宣統元年（1909）晉鐸，1926年任台州代牧區主教。

孫德楨（1869—1951），教名默爾覺，北京人；光緒二十三年（1897）晉鐸，光緒二十五年（1899）加入遣使會，1926 年任安國代牧教區主教；與雷鳴遠神父合作創辦耀漢小兄弟會和德來小姊妹會，1936 年退休後隱居北平清河耀漢小兄弟會會院。

陳國砥（1875—1930），教名類思，山西潞安人；光緒二十二年（1896）入方濟各會，光緒二十九年（1903）晉鐸；1926 年任汾陽代牧教區主教。

成和德（1873—1928），教名奧多利各，湖北老河口人；光緒二十年（1894）入方濟各會，光緒二十六年（1900）畢業於高達拿瑪嘉利達修院，1926 年任湖北蒲圻代牧教區主教，1928 年逝於衡陽。

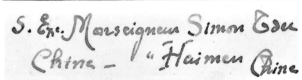

◉ **中國海門朱開敏主教**

S. Ex. Morsignor Simon Tsu, Chine —Haimen

CÉRÉMONIE DE LA CONSÉCRATION DES PREMIERS EVÊQUES CHINOIS

編者	中國教區服務團
語言	法文
印製	1926 年
尺寸	140mm×90mm

國籍主教祝聖儀式系列

◉ **1926 年 10 月 28 日首次中國主教祝聖儀式，先奉獻，然後禱告**

Cérémonie de la Consécration des premiers Evêques chinois, le 28 octobre 1926. Préface à la Consécration; après les litanies des Saints.

“祝聖”是基督教的一種宗教儀式。“祝聖”源自古希臘文（ἁγιασμός），字面意思是“與神聖連結”，即所謂“神聖化”（Sanctification）。祝聖儀式程序是“奉獻”、“祈禱”和“傅油”。在神學的意義上，被“祝聖”者不再只是原本的個體，而是專為了崇拜天主而存在。

❶ 1926 年 10 月 28 日首次中國主教祝聖儀式——塗油禮

Cérémonie de la Consécration des premiers Evêques chinois, le 28 octobre 1926. Après l'onction de St-Chrême.

祝聖儀式稱為 "聖儀"（Sacramentalia），聖儀中最主要的是施聖油彌撒，即傅 "聖化聖油"（Sanctum Chrisma），天主教把傅油視為聖神的來臨和祝福。

❷ 六位祝聖的主教與傳信部秘書樞機主教羅蘇姆以及剛恆毅主教合影

Leurs Grandeurs N.N.SS. Hou-Tsu-Tchao-Tchen-Tcheng-Suen, Secrét. de la Congreg.de la Propag. de la Foi, Son Eminence le Cardinal Van Roussum. Son Exelleence Mgr. Constantini.

左起：胡若山，朱開敏，趙懷義，剛恆毅，紅衣主教羅蘇姆[1]，雷鳴遠，陳國砥，孫德楨，成和德。

1　威廉·馬里努斯·凡·羅蘇姆（Willem Marinus van Rossum, 1854—1932），生於荷蘭的茲沃勒（Jwol），1867 年畢業於庫倫堡小神學院（Minor Seminary of Culemborg），1873 年加入贖世主會（Redemptorists），1879 年晉鐸，1911 年擔任樞機主教，1918 年起直至去世擔任傳信部部長。

43

聖像畫藝術

剛恆毅的“本土化”策略也體現在那個時期天主教藝術的實踐中。剛恆毅是神學家，也是在藝術史研究和雕刻藝術領域頗有造詣的學者，對中國傳教會照搬歐洲宗教藝術的作法不以為然，他認為中國的教堂建築風格不是哥特式就是羅馬式，這些外來建築很容易讓本地人產生天主教是洋教的偏見，強化教外民眾對天主教與殖民者視為一體的聯想；用戰爭賠款修建歐式建築會使戰敗國人民長期蒙受恥辱，引發怨恨。剛恆毅鼓勵在教藝術家創作本土民族風格作品，運用繪畫、建築等藝術形式表達基督信仰。剛恆毅主政中國天主教會期間，各地新建教會設施雖然不多，卻均留下他“本土化”主張的深深痕跡，最為典型的是 1925 年在北京成阜街濤貝勒府舊址興建的輔仁大學的校園建築。

在繪畫藝術領域，剛恆毅提出藝術家應該是本地藝術的繼承者和發揚者。基督的宗教不是要人們脫離本地文化之根，而是要他們用自己手中的畫筆將各自精神化藝術中的詩意表達出來，讚頌基督的奧蹟。他們創作的美術作品既應是完美的基督宗教藝術，也應是完美的本地人文藝術。

這一時期的基督教宗教藝術發展確實留下了許多寶貴的財富，尤其在繪畫領域成果顯著。在聖像畫本土化實踐上成就最大者當屬“輔仁畫派”。“輔仁畫派”並不是一個嚴格的藝術流派，通常泛指剛恆毅推行天主教本土化計劃的理念在天主教藝術中的實踐。美國藝術史學家弗萊明[1] 在 *Each with His Own Brush: Contemporary Christian Art in Asia and Africa*（《百花齊放——當代亞洲和非洲基督教美術》）一書裏記述了自己了解的“輔仁畫派”。北平輔仁大學藝術系教授陳緣督創辦了中國天主教“藝人之家”，他一邊授課，一邊引導他的學生王肅達、李鳴遠、陸鴻年、徐濟華等人創作了大量的宗教繪畫作品，這些作品在內容和形式方面均帶有明顯的中國化特徵，其內容表達和意象符號更貼近中國情境和中國人的視覺思維。在聖像畫中，為了滿足中國人的觀看體驗，在描繪聖誕、講道等題材故事時，聖母和耶穌的容貌已經基本看不出西方痕跡。如《三王來朝》中，聖子誕生的環境完全被描繪成中國人傳統思維方式中的天庭樣式，佈滿氤氳的祥雲，其間矗立著通天的立柱；小天使好似年畫中的娃娃，大天使被處理成婢女的形象伺候在側，三王則通過頭上冠帽的樣式與周圍人相區分，在場人物均著漢服，除了頭巾的處理稍有異域風貌之外，完全是中國式的故事訴求。《最後的晚餐》圖景也是非常符合

1　弗萊明（Daniel Jphnson Fleming, 1877—1969），美國人；基督教史學家、藝術史學家。

中國人的領悟方式，中式廳房擺放圓桌，酒杯、筷子、門簾、燈籠等，構建了一個熟悉的中國家庭聚餐場所，眾人圍坐於老師身旁聆聽教訓，如果把耶穌的形象去掉光環、處理成束髮長鬚的長者形象，甚至可能還會讓人聯想起孔子給學生講學的場景，而坐在外圍、身著灰衣、手握紅色錢袋的人物顯然是猶大的形象，駝背尖腮，一看便是奸狠的角色。這些細節和形象的處理基本是中國式的，畫面所傳遞的教義信息在面對中國教徒時做了置換，時空環境與人物形象通通換成了中國人熟悉的內容，讓聖經中的故事看起來彷彿發生在中國，拉近了耶穌這個來自遙遠西方的傳奇人物與中國人的距離。在畫作技法方面，這一時期的聖像畫藝術家們也作出了折中的選擇。從西洋油畫被傳教士們帶入中國之後，透視法、光影運用等現代繪畫的表現形式深深影響了中國傳統的繪畫藝術。畫作《往訓萬民》在構圖上很整齊，前景、中景的設置滿足了傳遞信息的基本要求，而背景深遠的山麓又處理得很有中國畫的意境；《梅花下的聖母》已經成為一幅完完全全的中國寫意畫，大量留白和一隻紅梅孤傲挺拔，以綫條描繪的聖母子一身少婦和小兒打扮，只有頭頂的光環告訴人們這是聖母子的形象。

美國神學家蒂利希[1]認為，藝術是文化狀態最好的晴雨表，它比科學和哲學更快、更直接地揭示了某種精神的特徵。中國繪畫藝術有自成一體的藝術語言與表達方式，其含蓄內斂的特質本不易被改造。在基督教傳播期間，聖像畫、雕塑、工藝器皿等藝術形式的應用可以說是傳教士們最得力的工具

之一，藝術的直觀及其本身帶給中國人的驚奇之美都曾成功地引起了中國人對《聖經》的關注。[2]

陳緣督和輔仁畫派的作品受到外界的關注和讚賞，他們不僅在北京和中國各地舉辦畫展，更於1934年、1936年、1938年在意大利、梵蒂岡、維也納和布達佩斯舉辦巡迴畫展，影響不凡，其作品被歐洲個人或教堂收藏。歐洲多家出版社還出版他們的畫冊。

輔仁畫派的畫作多為歐洲私人收藏，難得一見。二十世紀四十年代左右，在這些畫家的協助下，奧地利、德國、意大利等國曾經出版過他們的畫集。這些繪畫作為中國天主教藝術代表作被在世界範圍內廣泛推介，除了以上書籍外，還被印製成郵政明信片傳播於世。雷鳴遠中國教區服務團、宗座傳信會、鮑思高撒勒爵會、耶穌會、聖母聖心會、宗座外方傳教會等傳教修會或者服務團體編印的中國聖像畫系列明信片，以及梵蒂岡郵政系統發行的中國聖像畫系列郵票，都是以輔仁畫派的作品為主的。

這些明信片系列，有的印製年代稍晚，收錄了輔仁畫派畫家二十世紀四十年代甚至以後的作品，是弗萊明等學者戰前出版的專著沒有含括的。還應該注意，這個時期聖像畫明信片收錄的作品之作者，也有輔仁畫派以外的畫家，比如蔣兆和、康同璧等在中國畫界更為知名者，西方學界甚至把康同璧歸於陳路加畫派（École de Luc Tch'en）。這是一種文化交叉還是思想同流的現象值得深究，也是完整地了解這些繪畫大師藝術生涯的有趣的新課題。

1　保羅·蒂利希（Paul Tillich, 1886—1965），美國籍神學家、基督教存在主義者；生於德國一個牧師家庭，青年時期接受哲學和神學教育，獲哲學博士和神學碩士學位；第一次世界大戰期間擔任隨軍牧師，戰後在柏林、馬堡、德累斯頓、法蘭克福等地大學講授神學和哲學。1933年批評希特勒政府，是第一個被解職的非猶太教授；後被聘任為美國紐約協和神學院教授，1940年加入美國籍。1956年後任哈佛大學、芝加哥大學教授；主張神學與哲學不可分離，宣揚"文化神學"，試圖將天主教本質與新教批判精神結合起來，建立"系統神學"。

2　Daniel Johnson Fleming, *Each with His Own Brush: Contemporary Christian Art in Asia and Africa*, Friendship Press USA., 1938, pp.10-12.

ART CATHOLIQUE CHINOIS

中國教區服務團中國聖像畫系列

編者　Auxiliaires Laïques des Missions
　　　中國教區服務團
語言　法文
印製　1930s., Ern. Thill, Nels, Bruxelles（布魯
　　　塞爾特希爾—尼爾斯圖片社）
尺寸　140mm×90mm

◉ 聖母（康同璧繪）

La Vierge

康同璧（1886—1969），
字文佩，號華鬘，廣東南
海人，康有為次女；早年
赴美國留學，先後入哈佛
大學及加林甫大學，畢業
後回國，歷任萬國婦女會
副會長、山東道德會長、
中國婦女會會長；1951
年被聘任為中央文史館
館員。

◉ 伯利恆（陳緣督繪）

Bethléem

陳煦（1902—1967），字緣督，號梅湖，教名路加，廣東梅縣人，自幼習畫，擅長中國畫，尤長仕女畫；1917 年離開家鄉赴北平，從師金北樓[1]，1923 年加入中國畫學研究會，1926 年參與創辦湖社畫會，此間有《桐蔭撫琴圖》、《無量壽佛圖》、《試馬圖》等作品。1930 年任輔仁大學教育學院美術系教授，主持人物畫課程。1932 年聖誕節受洗入教。1940 年和陸鴻年參加鄧以蟄發起成立的"中華全國美術會北平分會"。曾任教國立北平藝術專科學校、京華美術專科學校、輔仁大學美術系、北京藝術師範學院、中央工藝美術學院；在中國基督教發展史上被譽為領域的開路人。

二十世紀五十年代以後，陳緣督將更多精力放在連環畫創作上，其《水滸傳》之《曾頭市》、《大名府》、《清風寨》、《宋江殺惜》、《楊志賣刀》、《梁山泊英雄排座次》，《西遊記》之《高老莊》，以及《白蛇傳》、《巧媳婦》、《仇大姐興家》、《戚繼光抗倭殺子》等諸多畫本，都是膾炙人口、家喻戶曉的作品。

1　金北樓（1878—1926），名金紹城，字鞏伯，號北樓，又號藕湖，吳興人；出身書香門第，自幼天性喜愛繪畫，山水花鳥皆能，兼工篆隸鐫刻，旁及古文辭；1910 年創立中國畫學研究會，擔任會長；1920 年發起成立湖社畫會；著有《藕廬詩草》、《北樓論畫》、《畫學講義》。

◉ 燃燈節（陸鴻年繪）

Fête des Lanternes

陸鴻年（1919—1989），江蘇太倉人，生長於書香門第家庭。受家庭詩書禮儀熏陶，陸鴻年從小沉湎書畫，中學時拜畫家李智超[1]學習山水畫技法。1932 年考入北平輔仁大學藝術專科，投帖陳緣督門下，繪畫技法日漸成熟。尤興於中國壁畫，懇心研究，還從奧地利籍的白立鼎[2]教授學習西方壁畫藝術。1936 年畢業後留校任美術系助教兼輔仁附中美術教員、古物陳列所國畫研究館研究員。1939 年師從黃賓虹攻山水，擅國畫工筆重彩人物，尤以仕女畫見稱，作品有《盜靈芝》、《竹溪浣沙》、《曲終音韻細推敲》等。陸鴻年也曾與徐濟華、王肅達等同仁一道參與陳緣督倡導的基督教藝術本土化的創作，為中國文人畫傳統增添了新的精神內涵。1943 年皈依天主教。

二十世紀五十年代後，陸鴻年的美術事業主要體現在他對中國傳統壁畫的保護整理上，他在 1953 年後多次去敦煌、麥積山及新疆、山西、河北等地的著名寺廟臨摹壁畫，尤其是 1957 年至 1962 年期間六次率隊到山西省芮城的永樂宮，完成了永樂宮各殿八百多平方米壁畫的臨摹任務。1975 年陸鴻年還完成了河北磁縣北齊高潤墓壁畫的臨摹任務。其非宗教體裁代表畫作有《草原上的婚禮》、《北京來的客人》、《軍民情誼》、《山歌》、《盜靈芝》、《飛燕起舞》、《竹溪浣沙》、《瀟湘妃子》、《曲終音韻細推敲》等。

1　李智超（1900—1978），筆名白洋，河北省安新縣人，山水畫家、美術史論家；代表作品有《林蔭瀑布》、《散花精舍》、《黃山筆架峰》等。

2　白立鼎（Berchmans Brückner, 1891—1985），奧地利人，1923 年來華，任輔仁大學美術系教授，講授西洋畫、透視學、水彩畫和壁畫；1949 年回國；有書信集 *Br. Berchmans Brückner SVD und die Ars Sacra Pekinensis: Briefwechsel mit dem Kunsthändler Walter Exner (1911-2003)*（《聖言會修士白立鼎與北京公教美術》，Books on Demand, 2018）。

編者	Missioni di D. Bosco
	鮑思高撒勒爵會
語言	意大利文
印製	1940s., Grapiche A.L.M.A.—Milano
	（米蘭 A.L.M.A. 圖片社）
尺寸	150mm × 105mm
主題詞	"鮑思高會使命是把福音的光芒和仁愛
	帶給全世界，請解囊相助吧！"

鮑思高撒勒爵會中國聖像畫系列

❶ 耶穌交給聖彼得鑰匙（徐濟華繪）

Gesù consegna le chiavi s S. Pietro

徐濟華（1912—1937），河北大興人，出身貧寒，中學畢業後入輔仁大學美術系，成為陳緣督學生，在聖像畫創作上頗有天賦；1932 年皈依天主教，教名嘉祿（Carlo），1935 年畢業於輔仁大學美術系；謀繪畫贍養其母，患嚴重肺病，變賣畫作，仍不可為繼，二十五歲英年早逝，賫志而沒。

❷ 聖母與聖子（陳緣督繪）

La Vergine col Bambino

PEINTURE CHINOISE

耶穌會中國聖像畫系列

編者　耶穌會

語言　德文

印製　1940s., Wien（維也納）

尺寸　150mm × 105mm

❶　❷

❶ 聖母與聖子（陸鴻年繪）

❷ 聖母與聖子（陸鴻年繪）

Maria mit dem Kinde

CUM. APPR. ECCL., EDM. VAN GENECHTEN (SCHEUT) PINX

編者	Miss. V. Scheut 聖母聖心會
語言	荷蘭文
印製	1940s., Drukk. de Bièvre, Brasschaat（比利時布拉斯哈特）
尺寸	140mm×90mm

聖母聖心會聖像畫系列

"聖母聖心會聖像畫系列"全部為方希聖的畫作。

Cum appr. eccl.　　　Edm. Van Genechten (Scheut) pinx.

❶ ❷

❶ 通報聖母（方希聖繪，1935 年）

【題識】"童貞瑪利亞默禱己屋 天神來報將為天主之母 乙亥中秋方希聖恭繪"

方希聖（Edmond van Genechten, 1903—1974），比利時人，1924 年入聖母聖心會，1929 年來華，1930 年晉鐸；歷任西灣子、兩間房子、灶火溝等地本堂，後居北京，受聘輔仁大學教授西方藝術課程，推廣天主教藝術。二戰期間被囚濰縣集中營，戰後獲釋，1947 年回國。

❷ 牧童朝覲（方希聖繪，1935 年）

【題識】"白冷城外救主降生 天神報知守夜牧童 牧童欣然來朝聖嬰 乙亥中秋方希聖敬繪"

Cum appr. eccl.　　　　Edm. Van Genechten (Scheut) pinx.

❶

❷　❸

❶ 三王來朝（方希聖繪，1935 年）

【題識】"吾主降生白冷 東方忽顯異星 三王得見知救主降生 速啟程來朝聖嬰 乙亥中秋方希聖敬繪"

❷ 聖母獻堂（方希聖繪，1935 年）

【題識】"聖母獻耶穌於主堂 乙亥中秋方希聖敬繪"

❸ 聖母與聖子（方希聖繪，1935 年）

【題識】"天主立聖母為天地之母皇后 世人之主保 乙亥中秋方希聖敬繪"

Cum appr. eccl.　　　　Edm. Van Genechten (Scheut) pinx.

Cum appr. eccl.　　　　Edm. Van Genechten (Scheut) pinx.

PEINTURE CHINOISE

宗座傳信會中國聖像畫系列

編者　*Propagation de la Foi*
　　　　《傳信會周刊》雜誌社
語言　法文
印製　1940s., Paris（巴黎）
尺寸　140mm×90mm

❶｜❷

❶ 三賢朝聖（陳緣督繪）
L'Adorayion des Mages

❷ 逃往埃及（蔣兆和繪）
La Fuite en Egypte

蔣兆和（1904—1986），祖籍湖北麻城，生於四川瀘州，原名萬綏；自幼家貧，1920 年到上海自學西畫，1927 年任教南京國立中央大學，1930 年至 1932 年任上海美術專科學校素描教授，1947 年受聘於國立北平藝專，1950 年起任中央美術學院教授；代表作《流民圖》。

PEINTURE CHINOISE

宗座外方傳教會中國聖像畫系列

編者	Pontificio Istituto Missioni Estere 宗座外方傳教會
語言	意大利文
印製	1940s., Milano（米蘭）
尺寸	150mm×105mm

❶ ｜ ❷

❶ 聖約瑟避難（陸鴻年繪）

S. Giuseppe in cerca di rifugio

❷ 愛之聖母（李鳴遠繪）

Mater Amabilis

李鳴遠，字駿聲，1906 年生於河北淶水；1933 年畢業於輔仁大學美術系，後在輔仁附中執教。李鳴遠與陳緣督、王肅達等畫家交好，喜作青綠山水，亦摹清初四王，清逸脫俗。

● 聖誕（陳緣督繪，1925 年）

Madonna adorante il Bambino

這是輔仁畫派的第一幅聖像畫。1925 年剛恆毅在北平參觀了陳緣督的個人畫展後邀請他來到宗座代表公署，跟他談及耶穌聖母和教義，展示了幾幅意大利早期畫作和一些宗教藝術品供他參考。幾天以後，陳緣督畫了一幅表現聖母和聖子的作品《聖誕》，面交予剛恆毅指點。這幅畫採用中國傳統表現手法，剛強的松柏、富貴的牡丹，而成熟的透視效果更體現作者西洋繪畫的功底。他的畫作得到剛恆毅的讚賞，經其推薦刊載在一些教會雜誌上，這是陳緣督個人聖像畫創作的起點，也是中國天主教新畫派的開端。

Mostra d'Arte Sacra Missionaria

編者	Esposizione d'Arte Sacra dei Paesi di Missione 梵蒂岡傳教區聖像藝術展
語言	西班牙文 意大利文 法文 英文 德文
印製	1950, So. Gra., Rome（羅馬圖片社）
尺寸	140mm×90mm

"傳教區聖像藝術展"是一個梵蒂岡舉辦的聖像畫廊，自 1950 年始創，每年辦展，內容主要是天主教在世界各地傳教區遞送的帶有民族特色的"奧蹟"藝術作品。

梵蒂岡傳教區聖像藝術展中國系列

❶ 聖母升天（陸鴻年繪）

Assumpta est Maria/
L'Assunzione/L'Assomption/
The Assumption/Die Himmelfahrt

❷ 瑪利亞加冕（王肅達繪）

L'Incoronazione di Maria/Couronnement de Marie/Coronation of Our Lady/Krönung Marias.

王肅達（1910—1963），字贊虞，筆名墨浪，先祖於十八世紀末由浙江遷棲北京。王肅達十二歲跟隨徐燕蓀[1]習中國人物畫；1933 年成為湖社畫會成員，是年秋，應陳緣督邀請加入輔仁大學美術系；1934 年他的第一幅畫作參加了輔仁大學聖誕節繪畫展；1936 年畢業後曾任輔仁大學美術系和輔仁中學教員。1937 年王肅達力排眾議皈依天主教，教名喬治，從此他全身心投入聖像畫創作。1939 年受河南新鄉主教米幹[2]神父邀請赴新鄉為當地教堂繪製三十五幅基督題材系列壁畫。後返回輔仁大學繼續從事教學和創作工作。在王肅達聖像畫裏受關注比較高的有《梅花下的聖母》、《耶穌復活後顯身瑪達利納》、《吾主耶穌》，淡然、和藹、儒雅的長者形象很易被受儒家文化熏陶的中國人肯定和接受。

二十世紀五十年代起，王肅達擔任人民美術出版社創作室創作員，主要從事連環畫創作，主要作品有《水滸傳》之《石碣村》、《大破連環馬》、《三敗高俅》，以及《青陵台》、《滿江紅》、《馮木匠做黑板》、《愚公移山》、《牛郎織女》等。

1　徐燕蓀（1899—1961），原名徐存昭，別名徐操，河北深縣人；擅長中國畫。

2　米幹（Thomas Megan, 1899—1951），美國人，1920 年入聖言會，1936 年至 1948 年任新鄉教區主教。

44

天主教宣教展覽會

　　1925 年教宗庇護十一世發起召開 "梵蒂岡普世宣教展覽會"（Esposizione Missionaria Vaticana），主題是傳教地國家民族之文化。世界各地天主教修會和教區大多參展，在華天主教組織分別以修會為單位參加這次展覽。參會宣傳品以明信片為主，有的是展會組委會統一印製，也有的是修會自己單獨印製。

　　"梵蒂岡普世宣教展覽會" 設在梵蒂岡花園，建有二十四個展館。1926 年教宗決定設立永久性博物館 "傳教區民族學博物館"（Museo Missionario-Etnologico），成為梵蒂岡博物館（Musei Vaticani）的一個主題館，除了保留部分展會展品外，還收藏了許多歷史上世界各地傳教士送給教宗的藝術禮品。

　　"梵蒂岡普世宣教展覽會" 的舉辦起了示範作用，歐洲各地天主教會陸續組織各自的宣教展覽會，其中規模最大的是一直與梵蒂岡競爭天主教世界影響力的西班牙教會藉 1929 年至 1930 年巴塞羅那國際博覽會（Exposición Internacional de Barcelona）之際舉辦的西班牙宣教展覽會（Exposición Misional Española），西班牙本國天主教教區和西屬殖民地傳教會聚集展覽。

ESPOSIZIONE MISSIONARIA VATICANA

編者	Esposizione Missionaria Vaticana
	梵蒂岡普世宣教展覽會
語言	意大利文
印製	1925, Grafia—Sezione Edizioni d'Art,
	Roma（羅馬格拉菲亞美術社）
尺寸	140mm×90mm

梵蒂岡普世宣教展覽會系列

❶
❷

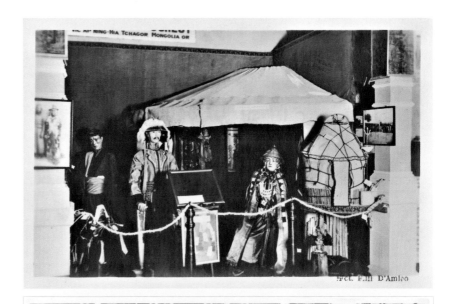

❶ 中國館蒙古包

Missioni della Cina—Une tenda mongola

❷ 中國奉教家庭（方濟各瑪利亞傳教女修會）

Una famiglia Cinese cristiana (Missionarie Francescane di Maria)

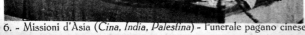

6. - Missioni d'Asia (Cina, India, Palestina) - Funerale pagano cinese

❶ 中國異教徒的葬禮（鮑思高撒勒爵會）

Funerale pagano cinese (Missioni Salésienne del Ven. D. Bosco)

❷《佛教的地獄・第一殿》（中國納匝肋遣使會）

Inferno di Budda— 1ᵃ Scena

秦廣王，指冥界主管地獄的十個閻王之首，為第一殿主管。秦廣王蔣子文，二月初一誕辰，專司人間壽夭生死冊籍，接引超生，幽冥吉凶。秦廣王的鬼判殿居大海沃石外，正西黃泉黑路。傳說秦廣王蔣子文，凡善人壽終之日，及有接引往生。凡勾到功過兩平之男婦，送文第十殿發放，仍投人世，或男轉為女，或女轉為男，較量富貴貧賤，以了冤緣相報。凡惡多善少者，使入殿右高台，名為孽鏡台，台高一丈，鏡大十圍，向東懸掛，上橫七字，曰：孽鏡台前無好人，押赴多惡之魂，自見在世之心之險，死赴地獄之險。那時方知萬兩黃金帶不來，一生惟有孽隨身，入台照過之後，批解第二殿，用刑發獄受苦。

❶　❷

EXPOSICIÓN MISIONAL ESPAÑOLA

西班牙宣教展覽會系列

編者　Exposición Misional Española
　　　西班牙宣教展覽會
語言　西班牙文
印製　1929, Barcelona（巴塞羅那）
尺寸　138mm×90mm

◉ 天主教在中國，1900—1928

El catolicismo en China

這張明信片用圖形説明了二十世紀
頭三十年天主教在華發展的情況，
信眾從 1900 年的九十萬人增長到
1928 年的兩百五十萬人。

索 引

西 文 索 引

中文索引

參考書目

Matteo Ricci & Trigault, Nicolas, *De Christiana Expeditione apud Sinas Suscepta ab Societate Jesu*, Augsburg, Christoph Mang, M.DC.XV (1615).

Nicolas Trigault, *Regni Chinensis Descriptio*, Elzeviriana, M.DC.XXXIX (1639).

Jean Joseph Marie Amiot, Pierre-Martial Cibot etc., *Mémoires concernant l'histoire, les sciences, les arts, les mœurs, les usages, etc. des Chinois*, Par les missionnaires de Pé-kin, Chez Nyon, Paris, M.DCC.LXXVI—M.DCC.XCI (1776—1791).

Évariste Régis Huc, *Le Christianisme en Chine, en Tartarie et au Thibet*, Gaume Frères, 1857.

Adrien Launay, *La Mission du Thibet par un Missionnaire*, Mame s.d. Tours, 1890.

Henri-Joseph Leroy, *En Chine au Tché-Ly S.-E., une Mission D'après les Missionnaires*, Societe de St. Augustin, Desclée,Brouwer et Cie, Bruges, 1900.

Adrien Launay, *Histoire de la Mission du Thibet*, Société de Saint-Augustin, Paris, 1903.

Adrien Launay, *Histoire des Missions de Chine, Mission du Kouang-Si*, Librairie Victor Lecoffre, Paris, 1903.

Auguste Colombel, *Histoire de la mission du Kiang-nan, 1833—1905*, Shanghai, 1905.

Adrien Launay, *Histoire des Missions de Chine Kouy-Tcheou*, Lafolye Frères, Paris, 1907—1908.

J. De La Servière, *Histoire de la Mission du Kiang-Nan*, Imprimerie de L'Orphelinat de T'ou-sè-wè, Zi-ka-wei près Chang-hai, Chine, 1914.

P. Camille de Rochemonteix, *Joseph Amiot et Les Derniers Survivants de la Mission Française à Pékin (1750—1795)*, Librairie Alphonse Picard et Fils, Paris, 1915.

J. De La Servière, Le Père Lazare Cattaneo, "Le Fondateur de la Chrétienté de Chang-Haï," *The New China Review*, 1921.

Milton Theobald Stauffer, Tsinforn C. Wong, Malcolm Gardner Tewksbury (eds.), *The Christian Occupation of China*, China Continuation Committee, Shanghai, 1922.

Antoine Thomas, *Histoire de la Mission de Pékin*, Tome 1, Depuis les origines jusqu'à l'arrivée e des lazaristes, Louis-Michaud. Paris, 1923; Tome 2, Depuis l'arrivée des lazaristes jusqu'à la révolte des boxeurs, Tirage privé,Paris, 1926.

Édouard Lafortune, *Canadiens en Chine, Croquis du Siu-tcheou fou, Mission des Jésuites du Canada*, l'Action Paroissiale, Montréal, 1930.

Sepp Schüller, *Marienbilder aus Aller Welt*, Verlag Butzon & Bercker, Kevelaer, 1936.

Rosamund Essex, "The Life of Christ by Chinese Artists," *The Society for the Propagation of the Gospel*, Westminster, 1938.

Daniel Jphnson Fleming, *Each with His Own Brush: Contemporary Christian Art in Asia and Africa*, Friendship Press, New York, 1938.

Von Sepp Schüller, *Die Geschichte der Christlichen Kunst in China*, Klinkhardt und Biermann, Berlin, 1940.

Hermann Fischer, *Augustin Henninghaus: 53 Jahre Missionar und Missionsbischof*, Missionsdruckerei Steyl, Doft Kaldenkirchen, Rheinland, 1940.

Federico Bornemann, *Cinese Cattolica Arte*, Missionaria San Gabriele, Vienna-Modling, 1950.

Johannes Baur, *P. Jos. Freinademetz SVD., Ein Heiligmäßiger Chinamissionar*, Steyler Verlagsbuchhandlung, Kaldenkirchen, Steyl, 1956.

Richaed Hartwich, *Steyler Missionare in China*, Band. I-VI, 1879-1926, Styler Verlag, St. Augustin, 1983-1991.

〔比利時〕柏應理：《許太夫人傳略》，許彬譯，徐匯益聞館，1882 年。

〔法國〕樊國梁：《燕京開教略》，北京救世堂印書館，1905 年。

〔比利時〕隆德里：《西灣聖教源流》，北京西什庫遣使會印字館，1938 年。

徐宗澤：《明清間耶穌會士譯著提要》，中華書局，1949 年。

中華全國基督教協進會編：《中國基督教團體調查錄》，廣學會，1950 年。

〔英國〕蒲樂克：《戴德生與瑪麗亞》，嚴彩琇譯，校園書房出版社，1977 年。

趙慶源編：《中國天主教教區劃分及其首長接替年表》，聞道出版社，1980 年。

〔意大利〕利瑪竇、〔比利時〕金尼閣：《利瑪竇中國札記》，何高濟譯，北京中華書局，1983 年。

〔法國〕史式微：《江南傳教史》，上海譯文出版社，1983 年。

伍昆明：《早期傳教士進藏活動史》，中國藏學出版社，1992 年。

林華等編：《歷史遺痕——利瑪竇及明清西方傳教士墓地》，中國人民大學出版社，1994 年。

〔法國〕費賴之：《在華耶穌會士列傳及書目》，馮承鈞譯，北京中華書局，1995 年。

〔法國〕榮振華：《在華耶穌會士列傳及書目補編》，耿昇譯，北京中華書局，1995 年。

〔美國〕梯利：《西方哲學史》，葛力譯，北京商務印書館，2004 年。

〔法國〕杜赫德編：《耶穌會士中國書簡集》，耿昇等譯，大象出版社，2005 年。

方豪：《中國天主教史人物傳》，宗教文化出版社，2007 年。

〔美國〕史景遷：《利瑪竇的記憶宮殿》，陳垣、梅義徵譯，麥田出版社，2007 年。

〔比利時〕Dirk Van Overmeire 編，古偉瀛、潘玉玲校訂：《在華聖母聖心會士名錄》，見證月刊雜誌社，2008 年。

〔英國〕愛利莎・馬禮遜編：《馬禮遜回憶錄》，大象出版社，2008 年。

〔丹麥〕龍伯格：《清代來華傳教士馬若瑟研究》，李真等譯，大象出版社，2009 年。

〔法國〕高龍鞶：《江南傳教史》，周士良譯，輔仁大學出版社，2010 年。

〔法國〕榮振華等：《十六至二十世紀入華天主教傳教士列傳》，耿昇譯，廣西師範大學出版社，2010 年。

〔西班牙〕Fr. Mateo Goldaraz 編：《平涼歲月——二十七位嘉布遣的二十七年》，古偉瀛、潘玉玲譯，光啟文化事業，2010 年。

楊熙楠：《風隨意思而吹——艾香德與漢語神學》，道風書社，2010 年。

陳澤平：《十九世紀以來的福州方言》，福建人民出版社，2010 年。

〔英國〕李提摩太：《親歷晚清四十五年》，李憲堂、侯林莉譯，天津人民出版社，2011 年。

劉國鵬：《剛恆毅與中國天主教的本地化》，社會科學文獻出版社，2011 年。

〔英國〕偉烈亞力：《1867 年以前來華基督教傳教士列傳及著作目錄》，倪文君譯，廣西師範大學出版社，2011 年。

〔英國〕羅夫・華德羅・湯普森：《楊格非：晚清五十年》，趙欣、劉斌斌譯，天津人民出版社，2012 年。

〔瑞典〕路得・安士普・奧德蘭德：《客旅——瑞典宣教士在中國西部的生死傳奇》，黎曉容等譯，團結出版社，2013 年。

蘇精：《鑄以代刻——傳教士與中文印刷變局》，台灣大學出版中心，2014 年。

〔英國〕金樂婷：《大西北的呼喚》，尚季芳、咸娟娟譯，甘肅文化出版社，2015 年。

〔美國〕小愛德華・布里斯：《邵武四十年——美國傳教士醫生福益華在華之旅》，安雯譯，中央編譯出版社，2015 年。

黃光域：《基督教傳行中國紀年》，廣西師範大學出版社，2017 年。

劉志慶：《中國天主教教區沿革史》，中國社會科學出版社，2017 年。

〔美國〕衛英士：《華南客家十五年》，丁立隆譯，廈門大學出版社，2017 年。

李伯重：《火槍與帳簿——早期經濟全球化時代的中國與東亞世界》，生活・讀書・新知三聯書店，2017 年。

容閎：《容閎自傳》，王志通、左滕慧子譯注，江蘇鳳凰文藝出版社，2018 年。

〔英國〕W. A. 格里斯特：《塞繆爾・柏格理——在華傳教士的開拓者》，東人達等譯，中國文史出版社，2018 年。

〔英國〕伊麗莎白・韋廉臣：《中國古道——1881 年韋廉臣夫人從煙台到北京行紀》，劉惠琴、陳海濤譯注，北京中華書局，2019 年。

周振鶴：《逸言殊語》，上海人民出版社，2020 年。

〔英國〕查爾斯・麥克法蘭：《太平天國》，喬國強譯，華文出版社，2020 年。

蘇精：《西醫來華十記》，北京中華書局，2020 年。

葉農、邵建點校整理：《人過留痕——法國耶穌會檔案館藏上海耶穌會修士墓墓碑拓片》，暨南大學澳門研究院、澳門基金會、上海社會科學院歷史研究所，2020 年。

〔英國〕沈艾娣：《傳教士的詛咒：一個華北村莊的全球史》，郭偉全譯，香港中文大學出版社，2021 年。

後記

謹以此書獻給我親愛的父親和母親。

家父姚遠方（1922 年 7 月 20 日—2010 年 10 月 10 日），又名姚中、姚聲宏，生於福州銅盤三角井，其祖父姚守谷原籍杭州留下鎮，科考舉人，清末民初先後在餘姚、侯官、福清、閩清、連江、崇安、思明七地任知縣，家道中落，教書為生。家父自幼父母雙亡，過繼八叔姚耐，就讀福州理工學校化學系，1937 年加入中華民族解放先鋒隊，翌年北上延安，進入抗日軍政大學學習，加入中國共產黨，畢業後轉入魯迅藝術學院文學系。1939 年隨華北聯合大學赴晉察冀邊區阜平縣，任聯大文學院教員、聯大文工團兒童演劇團團長。1940 年作為《連隊導報》、《子弟兵報》記者參加百團大戰，發表〈炮火中湧現的子弟兵英雄〉、〈苦戰五百八十三天的大洋鎮〉等報道，此後還創作報告文學《曲定路上殲敵記》、《前衛戰士》、《從滹沱河到桑乾河》，兒歌《小木槍》、《邊區兒童團》、《小小葉兒嘩啦啦》，《小小葉兒嘩啦啦》現在仍是成立於西柏坡的北京育英學校的校歌。1948 年家父身為《子弟兵報》、《華北解放軍報》隨軍記者深入炮聲隆隆的前沿陣地，報道晉察冀野戰軍解放石家莊和新保安戰役。

父母相識於華北聯合大學。家母劉志（1923 年 10 月 4 日—1992 年 5 月 28 日）生於河北完縣北下邑村，就讀晉察冀邊區中學，1939 年參加抗日救亡運動，1941 年在華北聯合大學加入中國共產黨，1946 年畢業於晉察冀軍區白求恩衛生學校，在晉察冀軍區和平醫院、陸軍總醫院、北空後勤部擔任醫生。

新中國建立後，1951 年家父作為隨軍記者與魏巍一同到朝鮮戰場，回國後在新華通訊社華北軍區分社、《解放軍報》社、總政治部工作，1964 年下連隊代職"硬骨頭六連"屬部教導員。歷經文化大革命劫難，飽受摧殘，1975年任《解放軍報》副社長。他參與起草過新中國成立以來中共中央軍委和國防部的大部分重要文件，包括〈1960 年軍委擴大會議決議〉、〈《毛主席語錄》再版前言〉以及軍隊系統發佈的社論和評論員文章。

　　1978 年家父旗幟鮮明地推動實踐是檢驗真理標準問題大討論，率先轉載〈實踐是檢驗真理的惟一標準〉，又與吳江合作以《解放軍報》特約評論員名義發表〈馬克思主義的一個最基本的原則〉。1979 年家父到老山前綫採訪對越反擊戰；1980 年獨家披露聶榮臻元帥 1940 年在河北井陘救助日本遺孤美惠子姐妹的故事，發表報告文學《日本小姑娘你在哪裏？》、《戰爭·母愛·人道主義》、《敬禮，仁義之師》、《在元帥家裏作客》，電影劇本《將軍與孤女》（1988 年八一電影製片廠拍攝），後陸續撰寫了〈磨難雖多心無暇——記羅瑞卿大將坎坷的革命生涯〉、〈將軍筆下的革命春秋——楊成武和他的戰爭紀實〉、〈訪蕭克上將〉、〈一事難忘少女時——與徐帥夫人黃傑大姐一席談〉、〈鄧拓與馬南村〉、〈白求恩辭世之後〉等文。

　　家父離休後，1988 年創辦《中國老年報》並任總編輯。1991 年撰寫《今日蘇聯見聞》，1993 年出版《筆舞龍蛇走天涯》。1999 年告老歸鄉，居故里福州銅盤。曾賦詩〈述懷〉：

　　　　北風吹老南國娃，太行延水慣為家。金戈鐵馬忘生死，筆舞龍蛇走
　　　　天涯。青春已逝奉獻少，白髮豈肯遜朝霞。待到大地春華茂，拄杖共賞
　　　　英雄花。

作者
2021 年 5 月 20 日

策劃編輯　李　斌
責任編輯　劉韻揚
書籍校對　栗鐵英　王逸菲
特約校對　陳思宇
書籍設計　道　轍
書籍排版　楊　錄
封面題字　吳曉明

書　　名　往訓萬民：中國近代羅馬公教明信片研究
著　　者　姚鵬　陶建平
出　　版　三聯書店（香港）有限公司
　　　　　香港北角英皇道 499 號北角工業大廈 20 樓
　　　　　Joint Publishing (H.K.) Co., Ltd.
　　　　　20/F., North Point Industrial Building,
　　　　　499 King's Road, North Point, Hong Kong
香港發行　香港聯合書刊物流有限公司
　　　　　香港新界荃灣德士古道 220-248 號 16 樓
印　　刷　陽光（彩美）印刷有限公司
　　　　　香港柴灣祥利街 7 號 11 樓 B15 室
版　　次　2023 年 11 月香港第一版第一次印刷
規　　格　大 16 開（215 mm × 278 mm）632 面
國際書號　ISBN 978-962-04-5010-5

© 2023 Joint Publishing (H.K.) Co., Ltd.
Published in Hong Kong, China.

三聯書店網址：
www.jointpublishing.com

Facebook 搜尋：
三聯書店 Joint Publishing

WeChat 賬號：
jointpublishinghk

豆瓣賬號：
三聯書店香港

bilibili 賬號：
香港三聯書店